光明社科文库
GUANGMING DAILY PRESS:
A SOCIAL SCIENCE SERIES

·教育与语言书系·

民间游戏与幼儿园教育
—— 实践困境及其超越

曹中平 | 著

光明日报出版社

图书在版编目（CIP）数据

民间游戏与幼儿园教育：实践困境及其超越 / 曹中平著. -- 北京：光明日报出版社，2022.6
ISBN 978-7-5194-6666-4

Ⅰ.①民… Ⅱ.①曹… Ⅲ.①游戏课—教学研究—学前教育 Ⅳ.①G613.7

中国版本图书馆 CIP 数据核字（2022）第 107487 号

民间游戏与幼儿园教育：实践困境及其超越
MINJIAN YOUXI YU YOUERYUAN JIAOYU：SHIJIAN KUNJING JIQI CHAOYUE

著　　者：曹中平	
责任编辑：郭思齐	责任校对：张月月
封面设计：中联华文	责任印制：曹　净

出版发行：光明日报出版社

地　　址：北京市西城区永安路 106 号，100050

电　　话：010-63169890（咨询），010-63131930（邮购）

传　　真：010-63131930

网　　址：http://book.gmw.cn

E - mail：gmrbcbs@gmw.cn

法律顾问：北京市兰台律师事务所龚柳方律师

印　　刷：三河市华东印刷有限公司

装　　订：三河市华东印刷有限公司

本书如有破损、缺页、装订错误，请与本社联系调换，电话：010-63131930

开　　本：170mm×240mm	
字　　数：395 千字	印　　张：22
版　　次：2022 年 6 月第 1 版	印　　次：2022 年 6 月第 1 次印刷
书　　号：ISBN 978-7-5194-6666-4	
定　　价：99.00 元	

版权所有　　翻印必究

引言：激活民间游戏自我更新机制

每当提及游戏，似乎总离不开儿童。

有一则逸事，说是爱因斯坦和儿童心理学家皮亚杰进行了一次关于儿童游戏的对话。在听完了皮亚杰有关儿童游戏研究的介绍之后，爱因斯坦深深地为其中包含的那些隐秘而深刻的生命内容和文化信息所震撼。他感慨地说："看来，认识原子同认识儿童游戏相比，不过是儿戏。"[①] 看来，小觑儿童及其游戏，也许比"儿戏"还"儿戏"！

可以说，儿童是游戏的化身、游戏的精灵、游戏的天才！游戏是儿童自由生命的基石。

其实，游戏并非儿童的"专利"。应该说，游戏是人类的公共财富。然而，游戏与儿童确有特定意义：不是游戏选择儿童，而是儿童选择了游戏。这不仅仅是因为游戏贴近儿童的发展水平，从本质来看，游戏是儿童的生命，儿童生活在游戏之中；游戏是儿童的权利，儿童在享受游戏中不断创造游戏；游戏是儿童的精神家园，是儿童自创的文化形态——游戏文化。

一、游戏文化是幼儿园文化的核心

人类自从有了自我意识后，就一直在思考一个问题：我们为什么要玩？从古到今，很多学者做出了精辟的回答。当游戏进入科学视野后，生物进化论成为解释游戏动机的首选理论依据。基于进化论"用进废退"这一基本观点，游戏是人类祖先获得的一种生存本能。

在漫长的自然进化历程中，人类继承了一种精神财富——游戏。可以说，人还没有进化为人时就会游戏，因为游戏是高级动物的一种本能——自

---

① 转引自：郝京华，刘晓东，等. 有活力的人生从"游戏"开始——对话儿童游戏与儿童教育［N］. 中国教育报，2015-1-2（7）.

发学习、自取快乐并且具有某种自动调节功能的先天禀赋（巴斯——进化心理学家）。

当人类开创自己的文明历程的时候，人的游戏已经成为人类文明的基本成分。可以说，游戏既是人类文明的"始祖"，也构成人类文化创造的"基因"，因为人类的许多文化的原始形态就是游戏——人是游戏者（约翰·赫伊津哈——历史文化学家）。

游戏不仅贯穿于人类历史，而且伴随人的一生。游戏是人类生存的智慧，也是人生不可或缺的"精神营养"。对于今天的人类来说，民间游戏是传统文化中的一朵奇葩。当今的人类生活，特别是休闲生活中仍然流淌着民间传统游戏的"血液"。因为人是游戏创造者，也是游戏的继承者，更是游戏的受益者。无论如何，我们割不断历史的血脉，包括生物学意义上的本能和文化学意义上的经验。

众所周知，人类教育的使命是传承和创造人类公共文化。自然，儿童教育必须传承创造儿童文化。既然文化是教育的旨归，儿童文化必然是儿童教育的"精神植被"。

儿童生活在成人主宰的社会之中，并且也一定会成为成人社会中的一员，但是，儿童社会具有相对独立性。儿童社会蕴藏着儿童文化。当然，儿童文化有很多形态，但游戏确是最能反映儿童精神世界的文化形态。在一定意义上，幼儿园引进民间传统游戏，就是在延续儿童文化，同时创造幼儿园文化。因为游戏是幼儿园教育的基本形式，游戏文化必然是幼儿园文化的核心成分。

二、民间游戏是现代幼儿园的智慧源泉

曾有人问我，民间游戏既然已经成为历史，我们为什么还要将其引进幼儿园教育中？对这个问题，现代幼儿园创始人福禄贝尔做出了最直接的回答：民间游戏是儿童教育的智慧源泉。

福禄贝尔在创立世界上第一所现代意义上的幼儿园（1840年）之前，就开始研究民间游戏。为了寻找幼儿教育公共化的机制，福禄贝尔开始从民间游戏中吸取智慧。在广泛收集民间游戏的基础上，他根据自己的哲学观点和教育理念，设计了一套"恩物"体系——一种基于玩具的幼儿园教育课程。在福禄贝尔看来，幼儿园就是幼儿的乐园。在这种乐园里，游戏既是幼儿园教育的主要内容，也是幼儿园教育的基本形式。从此，游戏与

幼儿园结下了不解之缘。

时代在发展，游戏也在发展。随着人类社会现代化的到来，特别是现代科技的迅猛发展，加速了社会变革，社会传统不断被冲击，甚至被颠覆。游戏也是如此，特别是玩具商品化后，民间游戏日益被现代商业游戏所取代。这种趋势不可阻挡，因为这是历史的必然。

面对这种趋势，我们有两种选择：一种选择就是顺势，也就是让民间游戏自动退出历史舞台，成为博物馆中的"陈列品"或故纸堆中的"古董"；另一种选择是逆势，也就是坚守民间游戏的阵地，保持民间游戏"原样"。无论是顺势还是逆势，都是一种消极态度。顺势是激进主义，逆势则是保守主义。有没有第三种选择呢？我认为有。这是造势，也就是创新——在传承中发展民间游戏，激活民间游戏的自我更新机制，使民间游戏焕发内在的智慧活力，让儿童教育充满游戏精神，让儿童发展充满生机。简单地说，让民间游戏在现代幼儿园里开枝散叶。

三、游戏精神失落呼唤民间游戏

柏拉图曾说过，人就像是上帝手中的玩具；每一个人都要让最美丽的游戏成为生活的真正内涵。游戏、玩乐、文化是人生中最值得认真对待的事情。

在两千多年前，孔子和学生的一次对话中描绘了他理想中的人生至境："暮春者，春服既成，冠者五六人，童子六七人，浴乎沂，风乎舞雩，咏而归。"（《论语·先进篇》第二十六章）这也是典型的游戏人生的心态。我们可以把这里的"归"看作一种终极指向的隐喻，也就是说，美丽的游戏之所以"最值得认真对待"，是因为它向我们标示了人生的归宿和乐园。

然而不幸的是，我们所处的时代却是一个游戏文化凋零、游戏精神失落的时代。

说游戏文化凋零，是指民间游戏在孩子们的生活中逐渐消失，与大自然的亲密接触也被周末的游乐场游玩所取代。缺少玩伴与交流的童年生活，造就了以自我为中心的性格倾向和打扮与行为举止像成年人的孩子。

说游戏精神失落，有两个看似矛盾却相关的意思。一方面是指我们，包括正在成长的一代儿童没有游戏；另一方面则是指儿童的游戏"太游戏"，缺少真正的游戏精神。

大量的民间游戏，包括乡野童玩，如粘知了、捉蜻蜓、灌屎蜣螂、掏苇柞子、摸鱼、捉泥鳅、拉家雀、掏蛐蛐、打柴叉、挖壕沟打野战、爬树、爬山、到水塘稻田中玩等典型的农村游戏，由于它们扎根于真实的大地，因而极具生命力。但这些质朴无华的村童游戏已经随着城市文明的疾速发展渐渐消失了，有人不无感叹地称之为"另一种人文精神的失落"。

在现代化的城市生活中应该也可以重拾这种弥足珍贵的人文精神。儿童游戏文化是儿童教育的"精神植被"，抢救、恢复并发展丰富多彩的民间游戏，构筑健全的儿童文化生态，关乎民族国家的今天与未来。

对于幼儿园，民间传统游戏意味着什么？大多数人都会认同，民间游戏是幼儿园不可或缺的文化资源。民间游戏中蕴藏着丰富的教育智慧。这种源于民间的教育智慧经受了时间的检验，凝结为一种潜在的教育机制，是儿童文化与教育生态的天然支柱，然而，这种具有厚重历史和民族情结的潜在智慧的现代性转换却是一个艰难的过程。运用民间游戏构筑儿童文化生态，恢复儿童教育的"精神植被"，必须创造性地加工民间游戏，创造性地运用民间游戏。

四、创新思维用好民间游戏资源

中国梦包含实现中国优秀传统文化的伟大复兴。传统文化复兴背景下幼儿园如何复兴民间游戏？当然，民间游戏的复兴不能仅仅局限于幼儿园，而是要嵌套于文化复兴的社会系统之中，置身于全民创新之中。

民间游戏资源的创新运用绝不是在幼儿园教育中简单地引进民间游戏，而是充分理解民间游戏的精髓，并且运用民间游戏中蕴含的教育智慧进行教育创新，敏锐地发现问题并且创造性地解决问题。具体来说，包含着相辅相成的两个方面：一方面，挖掘民间游戏资源（收集整理民间游戏与解读透析民间游戏），在教育活动中运用民间智慧，弘扬游戏精神，重构儿童文化；另一方面，通过运用民间游戏资源（转换游戏形式与创新游戏内涵）延续民间游戏的发展，打通民间游戏传承的内在脉络，在传统游戏和现代游戏之间架设一个通道，实现民间游戏的自我更新。

对于幼儿园来说，民间游戏资源的创新运用，关键在于民间游戏在幼儿园教育中的价值取向与目标定位。民间游戏属于文化资源，如何把文化资源转换为教育资源呢？这是一个需要经过理论思考与实践探索之后才能回答的问题。

在理论上，应基于教育资源学的视角，把民间游戏视为一种多元化的资源系统，包括条件性资源与智慧性资源两种基本形态。作为条件性资源的民间游戏，重在游戏本身的创造性转换，也就是结构性转换或元素性更新（材料更新、玩法创新、规则调整和内容现代化）；作为智慧性资源的民间游戏，重在游戏智慧的实践性生成，也就是原型变式（在不改变游戏结构的前提下，变换游戏方式或建构游戏层级）或整体重构（吸收多个游戏的合理成分，重新设计一个游戏）。前者旨在民间游戏的适宜性继承，后者旨在民间游戏的合理化创新。

在实践上，应基于多元整合的逻辑思路，对民间游戏实行纵向延展与横向渗透，建立一个相对完整的创新游戏系统。民间传统游戏的纵向延展旨在使民间游戏与幼儿发展实现最佳匹配。这种匹配包括游戏方式的适宜性和游戏水平的发展性。民间游戏的横向渗透旨在使民间游戏内外整合。一方面，通过游戏间的开放性实现不同类别民间游戏之间的双向渗透；另一方面，通过游戏外的开放性实现同一民间游戏与多种教育活动的双向转换。

民间游戏的现代化是一个复杂的文化系统工程，幼儿园教育主动引进民间游戏，不仅体现了幼儿园的文化自觉性和勇于担当的创新精神，而且展示出新一代幼儿园教师的人文情怀和历史责任感。

目　录
CONTENTS

第一章　民间游戏及其教育内涵：文化与教育的关系 …………… 1
　第一节　民间游戏的含义解析 …………………………………… 1
　第二节　民间游戏的文化学诠释 ………………………………… 12
　第三节　民间游戏中的心理原型及其意义 ……………………… 15
　第四节　民间游戏的教育内涵 …………………………………… 21

第二章　幼儿园教育活动：游戏精神的失落与回归 ……………… 27
　第一节　游戏精神与幼儿园游戏的"真假"之辨 ……………… 27
　第二节　幼儿园教育呼唤游戏精神 ……………………………… 35
　第三节　幼儿园游戏精神的阻力及破解 ………………………… 38
　第四节　民间游戏中竞争行为的观察：游戏精神的视角 ……… 45

第三章　幼儿园游戏活动：教育功能的异化与修正 ……………… 88
　第一节　游戏的结构与民间游戏的构成 ………………………… 88
　第二节　游戏功能的系统分析与幼儿园游戏的功能定位 …… 100
　第三节　幼儿园教育中游戏功能与民间游戏的教育功能 …… 110
　第四节　教育功能的生态重建：民间游戏的教育使命 ……… 113

1

第四章　民间游戏的现代化转换：超越现实困境之路　121

  第一节　民间游戏走进幼儿园教育：主旨与背景　122

  第二节　幼儿园教育中民间游戏的困境及其超越　123

  第三节　民间游戏现代化转换的理论构想：以健康教育为例　130

  第四节　民间游戏现代化转换的实践探索　137

第五章　寻找民间游戏中的学习生长点：教育评价的视角　155

  第一节　游戏中的学习生长点　155

  第二节　表现性评价：寻找学习生长点的方法　159

  第三节　民间棋类游戏中关键经验的表现性评价　163

第六章　民间游戏融入幼儿园课程：游戏课程的视角　195

  第一节　幼儿园课程中民间游戏的价值定位　195

  第二节　游戏生成课程的机制　197

  第三节　民间游戏生成课程路径　202

  第四节　民间游戏融入幼儿园课程的实践探索　207

  第五节　民间游戏融入幼儿园课程中"重构"策略的案例分析　218

专题研究1　乡村幼儿园民间游戏的现实困境及其对策
  ——来自浏阳市 A 园的跟踪考察　231

专题研究2　民间棋类游戏对幼儿数学能力影响的实验研究　271

参考文献　329

后　记　336

第一章

民间游戏及其教育内涵：
文化与教育的关系

随着文化发展和科学进步，民间游戏从民俗学的一个重要领域逐步演化为多学科研究的交叉领域。在不同学科（视野）中，民间游戏具有不同的含义和寓意。当民间游戏走进教育，特别是融入幼儿园教育，必然面临价值取向和功能定位问题。

在复兴中华民族文化的征程中，民间游戏（传统游戏、古代游戏）的文化传承价值和社会教育价值日益凸显。民间游戏，特别是儿童民间游戏在幼儿园教育中扮演着双重角色——弘扬游戏精神，培植民族品格；发挥游戏效能，提高教育质量。

站在游戏科学的立场上，民间游戏作为游戏的一个特殊形态，其研究深受游戏理论的视野及其转向的深刻影响。为此，在解析民间游戏之前有必要澄清游戏的一般含义及其在不同领域的寓意（隐喻）。

在一定意义上，民间游戏是一种囊括着形态各异、内容不同的游戏的集合，仍然没有形成一个普适性的概念体系。至今，民间游戏的理解与交流仍然停留在游戏的日常概念层次上。

第一节 民间游戏的含义解析

从学理逻辑审视，民间游戏不是一个类型学概念，即民间游戏不是游戏的某个类型。故而，民间游戏涵盖着游戏的不同形态或类型。显然，游戏的一般分类系统不适用于民间游戏的理论性解析与实践性应用。

民间游戏源于日常生活和社会活动，并且随着日常生活的演化和社会活动的变迁而不断发生变化。为此，分析游戏的日常概念有助于解读民间游戏的含义及其表现方式。

一、游戏的含义分析

当我们尝试回答"什么是游戏"或"游戏是什么"的时候，我们是在对游戏做一种观念性的解析（含义分析），而观念的概括和表达都必须用语言（词语）来完成。因为语言创造了词汇以及运用词汇表述观念法则。

在游戏的观念及其含义表达的形成过程中，语言往往只有一个词汇、一层含义，而游戏具有很多含义，故而，一个普遍的游戏范畴并非用一个词就能表达。世界上不同地方的人都在游戏，游戏的内容是如此相似，但他们用语言所表达的游戏概念的形式却大为不同，一些语言比其他语言更成功地用一个词语概括游戏的多层含义。

一个普通的囊括所有且逻辑上同质的游戏概念，是语言相当晚的创造物。[1] 一个普通的游戏概念的抽象化是缓慢且次要的，而游戏功能本身则是基本和首要的。民间游戏得益于语言的丰富，单单民间游戏的名称就具有极强的地域特色。游戏的语词学分析已经证明，在文化进程中，一般游戏概念是晚期的概念，而一个个有着独特含义的民间游戏（民族游戏）早已命名，并广泛且深刻地影响着后人关于游戏概念的分析。

约翰·赫伊津哈曾对希腊语、梵语、闪族语、拉丁语、日语、汉语、日耳曼语、英语等十几种语言中游戏的概念及其语言表达进行了比较系统的语词学分析。分析表明，有多少种游戏行为（本能或经验），人们就对游戏活动有多少种严格表达。

例如，在希腊语中，对游戏的表达有三种含义：适合于儿童的游戏，音节不表示任何东西只蕴含玩某种东西的意思；玩、玩具，适合于各种游戏，有轻松自在的痕迹；琐碎、无价值的意思。而在梵语中游戏有四层含义：动物、儿童、成人的游戏；风或浪的运动；单足跳、跳跃、舞蹈、赌博、掷骰子、哭泣、戏弄；轻闲的、不费力的、模样、仿佛等意思。闪族语里游戏却主要是松散之意。显然，快速运动是许多游戏词汇的具体起点。

游戏的表述方式存在一个显著特征，就是把一般活动的游戏和与游戏相关的各种属性混为一谈，如轻松、紧张、结果难卜、有秩序地轮换、自由选择、自由动作、控制自己、打发时间等。

另一个特征是游戏和竞技在语词含义上没有明显区别。现代欧洲语言中关于游戏的语词的覆盖面进一步扩大，扩展为许多组概念。游戏被广泛用于某些

---

[1] 赫伊津哈. 游戏的人 [M]. 多人，译. 杭州：中国美术学院出版社，1996：33.

轻松的行为和运动。正如柏拉图的游戏观念：游戏源于所有年轻生物——动物和人类——跳跃的需要。①

游戏是运动的自由或有限流动性的场合，它带有"再现他物、替代他者"的特点。

在现代英语中，关于游戏的词泛指小孩的假装、成人的各种体育活动、玩笑幽默、艺术活动等。分析《韦氏新世界词典》（1972年版）中关于游戏的59个定义，② 进一步发现：第一，英语中play一词既可用作名词又可用作动词。作为名词，play泛指一类活动的总称；作为动词，play则表示各种操作、摆弄、玩弄等注重手指的敏感度而有秩序的活动。第二，play使人感到轻松、愉快，且没有沉重的负担。在"游戏"一词中，也确实包含了大量这类体验、感受和判断，如轻松、紧张、结果难卜、自由选择、琐碎、闲散放浪、无价值等。

在汉语中，"游戏"一词有几种表达方式，主要有"玩""游""嬉""遨"等。

第一，玩。玩赏、研习、戏弄、忽视之意。

"玩"多指在手中摆弄、玩赏。其中有两层含义：一是研习，例如，"是故君子居则观其象而玩其辞，动则观其变而玩其占。"（《易·系辞上》）二是忽视，因习见而不加注意。例如，"寇不可玩。"（《左传·僖公五年》）后来，从中引申出一种不认真、不严肃的态度。如"玩物丧志"。

第二，游。流动之义，引申为飘动、飘荡。例如，"游波宽缓"（《梁书·康绚传》），"游"比喻运动、活动、闲逛之义。

"游"通"遊"，表示行走、游玩、交游来往，也表示游荡。例如，"罔游于逸。"（《尚书·虞书·大禹谟》）当然，"遊"另有逍遥、优游之义。

"游"同"优"，娱乐活动。古时指旗子边上的飘带及皇帝帽上的玉串，有随意运动之义。

游艺是一种"游"的过程。例如，"士依于德游于艺。"（《礼记·少仪》）"游艺"有玩物适情之义，表示"游玩""玩耍""游乐""嬉戏"等意思。

游憩是一种"游"的状态，意指游戏、休息，后来引申为闲暇、休闲。这意味着游戏是一种轻松、放松的活动。

第三，嬉。游戏、玩耍。陆游《园中作》曰："花前自笑童心在，更伴群儿竹马嬉。"

---

① 赫伊津哈. 游戏的人[M]. 多人，译. 杭州：中国美术学院出版社，1996：39.
② 刘焱. 幼儿园游戏教学论[M]. 北京：中国社会出版社，1999：25.

"嬉"常与"戏"连用，表示游戏之义。例如，"嬉，戏也。"（《广雅》）古乐府《孔雀东南飞》云："初七及下九，嬉戏莫相忘。"

第四，遨。"遨"通"敖"，意指遨游、游逛。例如，"而犹从牧儿遨。"（《后汉书·刘盆子传》）"自年六七十翁亦未尝至市井，游敖嬉戏如小儿状。"（《史记·律书》）

综上所述，汉语中游戏有以下两层含义：一是游戏是一种供人们在休息、闲暇时娱乐的活动或运动，有随心所欲的意思。二是游戏有不认真、不严肃等意思，有玩世不恭之义。

游戏的语词学分析有助于揭示游戏的日常概念。显然，不同语言在表达游戏的含义时存在一定差别，但在日常概念上达成了一些共识：一是游戏与运动、动作有着密切的关系；二是游戏的"游"都表示随风飘逸、飘荡之义；三是游戏是一种轻松、松散、休闲、自在的娱乐活动，没有沉重的任务和负担之义；四是游戏是无价值、不认真、不严肃的，这可能是游戏受到轻视的原因所在。

民间游戏的传承与发展在很大程度上得益于语言的多样性与语词的丰富性，仅仅是游戏的名称就能反映出民间游戏极强的地域特色或民族风格。

二、民间游戏的含义分析

从文化发展审视，民间游戏更适宜被视为一个生态学概念，即民间游戏不是某个时代的游戏或某个地区的游戏，而是不同历史时期累积传承和不同地区流行和传播的所有游戏的集合。

（一）民间游戏的含义

民间游戏是一种发展性的开放系统。时代在发展，民间游戏也在发展。当下，我们讨论的民间游戏是指历史上"创造"，大众传媒时代下仍然"存活"的那部分民间游戏，属于"民间游戏"中的"传统游戏"——传统民间游戏。

目前，在民间游戏学术研究中仍然占据主导地位的是民俗学的界定：民间游戏是一种以消遣休闲、调剂身心为主要目的，而又有一定模式的民俗活动。

在民间俗语中，游戏被称为"玩耍"。在民俗中，游戏是最常见的、最普遍的、最有趣味的娱乐活动。在一般情况下，游戏主要流行在儿童日常生活之中，也流行在成人的娱乐活动之中。特别值得重视的是，在传统节日里，不同地域流行着富有文化特色的游艺活动。

分析民俗学关于民间游戏的三个代表性定义，也许有助于揭示民间游戏的含义。

第一，民间游戏是指流传于广大人民生活中的嬉戏娱乐活动，俗称"玩耍"。游戏是游艺民俗中最常见、最普遍、最有趣的娱乐活动，主要流行于少年儿童中间和节日里成年人娱乐节目之中。①

第二，民间游戏是指流传于民间，以嬉戏、休闲为主的娱乐活动。人们在相对平和的形式下比试输赢，但不仅仅是以输赢为目的，更加关注的是情感的调适、身心的放松。②

第三，民间游戏是指流行于广大民众之间，并成为代代传承的文化传统的游戏。③

从中可以看出，民间游戏应该同时满足以下几个条件：

第一，历史性：民间游戏必须具有一定文化底蕴并且经历一定历史传承与演变。

第二，地域性：民间游戏必须是约定俗成的并且在一定地域得到社会大部分群体的广泛认可与传播。

第三，平民性：必须是在平民，主要是下层民众中间，而非官方的机构中间流传的游戏。

第四，休闲性：民间游戏具有全民参与性，虽然有较强的竞技特征，但并不属于正式体育比赛项目。

归纳起来，民间游戏可以理解为：在一定区域内流传于民间并且世代相传，含有竞技特征但排除在正式比赛项目之外的能够带来充分娱乐效果的游艺活动。简单地说，民间游戏是指在一定地区中自然形成（传承或创造）并在一段时间内流行的游戏活动。

由此可见，民间游戏包含两层含义：

第一，民间游戏是传统的（世代相传，必须经历一定时间长度），并且得到某一地域大部分群体的广泛认可的游戏。大多数人都知道并详细了解其进行方式、规则约束、禁忌等具体细节，甚至是伴随大多数人成长的游戏才能称作民间游戏。例如，古代宫廷里曾经风靡一时的各种游戏，就不能算作民间游戏；同时，如果脱离了民间这块沃土的滋养，这些游戏最终也必定会萎靡直至彻底消失。

第二，民间游戏是民间（社会）中约定俗成的游戏。顾名思义，民间游戏

---

① 乌丙安. 中国民俗学 [M]. 沈阳：辽宁大学出版社，1985：23.
② 钟敬文. 民俗学概论 [M]. 上海：上海文艺出版社，1998：19.
③ 张新立. 教育人类学视野下的彝族儿童民间游戏研究 [D]. 重庆：西南大学，2006.

就是在劳动人民中间，主要是下层民众中间，而非官方的机构中间流传的游戏。民间游戏具有很大程度的自主性、社会性、娱乐性、文化性和全民参与性。民间游戏虽然有较强的竞技特征，但并不属于正式比赛项目。

（二）民间游戏的特点

民间游戏留给人们的印象往往有两个鲜明的特点：

第一，随意性。从游戏的组织和取材角度来说，民间游戏具有一定的规则，但又具有随意性。一些游戏可以就地取材，找一些木棍、石子、叶子，就可以开始游戏，如利用石子或果核，按不同的图形玩"走子"游戏。

民间游戏的随意性赋予其巨大的变通空间：游戏形式丰富多样，游戏过程灵活多变。

一是玩法与形式的多样性与灵活性。以"果核"游戏为例，一个游戏可以变通出三种玩法。玩法一：将一枚果核放在靠墙桌沿上，游戏者依次轮流用手掌猛击果核，使果核沿桌面向前滑动，以将果核击得离墙最近者为胜。玩法二：将一枚果核放在地面或桌面，游戏者用手中的果核击打地面上其他游戏者的果核，如击中，则赢取了这一果核，如击不中，则换另一名游戏者出场击打。玩法三：将果核当成石子，玩"抓子儿"的游戏。不仅玩法多样，还可以由游戏者自己来决定创编其他玩法，自主选择、自由结伴，不受限制。在游戏中给参与者充分的自由度和发挥想象的空间。

二是参与人数与游戏场地的灵活性。诸多民间游戏，孩子们可集体游戏，也可分组玩耍。活动的人数可多可少，场地的要求也不高。例如，"脚跟脚尖脚跟跳"这项身体动作游戏，不受空间、时间、材料、人数等因素的限制，不论在室内还是室外，只要有能让游戏者立足的空间就可进行；无论时间的长短，哪怕只有几分钟都可以玩得尽兴；可以一个人玩，也可以一群人玩。

第二，趣味性。民间游戏能够代代流传是因为具有极强的趣味性，符合儿童好奇、好动的特点。例如，"跳皮筋"可以边说儿歌边跳，玩法上可以从一根到两根、三根。再如"摔烟纸盒"，其中好看的图案、扇的动作和纸盒摔在地上发出的声音都给儿童带来了乐趣。

趣味性是游戏的生命。民间游戏之所以得以流传下来，很重要的一个原因是它具有浓厚的趣味性和娱乐性，这使得儿童在自发的状况下也乐于游戏。

民间游戏的这种趣味性往往反映在游戏的内容、形式及过程中，其内容一般较生动具体，形式也非常活泼、轻松。许多游戏中还配有节奏明快、朗朗上口的儿歌和口令，儿童在游戏中边玩边吟唱，始终处于欢乐之中。

儿童在民间游戏中，始终处于积极、主动的地位。从游戏内容与形式的选择、规则的商定、人数与角色的分配、玩具材料的准备、场地的安排，到游戏情节的发展，都可由儿童根据自己的喜好、兴趣、能力来完成。对于儿童来说，民间游戏可以让他们自由轻松、身心愉悦，并且始终处于积极主动的地位。

从文化传承与创新的视角看，民间游戏的生命力源自其独特的生态性。民间游戏具有很强的生态依存性，包括自然生态与社会生态。离开特定的生态，民间游戏就可能失去其特有的韵味和风趣。

1. 民间游戏的自然生态

从游戏材料与游戏场地看，大多数民间游戏因地制宜、就地取材，似乎可以做到"万物皆可玩，无处不能玩"。在广袤的原野，自然形成的地貌为民间游戏提供了无限变化的"百玩"空间。

当民间游戏走进村落和社区，从开放的原野到闭合的活动区，游戏结构仍然巧妙地维系着适度的密集性，游戏主旨继续保持合乎理性的野性（野趣和野味）。正是这种"高生态价"的游戏环境，使民间游戏得以生生不息，代代相传。

民间游戏的材料简单，方便易行。民间游戏有许多是徒手进行的，本身不需要材料，只要利用手、脚或身体某些部位、某个动作就可进行。

即使有需要的材料，也比较简单易得，十分廉价，一般都来自日常生活和自然的材料及半成品，甚至没有玩具也可以用替代物。几根竹竿、几个小沙包、一把石子、一根绳子，这些随处可以得到的东西便能使游戏开展起来。这些石子、沙、废旧物品等材料价廉物美，许多是不需要花钱的，并且没有固定的形式，儿童在游戏中可以根据自己的兴趣和想象，随意将材料进行加工和改造即可游戏。如"抓子游戏"可用石子或棋子，用鸡毛、毛线、苎麻、纤维绳、碎纸条可做成毽子玩"踢毽子"游戏等。再如，玩"核儿"的游戏，吃完果子，就可以得到果核，这就可成为儿童进行游戏的好材料。这些材料都可以通过幼儿自己动手搜集或制作，想怎么玩就怎么玩，无不凝聚着幼儿的智慧和力量。

2. 民间游戏的社会生态

民间游戏大多数是群体（团队）游戏。游戏伙伴与游戏群体直接决定了游戏的社会生态。在自然形成的村庄里，由于居民相对稳定，在习俗力量的支持下，儿童可以自发形成游戏群体——混龄群体。

在竞技情境或重大节日里，游戏群体从自然的混龄群体随机分化为不同类型的同龄群体。其中，游戏伙伴保持相对稳定，游戏群体却具有灵活机动性。这种社会生态有利于形成民间游戏的内在传承机制——横向拓展（同龄群体内的发现性学习——创新游戏）与纵向延续（异龄群体中的接受性学习——传承游戏）。

民间游戏富有浓郁的地方特色和民族特点。游戏在某个地区产生流行，必然受这个地区的地理、气候、环境和人们生活生产、风俗习惯、文化心理的影响，因此具有一定的地域特色和民族特点。

一是不同民族与不同地域有不同的游戏。泼水节是傣族新年最隆重的节日，而泼水游戏是泼水节最具代表性的群体性娱乐活动。湖湘地区的赛龙舟是源于纪念爱国诗人屈原而形成的节日（端午节）活动。

同一种游戏在不同地区有着不同的风格，如"跳绳"，在湖南所伴儿歌为："花儿红，鸟儿跳，柳树底下把绳跳，单脚跳，双脚跳，脚步越跳越灵巧，挺起胸，向前瞧，脚儿轻轻别摔跤……"伴随着这首童谣跳绳，就反映了湖南人民轻松、怡然的生活情趣，有着浓郁的湖湘文化气息。

民间游戏不仅保留着传统风格，而且充满时代气息。近代兴起的"跳皮筋"所配歌谣为："一朵红花红又红，刘胡兰姐姐是英雄，过去是个苦孩子，现在是个女英雄……"增加了节奏感，也表达了当今儿童对英雄人物的崇敬与怀念。

二是同一游戏因地域不同形式与玩法各异。如"推磨"游戏，其玩法为两人一组，面对面站立或坐下，双手五指交叉互握，随儿歌做推来推去的动作。在湖南其儿歌为："推麦、磨麦、推荞麦、推皱粑，推给哪个吃（读 qia），推给宝宝吃（读 qia）。"而在贵州，其儿歌为："推粑、磨粑，推个粑粑送娃娃。娃娃不在家，赶快去找他。"显然，一种游戏具有两种地方特色，不同地区的幼儿在玩游戏时的知识体验和情感体验也是不一样的，他们各自感受着本地人民的智慧结晶。

三是由于民间游戏所表现的内容往往是人们的日常生活，所以民间游戏中有很多配有的儿歌、童谣都是采用当地的语言，这些都使得民间游戏具有相当明显的民族性和地方性。

例如，湖湘地区的民间游戏"月亮粑粑"，感情质朴、语言真切、韵律和谐、节奏明快。这个游戏融合童谣《月亮粑粑》和"点兵点将"游戏，不仅巧妙地解决了游戏角色的分配问题，而且在游戏中融合地方语言，也潜移默化地加强了儿童的家乡认同感。

这些民间游戏充分体现了地方的生活民俗特色。幼儿在这些游戏中，能感受到民族传统文化的熏陶，这对他们融入幼儿园教育有着积极意义。

（三）民间游戏的分类

民间游戏既是一种本土化的特色生活方式，又是一种大众性的休闲娱乐手段，它不仅反映了传统文化发展的轨迹，而且体现了民众的娱乐精神。民间游戏包罗万象，内容涵盖地方礼俗、信仰祭祀、民间绝活、日常竞技和生活习惯等方面。

由于民间游戏的内容极其丰富，所以迄今为止对其还没有一个统一的分类标准，从不同的角度可以进行不同的分类。根据身体活动的部位可以将民间游戏划分为手的游戏、脚腿游戏、追逐跑游戏、躲藏游戏等；从游戏使用器具的角度可以将民间传统游戏分为徒手游戏和及物游戏。

根据游戏的功能，我们将民间游戏划分为四个族类：运动游戏、表演游戏、语言游戏、益智游戏。之所以采取族类模式，是因为民间游戏具有综合性（复合性）和传承性（演化性）。任何一类民间游戏都是一个庞大的家族，不仅具有包容性（相关游戏之间的相互融合），而且具有发展性（同一游戏内部的自我分化）。故而，任何单一性维度的划分都不能反映民间游戏的本质特点和独特风味。

1. 运动游戏

运动游戏是以身体运动为主的娱乐活动，是儿童非常喜爱的一种游戏。民间游戏中，运动游戏占比最大，最为常见。根据身体运动方式，运动游戏进一步划分为大肌肉运动游戏与小肌肉运动游戏。

大肌肉运动游戏涉及走、跑、跳、投掷、攀爬等运动技能，对儿童的运动力量、速度、耐力、敏捷性、协调性、柔韧性等多项体能指标都有很好的提高。

小肌肉运动游戏涉及手部肌肉精细动作的发展，可提高儿童的手眼协调性。

运动游戏的场地多在户外。户外开展"滚铁环"游戏可锻炼儿童手眼协调与控制能力，还能锻炼其快跑能力；"跳房子"可提升儿童单脚跳、双脚跳、左右脚交替跳的能力及身体的平衡能力。

2. 表演游戏

表演游戏是具有模仿、娱乐性质的歌舞游戏，也是儿童非常喜爱的一种游戏，这类游戏自由欢畅，充分显示出儿童活泼顽皮和善于模仿、喜好表现的天性。这类游戏在幼儿园开展得较多，具有一定韵律性的表演性质，让儿童能从民间传统游戏中充分体验游戏的欢愉性。

例如，湖湘地区流传的"新娘抬轿"游戏，游戏中有新娘和轿夫的角色扮演，有童谣，且轿夫抬着新娘走的过程中，每走一步都要按一定的节奏念童谣。参与游戏的儿童可以尽情发挥，在表演中享受自娱自乐所带来的欢快之情。

3. 语言游戏

语言游戏是民间游戏中的一个重要分支，是指流传于人们生活中的主要以发展儿童语言表达能力为功能的民间游戏活动。民间语言游戏基本以民间童谣、绕口令为载体，将生动有趣的民间童谣和绕口令以游戏的形式呈现，更是极富研究价值的乡土文本，对于今天的孩子而言，它还是一座传承民族文化的桥梁。

灵动而幽默的民间语言游戏简练朴素，富有节奏感和美感，具有情感性。如："你姓啥？我姓黄。什么黄？草头黄。什么草？青草。"小伙伴们席地而坐玩的"你问我答"游戏，你来我往，互问互答。不仅发展了语言能力，还有助于同伴间的交流与合作。

4. 益智游戏

益智游戏是一种将智力活动与娱乐活动巧妙结合起来进行的游戏形式，即以训练开发儿童的智力和技能为目的的游戏活动。这类游戏运用生动有趣的游戏形式，让儿童在愉快的实际活动中增进知识、发展智力。

益智游戏主要有竞猜类和棋艺类。"猜拳"和"石头剪刀布"是流行最广的竞猜游戏。竞猜类游戏"金锁银锁"有助于发展儿童反应的灵敏性。在一位儿童蒙上双眼，一只手张开，手心向下时，其余儿童将食指放在蒙眼人手掌中。蒙眼人把自己的手掌想象成一把锁，在念完儿歌后，也就是"上锁"的一瞬间锁住其他小伙伴的手指，若谁的手指被捏住，就让蒙眼人猜猜他是谁。在本游戏前半部分可以提高儿童反应的敏捷性；后半部分"猜人"的游戏可以发展儿童推断力、记忆力，同时增进同伴间的友谊。

棋类游戏启迪儿童的理性思考。在对弈的过程中，儿童必须反复思考，走一步、看两步，并能根据对方怎么走棋决定自己怎么走棋，这需要观察、研判、镇定、细致、耐心，既要动手又要动脑。

三、民间游戏传承的机制

在传统社会文化中，民间游戏伴随儿童成长，民间游戏是儿童与生俱来的"伙伴"。那么，民间游戏又是如何完成代代相传的呢？

（一）民间游戏传承的原始生态

民间游戏传承的原始生态是一个以自然村落为单位自发形成的混龄游戏群体——以1—2个大龄儿童为核心的、经常一起游戏的一群儿童（也称"游戏圈"）。

在这个群体中，儿童既是游戏的传承者，也是游戏的创造者，更是游戏的受益者。

民间游戏的传承发生在儿童成长之中，也可以说是儿童的成长过程实现了游戏的传承：从一茬向下一茬的传递。

一方面，在保留游戏的原始意象（原型）的基础上，根据时代的变迁不断调整游戏规则与游戏情节。另一方面，在继承游戏的基本图式的基础上，根据自己喜好或接受外来文化的影响，不断地创造出新的变式。

1. 传统民间游戏的混龄群体以及成员的游戏地位（角色）

根据游戏地位划分，混龄游戏群体中儿童分化出四个功能角色：旁观者、配角、主角和教练。

旁观者：多为年龄最小者，有时候也包括外来者（游戏圈外的儿童）。

配角：多为年龄稍大者，有时候也包括临时加盟者（不经常一起游戏的儿童）。

主角：多为年龄更大者，有时候也由"教练"根据游戏需要临时指定。

教练：年龄最大并且具有核心地位的领导者，有时候也取决于游戏能力，游戏高手成为当然的"教练"。

2. 传统民间游戏的传承：在儿童发展中进行

在一个相对稳定的游戏圈内，儿童经历一个从旁观者到教练的成长过程：儿童在游戏圈中地位的不断提升（儿童游戏能力的发展与游戏地位的上升同步）；儿童的能力在游戏中不断发展（从对游戏的向往经由对游戏的驾驭到对游戏的超越）。

这一过程需要5—8年（从2—3岁到9—11岁）；12岁以后儿童交往兴趣转向同龄伙伴，进入"团伙期"。

当"教练"离开游戏圈后，会自发产生新的人选接替这个角色。一般是从"主角"中自然产生，多个"主角"出现时，则取决于游戏能力。

教练的更替，意味着"配角"上升为"主角"，"旁观者"上升为"配角"，而"新生力量"就是旁观者了。于是，游戏从一茬传递给下一茬。

综上所述，民间游戏的代际传承是一个不断推进的发展过程，其中，混龄群体构成了游戏传承的"环境"因素，而儿童成长（游戏能力的发展）则构成了游戏传承的"人"的因素。从中我们可以获得下列启示：

第一，自发游戏形成的游戏群体是一个自组织系统，儿童的发展构成了游戏传承的内在动力。只有儿童成为游戏的主人，游戏才能成为儿童的生活。

第二，混龄游戏群体是儿童自觉开展游戏的最佳生态，幼儿园有必要打破班级界限，为幼儿形成混龄游戏群体创造条件。

第三，重新评价旁观的价值。旁观是游戏参与的开始，也是一种有效的观察学习。

第四，游戏需要学习，即使是自发性的游戏也有一个从"新手"到"专家"的发展过程，幼儿园必须保障游戏的连续性与发展性。

（二）民间游戏蕴含着创造特质

民间游戏贴近生活经验，"因地制宜，就地取材"，具有机动性与灵活性；民间游戏切合活动需要，"因人而异，求同存异"，充满变通性与亲和力；民间游戏蕴含"智慧胚胎"，"智勇双全，随机通达"，折射出纯洁而朴实的求真精神。

人的创造性首先源于自然的原始创造特质（无边好奇、无限勇气和无偏见），其后源于文明的经验创造特质（有限的空间、有保障的探究、有偏好的选择）。

源于自然的原始创造特质的功能不是创造产品，似乎没有实用价值。然而，正是这种特质保护了创造真谛，根植了创造精神。

更为重要的是，当人长大后掌握了已知的文明，要进一步由已知开拓未知，从事创造活动时，这种人类原始的创造特质又扮演起举足轻重的角色。

遗憾的是绝大多数人，早因适应环境，受制于文明而丧失了早年曾经流淌在自己血液中的原始创造特质。

民间游戏的创新价值就在于播种创新的种子——培植原始创新特质，为长大成人后的现实创新奠定创造智慧与创造人格的基石。

第二节　民间游戏的文化学诠释

游戏，是人类最古老而又与社会生活关系最为密切的文化现象之一。在几千年的历史传承中，游戏经历了各种文化要素长期而复杂的交流、碰撞、凝聚、整合，容纳了丰富的形式、内容和重要的社会及文化意义，成为人类实现自我确证的一种具体方式。所以，游戏伴随着人类发展的整个过程。

在古代，游戏作为一种最原始的教育形态，在人类文明传递和传承中发挥着重要作用；在现代，游戏已经融入生活的各个方面（如游戏治疗的运用、旅游文化的盛行）。

一、文化是什么？

在汉语中，"文化"的词形是《易传》"观乎人文，以化成天下"中的

"文"和"化"的合成词,其基本含义是"人文化成"。

按古义解释,"文"同"纹",而"纹"既可作动词,也可作名词。名词意指花纹、纹路、纹样等。动词意指在物体上刻纹、画纹,使其有纹路、纹样等。文化通动词"纹",即刻或画纹路、纹样等的过程或活动。用文化指人,意指使人变化有文,其原初含义是男女结合及其衍生的关系,如同不同色彩交织而成的花纹,并由此化生出其他人文范式,如父慈子孝、长幼有序等,再从这些基本人文范式中产生出生存伦理(道德规范)和活动规则(行动方式)。

在西方,"文化"源于拉丁文 culture,是动词 colere 的派生词。其原意指对土地的耕作,也指耕种的农作物。后来,随着人从认识自然向认识自己的逻辑转折,文化就有了培养、教育、训练人,以使人摆脱野蛮、粗俗和愚昧而成为有教养的、文雅的和聪明的人的意蕴。文化由此具有两层含义:外在自然的人化和内在自然的人化。

从上述分析来看,文化至少包含三层含义:

(1)文化是人有意识地改变"原有"的自然物(包括自然的人)的活动。

(2)文化是"原有的"自然物在人的活动作用下改变了面貌和秩序,变成了"文化物",成为"属于人的",具有了"文化秩序"。

(3)文化与人相互界定、互为前提、相互建构。

由此可以说,"文化"是有意识的人类活动,因而就具有人的意义。人在从事文化活动之前,只是自然界中的一个物种,算不上真正的人。正是文化使人成为人,使世界成为人的世界,使自然现象具有了人的意义。

二、文化与心理的关系

文化与心理是一体两面,文化是人的世界的基本特征,人的世界是文化的。文化是人用自己的心灵(心理)构筑或规整的世界图景,而心理在构筑和规整活动中被改造,从而进化为人的心理,具有新的意义、结构和功能。

心理是与外在文化世界相应的内在世界,而外在文化世界是心理这一内在世界的表达或展现。正是内在文化世界(心理或精神)使外在文化世界成为可以认识、意向和寄情的,自然事物变得对人有意义,而意义又反过来制约人的心理,使人的心理得以运用和展现,并据此进一步模塑心理。

复演说早期的经典游戏理论——从席勒和斯宾塞的"精力剩余说"到斯坦利·霍尔的"复演说",从格罗斯的"预备说"到博伊千介克的"生长说",这些理论都从不同方面阐明了游戏对于人类文化与心理的象征意义。

三、文化与游戏

游戏伴随着文化又渗透着文化，所有游戏都具有一种文化意味与心理隐喻，人类社会的伟大原创活动自始至终都渗透着游戏。

（一）游戏文化表征功能

游戏大多采取仪式化的行为程序，再现现实社会生活中客观存在的某种竞争过程，并且逐步演变为某种竞争的最佳再现方式。

在具体游戏中，文化再现意味着社会成员以约定俗成的"仪式化"程序展示自我心理活动，包括认知与情绪上的优势以及人格魅力。

为此，在游戏中，个体是自主的（free）并且在仪式化的规范内也有自由（freedom）表达自我，但并不是再现"真实的"平常生活，而是在特定时空中"演出"，具有时空隔离性与虚构有限性。

（二）游戏文化

在文化学中，游戏是一种特殊的文化现象——低于严肃性水平的文化。根据文化中游戏的地位与作用，可以把人类文化分为两种类型：

一种是"富"游戏文化。"富"游戏文化的民族，不但在其文化体系中有种类繁多的游戏，构成他们日常生活的一部分，而且这些游戏的存在可追溯到遥远的年代。

另一种是"贫"游戏文化。"贫"游戏文化的民族，通常文明落后、历史贫乏，人与人之间缺乏交往的机会，很难有产生游戏的条件。因此，人类种族演变的程度，可用其存在的游戏数量作为指标加以衡量。

（三）游戏与儿童文化

游戏先于文化，文化反过来又制约着游戏的行为。游戏中潜伏着一种结构及文化的向心力，它制约着儿童哪些可以做哪些不可以做。同其他的文化一样，儿童文化也有着自身的一套规则，由此规定着这个群体内所有成员的行为，而这一套规则对儿童能够想象出来的任何新的游戏都起着"结构"的作用。

儿童文化为儿童的智力发展和自我意识的形成提供支持和结构，而每个儿童也是儿童文化中一个基本的、活生生的因素，每个儿童接连不断地参与，使儿童文化所具有的独特性和多样性得以保存和更新。

儿童文化是保守的，早已建立好的规则、价值和传统形式奠定了儿童文化的基础和框架，使出现的灵感、印象绝大部分被业已建立的程度和形式所吸收。但儿童文化同时又有打破老一套，更改形式和规则的需要。因此，儿童需要不断地游戏，通过游戏建构、更新文化。

游戏在不同文化中的角色是不一样的。在西方文化中，儿童游戏行为与成人所需技能之间似乎没有直接关联，其原因是西方科技文明高度发展以及工作、游戏二者截然划分；在非科技社会中的儿童游戏与成人角色行为之间则有较大的关联。例如，"游戏屋"即"娃娃家"是世界各国儿童对成人角色的预演。在西方社会中该游戏主要具有角色扮演的社会性功能，在非洲社会中，则主要起着技巧与社会练习的作用。

游戏的具体内容在不同的文化中也是不同的，它与儿童实际生活的环境有关。不论何种文化、种族、社会经济背景的儿童，都有游戏行为，游戏行为在形态上可能呈现不同，但本质上是没有什么差异的。

四、民间文化中的民间游戏

在文化学中，民间游戏（folk play）属于民间文化范畴，与民间文学（folk literature）、民间艺术（folk art）、民间习俗（folk custom）等处在同一个文化层面。

民间文化是一个开放的发展系统，内部各个形态之间相互影响。其中，民间风俗构成了民间文化的基本源泉。

在文化形态上，民间游戏属于非物质文化的一种类型。由于民间游戏广泛散落于民间，完全通过自然文化生态中的代际传承，并且主要是借助儿童群体的同伴交往实现历史延续。因此，相对于其他民间文化而言，民间游戏缺乏传递的严谨性与结构的规范性。

随着时空变化，同一个民间游戏在形式与内容上产生了各种变式，但是，作为民族心理的承继载体，其基本原型却是永恒的。正是由于这个意义，民间游戏构成了人类文化的"活化石"。通过民间游戏的文化分析，我们可以回溯人类文化的演变历程与民族心理的演化过程。

第三节 民间游戏中的心理原型及其意义

任何游戏都有着一定的原型，这种原型包括规则、结构及其主题意义。皮亚杰认为，任何人最初的心理都来源于游戏。从某种意义上来说，游戏是人类探索心理历程的"活化石"，也是人类自我认识的一面镜子。

一、心理原型的含义

心理原型，英语中用"archtype"来表示，最早源于希腊文。原型就是指"原始模型"，其本来的意思是"原始的模态""最初的形态"。

（一）心理本体原型论

荣格曾经就原型的最早出现时间以及其在古典哲学中的意义做了分析。在荣格之前，关于原型的探讨大多侧重于对宇宙本体的考察，像在柏拉图哲学中就表现为"理念"（物理本体原型论）。而荣格不满足于传统的物质决定意识的看法，认为人的精神同物质一样是并行不悖的，物质有其本体，精神也有其本体。精神并非物质产生以后的附庸。以此为出发点，荣格开始为建立在自主精神原则基础上的分析心理学而努力，提出了他的心理本体原型论。

荣格把原始人"努力要赋予原始形象朦朦胧胧的思想以一种表达方式时所创造的神话、传说、巫术等都称为'原型'"①。他认为，原型主要是神话形象，它可以由无意识向有意识过渡，它主要采取隐喻方式并不断反复运用意象。也就是说，原型是人类或种族在漫长年代里遗传下来的一种文化积淀和心理遗产，体现了某种集体人类的普遍精神，而这种普遍精神是以表象形式呈现的。

"原型意象"又有它特殊的内容和含义。首先，它是一种悠久的历史积淀下来的、具有持久魅力与广泛影响并能传达出人们的内在要求、渴望和意愿的精神或情绪；其次，这种精神或情绪又必须存在于一个象征体，这个象征体就是"原型"，它可以超越个别和时间，产生一种普遍原型意象所引发的独特审美效果和意义，但它必须具有切实的象征基础，例如，神话、传说等意象，从而使它存在于不同传说、自然现象以至于某一种物体之中，它在历史进程中不断发生并且显现于创造性幻想得到自由表现的任何地方。因此，它本质上是一种神话形象。

当我们进一步考察这些意象时，会发现意象为我们祖先的无数类型的经验提供形式。可以这样说，它们是同一类型的无数经验的心理残迹。

（二）原型批评理论

加拿大学者弗莱提出原型批评理论。他认为原型是"典型的反复出现的意象"。荣格从分析心理学的角度来理解的原型是潜藏在集体无意识领域之中的，是与典型的行为模式——本能共同存在的典型的领悟模式，是为意识所不能察

---

① 荣格. 心理学与文学 [M]. 冯川、苏克，译. 北京：生活·读书·新知三联书店，1987：53.

觉的，人们意识到的都是原型的象征性的表达意象。而弗莱把原型理解为典型的反复出现的意象和不断重复的叙述模式及母题。需要说明的是，这里我们理解的原型应该更加接近于荣格的解释。

从以上探讨中，我们可以总结出这样一种情况，即原型一般包括意象原型或心理原型和模式原型。前者是就主体面对客体时所产生的心理反应及客体心理出现的意象来说的；后者是就主体选择的表现客体和主体心灵感受的方式而言的。需要指出的是，本书中探讨的幼儿民间游戏的原型主要是心理学层面上的。

二、民间游戏心理原型的意义

民间游戏包含特定的心理原型，有丰富的精神内核。

（一）民间游戏心理原型的文化传承意义

民间游戏作为民族文化的"活化石"，是民族智慧的结晶，是民族性格的一种"投射"。民间游戏中存在大量的动物或植物形象，构成不同心理意象的表征，映射特定的社会关系和文化心理联结。例如，猫与老鼠分别象征正义与邪恶，而龙与狮都象征着吉祥与力量。

民间游戏中的原型是现代游戏的精神意象，尽管幼儿在玩"猫捉老鼠"游戏的过程中并不会想象到这些动物的文化意义，但是客观上却在延续这一文化脉理。显然，保护民间游戏以及其中的原型有助于更好地保护、传承和发展民族文化。

（二）民间游戏心理原型的人生发展意义

根据荣格的集体无意识理论，民间游戏中的心理原型是人类早期进化过程中，甚至包括前人类进化过程中形成的一些初始的经验内容，同时也是遗传形成的某种心理气质，意识就是从这样一种气质中产生的。

心理原型具有普遍性，属于一个民族或群体，主宰着种族或群体内部成员共有的行为和思维模式，虽然每个人都可以向这个框架中注入自己的特殊经验，但这个框架却永远不变。

个人由于预先设定的心理模式才与往昔联系在一起，人先天就有一种心理模式，就是原型、本能的行为模式。原型是一种先验表达的可能性，一种先天的能力，后天的一切经验无不烙上心理原型的"印记"，并且影响人的一生。

打个比方，"心理好比是计算机的硬件（hardware），文化就像是软件（software）。依靠下载的软件的种类，计算机可进行差异很大的操作"。

17

（三）民间游戏心理原型的素质教育意义

民间游戏作为一种儿童文化生活方式，是人类文化，特别是民族文化的载体，有着特定的教育功能。

游戏的心理原型对民族文化的产生和发展有着不可忽视的作用，其中蕴藏的游戏精神对于人类现在和未来的发展、人类个体的成长都是一种宝贵的品质。

在民间游戏中，儿童受到自身民族文化的熏陶，并轻松愉快地掌握民族文化，获得游戏精神。在这个意义上，游戏精神构成了儿童文化素质发展的精神食粮。

（四）民间游戏心理原型的文化建设意义

民间游戏作为一种儿童文化形态当然是幼儿园文化建设的重要组成部分，而其中的心理原型体现了民族精神与民族气质。幼儿园文化建设必须依托民族文化，弘扬民族精神，展示民族气节。

幼儿园文化建设的焦点应是儿童文化，且必须从民族文化中吸取智慧。教育的使命是文化的传承与创新，任何教育机构必须具有文化品格。缺乏文化土壤的教育机构如同没有水源的土地，其归宿必然是"沙漠化"。

现代幼儿园中的儿童文化，特别是"游戏文化"严重匮乏，到处充斥着成人文化——"学习文化"。民间游戏的心理原型中蕴含着丰富的儿童文化元素与教育智慧，对当前教育文化的回归与复兴具有特殊价值，让民间游戏回到幼儿园是我们唯一的选择。

三、民间游戏中的隐喻性原型——"替罪羊"的心理原型分析

经过历史的演变，在西方文学中，"替罪羊"一词常常指代受过的人。

（一）"替罪羊"的隐喻——寻找替代

这一喻词最早出自《旧约·利未记》中的记载。大意是，古代犹太人以每年住棚节前五天为赎罪日（七月十日）。这日清晨，由大祭司举行赎罪祭，杀公羊两头，以赎民众之罪，并洒羊血于赎罪板上。最后，大祭司把双手按在另一头公羊上，诉说自己和民众所犯之罪，表示全民族的罪过已经由该羊承担，然后把羊逐入旷野沙漠，意为众人之罪已由此羊负去，故名"替罪羊"。《旧约·利未记》中记载的代人受过的"替罪羊"指的是实实在在的物——"公羊"。然而随着时光的流逝，这种赎罪方式已经在世人的操纵之下，其内容发生了质变，"替罪羊"已经由实在的物转化为活生生的人，甚至是有神性的"人"。

英国人类学家弗雷泽在《金枝》里用大量的事例证实了这一变化的事实。[①]"替罪羊"的仪式反映了古人对"命运女神"的一种恐惧、敬畏、无奈、绝望甚至反抗的复杂心理意识。这种复杂的难以言表的心理意识，经过历史的积淀，已经成为一种心理原型，对人们的生活产生了深远影响。

（二）孤独者的原型分析——捉迷藏游戏中的心理原型

有首经典的流行歌曲中唱道：孤独的人是可耻的。这让我想起几乎每个中国人小时候都玩过的"捉迷藏"游戏：被选定的人面朝一堵指定的墙大声数到十，等其他人躲好了，他就开始找。被找到的那个人就替代他的角色，继续游戏。奇怪的是，被选定的人可以像另外一个游戏"警察捉小偷"中的警察一样去捉人，但谁都愿意做捉人的警察，却没人愿意在"捉迷藏"中做捉人者。似乎前者占优势的是捉者，后者占优势的是躲藏者。

优劣从"捉人者"选出的规则及游戏的过程中也能看到：全体游戏者围成一圈，喊一二三，每人同时出一只手掌，或手心或手背，少数者豁免，多数者再选……最后剩下两个人，由他们以"石头、剪子、布"自相残杀，输者就是最后被选定者。可以看出，筛选过程是一个微型的优胜劣汰的过程，最后的被选定者其实就是被集体遗弃的放逐者。"警察"虽是少数，但他从不被孤立，因为他是集体秩序的维护者；而"小偷"则是集体秩序的破坏者。与之相反，在"捉迷藏"游戏中，捉的人是被集体遗弃者；而躲藏者却是一个集体。胜出者在躲藏过程中虽然各自为战，但他们是一个无形的团体。你刚才还属于整个游戏集体，突然之间"整个集体"消失得无影无踪，只有你被放逐于空旷无人的街道，成了一个可耻的"孤独者"。

从孤独者的表现来看，被放逐显然是极端痛苦的，甚至是不堪忍受的，因此他不得不四处奔跑，寻找另一个人做自己的替代者，使某个先前的幸运者变成不幸者——如同民间传说中，"吊死鬼"或"落水鬼"必须找到一个替代者才能重新投生一样。这正是整个游戏的残酷性所在：被放逐者回归集体的欢乐，必须以那个新的被选者承受逐出集体的痛苦为代价。孤独的被放逐者好不容易找到一个同类，却不是通过与被找到的同类结成同盟来免除自己的孤独，而是把他视为异类，双方立刻进行了身份交换。一个人取得回归集体胜利的同时，意味着另外一个人遭到集体的放逐。也就是说，被放逐者在孤独中所做的全部努力，不是与孤独对抗，更不是热爱孤独，而是厌恶自己的命运，厌恶自己的身份，他所有的努力都是为了摆脱自己，寻找自己的替代者，然后成为一个他

---

① 弗雷泽. 金枝［M］. 北京：中国民间文艺出版社，1987：41.

者——加入一个无形的团体。哪怕这个无形团体是"放逐"这一厄运的始作俑者，哪怕被放逐者的全部厄运都是由这个无形团体一手造成的，被放逐者还是无条件地渴望成为这个团体的一员。由于被放逐者对放逐他的团体的无限向往和不懈努力，他最终能成为新的受豁免者——只要整个游戏不过早结束——这一非常确定的希望，使他永远不会对游戏规则产生怀疑和非难。

而那个被找到的不幸者将不得不成为新的被放逐者，去品尝他的孤独和痛苦。对他来说，他是被人从隐藏处找到的，而找到他的那个人则成了命运的化身。由于找到、替代以及身份交换是所有游戏者一致同意的规则，因此他唯一要做的不是反抗集体和规则，而是终其游戏过程（除非新的一轮游戏开展起来）去寻找新的替代者。因此，从某种意义上来说，那个被找到者就是集体的"替罪羊"，集体中永远需要有人承担这一角色来维持集体内部的平衡；至于由谁来承担这一角色，则是未知的。在一轮轮的循环往复中，"替罪羊"被逐出曾经从属的集体，从而确保了集体的稳定和集体中其他成员的安全。

四、民间游戏中的结构性原型——七巧板游戏中心理原型分析

七巧板，又名乞巧板、七巧牌、智慧板，是一种典型的结构游戏，可称拼摆类游戏的主要代表，是我国民间男女老少皆喜欢的一种拼图玩具。

（一）"结构"的智慧——纵横离合变态无穷

七巧板巧妙借助几何学原理，通过对一个正方形平面的对称分割（见图1），而形成几块可以拼组大量事物形体的几何形状，"纵横离合变态无穷"，并可将大量事物的三维空间形态转化为二维平面形态（见图2），不仅可以丰富儿童的想象力、锻炼儿童的空间感知能力，还可以提高儿童的智力水平，是一种富有民族特色和极具教育价值的游戏。它的特点是巧、变、复、朴、尖、合，渗透了中华文化的"易理"。

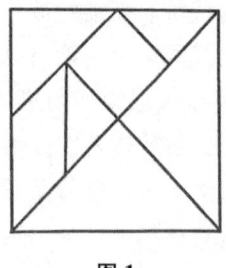

图1　　　　　图2

七巧板变化多端，但其规则却很简单：第一，在排七巧板的时候，所有的组件都必须使用到，而且只能使用这七个组件排列；第二，七个组件之间可以"角边相接"或"边边相接"，但绝对不能重叠。因此，无论排成哪种图形，总面积一定相同。在这个简单的规则的基础上，再来探索它的玩法。七巧板的玩法有四种：第一，依图成形，即根据已知的图形排出答案；第二，见影排形，从已知的图形中找出一种或一种以上的排法；第三，自创图形，即自己创造新的玩法和排法；第四，数学研究，也就是利用七巧板求解或证明数学问题。

（二）构图的规则——拼图游戏的精神内核

七巧板可称为现代拼摆游戏，如积木、积竹或电脑拼图游戏的鼻祖。用七块板可以拼排出各种各样的事物图形。有人证明，几乎每一种组合方式都能形成与某种自然物轮廓大体相当的图案，这实在令人称奇。

随着社会发展及科学文化水平的提高，积木游戏由平面拼摆发展到立体建构，并且增加了插、接、镶、嵌等技术，使积木游戏的玩法不断丰富，更加具有吸引力。积木、积竹或电脑拼图等现代拼摆游戏虽然在玩法和规则方面有所变化，但基本规则是没有变的。因此，现代拼摆游戏在某种程度上延续了七巧板游戏的精神内核，在遵循基本规则的基础上进行了变化和创新。

七巧板不但经年流传于中国各地，近年来在西方国家更是备受瞩目。因为各种拼图能够启发儿童智力，在西方国家被选为儿童智力开发的必选玩具。七巧板因此成为中华民族智慧的一个代表，得到了全世界的赞誉。

七巧板现已广泛流行于世界各国，在英文中被称为"唐图"，意即"中国的图形"。国外还有专门研究解七巧板问题的电脑程序。围绕七巧板展开的科学研究也证明，七巧板的设计和人工智能、拓扑学之间有密切的联系。

第四节 民间游戏的教育内涵

民间游戏是民间智慧创造性劳动的文化遗产，在教育的不同历史时期发挥了不同的教化功能。如今幼儿园进入信息化时代，教育技术与游戏工具（玩具）飞速发展，但教育激情与创新精神却日渐失落。这种局面的成因很多，其中一个根本性的问题是游戏精神的缺失与游戏功能的异化。

民间游戏走进幼儿园的使命就在于让失落的游戏精神在教育创新中实现回归，让异化的游戏功能在现代转换中得到修复。正是这种使命赋予民间游戏深刻的教育内涵——弘扬游戏精神，尊重游戏科学，践行游戏教育。

一、民间游戏的教育价值

民间游戏既是人类文化的基本形态，也是儿童文化的主要形式；民间游戏既是传统教育的自然建构与自我创新，也是现代教育创新的立命之本与活水源头。

从人类发展史看，民间游戏具有双重属性——文化性与教育性。民间游戏的文化属性表现为民族生存智慧的生成与积淀（历史性），而民间游戏的教育属性则表现为民族生存智慧的传承与创新（现实性）。

在教育尚未制度化之前，人类自我延续的本能就已经驱动经验的自我积累与代际传递。即使在人类产生自我意识之前，借助群居动物的进化成果，人类的祖先就开始了摆脱自然束缚的追求——种族记忆的转换（进化本能的外化）与生存方式的优化（生活经验的内化）。

（一）民间游戏是人类朴素的教育形态

从人类学看，人在成为人之前就开始游戏。作为一种生存智慧，游戏被不断创造并且传承。游戏不仅推动了人类的进化过程，也"塑形"了人类的文化图式。同时，游戏担负起人类原始时代的教育使命——游戏为生活做准备。

民间游戏是儿童的生活方式。生活即教育，教育即生活。故而，民间游戏也是一种教育方式——贯穿生活的朴素教育形态；民间游戏也是一种教育活动——通过自发游戏实现自主学习。在一定意义上，民间游戏是儿童的天然课堂——以自然为教室，以社会为教师，以文化为教材。

民间游戏蕴含着深厚的民族文化内涵，在人的成长过程中具有不可替代的教育价值。民间游戏不仅能够增进人们对民族历史的认识和民族文化的认同，还能激发人们的民族归属感和文化自豪感，增强民族凝聚力和社会向心力。

（二）民间游戏是隐性教育的"实验室"

作为文化的"活化石"，民间游戏是民族智慧的结晶，也是民族性格的一种"投射"——民间游戏中潜伏着集体无意识。

集体无意识是人类早期进化过程中，甚至包括前人类进化过程中形成的一些初始的经验内容，同时也是遗传形成的某种气质。性格就是从这样一种气质中产生的。民间游戏中，儿童基于集体无意识而形成具有自我教育的游戏群体，每个参与游戏的儿童获得一种自由而自觉的学习经历，体验并且积累个体经验。

人在先天就有一种心理模式——心理原型、动作图式或本能行为模式。这种模式是一种行为的先验表达——使本能具有经验化的可能性；这种模式也是一种先天的能力——使潜能或禀赋具有现实化的可能性。从人类发展历程看，如果民间游戏是这种心理模式的现实化表征，那么民间游戏必然包含着丰富的心理原型或行为动作图式，隐藏着深厚的文化底蕴或精神内核。

可以说，民间游戏是一种隐性教育——基于集体无意识的自我教育。尽管民间游戏中不乏成年人的指导，但更多的是儿童自发群体中的集体活动。这种集体中的互动完全基于儿童的自觉和禀赋——不仅是兴趣的自然显现，也是人格的自然塑造——开启自我教育的征程。

二、民间游戏与幼儿园教育

民间游戏是人类朴素的智慧，也是人类文化的"基因"。民间游戏集聚了先辈的智慧，是先辈留给后人的宝贵的精神遗产。教育的使命是创造并且传播文化。民间游戏是优秀传统文化的一朵奇葩。

不可否认，传统与现代之间存在历史鸿沟，但是，现代是传统的历史性延续和创造性转换。民间游戏的创造性运用是传统文化的现代化转换的重要组成部分。教育要担负起传统文化创造性转换的历史重任，积极主动地融入文化传承的时代洪流之中。

民间游戏走进幼儿园不是一种偶然，而是一种必然。继承与创新是教育发展的永恒机制。福禄贝尔创立现代幼儿园，首创幼儿园教育模式，研发第一套幼儿园课程——"恩物"体系，其间，民间游戏的合理性选择与创造性转换发挥了重要的作用。

（一）民间游戏与教育资源

民间游戏是现代游戏的源头，是幼儿园游戏与课程创造的智慧资源。从资源学的视角看，民间游戏既是教育的条件性资源（开发与利用的关系），也是教育的智慧性资源（解构与重构的关系）。

民间游戏之所以能够经受时间的检验，世代传承，是因为民间游戏具有强大的生命力。民间游戏作为教育资源，其价值不仅仅在于丰富幼儿园游戏形式和内容，而是使民间游戏焕发生命活力，探寻民间游戏生命力的"保鲜"机制。唯有如此，民间游戏才能成为教育的"活水源头"，绵绵不断地"滋养"教育，为教育的可持续发展提供不竭的"养分"。

民间游戏作为幼儿园宝贵的教育资源，它既是"鱼"的条件性资源，同时又是"渔"的智慧性资源。作为"鱼"的条件性资源，无须改编内容、玩法与材料完全可以拿来就用，整合在幼儿园游戏活动之中，从而实现游戏文本的转换与利用；而作为"渔"的智慧性资源，其运用过程不是简单地引进过程，而是需要教师根据儿童学习与发展的需要及文化地域的不同进行改编与创新，使之更好地满足儿童的游戏需求与发展需求，促进儿童健康成长。

无论民间游戏作为哪种资源，其教育效能都一样——使幼儿在自由、宽松的教育生态环境中享受成长快乐的同时，获得身心的健康和谐发展。

首先，民间游戏资源与现代教育资源形成互补效应。

民间游戏作为一种教育民俗的主要活动方式，具有较强的区域性、民族性、历史性和稳定性，是鲜活的教育文化"遗产"，也是宝贵的教育资源。民间游戏作为民间教育智慧，与现代教育资源在教育实践过程中具有明显的互补效应，不仅可以发挥民间游戏的特定教育价值，丰富和发展教育活动，还可充分利用民间游戏与社会生活之间天然的亲和性，最大限度增强现代教育活动对社会生活的影响。

其次，民间游戏资源可实现幼儿园教育的文化"复兴"。

现代教育改革呼唤民族精神的回归，呼唤教育对生活的复归。民间游戏既是民族文化的"活化石"，蕴含着丰富的民族智慧和民族理念，又是一种重要的民间教育活动，在传递民族文化、塑造民族精神、培育民族性格的过程中具有不可替代的功能和意义。

挖掘、整理、提炼和运用民间游戏资源是时代赋予现代教育研究的历史使命，是教育民族化、课程本土化的必然选择，是现代幼儿园文化建设和课程创新的不竭源泉。因此，民间传统游戏资源的发掘与运用能更好地拓展教育资源、丰富教育内容、创新教育活动形式，进而实现幼儿园教育的文化"复兴"。

（二）民间游戏与教育创新

教育创新是社会发展的动力。从科技层面审视，教育创新是一个系统工程。教育发展史告诉我们，任何宏大的创举都要从微小的创新起步，教育进步源于一个个富有远见的理论、一种种突破性的技术、一项项具有超越性的行动。

学前教育领域中的"安吉游戏"就是一项具有超越性的教育行动——从先进教育理论中吸取智慧，从本土文化（民间游戏或乡村游戏）中获取资源，以张扬儿童游戏权利为主旨，以幼儿园游戏模式为突破口，以重构幼儿园教育体系和课程范式为目标，历经20余年的艰苦探索和冷静思考，"为孩子撑起一片蓝天"，打造了一个中国幼儿教育的新品牌。

"安吉游戏"是源于安吉县幼儿园教育改革而构建的一种游戏教育体系的简

称。安吉游戏也是中国县域学前教育发展的一个成功典范。安吉游戏不是源于某个幼儿园的实验研究，而是基于一个区域（县）幼儿园教育的整体改革，几乎覆盖了安吉全县所有幼儿园。

安吉游戏的创新之处很多，其中广为接纳的是以下四种创新。

第一，游戏理念创新：把游戏的权利还给儿童，让儿童成为游戏的主人——主导游戏内容，主控游戏进程。

第二，游戏材料创新：用低结构材料激活儿童无限游戏，打破游戏材料的功能局限，一物多玩，一玩多物。

第三，游戏环境创新：巧用环境中一切"可玩"之处，打破户内与户外的阻隔，让游戏场地覆盖幼儿园的所有空间。

第四，游戏指导创新：变"指手划脚"为"出谋划策"，变"计划经济"（指令）为"市场经济"（回应）。

在安吉游戏中，儿童是游戏的主宰者，而教师只是为儿童提供游戏的材料、创设游戏的环境并保证他们游戏的时间。教师的使命在于敏锐地察觉儿童的游戏需要，正确地解读出儿童游戏行为背后的发展意义。

回顾安吉游戏的发展历程，我们可以发现民间游戏在幼儿园教育创新过程中起到的重要作用。

安吉游戏的发展历程大致可划分成四个阶段。

第一，朴素游戏（2000—2003.9）：教师树立"朴素游戏观"，竹梯、竹筒、木块、木板、箱子、石头、树墩、木条、轮胎、油桶……这些充满乡土气息的本地资源和废旧材料都可以用作游戏材料。

在这个阶段，民间游戏（乡村）是幼儿园教育变革的切入点。变革行动一开始是基于一种朴素游戏观：

"万物皆可玩，无处不可玩"——游戏空间的自然延伸为幼儿游戏创意提供了无限可能。

"竹"天"竹"地——就地取材并使材料在情境中获得意义。

安吉是一个"竹乡"，幼儿园的园所布置也凸显了本土文化内涵，富有"竹文化"气息。教师充分利用废旧物品和竹子材料，在不同楼层创设不同主题，形成竹乡森林、水上人家、天马行空的楼道布局。园内随处可见竹子做成的教具、玩具，给人古朴典雅的观感。区域内丰富的竹和竹制品材料的投放能给人留下深刻的印象。

第二，区域游戏（2003.9—2008.9）：教师转变教学观，在教学过程中充分利用游戏的价值。同时，创设户外活动区，于是，幼儿有了充足的时间到户外活动区做游戏。

第三，自主游戏（2008.9—2015.9）：这个阶段命名为"真游戏"，即要把游戏的权利完全还给孩子，但是教师作为观察者要能解读出儿童的游戏过程。

第四，游戏课程（2015.9—2020.9）：游戏经验总结与课程模式建构——创生式游戏课程与游戏课程理念的形成。

安吉游戏的基本信念是相信幼儿，相信幼儿能在各式各样的游戏中形成自己的见解、想法和规划，从而将游戏中学到的知识和感悟践行到日常生活之中。幼儿是游戏的专家，他们生来具备理解和表达的能力，在自主的游戏选择和创造中，他们的潜能被无限放大，并能在实践中形成自己的见解。在一次次的游戏尝试中，幼儿有了积极的体验，积累了更多的经验，有效地促进了幼儿的快乐成长。

安吉游戏实践表明，民间游戏成为优质的教育资源必须经过创造性的转化。这就需要教师在现代教育情境中解决好两个问题：

一是教师要为儿童创造适宜的游戏环境以适度满足民间游戏的需要。毫无疑问，幼儿园不可能复制，也不必复制民间游戏环境，因为只要创造一个可探究的，有一定挑战性、趣味性、安全性的游戏环境，儿童就能创造性地开展民间游戏。更新的是游戏活动，传承的是游戏精神。

二是教师要对民间游戏资源的原始素材进行改良创造，以适于儿童的发展。民间游戏资源创新运用的过程是一个创造性地消化与重构的过程，在这个过程中，可使民间游戏焕发创新活力。

显然，教师的资源转换能力和创新意识有助于增强幼儿园教育发展的动力，能够通过游戏创新促进幼儿园教育的创新。

第二章

幼儿园教育活动：
游戏精神的失落与回归

幼儿园是正规教育机构，幼儿园游戏是正规教育活动。在幼儿园中，游戏既是课程的内容（游戏课程化：游戏的本体价值），也是课程的形式（课程游戏化：游戏的工具价值）。幼儿园游戏的使命不仅仅是满足幼儿当下的学习需要，更重要的是指向未来的人生幸福。

幼儿处在人的"精神发育期"。幼儿园游戏必然要承担"精神孵化"功能：顺应儿童天性，点燃游戏热情；契合时代脉搏，发挥游戏功能；合乎人性发展，弘扬游戏精神。为此，幼儿园游戏必须具备精神品位——为幼儿的精神发育和人格形塑创造不可错失的教育时机。

第一节　游戏精神与幼儿园游戏的"真假"之辨

一、游戏精神的理论背景与主要表现

游戏精神广泛存在于人类社会的各个领域。文学领域中，游戏精神的内涵主要体现为三大原则：快乐原则、幻想原则和自由原则；司法领域中，游戏精神强调人人平等的规则意识；体育竞赛中的游戏精神突出公平竞争的意识。综合来看，游戏精神是一种自由、展示、创新、理解、对话的精神。

游戏精神孕育在人类的生活热情和自然感悟之中，静谧而悠然。然而，游戏的精神是一个不可捉摸、巧于规避的幽灵，它的影响可以在最难预料到的一些生活角落里找到。①

（一）游戏精神的理论背景

游戏精神是一种人类社会活动中广泛存在的精神现象。学术界对游戏精神

---

① 沛西·能.教育原理[M].王承绪，赵端瑛，译.北京：人民教育出版社，1992：81.

的关注源于游戏本质观的转向：从生物本能观转向社会文化观。

1. 游戏的生物本能观

尽管关于游戏的论述可以溯源到柏拉图和亚里士多德时代，但直到19世纪后半期人们才开始对游戏进行系统研究并且试图建构游戏理论。

早期游戏理论大多基于游戏的生物学研究。在达尔文生物进化论的直接影响下，一些学者（主要是哲学家和生物学家）试图揭示游戏的本质，并且开始关注游戏的机制及其对儿童发展的意义。

早期游戏理论大多基于动物游戏研究解释儿童游戏行为，把游戏视为一种生物本能，根据生物进化原理解释儿童游戏及其发展机制，产生形形色色的观点。例如，能量平衡观认为游戏源自发泄过剩能量或恢复、补充能量，游戏被描述为生命能量转换平衡过程；生活预备观（练习观）则认为游戏是为了练习成年后维持生存所必需的技能和活动，儿童先天的本质不能适应未来生活的需要，因此加以练习。而练习观也有分歧：一种理论认为游戏是对年轻活力的一种训练，是为今后生活所需的严肃工作而预设的学习过程；而另一种理论则认为游戏是一种个人自我克制的练习。

尽管这些理论对游戏的解释显示出惊人的差异，甚至相互矛盾，但也存在一些共识——关注游戏的实体属性及其工具性价值。正是基于生物学研究形成的游戏观点开拓并奠定了游戏理论的基础，有力地推动了儿童游戏发展问题（游戏与进化的关系、游戏与个体发展的关系以及游戏的功能与价值）的深入研究。

2. 游戏的社会文化观

进入20世纪中叶后，社会学对游戏的研究形成了一些代表性理论，并且产生了巨大影响。游戏的社会文化观主要源于游戏的社会学研究。美国社会学家乔治·米德发现儿童社会化过程经历模仿和游戏两个阶段。儿童社会化的最终目的是儿童学会在今后的社会生活中成功地扮演各种社会角色，而这种角色扮演不是看会的、教会的，必须通过实际的操作、练习。游戏则是最好的实践机会，儿童在游戏中第一次学习扮演角色，在游戏中亲身体验如何与周围人交往、合作，学习忍受挫折、面对困难，学会尊重别人、积极参与。显然，游戏是儿童学习社会生活的关键步骤。

多数社会学家关注游戏的社会属性，认为游戏是社会结构和价值观的一种表现。这种观点主要从"游戏"与"工作"的对立与转换来认识游戏的本质。

一方面，游戏与工作是相互对立的。从本质上来看，游戏的成果是无效用的，而工作的本质是成果具有有效性；游戏的目的在于过程，而工作的目的在其结果。

另一方面，游戏与工作又是可以相互转换的。人类的一切活动对当事者来说，都可能成为游戏，只要他沉醉于活动本身，而淡漠其结果产生的收益。而人类一切地道的游戏，也可能会成为当事者的"工作"，只要他是完全为了求功利、求报偿而投入其中的。

由此推断，一切非游戏的活动都可能因当事者的态度而披上游戏的色彩。与游戏和游戏者最接近的是科学和科学家。科学史上最伟大的发明多是游戏而不是功利的产物。游戏有时似乎也有目的，如为了争夺胜利。但如果胜利是凭乐趣驱使，则还是游戏；如果是出于商业的目的，那这时他们所从事的活动性质已不是游戏而是工作了。因此，一切不计效益的玩耍都是游戏。

社会角色理论对游戏的社会文化观影响深远。在社会角色理论看来，游戏的魅力在于它处于人生的"像"与"不像"之间。"像"使游戏存在于虚幻（想象）之中，而不像则使游戏超越现实。显然，游戏不是人类的实用性活动，是人造的娱乐方式。游戏与戏剧、美术（绘画、雕塑）相类似，它们既像人生，又不是现实的人生。戏剧是虚构的人生，台上的人做戏，台下的人看戏；游戏是对人生的模拟，游戏中的人认真、专注，而游戏以外的人则认为是作假。

游戏的另一魅力在于"未知性"，未知，永远蕴含着魅力，使人们一直专注于游戏过程本身。

显然，游戏的非功利性和去外在目的性表现了游戏的超越性，体现出对自由的向往和意义的追求，游戏的人生魅力充分显示了游戏的体验精神和乐观精神。游戏的社会文化观推动了对游戏深层意义（游戏态度）的探析和对人生经历的"游戏化"解读（人生如戏）。随着游戏的社会文化观逐步取得主导地位，游戏精神及其研究也日益受到关注。

（二）游戏精神的主要表现

从生命伦理视角看，游戏精神是人的"精神生命"（对应于"物质生命"）的组成部分。游戏精神是人的自由、自主、体验、创造性生活方式的体现，是一种摆脱烦琐的现实、追求崇高理想的超越性境界。由此可以推断，游戏精神主要表现为下列四方面：

1. 自由

自由是游戏精神的主旨，它来源于人们在游戏活动中通过自由选择和自由表现，从而达到的一种心灵明净、精神解脱的生存状态。追求自由是人类永恒的话题，也是游戏活动的核心。在一定意义上，游戏就是自由精神的化身——

游戏源于自由并且始终追求自由。

游戏的参与是自觉自愿的,游戏者能够从个人兴趣出发,自由选择游戏的类型、选择游戏伙伴、选择玩什么和怎么玩,这些都充分体现了游戏者的自由意志。

但同时游戏者也要遵守一定的规则,承担一定的风险,要进行相应的自我规范。游戏规则一旦制定,对每一个参与者都有绝对的约束力,任何违规的人都要受到惩罚。

游戏精神所体现的自由感是人发自内心的一种率性、天真,敢言敢乐的真实表现。游戏精神的自由之境是人在活动中,摆脱了外在的强制与压力,完全沉迷其中,依照事物的自然发展规律随性而为,追求生命的自然绽放状态。

游戏精神所认同的自由之境是"教师表现出来的自由自在、和谐、轻松安宁、思维的明晰和个体生存状态的恰然自得"。这种理想的境界首先要求教师的内心要真正达到一种自由与和谐的状态。

2. 自主

游戏精神的自主性既肯定了人是活动的主人,同时又体现了主体间的自由转换与和谐统一。首先,在游戏过程中,游戏者始终是主动自愿的,他们根据自己的意愿确定游戏内容,选择游戏伙伴,决定游戏方式,也可以与同伴协商共同制定游戏规则,改变操作程序,根据自己的兴趣和愿望控制游戏的进程。在这里,游戏者是游戏真正的主人。

游戏中没有主客体之分,每一个游戏的参与者都是活动的主体,他们在交往中彼此承认,共同遵守规则,承认各自在活动中的权利、义务和角色,主体间是平等对话的关系,各自有独立的人格和尊严。

自主就是人的游戏精神主体性的表现,是对自己主体精神的发扬,也是对他人主体地位的尊重。

3. 体验

体验性是游戏精神最迷人的特性,它使人沉浸在活动中,以忘我的激情和真切的感受展示自我、实现自我。游戏是一种虚拟的活动,它与日常生活有着界限和距离,但同时它又是可以被真切体验的,它使游戏者获得了愉悦满足的感受和积极乐观的人生体验。

游戏是令人着迷的,能让人真正投入。它使游戏者坠入其中,以一个参与者而非旁观者的角色逐渐进入了"忘我"的境界,与游戏融为一体。

当儿童参与高水平的游戏时,会发现他们全身心地投入这一复杂的游戏体验之中。正如米哈里·契克森米哈赖所说的,他们正在进行"心流体验"。"心流"(flow)是指当一个人的全部都在身体和心灵的充分运作中舒展开来,其所作所为对其自身来说都具有充分的意义和价值。在精神能量和肉体能量和谐的汇聚中,将生命最终发挥到了极致。

4. 创造性

游戏精神的创造性意味着人要以一个游戏者的心态,保持对未知世界的好奇心和求知欲,在有限的生命中不断地向未知的领域探索。

游戏的过程即自由创造的过程。约翰·赫伊津哈注意到了游戏运动的秩序性,伽达默尔所说的"重复往返又不断更新",德里达指称的"开放"以及利奥塔言说的"不同的招数",都表达了游戏的开放性和生成性——一种创造的精神。正是这种精神使得游戏作为一种行动过程持续不断地进行下去,成为"无底的棋盘上永远下不完的棋"。

在游戏中,游戏者以充满热情的想象力,赋予寻常之物以不寻常的功用,甚至赋予无生命的事物以生命;他们每一次的真情投入都会形成新的思想或产生不同的灵感,他们以不同的方式在游戏中展现自我、表达自我、实现自我。

游戏所蕴含的这种创造精神正是游戏精神的灵魂所在。

(三) 民间游戏的游戏精神

在约翰·赫伊津哈看来,游戏旨在创造一种"自由平等和公平竞争"的秩序。游戏精神主要表现为自由平等和公平竞争两个基本原则。

一是自由平等的原则。民间游戏始终秉承着朴素的平等理念:游戏双方要承认对方作为一个平等对手的资格,绝不把对方视为较自己低劣的异己,必欲置之死地而后快。在大多数民间游戏中,参与游戏的个体或群体都利用民间"随机分配"方法落实平等原则。

二是公平竞争的原则。民间游戏中公平竞争主要表现为游戏规则的三种功能:

(1) 游戏规则的制定或接受。游戏规则由双方共同制定或至少要双方同意。

(2) 游戏规则的遵守。一旦有了双方同意的规则,就必须在游戏过程中严格遵守。如果有意破坏规则,那就无法进行有效的游戏。

(3) 游戏规则的监督。一般来说,只要能形成对等的双方,就都能进行有效的监督。真正的监督须是对立面的监督,或者须有裁判进行监督,以确认和纠正双方的违规行为,裁判必须中立公允。

由此推知,民间游戏体现的游戏精神主要表现在以下几方面:

1. 自由（平等）精神

自由是创造的基石。没有自由就没有想象，没有想象就没有游戏。（童稚世界无限）

2. 体验（勇敢）精神

体验是生命成长不能割裂的血肉。游戏中的无知无畏，不仅可爱，而且可敬。（跌倒的次数没有写在脸上）

3. 公平（竞争）精神

规则是游戏的核心（游戏是有限制的自由）。游戏规则规定游戏流程，调节游戏行为。认同游戏规则是儿童加入游戏群体的前提，运用游戏规则是儿童提高游戏能力的条件。（规则的基本功能就是保障公平）

4. 和谐精神

游戏是一种自然语言，具有超级沟通功能。游戏充满智慧，也蕴含美德；游戏盛装欢乐，也释放善意；游戏倡导合作，也包容竞争；游戏主张仁爱（友爱），也容纳野性。

二、游戏应有的精神与人应有的游戏精神

（一）游戏的实体性与抽象性

游戏应该包括实体性的游戏活动和抽象性的游戏精神。脱离了游戏精神的游戏活动成为一个僵硬的外壳，没有具体的游戏活动作为载体的游戏精神也无法表达。游戏精神是游戏活动的核心。

实体性游戏活动与游戏精神并不存在一一对应的关系。实体性游戏活动是游戏的外在表现形式，游戏精神是游戏的内在本质和魂灵。

从本体论看，游戏精神是游戏本身应该内存的"高尚"品质；对于游戏活动而言，游戏精神就是其内在品质，如严肃（认真）、平等（公正）、自律（规则与自由）、超越现实（虚构与想象）、创造（智慧与勇气）。游戏精神也不仅局限在游戏之内，还广泛地隐藏在现实生活之中。显然，缺乏游戏精神的游戏只是一个徒有游戏之名的活动，本身是假（空洞）的游戏。

对于具体的游戏来说，游戏的内在精神构成了其深层内含，而游戏的外在形式和结构则表现其表层特征。游戏的完整意义必须同时包含深层内含与表层特征两个方面。

（二）人（游戏者）的游戏精神

伽达默尔认为，游戏的基本规范就是要满足游戏的精神——轻松的精神、

自由的精神和成功喜悦的精神——并满足游戏者。

从主体论看，游戏精神是游戏者应该秉承的"超然"心态，正如庄子所向往的"逍遥游"。对于游戏者（人）而言，游戏精神就是其人格特质或精神风貌。富有游戏精神的人，不仅在游戏中充满着游戏精神，而且在非游戏活动（如学习、工作）中也可能富有游戏精神。同理，丧失游戏精神的人，即使是真游戏，也无法领会或体验游戏的真谛。正如席勒所言，只有在游戏中人才是真正的人；只有真正的人才能玩游戏。由此可见，真游戏需要真人玩。

当下，幼儿园不仅缺少真游戏，而且缺少真人（真儿童、真教师）——富有游戏精神的人。

三、真游戏与假游戏：游戏精神的视野

在回顾我国幼儿园游戏的发展过程中，一些学者提出一对描述游戏特点的范畴：真游戏（真玩游戏）与假游戏（假玩游戏）。一些学者在考察安吉游戏后，认为安吉游戏属于"真游戏"。

然而，在理解"真游戏"的本质的时候，出现了很多分歧。一些学者认为"真游戏"就是自主性游戏；还有一些学者认为"真游戏"就是一种"纯游戏"——源于儿童真实生活、透射儿童本真的游戏，消除一切"非游戏"杂质（功利性或人为性）的游戏。

其实，游戏的真假本质上不在于"真玩"与"假玩"，也不在于"自主游戏"（本体性游戏）与"他控游戏"（工具性游戏），而在于游戏中是否蕴含着游戏精神。也就是说，游戏精神是判断一个活动是否是真游戏的尺度和标准。

（一）游戏特征界说

游戏是儿童在某一固定时空中，遵从一定规则，伴有愉悦情绪，自发、自愿进行的有序活动。通过儿童的表情、动作、角色、言语及材料等可以判断儿童的行为是游戏还是非游戏。

根据特征列举法，研究者发现游戏具有一些显著特征：游戏是一种快乐的行为，具有愉悦性；游戏是一种自发的行为，具有主动性；游戏是一种假装的行为，具有虚构性；游戏是一种有规则的行为，具有有序性。

1. 纯游戏与非游戏的区分

有些游戏特征往往不是游戏活动所独有的，由此可见，游戏与非游戏之间的区别并不是泾渭分明的。

因此，把游戏活动与非游戏活动之间的关系看作一个渐变的连续体更符合

实际。

一种活动如果能够满足游戏的全部特征或指标要求，则这种活动可以被看作"纯游戏"，如果只具有部分特征，则可以被看作游戏性差或弱的活动。

由此可以区分游戏现象、游戏活动与游戏行为（教育学中，游戏是一种社会现象、教育活动以及儿童行为）之间差异。

2. 游戏与非游戏的辨别

游戏情景、可观察的外部行为表现和内部心理体验等是幼儿游戏活动的基本结构要素。根据这些结构要素，我们可以判断其是否是游戏。

很多与游戏关联度很高的行为，往往被误解为游戏行为，如模仿行为、探索行为、操作行为。

同样有很多含有游戏性的活动，也被误判为游戏活动，如体育活动（如竞赛活动）、造型活动（如泥塑）、猜谜活动、种植活动、表演活动（如打击乐活动）。

3. 假游戏与非游戏的界限

通过特征列举法，可以大致判断一个活动是游戏还是非游戏，只是在界限的严格程度上存在差异；但是判断一个游戏是真游戏还是假游戏，很难从描述性特征及其多少来判断。

假游戏也是游戏，尽管假游戏的许多特征与非游戏相同或相似，但是辨别游戏的真假必须深入游戏的内在本质属性——品质或精神层面。

（二）真玩与假玩

一个游戏的真假，关键在于游戏者是真玩还是假玩。同一个游戏，可以真玩，也可以假玩。

真玩意味着游戏者进入游戏状态——一种"现实的中断"状态（忘我的境界），产生一种"心流"体验，获得一种惬意的满足；而假玩意味着游戏者在"表演"游戏，游离于游戏情境之外，缺乏"玩性"，游戏异化为一种不得不完成的任务，难以产生愉悦体验，甚至会诱发厌恶感。

从游戏精神的自主性和体验性可以发现游戏"真假"的主要表现。这些表现也许有助于教师在游戏指导过程中的正确观察和科学决策。

表 2-1 "真假"游戏的表现

	真游戏	假游戏
自主性	我的游戏我做主	我的游戏他做主
体验性	主动游戏，快速进入角色 积极参与 全神贯注（心无旁骛） 尝试挑战 恋恋不舍 积极情绪体验（动机增强） ……	被动游戏，难以进入状态 消极应对 东张西望（心不在焉） 遇难即退 观望等待 消极情绪体验（动机减弱） ……
区分界点	真游戏富有游戏精神	假游戏缺乏游戏精神

归根结底，幼儿园假游戏的根源在于游戏精神的失落。幼儿园教育中存在"教育目的外在性""教育中幼儿的被动性""教育的重复性和封闭性"以及"教育中体验的虚假性"等反游戏精神现象。

正是这些反游戏精神的现象催生出大量的缺乏游戏精神的假游戏（假游戏之名）和假儿童（假玩游戏）、假教师（设计假游戏，假借游戏）。

其结果必然是假游戏驱除真游戏（表演游戏、被游戏）；假儿童被误判为好儿童（听话的好孩子）；假教师被误解为优秀教师（善于表演，乐于作秀）。

第二节 幼儿园教育呼唤游戏精神

一、游戏精神与儿童发展

毫无疑问，儿童发展需要游戏精神。然而，游戏精神的弘扬取决于游戏权利的获得与保障。

陶行知在半个世纪前曾言：智、仁、勇三者是中国重要的精神遗产，过去被认为是"天下之达德"，今天依然不失为个人完满发展之重要指标。"智仁勇"是游戏精神的最高境界。可以预言，未来的中国人必定是集"智仁勇"于一身的"真人"。

显然，唯有真游戏才能培养真儿童：真游戏不仅充满智慧、勇气，更加充满仁爱精神；只有在真游戏中儿童才能获得智慧、勇气和仁爱精神；游戏教育的最高期望就是把儿童培养成集"智仁勇"于一身的"真人"。

（一）回归本真的儿童游戏

游戏是儿童的生活，也是儿童的"工作"。游戏是儿童学习开始的地方，也是儿童的"第二生命"。

试想，儿童一开始就在一个充斥着"假"的地方，开始"假"的生活、学习，那么必将会被塑造为"假"儿童——甚至将来成为一个"假"人。

为此，我们要谨记陶行知嘱托：千教万教教人求真；千学万学学做真人。

唯有真游戏才有真教育。真教育是发自内心的活动，唯有从心里发出来，才能打动心灵的深处。游戏之所以能够"打动"儿童，因为游戏者心中藏有一颗真心——"游戏心"（陈鹤琴）。

（二）儿童游戏的本来面目

美学家席勒的游戏与艺术"同源论"创造性地洞悉人类游戏的双重属性：自然性（本能）和社会性（经验）。基于此，他把游戏划分为两类：

第一，自然游戏。自然游戏源于一种生命冲动——介于感性冲动和理性冲动之间的游戏冲动。自然游戏是人类与许多动物共有的游戏，其发展具有生物进化上的连续性。

第二，审美游戏。审美游戏源于一种社会智能——有目的地释放本能以实现精神愉悦——审美。审美游戏进一步可以区分为健美游戏（真美，如运动性游戏）与造美游戏（假美，如装扮性游戏）。

进化心理学研究进一步发现：第一，游戏是进化与文化的"合金"。儿童游戏更多是人的自然属性（一种自然的生命活力）的"自然流露"（包括野性、血性及破坏性）。第二，游戏是人的力量与智慧交织而成的"文化基因"。儿童在游戏中角力，也在游戏中斗智。游戏需要智者，更需要勇者。"智勇双全"才能适应变幻莫测的未来世界。

鉴于此，儿童游戏必须恢复其本来面目——智慧与勇气的化身。为此，我们应该尊重儿童游戏中的"野蛮"和"放肆"，像尊重儿童游戏中的"规则"和"文雅"一样。

1. 游戏变异性理论

萨顿·史密斯认为，游戏即适应。游戏可以锻炼儿童的灵活性，使其获得适应性，为成年生活做好准备。

游戏的变异性对人类发展作用的关键性，好比生理和行为变异是进化的核心。

人不能预知未来，周围环境也不断发生巨大变化，所以，人不知道将来需要哪些技能和知识。因此，发展过程中的儿童（或进化过程中的物种）所具备的适应性潜力并不是要带来精准的适应性变化，因为这样会使行为僵化。正相反，具备适应性是要使行为具有高度的灵活性。

用人类学家珍妮·古尔德的话说，适应性行为就是"不可捉摸、任性随意、无法预测、极为多余"，而萨顿·史密斯认为这些都是游戏行为的特征。

2. 进化心理学的游戏观

在进化论中，游戏是一种帮助儿童应对童年各种挑战的机制。

好奇心和灵活性有助于培养有机体适应、变通的能力。

游戏不仅提供机会发展角色灵活性，而且也发展其自主性。游戏培养的创新能力建立了一个在需要时可以利用的原型和联想的仓库。因此，游戏中产生的新奇感以及产生新奇感的过程都能促进创新能力的发展。

游戏发展运动技能的动作灵活性。游戏环境的安全感（不同于安全度、安全性）允许有机体免除对行动后果的担忧，使有机体集中注意于动作本身，关注动作的方法，而不是动作的结果。

有机体通过自己的动作进行游戏，把在其他场合具有效用的动作的子程序拼接起来，创造新奇的组合体。在游戏中，有机体可以不受惩罚地发现和运用新的动作策略。

二、教师的游戏精神与游戏保障权

幼儿的游戏权就是在游戏中学习的权利，是享受快乐学习的权利。教师的价值在于使幼儿园游戏超越纯粹的娱乐性，从而获得富有价值指向的教育性。教师的使命在于保障幼儿在高质量游戏中实现向更高水平发展的机会。

（一）儿童的游戏权与教师的保障权

既然真游戏本质上是富有游戏精神的游戏，那么幼儿园游戏实践实质上就是把游戏的权利还给儿童：发挥儿童的自主性，倡导自主性游戏。然而，当教师把游戏的权利还给儿童后，如何保障呢？谁来保障？

显然，作为权利主体的儿童无力自我保障。在幼儿园，教师成为不二人选。

那么，教师该如何保障幼儿的游戏权利呢？尤为重要的是如何在保障游戏权利的同时保障教育质量呢？

"还权"并不意味着"丧权"；"放手"并不意味着"放任"。教师的游戏使命并不因幼儿获得游戏权利而终结。

（二）教师的游戏精神

游戏精神是人的自由、自主、体验、创造性生活方式的体现，是一种摆脱烦琐现实、追求崇高理想的超越性境界。教师缺失游戏精神，不仅难以发挥保障儿童游戏的作用，而且会丧失儿童游戏精神的培育意识。如果教师在教育过程中没有一种超越精神和洒脱心态，必然导致教育功利性和发展目标短浅。显然，教育需要理想信念，教师需要精神支柱。

教师这一职业需要游戏精神，幼儿园教师的游戏精神比其游戏能力更为重要。为什么教师"好玩"比"会玩"更能激发幼儿的游戏热情与愿望？是因为"好玩"的教师富有游戏精神，善于从平淡的场景中发现有趣的元素，并且生成游戏线索，进而转化为游戏情境。

第三节 幼儿园游戏精神的阻力及破解

儿童发展离不开游戏精神，未来发展更需要儿童具有游戏精神。游戏吸引幼儿的根本原因是它所蕴含的自由性、愉悦性、体验性、创造性等精神品质，游戏精神不仅能够保障幼儿拥有快乐自如的童年生活，而且能够为幼儿未来生活的健康幸福打下良好基础。

然而，没有富有游戏精神的教师，幼儿园游戏就不可能成为"高品质"游戏，儿童的游戏精神也难以得到充分发展。

也许，游戏精神可以在儿童的自发游戏或自主游戏中自然发展，但是幼儿园教育中的游戏显然要在发展水平上"高于"或在精神品质上"优于"日常生活中的游戏。幼儿园游戏的使命就是：提升游戏的精神品质，引导幼儿向更高水平发展。显然，教师就是这一使命的承担者——在关注游戏外在形式与结构的基础上，赋予游戏内在的精神品质。

一、幼儿园教育中游戏精神的阻力

幼儿园教育中游戏精神失落的根本原因在于同时存在两种阻力：

一种阻力源于游戏—教育对立观。游戏—教育对立观认为，游戏与教育是两种不同性质的现象，不具有共存的可能性。这种观点反映在教育中就是排斥游戏活动，追求效率和纪律，坚持知识授受的"苦学观"。

另一种阻力源于把游戏局限于教育技术层面上的结合，即"游戏与教育的并行观"。这种观点仅仅把游戏看成一种实体性活动，强调其具有为教育服务的工具性价值，游戏作为教育的手段、背景、技术、策略，从而让教育获得了游戏的外在形式。当然，游戏的轻松性、趣味性和非严肃性给教育带来一些积极的效果。但这种观点存在很大的局限性。在教育过程中出现游戏过度自由化、伪游戏、游戏教学化和模式化的现象，未能让儿童获得充分的"享乐""感受""体验"和"表达"。

保守观念的误导与技术至上的短视导致幼儿园教育中的游戏精神不断消解，以致失落，严重制约了游戏功能的合理发挥，甚至毒化了游戏形象。至今，我们仍然纠结一个常识性问题：在幼儿园教育中，游戏作为一种教育活动，应该是什么样子呢？

之所以出现游戏活动的模糊性，也许是因为我们忽略了教育过程的情境建构性与游戏活动的场合限制性。

二、让游戏精神渗透在游戏保障之中：游戏活动及其场合限制性

理想的幼儿园教育必然深度贯彻游戏精神，高度发挥游戏功能。教师如何合理利用游戏的场合限制性，以实现游戏过程的教师价值最大化？显然，这离不开游戏精神，包括儿童的游戏精神和教师的游戏精神。

（一）游戏场合限制性及其教育意义

游戏的场合限制性是指同一游戏在不同场合（家庭游戏、社区游戏、公园游戏、幼儿园游戏）具有不同的形态，发挥不同的作用。当游戏走进教育情境，必然要接受教育赋予其所应该承担的使命或任务，也就是说，幼儿园游戏活动受到来自游戏的本质属性和幼儿园的教育期望两个方面的制约。

幼儿园游戏是指发生在幼儿园这一特殊场合中的游戏。幼儿园里的任何游戏必然受制于幼儿园环境（场合），并且打上"幼儿园"的印记，承载幼儿园教育的使命。那么，教师的使命是强化场合限制性还是弱化场合限制性呢？从游戏教育过程最优化出发，教师的游戏精神必然指向强化游戏的场合限制性，凸显游戏的教育性。

众所周知，游戏的历史远比幼儿园教育的历史悠久。幼儿园游戏大多源于日常生活中的游戏，其中，民间游戏是幼儿园游戏的"资源宝库"。然而，当日常游戏（民间游戏）进入幼儿园后，成为一种有目的、有计划、有组织的教育活动，游戏的内容和形式必然要发生变化。

相对日常游戏（家庭游戏、社区游戏）的享乐性而言，幼儿园游戏更突出教育性。幼儿园游戏具有双重目标：一是满足幼儿游戏的需要，保证幼儿童年生活的快乐；二是寓教育于游戏活动中，促进幼儿主动学习，为幼儿终身发展奠定良好的素质基础。幼儿园游戏要实现愉悦性与教育性的和谐（平衡状态），

39

必然要建构适宜的游戏情境以实现游戏的场合限制性，引导儿童快速进入游戏状态，尽情体验游戏带来的愉悦，在有意义的快乐中获得相应的学习经验，实现和谐发展。

（二）幼儿园游戏场合限制的路径

游戏活动的场合限制性是幼儿园游戏精神回归的一种策略，旨在创造条件激发和培育儿童的游戏精神。

在幼儿园教育情境的建构过程中，游戏场合构成了游戏环境（空间、材料和游戏者）的基本单元。故而，游戏场合的限制有助于最大限度激发（启动）游戏活动（时间、空间、材料、伙伴）中蕴含的精神，调动（聚焦）游戏者（教师与儿童）具有的游戏精神。简言之，通过游戏场合的限制性，聚焦游戏活动的教育性，强化游戏精神的感染力。

1. 保障游戏时间

游戏时间的充分性和时间段的自由性是游戏精神的首要保障条件。在日常游戏中，尽管儿童拥有自由选择游戏的机会，却没有固定的游戏时间，随意性强。在很多情况下，受各种因素的干扰，游戏甚至变成可有可无的活动。

幼儿园游戏作为基本的教育活动或教育活动的基本形式，有目的、有计划地被安排在一日生活的一定时间段内，体现出游戏时间的稳定性。在幼儿园一日生活的各个环节中，幼儿在区域活动中拥有自主游戏的时间，而教师也在集体教育活动中为幼儿留下充分的游戏机会。

尤其值得注意的是，幼儿园游戏更加关注户外游戏时间。《幼儿园工作规程》明确规定，幼儿园一日生活中，户外活动的时间（包括户外体育活动时间）不得少于2小时。

然而，幼儿园游戏活动的计划性是一把"双刃剑"，一方面，根据幼儿发展的一般规律和不同类别游戏的特点，合理设计游戏时间单元，尽可能保证了每次游戏和每类游戏的时间需求；另一方面，一日生活的时间总量是有限的，不可能无限满足幼儿游戏的时间需求，更不能超越客观因素的制约，如天气变化、季节变化、空间局限等。故而，游戏时间的保障要兼顾自由性与稳定性，建立一种弹性规划机制，在游戏时间的整体规划中，为儿童自主调节时间留有余地，也为游戏精神的个性化展现提供条件。

2. 优化游戏环境

游戏环境涉及选择游戏空间或场地的自由性。合适的场地或合理的空间有利于游戏氛围的营造，也有助于游戏精神的体现。

在正常条件下，日常生活中儿童可以随时随地开展游戏，可以在家庭中独自游戏，也可以在居住小区的户外场地和其他儿童一起游戏，还可以在节假日和父母一起去游乐场玩游戏。然而，这些游戏的环境教育性相对较弱，游戏追求的是娱乐性或休闲性。即便是家庭游戏，家长提供的玩具大多缺乏一定的教育意图，随儿童兴趣或家长的期望而定，不能充分发挥玩具在儿童游戏中的作用。

幼儿园游戏环境是教师按教育目的和游戏特点创设的"有准备的环境"，不仅投放了符合儿童身心特点的玩具和丰富多样的游戏材料，还根据不同类型游戏的特点系统规划游戏场地，精心设计游戏区域。游戏区域的布置和游戏材料的投放都符合安全、卫生的要求，有利于儿童健康成长，避免或减少了意外伤害事故和不安全因素的发生。

通过游戏环境的创设，教师将教育意图客体化（物质化），让儿童在与环境的相互作用中获得发展。然而，幼儿园游戏环境的创设是在有限空间中创造"无限"的游戏，不可避免地面临游戏的预成与生成之间存在的矛盾。如何处理游戏环境预成性（准备）和游戏活动的生成性（创生）之间的关系，这不仅可以显示教师游戏智慧，也可以激发幼儿游戏的创造性。

3. 稳定游戏伙伴

游戏伙伴（群体）是儿童游戏精神形成和发展的必要条件。在正常情况下，游戏精神适合在游戏群体中彰显和培育。

持续30多年的计划生育政策造就了大量独生子女。独生子女最大的缺憾就是缺少兄弟姐妹，家庭生活中的交往对象几乎都是成人，与成人游戏的时间多，与儿童游戏的时间少，易导致儿童早熟，缺乏童趣；在户外，儿童交往的对象存在偶然性，遇见谁就跟谁玩，这样就使儿童缺乏形成稳固的伙伴关系的条件，伙伴往往以小型的分散的为主，无明显的群体特征。与此同时，城市化加速、人口迁移及城市小区的"高层化"不仅瓦解了原有的游戏群体，而且为形成新的游戏群体制造了困难。游戏群体的缺失显然不利于儿童游戏精神的发展。

幼儿园多以班级为单位开展游戏。班级游戏中，儿童结成的伙伴关系是相对稳定的，而且伙伴人数多，年龄相当，兴趣相同，相互交流的机会多，弥补了独生子女缺乏伙伴和城市小区难以形成游戏群体的缺陷。

然而，游戏精神的表现是多元化或多向度的互动。同龄班级游戏有利于幼儿之间横向互动，不利于纵向互动。为此，从游戏精神的滋养与外化角度，幼儿园必须为儿童建立多样化的游戏群体创造条件，运用社会规则引导儿童建立不同类型的同伴关系，以便幼儿游戏精神全方位地生发。显然，游戏伙伴（群体）的稳定性与灵活性是游戏精神生发的适宜"土壤"。

4. 深化游戏指导

自由是游戏精神的精髓。游戏的自发性是游戏精神的朴素形态，缺乏稳定性和持久性。日常游戏多为自发性游戏。尽管日常生活中，成人（主要是父母）也时常关注、指导儿童的游戏，但往往带有很大的随机性和片面性。受父母不当教育观与儿童观的影响，有些指导行为可能在不同程度上干扰和阻碍儿童游戏精神的发展。

科学的游戏指导是游戏精神焕发的必要保障。在幼儿园游戏中，教师不仅要鼓励幼儿独立游戏，而且还要在科学解读幼儿游戏的基础上给予幼儿适宜而有效的指导。大多数教师经过专业培训，懂得儿童身心发展的规律，并具有指导游戏的专业知识和技能技巧。更为重要的是，教师的游戏精神有利于游戏实体中游戏精神外化为儿童的游戏行为，直接提升儿童游戏的精神状态。

儿童的游戏情绪和游戏群体的氛围是游戏精神的直观显现。显然，体现场合限制性的游戏指导的关键，是引导儿童在游戏过程中体验自我挑战的愉悦性，感受（领悟）团队合作与竞争产生的成功感，进而感悟游戏精神的力量和效能。

5. 丰富游戏内容

如果说，游戏形式是游戏精神的"必需品"，那么游戏内容就是游戏精神的"营养品"。虽然游戏的形式与内容具有内在统一性，相对游戏形式（类型）的表现性而言，游戏内容（主题）的深层性更加有利于游戏精神的养成。所以，游戏精神离不开游戏形式的多样性和游戏内容的丰富性。

虽然游戏是日常生活经验的反映，但是由于享乐性占据主导地位，日常生活中幼儿游戏的内容也相对单调或贫乏。大多数情况下，日常生活中的游戏是"因地制宜，就地取材"，儿童遇到什么就玩什么，能怎么玩就怎么玩，具有很大的随意性。尽管游戏的享乐性和随意性也是游戏精神的一种朴素表征，但是如果游戏活动仅仅停留在享受层面或随意状态，显然不利于游戏精神的升华。

幼儿园游戏渗透在一日生活的各个环节，形式多样、内容丰富。幼儿园情境中，任何源自生活的自发性游戏都可以转化为内容丰富的教育性游戏。这是幼儿园教育情境对日常游戏采取的场合限制，旨在丰富游戏的内涵，有针对性地促进游戏精神的萌发和升华。

三、民间游戏的精神"纽带"价值：游戏的有限性与无限性

如果说幼儿园游戏是有限性的教育活动，文化是无限性的社会活动，那么民间游戏就是介于（或兼含）有限游戏与无限游戏之间的游戏活动，因为民间

游戏具有文化和教育的双重属性。由此推断，民间游戏可以成为连接有限游戏（教育）和无限游戏（文化）的精神"纽带"或符号中介。

（一）游戏哲学及其启示

美国哲学家詹姆斯·卡斯（James P. Carse）在《有限与无限的游戏：一个哲学家眼中的竞技世界》中用"游戏"这个词泛指人类的一切活动。卡斯把人类的各种活动简化为两种性质的活动——有限游戏与无限游戏，并且对两种性质的活动进行了充分的对比。[①]

1. 两种性质游戏的差异

（1）游戏过程

从游戏过程审视，有限游戏具有闭合性，无限游戏具有开放性。

有限游戏的目的是要决出胜负，在这个游戏里必然有胜利者和失败者，有主角和配角，一旦分出胜负，游戏就结束了。

无限游戏则没有明确的开始和结束，它的目的是不断地延续游戏，游戏的参与者各有所得，无所谓谁输谁赢。

（2）游戏规则

从游戏规则审视，有限游戏的规则具有刻板性，而无限游戏的规则具有灵活性。

有限游戏有清晰、不变的规则和评判输赢的标准，并且这些规则和标准都是外在制定的，游戏中有固定的角色，每个角色都按照外在的角色要求行事。

无限游戏中，发生的时间、空间、评判的标准都不是外在界定的，而是游戏的参与者自己根据实际情况和自身需求设定的，并且随着游戏的进行还可以做出调整；游戏参与者的角色也不是固定的，而是多变的，并且一个人可以同时承担多个角色。

（3）游戏结果

从游戏结果审视，有限游戏的结果具有约束性，而无限游戏具有发展性。

在有限游戏里，每个参与者都必须符合一定标准，否则会被取消资格，或者无法进入下一轮游戏，与取胜无关的行动都不值得关注。

在无限游戏里正相反，参与者不关心输赢，只关心个体的成长和游戏的继续，他们擅长"在意外中学习，在混序中成长"。

[①] 卡斯. 有限与无限的游戏：一个哲学家眼中的竞技世界 [M]. 马小悟，余倩，译. 北京：电子工业出版社，2013：33-45.

2. 两种不同性质的民间游戏

按照詹姆斯·卡斯的"游戏"逻辑，民间游戏似乎也可以简化为两种不同性质的游戏活动："为了赢"的游戏（Play for win）和"为了好玩"的游戏（Play for fun）。

有限性民间游戏属于"为了赢"的游戏——在特定的情境中，运用力量、智慧和勇气赢得游戏的胜利，享受游戏结果带来的奖赏（物质的或精神的），富有现实主义精神。

无限性民间游戏属于"为了好玩"的游戏——在任何条件下，都以一种从容的态度和平和的心态全力以赴地投入游戏中，充分享受游戏过程带来的快乐体验，富有浪漫主义精神。

由此推断，民间游戏中的"摔跤""拔河"等角力游戏和民间棋类游戏属于有限游戏；而民间游戏中的"过家家"（角色游戏）、"舞龙"（表演游戏）以及"滚铁环"和"打陀螺"等都属于无限游戏。

（二）幼儿园游戏活动的有限性与无限性

有限性与无限性作为游戏分析的一对范畴，对认识幼儿园游戏本质具有参考意义和启迪价值。

1. 幼儿园游戏活动中游戏精神的纽带价值

在时间上，每次游戏都只是一个"有限的游戏"。一次游戏结束，下一次游戏才能开始。有些游戏者倾向于对游戏结果的满足，而另外一些游戏者关注的则是游戏过程中的体验。然而，游戏过程比游戏结果更为重要。从游戏主体及其在游戏中的意义追求看，无限游戏比有限游戏更加具有可持续发展性。在这个意义上，幼儿园游戏活动整体上应该是"无限游戏"——由一个个"有限游戏"构成的"游戏链条"，而串起链条的是游戏精神。只有游戏精神（现实主义精神与浪漫主义精神）才能统一游戏的有限性与无限性。

教师的使命是把儿童的游戏精神贯穿在各种游戏活动之中，把"有限的游戏"置于"无限的教育"之中。教师不仅要关注每个"有限游戏"的效能（满足幼儿的当下需求并且促进其学习与发展），而且要在课程实施中把幼儿关注的"有限游戏"转化为教育期望的"无限游戏"。显然，无论是教师发起的游戏还是幼儿发起的游戏，教师的"技术性"指导和"精神性"引领都不可缺少。

2. 儿童精神发育中游戏精神的滋养功能

儿童是游戏精神的"化身"。只要儿童富有游戏精神，那么游戏将会"无限"延续，历久弥新。这就意味着，游戏活动的结构可以随机应变，游戏功能可以"与时俱进",但游戏精神却永恒不变,无限延展。

作为自由和创造的代名词,游戏精神是儿童固有的天性。在一定意义上,儿童天生就具有游戏精神。正是这种游戏精神,使儿童成为民间游戏的创造者和享受者,理所当然也成为民间游戏的传承者。

儿童之所以是儿童,是因为儿童在生活中充满着游戏精神。游戏精神就是"玩"的儿童精神,也是儿童文化心理的深层结构。民间游戏充满游戏精神,其教育价值不在于儿童获得一些游戏玩法或作为现代课程的文化点缀,而是在儿童身上延续一种自由和创造精神。自由精神和创新精神是儿童游戏精神的内核。

民间游戏蕴藏着朴素创新精神,是儿童精神发育的"精神植被"。因为民间游戏契合原始创造特质。研究表明,儿童的原始创造特质包括:第一,辨认特征与无限好奇:三四岁便能说出流利的口语;十一二岁就能进行抽象思维,为适应文明、传承文明做好了准备。第二,生之勇气(courage to be):在成长中无畏、无休地干扰外在事物,揭开自然的面纱,使外在世界的秘密一层层地同化在认知结构之中,融合于人类的知识之中,发展人类文明。第三,无偏见:宽容仁慈、天真无邪、不存偏见,使人得以在一些未受现实利害蒙蔽的时刻,借由朴实、纯洁的心灵发扬人性的光辉。

童年存在的价值就是在无忧无虑的自由中释放原始本能,在无休止的体验中积攒生存智慧,在无边无际的探究中获得永恒的创造热情。童年是有限的,也是无限的。每个人的童年都有时间限制,但人类的童年在代际传递中是永恒的。

童年是民间游戏"活化"传承的主体性前提。有童年,就会有游戏。只要有儿童乐于玩某个游戏,那么这个游戏就能传承下去。因为,游戏主体才是游戏传承的不竭动力和永恒机制。

第四节　民间游戏中竞争行为的观察:游戏精神的视角

日益复杂且多变的社会环境在提供多元化选择和机遇的同时,也使人们面临着激烈竞争和严峻挑战。只有不断提高自身竞争力的人才能适应未来社会的发展趋势。一个人缺乏竞争意识与能力,就难以适应社会的快速发展。要想实现自己的理想与抱负,不仅要具有竞争意识与能力,同时还要勇于竞争、善于竞争。

竞争是一种综合能力或素养。从个体社会化历程看,个体之间从竞争走向融合，进而形成不同类型的正式团体或非正式群体。随着社会分工越来越细，基于团队协作的团体竞争精神与能力显得越加重要。一个社会适应良好的人不仅要具有良好的个体竞争能力，同时也应具备高超的团队竞争能力。

在游戏活动中，竞争与合作既是一种社会适应行为，也是一种人际关系和社会互动，既能表现幼儿的社会性游戏行为，也能折射幼儿的游戏精神。

一、研究背景

本研究的目的是分析民间游戏中幼儿的竞争行为，探讨民间竞技游戏对幼儿竞争行为发展的价值。因此，首先采用文献分析方法，分别从民间竞技游戏的特点及其文化价值、竞争行为的发展及其影响因素、游戏中竞争与合作的关系三个方面阐述研究背景。

（一）民间竞技游戏的特点及其文化价值

民间竞技游戏作为游戏的一种，既具有游戏的一般特点，如主体性、虚构性、非功利性、愉悦性①，又具有一般体育游戏的特点，以儿童的身体发展和运动为主要活动形式，以输赢胜负为目的，并有一定的规则和竞赛因素。民间游戏强调游戏过程中的团队协作和配合。

1. 民间竞技游戏的特点

（1）竞技性

民间竞技游戏是由多人参与的，参与者在一定的时间与空间内活动，当参与者按照游戏规则一起游戏时，他们往往是竞争关系。民间竞技游戏是身体或智力按照一定的规则进行的竞争性活动，参与者之间的关系是对立的，每一方都试图努力让自己在游戏中取得胜利，而让对方输掉比赛。

竞技性是民间竞技游戏的重要特征。人们在参与游戏时，常常处于一种竞争的状态，保持一种冒险的心理。在竞赛对抗类的游戏中，游戏者双方的注意力都高度集中并与竞技中的紧张感相伴。不过，这种竞技性通常是在非功利性的玩耍嬉戏中展示游戏者的体力与智力。

（2）规则性

规则性是民间竞技游戏中体现制度文化的主要元素，是制度化了的民间竞技游戏的行为方式。在民间竞技游戏中，游戏者在遵守传统规则的前提下，根据当时的游戏情景，共同制订、补充和接受一些临时性规则，从而使民间竞技游戏在规则约束下，通过相互合作顺利进行下去。

---

① 林继富. 中国民间游戏总汇综合卷［M］. 长沙：湖南文艺出版社，2016：3.

游戏活动按照游戏自身的规则进行，参与者不能随意改动与支配。如，"老鹰抓小鸡"的约束性规则包括两个方面：一方面是站位的规则，小鸡以一个队列排在母鸡的背后，而老鹰则面对面站在母鸡的前面；另一方面是移位的规则，老鹰绕过母鸡抓小鸡，而母鸡张开双臂通过移动阻挡老鹰，小鸡则跟随母鸡做出相应移动以避免被老鹰抓住。游戏总包含一定的规则，所有参加游戏的人是在接受规则的前提下进行游戏活动的，因此，民间竞技游戏的规则体现出平等与正义、制度与规范、恪守与意愿。[①]

2. 民间竞技游戏的文化价值

长期以来，许多研究认为在东方文化背景下，中国人更加注重集体主义，强调集体主义倾向，善于集体合作从而忽略或不强调竞争，西方文化则强调个人主义，注重竞争，这显然是有失偏颇的。

民间游戏是数千年来中华民族的智慧结晶，作为传统文化的一部分被世代传承，经久不衰，而大量含有合作、竞争与团体竞争取向的民间竞技游戏之所以能被传承至今，是因为我们的文化中倡导与认同这样的行为。民间游戏中包含大量竞技性的游戏，民间竞技游戏过程中充满了智慧与谋略；民间竞技游戏既需要体力，也需要技巧。游戏者在同一规则下，以竞争的形式完成游戏，比如"捉龙尾""拔河""捉迷藏"等。这类竞技游戏相较于其他类型游戏有着独特价值，既包含群体协作性又具有竞技性，其中有一种非常重要的现象即群体竞争，在游戏过程中游戏者既需要合作又需要竞争，两者互为手段与目的，合作是为了竞争，反过来竞争又有助于合作，这是我们民间竞技游戏中很有价值的现象。

（1）儿童智力发展价值

游戏不单是促进幼儿身体发展的肢体运动，还是一种寓教于乐，融体能、智能、技能为一体的综合性活动。[②] 它的价值尤其表现在对儿童智力的开发上。幼儿时期是人一生中智力发展的关键时期，这一时期的智力开发主要是靠做游戏实现的。许多人的童年都在民间游戏中度过，儿童自由地加入民间游戏，在游戏中开拓视野、启迪智慧、形成品格、促进智力的发展。诚如席勒所说："游戏才能使人发展人的双重天性从而达到完美。"[③] 如"捉龙尾"的游戏可以让幼

[①] 朱立元，张德兴，等. 西方美学通史：第7卷［M］. 上海：上海文艺出版社，1999：235.

[②] 林继富. 中国民间游戏总汇综合卷［M］. 长沙：湖南文艺出版社，2016：3.

[③] 席勒. 美育书简——作为游戏、象征、节日的艺术［M］. 徐恒醇，译. 北京：中国文联出版公司，1984：89.

儿分辨好坏；而"穿越鳄鱼湖"的游戏可以培养幼儿机敏、灵活的反应力和判断力。

(2) 传统文化传承价值

伽达默尔说："游戏是人类生活的一种基本职能，因而人类文化要是没有游戏因素是完全不可想象的。"① 诚如伽达默尔所说，游戏活动在人类文化传承中起到不可替代的作用。民间游戏不仅本身包含丰富的传统文化，还以特殊的方式传承、建构以及丰富传统文化。民间游戏往往以代代相传的方式流传下去，人们通过口耳相传，从祖辈、父辈以及哥哥姐姐那里继承学习而来，并再将自己习得的民间游戏教给下一代的年幼者。民间游戏在传播的过程中，往往会发生自觉或不自觉的改造，比如，儿童在开展民间游戏活动的时候，往往会根据自己的观察和已有的知识经验，把游戏与周边的人、动植物和各类事物的活动联系起来，进而构建出属于自己的民间游戏版本。这些均意味着民间游戏开展的过程就是文化传承与建构的过程。

(3) 民族认同培养价值

民间游戏是传统民族文化或地域文化的组成部分，是民众表达情感的重要途径。在长期的历史发展过程中，民间游戏不仅成为日常生活的一部分，而且内化为民众的思想感情，承载着民众的历史记忆，成为民族认同和地域认同的文化传统。② 民间竞技游戏作为民间游戏的组成部分，具有"工具价值"的同时也具有"内在价值"。在参与民间竞技游戏过程中，幼儿受到本民族游戏传统文化的熏陶，并在轻松愉快的游戏氛围中对本民族的传统文化有了一定认识与了解，民间竞技游戏是儿童接触、了解与学习本民族传统游戏文化的重要途径之一。文化的学习是人从自然人成长为社会人的过程中一个重要的学习内容。从某种意义上来说，游戏是儿童的一种独特的文化生活方式。生活在某一民族共同体中的成员会对本民族的文化产生发自内心的接受与认同，而民间竞技游戏由于其自身赋有的民族文化内涵，更是使其成为能够满足幼儿内在发展需求的独特文化生活方式。因此，民间竞技游戏不仅能让幼儿接触和认识本民族文化，而且能够潜移默化地培养幼儿的民族认同感。

---

① 伽达默尔. 美的现实性 [M]. 张志杨，等译. 北京：生活·读书·新知三联书店，1991：34.
② 冯鲸丹，李思娴. 民间游戏对幼儿社会性发展影响研究 [J]. 现代教育论丛，2015 (1)：10-16.

(二) 竞争行为的发展及其影响因素

1. 竞争行为的发展

夏洛特·布勒曾经研究发现，人类在婴儿期便开始显示出敌对行为。如果将一个物体放在两个幼儿（两岁以下）之间，那么他们都会表现出要抓夺的行为。婴儿时期"真正的竞争行为"的出现需要具有以下三种能力：一是能被某一物体吸引并且有想要争取的意图；二是认为自己有能力去完成这一目标；三是能意识到有他人与自己一样也试图达到这一共同目标。

皮亚杰的观点与夏洛特·布勒不同，他认为人类真正的竞争行为是到4—5岁时才会慢慢出现。并且他提出，竞争不是先天行为，人类很多行为是后天培养或学习得来的，而不是生来就有的。对于幼儿而言，竞争行为是在他们能够真正认识和理解规则，对于结果有着相对公正的认识之后并能够自觉决出胜负时才发生的。此外，还有许多研究通过深入观察来探究幼儿的竞争行为。比如，格林伯格的"堆积木测验"，其研究目的就是洞悉幼儿的竞争行为，我们通过实验可以得出结论：3岁以下的幼儿其实没有出现真正的竞争行为，而与之不同的是，5岁以上有3/4的儿童产生了竞争行为。[1] 早期"二人对阵"和"卡车竞赛"的实验研究都得出相同的结论：随着激烈比赛的进行，参与者往往选择竞争行为，而合作行为大大减少。[2]

2. 竞争行为的影响因素

从竞争行为影响因素的来源看，大家倾向于把其划分为两大类：个体因素与社会文化因素。

（1）个体因素

研究结果都表明，幼儿的合作与竞争行为不受性别因素的影响。有研究发现，4—11岁儿童在"拔河比赛"的游戏中选择合作还是竞争与性别无关。在其他游戏的研究中也没有发现明显的性别差异。

然而在有关竞争的研究中，有一些研究发现男孩的竞争行为多于女孩，并且女孩在与男孩竞争的过程中总是降低原有的竞争行为水平。之后又有研究发现，在竞争性游戏活动中，男孩的竞争行为要远超女孩，但随着活动的展开和时间的延长，孩子们的竞争行为都会增多，没有了性别差异，可能是女孩进入竞

---

[1] 谷玥姣. 学前儿童竞争性测量问卷（PCQ）的修订及国内应用研究——以大连市多所幼儿园为例 [D]. 大连：辽宁师范大学，2015.

[2] 方晓义，王耘，白学军. 儿童合作与竞争行为发展研究综述 [J]. 心理发展与教育，1992（1）：38-42.

争的准备时间较长，而男孩则很快进入竞争状态。在男女匹配的竞争活动中，无论男孩原有技能的高低，其竞争行为都有所增强，但是一开始高技能的女孩也较多表现出竞争行为水平的下降。其他研究中也发现相同的结果，女性在同男性竞争中时常出现退缩行为。

个体从出生之日起就开始与外界环境接触并受到外界环境的影响，在这个过程中，最先也最为重要的是与家人进行的接触，幼儿从家人那里得到了赖以生存发展的基本物质需要，而且还学会了生存与发展所需的行为技能。通过观察会发现，儿童会对成人与同伴进行肢体、言语以及目光接触，从而感受到来自家庭成员的反馈。因此，父母及其他家庭成员流露出的竞争态度与竞争行为方式能够影响幼儿的竞争态度的形成。在家庭环境中儿童潜移默化地习得了父母的竞争态度，父母不自觉地为幼儿营造了获得竞争意识与能力的环境，从而使孩子逐渐感受到了竞争的存在。

除此之外，有研究表明，幼儿自身的性格，如好胜心也会影响幼儿在竞争性游戏中竞争行为出现的次数，并且男女幼儿无性别差异。还有研究发现，3—12岁儿童在个人主义的分配原则上，女孩更喜欢个人主义的分配原则，但在相对主义的选择上，女孩与男孩相比更倾向于合作性的分配原则。

（2）社会文化因素

有比较研究发现，英裔美国人和美国黑人最具有攻击性和竞争性，与其相比，城市的墨西哥裔美国儿童的竞争性较弱，而墨西哥农村儿童则没有表现出竞争行为。深入研究发现，墨西哥农村儿童总是竭尽全力避免与同伴产生冲突，他们也不会主动与同伴争夺玩具，因此，出现的竞争行为最少。而英裔美国儿童的竞争性则最强，他们会尽自己最大努力阻碍同伴获得奖赏或者达成目标并为此感到开心与满足，即使他们也因为自己的阻碍行为而一无所获。

（三）游戏中竞争与合作的关系

1. 合作与竞争的理论假设

关于合作与竞争关系，道特斯（Deutsch）曾提出一种理论假设：合作者把参与者看作相互支持的群体，而竞争者则视参与者为相互对立的。在合作过程中，大部分人的行为会受到同伴的支持，而在竞争过程中，则大部分人的行为会受到同伴的反对。合作者有更强的、积极的感应力，并对同伴表现出较多的互助性，而竞争者则相反，表现出更大的敌对性。基于此，他把人在群体中的状态分成合作情境中的个体和竞争情境中的个体。

依据他的理论假设，大多数关于竞争与合作关系的研究，实验程序一般都是先给成对或成组的被试者一个任务,然后考察被试者在实验过程中的行为反应:如果彼此行为协调一致,双方的需要都得到满足,则表现为合作;反之,如果为了个人获得最高奖励而相互妨碍,则表现为竞争。

卡根(Kagan)则认为在早期的研究中学者们实际上采取了极端的态度,并且混淆了个人主义与竞争这两个概念,合作与竞争并非非此即彼的关系,因此,早期研究夸大了合作与竞争的倾向。后来的研究中他们在竞争与合作之间加进了一个新变量即个人主义(individualism)——个人喜欢独自工作,自己与自己比较而不受他人行为的影响。于是,竞争与合作不再是一种对立关系,而是同一维度上的不同层次的关系。

2. 儿童游戏中合作和竞争行为的发展

关于儿童合作与竞争行为的发展与幼儿年龄增长之间的关系的研究有两种完全相反的结果。一些研究结果表明,幼儿的年龄与竞争行为之间呈正比,即随着幼儿年龄的增长而合作行为逐渐减少。早期以卡根和马德森为代表的一些学者研究发现合作行为与幼儿年龄之间存在反比的关系。

游戏中的竞争研究多是在竞争性游戏中考察儿童的社会行为。如在"拔河""围方阵"和"拉弹子"比赛中,4—5岁的儿童比7—8岁的儿童更为合作。马德森(Madsen)研究发现,4—5岁儿童在拔河比赛中比7—8岁及10—11岁儿童表现得更合作。还有部分研究发现,在完成"围方阵"的游戏比赛时,4—5岁儿童比7—8岁儿童表现出更多的合作行为。同样在"弹子"游戏比赛中,4—5岁的儿童能够为了实现集体的共同目标而选择合作行为,而7—10岁儿童为了确保自己胜利而采取竞争方式。在其他游戏活动中也得出相同的结论。同年,杰克逊(Jackson)的研究也发现,当幼儿三岁以后,竞争意识觉醒,表现出更多的竞争行为,合作行为会不断减少。

但也有研究表明,随着儿童年龄增长,合作行为不断增多,而竞争行为不断减少。帕顿(Parton)观察在自然情境下2—5岁的儿童行为表现,发现儿童的合作行为是随年龄增长而不断增加的。[1] 随后弗里德里希(Friedrieh)对4—5岁的儿童进行观察得出同样的研究结果。斯廷格尔(Stingle)研究发现,不管是同性别还是异性的游戏中,8岁和11岁组儿童比5岁组儿童表现出更多的合

---

[1] FRENCH D C, BROWNELL C A, GRAZIANO W G, et al. Effects of Cooperative, Competitive, and Individualistic Sets on Performance in Children's Groups [J]. Experimental Child Psychology, 1977 (1): 1-10.

作行为，他们为了能够实现共同的目标而努力从而选择彼此成全。① 李幼穗、张丽玲研究也发现，当幼儿从中班升到小学三年级的过程中，年级越高，幼儿表现出越多的互助行为并且与同伴的合作水平也逐渐提高。

3. 儿童游戏中团体竞争行为及其发展

有研究指出幼儿的合作和竞争并不是对立的，两者可同时存在，即幼儿有强烈的竞争意识，但同时他们在活动中可以很好地展开协作，而且群体竞争是一种积极正向的过程，竞争可以给幼儿之间的合作以动力促使其彼此间相互激励。

美国著名的行为科学家谢里夫曾做过实验，请22个彼此都不认识的男孩随机分成两队到郊外去露营，并且两队营地间距相当远，两队成员互不来往。在实验的第一阶段，经过一星期时间相处后，两队各自形成一个内部小团体。在实验的第二阶段，安排两队进行拔河、棒球比赛。由于是竞争关系，两队之间相互敌对，甚至谩骂对方。在实验的第三阶段，又提供两队必须进行相互沟通、协作的机会，如共同修理损坏的营区水塔、郊游的汽车等。这样经过几次交往与协作，两个群体的隔阂逐渐消除，成为一个新的大群体。之后又在成人间进行实验，得出了相同的结论。这个实验说明：群体之间的竞争可以使群体的内部更加团结，减少或消除差异与隔阂，加强成员对群体的归属感；群体成员之间的合作或竞争关系是随活动性质的改变而转化的。如果活动性质由合作性转变为竞争性，群体之间的关系也随之由合作转化为竞争。②

社会竞争问题一直是众多专家、学者研究的重要领域。然而，传统的竞争理论往往立足于如何通过更有效的手段取得竞争优势，并认为竞争者只能在成功与失败之间选择竞争结果，这显然有失偏颇。传统竞争理论或者合作理论过分强调了竞争或者合作的积极意义，而忽略了竞争或者合作固有的局限性，竞争需要以合作的形式得到补充和修正；同理，以实现"双赢"或"共赢"为目的的合作也需要通过竞争加以完善。因此，孤立地讲竞争，正如孤立地讲合作一样，都不能对竞争与合作的辩证关系做出深刻而全面的说明。③

以往研究关注合作而忽视竞争，并且把竞争与合作分离开研究。其实，游戏中竞争与合作往往同时发生，并且交织在一起。竞争与合作在一定条件下可

---

① HANDEL S J. Children's Competitive Behavior: A Challenging Alternative [J]. Current Psychology, 1989 (2): 120-129.
② 杨光明，李德显. 谈竞争与合作 [J]. 上海教育科研, 1997 (3): 24-27.
③ 胡胜德，金喜在. 对竞争与合作关系的辩证思考 [J]. 当代经济研究, 2003 (5): 34-36.

以相互转化、相互影响、相互促进。

本研究以民间竞技游戏为载体，考查幼儿的竞争行为和竞争能力，并且从游戏精神视角透析其中蕴含的竞争精神。

二、研究设计

（一）观察对象

本研究采用"目的性抽样"的方式，选择长沙市 N 幼儿园为研究对象。

选择此园为实验园的理由有两个：一是 N 幼儿园一直致力于乡村幼儿游戏的挖掘、整理、开发与应用研究；二是出于取样方便的考虑，研究者对该园的管理者与教师都很熟悉，这为本研究的资料收集提供了便利条件。

该园一共 14 个班级，根据本研究的研究目的与研究方法，为了保证资料收集的全面性，研究者随机选取了大、中、小班各三个班级以及每班 30 名幼儿作为观察对象。

（二）研究材料

从《乡村游戏课程研究》开发创编类游戏（109 个）和搜集整理类游戏（103 个）中选出 14 个符合本研究研究目的的民间竞技游戏。

选择依据有两个：一是游戏目标必须包含个体竞争取向或团体竞争取向。二是符合本阶段幼儿的已有经验，游戏尽量是幼儿园开展过的。

第一轮正式拍摄之前将 14 个活动方案分给各个班级，教师根据游戏玩法带领幼儿游戏。第二轮拍摄之前，根据第一轮幼儿在游戏中的实际表现，对游戏进行筛选。其中大班幼儿进行不下去的游戏将不在小、中班观察，根据第一轮拍摄情况去掉 5 个游戏（舞龙、跳竹竿、踩高跷、跳大绳、防和追），大班幼儿刚从中班升上来，身体协调能力和社会性发展还较差，而跳大绳、舞龙、跳竹竿等游戏需要幼儿具有良好的协调能力、反应能力和团体协作能力，因此这些活动大部分幼儿无法进行。

筛除了 5 个游戏后将剩下的 9 个游戏再进行第二轮拍摄，确保 9 个游戏小、中、大三个年级都玩了一遍，教师组织和幼儿自发游戏一共收集 54 个视频。

将 9 个民间竞技游戏进行分类，分类依据有两个：

第一，民间竞技游戏的目标取向（个体竞争目标取向、团体竞争目标取向、目标取向即包含个体竞争和团体竞争）。

第二，游戏规则与玩法。据此可以把游戏分为以下三类：个体竞争取向类：猎人追小兔、抢椅子、乌龟占角；团体竞争取向类：老鹰捉小鸡、两人跑、拔

53

河；竞争与合作双重取向类：小猫捉老鼠、穿越鳄鱼湖、谁的力气大。

（三）研究方法

基于本研究的研究目的和研究内容，为了更真实、客观地研究幼儿的竞争行为，本研究采取非参与式观察法——摄像辅助技术，运用事件取样法从录像中抽取符合操作定义的行为样本，进而根据观察指标进行编码分析。

1. 摄像辅助技术

在为期一个多月的观察过程中，因本研究中的游戏活动较多，为了不遗漏任何重要信息，在征求教师的允许后对所观察的游戏活动全部进行全程录像，以便事后反复对视频进行编码分析。

对于在观察过程中没有拍摄清楚的幼儿行为，会将此事件标记出来，在游戏结束后对幼儿或教师进行询问，补充信息，力求做到客观描述。

2. 事件取样法

采用事件取样法，根据竞争行为操作定义及分类系统从录像中辨识目标行为。一旦幼儿在民间竞技游戏中发生了目标行为，根据观察记录表详细记录幼儿的竞争行为过程以及与之伴随的动作、语言等。

（四）观察指标及其分类系统

本研究收集到的资料分为两部分：在观察现场观察记录下来的幼儿竞争行为事件；与幼儿及教师的谈话记录，对视频没有拍摄清楚或者现场没有详细记录的信息进行补充。

针对这两部分资料，并且在参考其他类似研究的基础上，最后制定幼儿个体与团体竞争行为分析框架，包括三类游戏中幼儿个体与团体竞争行为出现的次数、个体与团体竞争运用的策略、个体与团体竞争行为的水平、幼儿团体竞争行为类型。

1. 观察指标

三类游戏中竞争行为的观察指标见表2-2。

表2-2　三类九种游戏中竞争行为的操作性定义

游戏分类	游戏名称	竞争行为的操作性定义
个体竞争取向类	猎人追小兔	游戏中,"小兔"钻出"山洞",到外面边玩边念儿歌。儿歌念完后,"猎人"们迅速去抓还没躲进"洞"的"小兔"
	抢椅子	准备好比参加人数少一张的椅子,将椅子摆成一圈,一边敲鼓或唱歌,一边让大家绕着椅子顺一个方向走,声音突然停止,大家都竞相入座
	乌龟占角	"乌龟"趁着其他人在换位跑动时的间隙,在他们到位之前,快速抢占四个位置中的任何一个
团体竞争取向类	老鹰捉小鸡	"老鹰"在不准侵犯"母鸡"的情况下冲破"母鸡"阻拦,抓住排在队尾的"小鸡",且一次只能抓住一只"小鸡","小鸡"不能离群(在"老鹰"抓一只"小鸡"这一轮的整个过程中,"老鹰""母鸡""小鸡"出现的所有的语言、动作都只算作一次竞争行为)
	两人跑	两人一组,肩并着肩,手拉着手,中间的两条腿用布条或橡皮筋绑在一起,由起点出发跑到终点,两人在途中相互配合,通过言语提示或者鼓励对方保持行动一致,最先跑到终点的一组为胜
	拔河	双方将绳子拉紧成对抗状态,裁判一声令下,双方队员相互鼓励,共同努力使劲往后拉,最先将红布条从中线拉到自己这边的一组为胜
竞争与合作双重取向类	小猫捉老鼠	"老鼠们"从"老鼠洞"出来"偷油吃","小猫"等音乐停止后迅速从"猫窝"出来捉"老鼠"
	穿越鳄鱼湖	"青蛙"从"河岸"的一边到另一边去,"河中"的"鳄鱼"趁机去捉"青蛙"
	谁的力气大	比赛双方各以右脚相抵于线上,互相约定开始口号或者教师喊口号,各自用力向后拉,直到决出胜负

2. 竞争行为的分类系统

(1) 个体竞争与团体竞争策略的操作性定义

竞争中运用的策略是指在竞争过程中,幼儿为了达到某种目的,所运用的各种方式、方法。其操作性定义见表2-3。

表 2-3　个体竞争与团体竞争策略的操作性定义

策略	操作性定义
邀请	请别人和自己玩,如喊某人的名字,或者对别人说"我和你玩好吗?""你过来,我们玩吧?""我们一起玩吧?"等
自觉配合	竞争双方主动协调动作,行动一致
协商	语气委婉地向对方表达自己的想法或提出要求
指导示范	自己主动或当别人提出请求时,给对方行为上的指导帮助。如在一旁做示范动作,告诉同伴怎样跳绳
解释说明	向对方强调自己要做某事或要求对方做某事的理由
提醒	用语言或动作提示同伴该做什么或者不做什么
妥协服从	竞争中的一方主动或被动做出让步并服从对方
强迫	用语言、身体动作或告诉老师来强迫对方,以改变对方的立场(如幼儿不尊重别人的意愿,强迫别人与自己进行比赛等。一名幼儿硬拉着他人继续游戏)
威胁告状	用语言、身体动作或告诉老师来威吓对方,以改变对方的立场
命令指挥	语气坚定地告诉别人做什么,包括主动发出指令或回答别人的询问
耍赖	使用手段抵赖、胡搅蛮缠。幼儿在游戏中出现的耍赖行为,如在游戏中输了比赛不愿意下场或者与同伴交换角色甚至与同伴大打出手
辩解	对受到指责的某种见解或行为加以申辩解释。幼儿为自己不遵守规则的竞争行为进行申辩解释

(2) 个体竞争水平的操作性定义

个体竞争水平的操作性定义见表 2-4。

表 2-4　个体竞争水平的操作性定义

水平	操作性定义
低级水平	幼儿的竞争行为不以输赢为目的,而是带有嬉戏的目的,吸引他们的是"仪式化的动作",满足于游戏动作本身而不是游戏的结果,并且他们也不会遵守游戏规则
中级水平	幼儿对游戏结果的兴趣显著提高,无论输赢他们都会有明显的情绪、语言或者动作表现(如直接放弃,不再继续游戏或者与同伴进行恶性竞争),这一水平的幼儿仍不能很好地遵守游戏规则

续表

水平	操作性定义
高级水平	这一水平的幼儿不仅能够正视输赢而且对规则及其意义的理解更加清楚，在游戏中能够遵守规则并会积极运用策略、技巧使自己取胜，也能根据规则评判同伴的行为，与同伴进行良性竞争

（3）团体竞争水平的操作性定义

团体竞争水平的操作性定义见表2-5。

表2-5 团体竞争水平的操作性定义

水平		操作性定义
竞争中合作的复杂程度	高	在游戏交往中，两个及以上幼儿形成小组与组外进行竞争。整个团体竞争进程自由松散，组内幼儿形成不了"团体"，幼儿之间虽有语言交流和动作协调，但在具体行动上难以按照统一的竞争意图一致对外，导致竞争进程松散甚至混乱而无组织性。游戏规则对幼儿的竞争性行为失去了制约性，问题的提出及解决完全依赖于幼儿的主观意向，遇到外界影响因素竞争极易终止
	低	在游戏交往中，两个团体及以上幼儿形成小组与组外进行竞争。幼儿之间不仅有语言交流和动作协调，并且在具体行动上按照统一的意图来商定共同的竞争目标和一致的行动计划，团体竞争进程具有一定的组织性，成员具有团体意识。因此，组内成员对自己的"小团体"能够具有认同感和归属感并且愿意为这个团体共同努力
竞争中对抗的激烈程度	高	身体对抗类的游戏中判断幼儿行为激烈的依据如下： 面部表情：幼儿是投入、专注、积极主动的。 行为动作：用力。 走跑类竞争游戏中幼儿行为激烈的判断依据如下： 面部表情：幼儿专注、投入于游戏，表现出紧张。 行为动作：积极主动，不断加快速度
	低	身体对抗类游戏中判断幼儿行为不激烈的依据如下： 面部表情：幼儿注意力不集中、左顾右盼，并不愉悦。 行为动作：幼儿不用力、无所事事、旁观等。 走跑类竞技游戏中幼儿行为不激烈的判断依据如下： 面部表情：幼儿是否专注、投入，是否紧张，速度有没有加快。 行动速度：速度慢

三、研究结果

(一) 幼儿竞争行为在组织形式上的差异

首先从教师组织游戏和幼儿自发游戏两种组织形式入手,分别统计在三类竞技游戏中幼儿的个体竞争以及团体竞争行为次数。

1. 个体竞争取向类游戏中幼儿竞争行为在组织形式上的差异

在个体竞争取向类游戏中幼儿之间没有出现团体竞争行为,因此统计这类民间竞技游戏中幼儿个体竞争行为在组织形式上的差异。

表 2-6 两种游戏组织形式中不同年龄幼儿个体竞争行为(单纯竞争取向类)

单位:次

年龄	教师组织 个体竞争行为次数(%)	幼儿自发 个体竞争行为次数(%)	合计
小班	46 (30.872)	0 (0)	46
中班	53 (35.571)	110 (48.889)	163
大班	50 (33.557)	115 (51.111)	165
合计	149 (39.839)	225 (60.161)	374

本研究观察了三个个体竞争取向的民间竞技游戏,由表 2-6 可以看出,在教师组织形式下小、中、大班幼儿出现个体竞争行为次数分别为 46 次、53 次和 50 次,共 149 次,占总数的 39.839%。幼儿自发游戏活动中小、中、大班幼儿出现个体竞争行为分别为 0 次、110 次和 115 次,共 225 次,占总数的 60.161%。

以上是对两种游戏组织形式下不同年龄幼儿个体竞争行为的分布情况进行的简要描述。这两种游戏组织形式对幼儿竞争行为产生的影响的卡方检验结果表明,两种游戏组织形式之间存在极显著差异(X^2 = 15.444,df = 1,P ≤ 0.001)。

在教师组织形式下,这三个民间竞技游戏中幼儿的个体竞争行为出现次数不存在年龄差异。小班幼儿在教师的组织下个体竞争行为的发生次数与中、大班幼儿行为次数基本持平,教师在组织幼儿游戏活动的过程中为了公平会照顾到每位幼儿,使每位幼儿都有机会参与游戏,并且教师为了完成活动目标,会在游戏中指导幼儿要遵守游戏规则,淘汰的幼儿则不能继续进行下一轮游戏或者督促幼儿互换角色等,每组幼儿游戏的时长都相差无几。可见,在教师组织游戏中,不同年龄幼儿出现团体竞争行为次数无显著差异。对小、中、大班幼儿在教师组织形式下出现的个体竞争行为进行卡方检验,结果表明其不具有显著性差异($X^2=0.497$,df=2,$P \geqslant 0.05$)。

但是小班幼儿在自发活动中和教师组织形式下出现的个体竞争行为次数相差甚远,自发游戏活动中,小班幼儿出现个体竞争行为为0次,这与中、大班幼儿出现的个体竞争行为次数差异显著,这是由于小班幼儿年龄较小,处于以自我为中心的游戏阶段,他们受"自我中心"思维的局限,在一起时各玩各的,规则还不是可以交流的、交互的,只关注自己的活动而不关心别人的表现,他们也很难一直遵守规则,在教师的组织和不断提醒下,大部分幼儿知道音乐响起的时候可以动,音乐停止的时候才可以与同伴进行竞争,但是自发活动时,小班幼儿往往很少有领头羊组织游戏,并且都处于茫然的状态,小班幼儿在这类规则较复杂的游戏中往往自行组织不起来。中、大班幼儿已经初步具有竞赛的意识并且大部分幼儿能够理解和掌握游戏规则,他们可以自行协商分配角色进入游戏中,尤其是在"抢椅子"和"乌龟占角"这两个游戏中,中班幼儿和大班幼儿的表现几乎不具有年龄差异,这说明对于这两个游戏教师完全可以让幼儿自发进行。对中、大班幼儿在这两个自发游戏活动中出现的个体竞争行为进行卡方检验表明其不具有显著性差异($X^2=74.476$,df=2,$P \leqslant 0.001$)。

2. 团体竞争取向类游戏中幼儿竞争行为在组织形式上的差异

在团体竞争取向类游戏中幼儿之间没有出现个体竞争行为,因此统计这类民间竞技游戏中幼儿团体竞争行为在组织形式上的差异。

表2-7 两种游戏组织形式下不同年龄幼儿团体竞争行为(团体竞争取向类)

单位:次

年龄	教师组织 团体竞争行为次数(%)	幼儿自发 团体竞争行为次数(%)	合计
小班	31(26.724)	7(4.217)	38
中班	44(37.931)	75(45.181)	119
大班	41(35.345)	84(50.602)	125
合计	116(41.135)	166(58.865)	282

本研究观察了三个团体竞争取向的民间竞技游戏,在教师组织形式下,小、中、大班幼儿出现团体竞争行为次数分别为31次、44次和41次,共116次,占总数的41.135%。幼儿自发游戏活动中,小、中、大班幼儿出现团体竞争行

为分别为 7 次、75 次和 84 次，共 166 次，占总数的 58.865%。

以上是对两种游戏组织形式下不同年龄幼儿团体竞争行为的分布进行的简要描述，对这两种游戏组织形式对幼儿竞争行为产生的影响进行卡方检验，结果表明这两种游戏组织形式之间存在显著差异（$X^2=8.865$，df=1，$P\leqslant0.05$）。

对教师组织游戏中幼儿团体竞争行为进行卡方检验，结果表明这种游戏组织形式下，小、中、大班幼儿出现的团体竞争行为次数不存在显著差异（$X^2=2.397$，df=2，$P\geqslant0.05$）。小班幼儿在教师的组织与帮助下基本可以遵守规则进行这类游戏活动。

对幼儿自发游戏活动中不同年龄幼儿出现的团体竞争行为进行卡方检验，结果表明这种组织形式下小、中、大班幼儿出现的团体竞争行为次数有显著差异（$X^2=64.060$，df=2，$P\leqslant0.01$）。这是由于小班幼儿年龄偏小，并且刚入园不久，游戏活动经验不足，在"老鹰捉小鸡""捉龙尾""拔河"这类自发游戏中，大部分幼儿不能够自行分配角色，并且在游戏中更换角色的意识很弱，游戏的目的性差，不能明白规则的实际意义，部分幼儿常常游离于游戏之外，游戏展开也需要大量的时间。因此小班幼儿在自发游戏中，很难自行组织游戏，只有小部分组织能力强的小组中的几个幼儿能够自己组织游戏，并且出现的团体竞争行为数量远远少于中、大班。

对中、大班幼儿在"老鹰捉小鸡""两人跑""拔河"游戏在两种不同组织形式中出现的团体竞争行为进行卡方检验，结果表明中、大班幼儿在这两种组织形式下出现的团体竞争行为均无显著性差异（$X^2=0.106$，df=1，$P\geqslant0.05$；$X^2=0.509$，df=1，$P\geqslant0.05$），中、大班幼儿较小班幼儿游戏经验丰富，不仅大部分幼儿能够理解游戏规则和掌握游戏玩法，而且中、大班幼儿在游戏中能够自行协商分配好角色，承担自己角色的任务和尽自己角色的职责。在"拔河"这个对抗类游戏中，幼儿之间能够迅速组成两组进行对抗，当然这可能与中、大班幼儿性别意识觉醒有关，在自发游戏活动中，大部分男女幼儿往往自发形成男女两队，游戏开始前幼儿并不会过多在意男、女幼儿之间的力量悬殊和人数的不一致，在游戏进行了几轮之后部分幼儿意识到游戏不公平，要求重新分组然后再继续进行游戏。

3. 竞争与合作双重取向类游戏中幼儿竞争行为在组织形式上的差异

在竞争与合作双重取向类游戏中，幼儿之间既出现个体竞争行为也出现团体竞争行为，因此统计这类民间竞技游戏中幼儿个体竞争与团体竞争行为在组织形式上的差异。

描述统计结果发现，小、中、大班幼儿在教师组织形式下出现的个体竞争行为分别为36次、58和76次，共170次，占总数的46.07%；出现的团体竞争行为分别为12次、26次和39次，共77次，占总数的44%。在幼儿自发的游戏活动中，小、中、大班幼儿出现的个体竞争行为分别为14次、79次和109次，共202次，占总数的53.93%；出现的团体竞争行为分别为6次、37次和55次，共98次，占总数的56%。

  以上是对两种游戏组织形式下不同年龄幼儿竞争行为的分布情况的简要描述，对这两种游戏组织形式对幼儿个体竞争行为产生的影响进行卡方检验，结果表明这两种游戏组织形式之间不存在显著差异（$X^2=2.753$，$df=1$，$P \geq 0.05$）。对这两种游戏组织形式对幼儿团体竞争行为产生的影响进行卡方检验，结果表明这两种游戏组织形式之间存在显著差异（$X^2=2.520$，$df=1$，$P \geq 0.05$）。这说明在第三类民间竞技游戏中不同的游戏组织形式对幼儿的竞争行为不产生影响，这是由于这类游戏对幼儿发展水平要求较高，虽然在自发游戏活动中，幼儿可以自由决定进行几轮游戏，但在幼儿自发活动时，只有部分幼儿能理解游戏规则或者遵守游戏规则并参与游戏。

  在教师组织的这类游戏中，小班幼儿出现的个体竞争行为最少，这是由于部分小班幼儿在"小猫捉老鼠""穿越鳄鱼湖""谁的力气大"这三个游戏中往往忘记自己扮演的角色，需要教师不断地提醒、口令指挥或者动作示范，幼儿才能够继续游戏。多数小班幼儿也很难真正理解游戏规则与玩法，在"谁的力气大"游戏中，幼儿之间决出胜负后如果教师不喊停，幼儿会一直进行，这是因为小班幼儿输赢意识还没有觉醒，满足于比赛的"仪式化"动作而不在乎游戏结果和游戏规则（如在"谁的力气大"游戏中，幼儿之间进行比赛时，有的幼儿一只脚并没有抵于线上，而与他比赛的幼儿也不表示反对，一些幼儿还会故意不用力被对方拉过去，而且表现得很开心并不刻意求胜）。因此小班幼儿出现的个体竞争行为相较于中、大班偏少。对小、中、大班幼儿在教师组织的这类活动中出现的个体竞争行为进行卡方检验，结果表明小、中、大班幼儿在教师组织形式下出现的个体竞争行为存在显著性差异（$X^2=14.165$，$df=2$，$P \leq 0.05$）。

  在教师组织的这类活动中，小班幼儿出现的团体竞争行为次数为12次，而中、大班幼儿分别为26次和39次。大班幼儿出现的团体竞争行为次数最多，这是因为随着年龄的增长，幼儿合作能力水平提高，年长的幼儿逐渐认识到合作的意义，为了达到团队共同的目的，幼儿会积极与同伴进行组内合作。大班幼儿不断成长，入园两年积累了丰富的游戏经验，为更好地建立良好的同伴关系，他们还渐渐学会了自我调控，思维也开始不断"去自我中心化"，他们在游戏中不仅对自己的认知越来越深,还能推测别人的心理。因此,大班幼儿在民间竞技游戏中与小班、中班相比更趋向于组内合作与组外竞争。对教师组织形式下小、中、大班幼儿团体竞争行为进行卡方检验,结果表明小、中、大班幼儿在教师组织形式下出现的团体竞争行为次数具有极显著差异($X^2=14.208$, df $=2$, $P \leqslant 0.05$)。再对教师组织形式下中、大班幼儿出现团体竞争行为进行卡方检验,结果表明中、大班幼儿出现的团体竞争行为次数不具有显著性差异($X^2=2.600$, df $=1$, $P \geqslant 0.05$)。中、大班幼儿在这三个游戏中合作双方实现团体竞争并不是偶然现象,在教师的指导帮助下部分幼儿已经懂得和伙伴协商如何与对手竞争然后揣测他人的想法并出奇制胜,如在"穿越鳄鱼湖"这个游戏中,"鳄鱼"之间共同商量如何配合才能抓到"青蛙",合作双方在"鳄鱼湖"中形成防守等到"青蛙"过河进行左右围攻,而不是独自作战,而小班幼儿喜欢独自作战,往往到最后一个或者两个"青蛙"的时候才会进行合作去捉同一只"青蛙"。

在幼儿自发游戏活动中,小、中、大班幼儿分别出现个体竞争行为14次、79次和109次,其中小班幼儿出现的个体竞争行为最少,中、大班幼儿偏多,中班幼儿已初步具有竞赛的意识,意识到竞争与输赢,关注自己的活动并且在乎别人的表现,在"谁的力气大"这个游戏中,幼儿输了一次比赛之后会主动要求回到起点再次进行比赛,并且幼儿会主动邀请同伴帮助自己。年龄较长的幼儿喜欢玩竞技类游戏并不满足于游戏的动作本身,游戏规则和游戏结果(输赢)对他们来说更有意义,因此他们会乐此不疲地反复进行比赛。在"小猫捉老鼠"与"穿越鳄鱼湖"这两个追逐游戏中,在追逐过程中年龄大的幼儿会突然掉转方向迎面扑向逃跑的人让对方措手不及。幼儿做出出乎对方意料的动作,表明游戏者往往已能够从他人的角度思考问题,并在这个过程中得到积极的情绪体验,因此年龄大的幼儿十分乐意进行此类游戏。

对小、中、大班幼儿在自发游戏活动中出现的个体竞争行为进行卡方检验,结果表明小、中、大班幼儿在此类游戏中出现的个体竞争行为具有极显著性差异($X^2=70.141$, df $=2$, $P \leqslant 0.01$)。对中、大班幼儿在自发游戏活动中出现的个体竞争行为进行卡方检验,结果表明中、大班幼儿在此类游戏中出现的个体竞争行为存在显著差异($X^2=5.886$, df $=2$, $P \leqslant 0.05$),因此这类游戏中班幼儿也是可以掌握的,并且可以进行自主游戏,幼儿教师应该多鼓励幼儿玩这种游戏,为他们提供学习与练习的机会。这对于促进幼儿认知与社会性发展起到重要作用。

在幼儿自发游戏活动中,小、中、大班幼儿分别出现团体竞争行为6次、

37 和 55 次。其中小班幼儿在游戏中出现的团体竞争行为最少，这是由于小班幼儿在自发游戏中不懂得玩法与规则，在游戏中该跑和躲的人不跑也不躲，游戏就无法继续下去或者开展起来。小班幼儿尚处于以自我为中心的阶段，很少出现合作行为，团体竞争行为更是少之又少。在"谁的力气大"这个游戏中，小班幼儿往往进行一到两轮之后对这个游戏失去兴趣转而进行嬉戏性追跑活动。中、大班幼儿积累了一定的游戏经验，他们往往为了达到共同的目的而进行协商、相互合作，中班的幼儿在进行"谁的力气大"这个游戏时已经知道寻找其他幼儿帮助自己取得胜利。对小、中、大班幼儿在自发游戏活动中出现的团体竞争行为进行卡方检验，结果表明小、中、大班幼儿在此类游戏中出现的团体竞争行为具有极显著差异（$X^2 = 37.612$，df = 2，P≤0.01）。

4. 游戏中幼儿竞争行为在组织形式上的差异

在竞争取向类民间竞技游戏中，幼儿只出现了个体竞争行为；在团体竞争取向类民间竞技游戏中，幼儿只出现了团体竞争行为；而在竞争与合作双重取向类民间竞技游戏中，幼儿既出现了个体竞争行为也出现了团体竞争行为，因此无论是个体竞争行为还是团体竞争行为都只出现在了两类民间游戏中。

本研究一共观察了九个民间竞技游戏。描述统计结果发现，小、中、大班幼儿在教师组织形式下出现的个体竞争行为分别为 82 次、111 次和 126 次，共 319 次，占总数的 42.934%；团体竞争行为分别为 43 次、70 次和 81 次，共 194 次，占总数的 42.358%。

以上是对两种游戏组织形式下不同年龄幼儿竞争行为的分布的进行简要的描述。对这两种游戏组织形式对幼儿个体竞争行为产生的影响进行卡方检验，结果表明这两种游戏组织形式之间存在极显著差异（$X^2 = 14.838$，df = 1，P≤0.001）。对这两种游戏组织形式对幼儿团体竞争行为产生的影响进行卡方检验，结果表明这两种游戏组织形式之间存在显著差异（$X^2 = 10.699$，df = 1，P≤0.001）。

在教师组织形式下，小班幼儿在游戏中个体竞争行为出现 82 次，中、大班幼儿远超小班幼儿，这是由于小班幼儿年龄较小，还不能理解游戏规则的意义。在教师的组织下，部分发展水平较高的小班幼儿开始注意到游戏的规则并且能够完全遵守游戏规则。但是在幼儿自发游戏活动中，小班幼儿出现的个体竞争行为仅为 14 次，这说明这些游戏对于小班幼儿来说过难，小班幼儿不能自发组织，需要在教师的组织下才能进行下去。中、大班幼儿在教师的组织下出现的个体竞争行为分别为 111 次和 126 次，而在自发活动中出现的个体竞争行为分别为 186 次和 224 次，这说明幼儿自发游戏活动远远比教师组织出现的竞争行为多，中、大班幼儿能够自行组织游戏活动。

对小、中、大班幼儿在教师组织的游戏活动中出现的个体竞争行为进行卡方检验，结果表明小、中、大班幼儿在此类游戏中出现的个体竞争行为具有显著性差异（$X^2=9.411$，df=2，$P\leqslant0.05$）。对小、中、大班幼儿在自发游戏活动中出现的个体竞争行为进行卡方检验表明，小、中、大班幼儿在此类游戏中出现的个体竞争行为具有极显著性差异（$X^2=177.189$，df=2，$P\leqslant0.01$）。

在教师组织形式下，小班幼儿在游戏中出现团体竞争行为43次，中、大班幼儿分别出现70次和81次。在教师的组织下，小班幼儿也能够和同伴进行团体竞争。而在幼儿自发的游戏活动中，小班幼儿仅出现团体竞争行为13次，中、大班出现团体竞争行为分别为112次和139次。

对小、中、大班幼儿在教师组织的游戏活动中出现的团体竞争行为进行卡方检验，结果表明小、中、大班幼儿在此类游戏中出现的团体竞争行为具有显著差异（$X^2=11.825$，df=2，$P\leqslant0.05$）。对小、中、大班幼儿在自发游戏活动中出现的团体竞争行为进行卡方检验，结果表明小、中、大班幼儿在此类游戏中出现的团体竞争行为具有极显著差异（$X^2=100.023$，df=2，$P\leqslant0.01$）。

（二）幼儿自发游戏中竞争策略的年龄差异

个体竞争策略就是幼儿个体竞争行为的实现方式。团体竞争策略就是幼儿团体竞争行为的实现方式。幼儿个体竞争策略与团体竞争策略的年龄分布情况见表2-8和表2-9。

1. 竞争策略的年龄差异

在教师组织的民间竞技游戏中，幼儿之间出现的个体竞争与团体竞争行为多是在教师精心安排和组织策划下发生的，幼儿的自主性较弱，出现的策略也较少。因此，我们只对幼儿自发游戏活动中出现的个体竞争与团体竞争行为策略进行统计。

描述统计结果发现，幼儿个体竞争行为12种策略由多到少依次为：自觉配合、提醒、协商、辩解、解释说明、耍赖、邀请、指导示范、妥协服从、强迫、命令指挥、威胁告状。

在幼儿自发的游戏中，大班幼儿运用积极的个体竞争策略次数较多（224次，占总数的52.8%），其次是中班（186次，占总数的43.868%），最后是小班（14次，占总数的3.3%）。这是由于小班幼儿在民间竞技游戏中个体竞争行为出现次数较少，而中、大班幼儿的个体竞争行为出现次数较多，年长幼儿懂得积极运用竞争策略，是因为他们运用竞争策略的意识觉醒并且能力逐渐提高。

因此，为了提高幼儿的良性竞争能力，教师应该为幼儿在民间竞技游戏中创设更多竞争情景以此为幼儿提供更多的竞争机会。

对小班幼儿自发游戏中 12 种个体竞争策略的分布次数进行卡方检验，结果表明 12 种个体竞争策略不存在显著差异（$X^2=4.000$，df=2，$P \geqslant 0.05$）。对中班幼儿自发游戏中 12 种个体竞争行为策略的分布次数进行卡方检验，结果表明这 12 种个体竞争行为实现方式之间存在显著的差异（$X^2=128.806$，df=8，$P \leqslant 0.01$）。对大班幼儿自发游戏中 12 种个体竞争行为策略的分布次数进行卡方检验，结果表明这 12 种个体竞争行为实现方式之间存在极显著的差异（$X^2=188.643$，df=7，$P \leqslant 0.01$）。接着对 12 种策略在三个年龄段幼儿中出现的次数进行卡方检验，结果表明 12 种竞争策略在三个年龄段的出现次数存在极显著差异（$X^2=444.698$，df=11，$P \leqslant 0.01$）。

表 2-8 和表 2-9 也呈现了幼儿团体竞争行为中所使用策略的年龄分布次数，12 种策略的出现由多到少依次为：自觉配合、协商、提醒、邀请、说理解释、诡辩、命令指挥、妥协服从、威胁告状、强迫、耍赖、指导示范。

在幼儿自发的游戏中，小班幼儿运用的团体竞争策略最少（13 次，占总数的 4.9%），其次是中班和大班（分别是 112 次和 139 次，占总数的 42.4% 和 52.7%），这是由于小班幼儿刚入园，还不能真正理解合作的意义，在游戏中与同伴竞争时自主、自觉、自发地运用竞争策略对他们来说过于困难，而他们刚走进幼儿园的集体生活，游戏经验相较于中班与大班比较匮乏，许多需要幼儿之间密切配合的游戏，对于小班幼儿来说过难，因此小班幼儿出现的团体竞争行为最少。由于幼儿没有丰富的社会经验，特别是小班幼儿，处于以自我为中心的思维阶段，合作意识淡薄，一般倾向于独自游戏，因此小班幼儿在能够自行组织的游戏中更偏向独立作战。同时受以自我为中心的思维束缚，他们还不会替他人考虑，即使是在团体竞争目标取向的民间竞技游戏中，幼儿之间也很少能够运用协商、探讨等策略与同伴进行组内合作与组外竞争。中班与大班幼儿在民间竞技游戏中出现的团体竞争行为较多，一是由于在团体竞争取向的游戏中，幼儿之间需要运用一定的策略进行组内合作与组外竞争，游戏才能进行下去，并且中、大班幼儿合作水平较高。有研究证明，中、大班幼儿合作水平处于自发性与适应性协同阶段。二是因为中、大班教师经常开展以小组为单位的竞争性游戏。因此，中、大班幼儿出现的合作性行为较多并且可以运用一定的团体竞争策略。

对 12 种策略在三个年龄段出现的次数进行卡方检验，结果表明 12 种策略在三个年龄段的分布存在极显著差异（$X^2=270.286$，df=8，$P \leqslant 0.01$）。

2. 三种竞争策略的年龄分布

根据竞争主体使用策略的动机（意图），竞争策略可以分为以下三种类型：亲社会性策略（自觉配合、邀请、指导示范、协商）、一般性策略探讨（解释说明、提醒、妥协服从）、强制性策略（威胁告状、强迫、命令指挥、辩解、耍赖），三类个体竞争与团体竞争策略的年龄分布情况分别见表2-8和表2-9。

表2-8　三类个体竞争策略的年龄分布　　　　　单位：次

年龄	亲社会性策略（%）	一般性策略（%）	强制性策略（%）	合计
小班	12（5.218）	0（0）	0（0）	12
中班	90（39.13）	42（39.623）	54（56.25）	186
大班	128（55.652）	64（60.377）	32（43.75）	224
合计	230（54.502）	106（25.119）	86（20.379）	422

从表2-8中我们可以看到，小班幼儿很少运用到解释说明、协商、指导示范等竞争策略，而在中、大班中，12种策略出现次数较多，这与幼儿的社交能力和游戏经验有关，小班幼儿的个体竞争策略比较单一，随着年龄的增长和能力的不断发展，大班幼儿的个体竞争策略种类逐渐复杂化。从表2-8中我们可以看出幼儿的亲社会性竞争策略出现次数最多，出现了230次，占总数的54.502%，其次是一般性竞争策略，出现次106次，占总数的25.119%，而强制性竞争行为实现方式为86次，占总数的20.379%。中班幼儿在游戏中出现的强制性策略多于小班与大班，这是因为中班幼儿处于"可变的规则"阶段，这一阶段的幼儿已不把规则看作神圣不可改的东西，他们认为可以"钻"规则的漏洞，为自己的行为辩解或者出现耍赖的行为。而大班幼儿相对于中班幼儿能够很好地遵守游戏规则，积极使用策略使自己在游戏中获胜。小班幼儿年龄较小，能够自行组织的竞技游戏较少，并且小班幼儿处于认为"规则神圣不可侵犯"阶段，因此，在游戏中，他们会严格遵守规则，出现违反规则的行为较少。

对亲社会性策略在不同年龄段幼儿出现的次数进行卡方检验，结果表明亲社会性策略在不同年龄段幼儿出现次数存在极显著差异（$X^2=91.215$，df＝2，$P\leqslant0.01$）。再对一般性策略在不同年龄段幼儿出现次数进行卡方检验，结果表明这种策略在不同年龄段幼儿出现次数也存在显著差异（$X^2=4.562$，df＝1，$p\leqslant0.05$；然后对强制性策略在不同年龄段幼儿出现次数进行卡方检验，结果表明这种策略在不同年龄段幼儿出现次数存在显著差异（$X^2=5.623$，df＝1，$p\leqslant0.05$）。对以上三种类型竞争策略的卡方检验表明，三种类型的策略出现次数存在极显著差异（$X^2=77.387$，df=2，$p\leqslant0.01$）。最后对各个年龄段的三种策略进行卡方检验，结果显示：各个年龄段幼儿使用的竞争策略次数均存在极显著差异，中、大班的卡方检验结果均呈现出极显著差异（$X^2=20.122$，df=2，$p<0.01$；$X^2=64.012$，df=2，$p\leqslant0.01$）。

表2-9　三类团体竞争策略的年龄分布　　　　　　单位：次

年龄	亲社会性策略（%）	一般性策略（%）	强制性策略（%）	合计
小班	8（4.372）	2（3.509）	3（12.5）	13
中班	71（38.798）	25（43.859）	16（66.667）	112
大班	104（56.83）	30（52.632）	5（20.833）	139
合计	183（69.3）	57（21.6）	24（9.1）	264

从表2-9中我们可以看到，小班幼儿仅用了8次亲社会性团体竞争策略，而中、大班分别为7次和104次，这是由于小班幼儿出现的团体竞争行为少。小班幼儿尚处于独自游戏阶段，在教师的组织和指挥下都很难出现合作行为。因此，在小班幼儿自发游戏中出现的团体竞争行为很少，运用团体竞争策略也就更少。

在幼儿自发的游戏中，尤其是合作性目标取向的竞技游戏中，幼儿之间必须合作游戏才能进行下去。中、大班幼儿能力较小班幼儿强，在"老鹰捉小鸡"等游戏中，完全可以自行协商组织游戏，因此，在这类游戏中，中班、大班幼儿出现的团体竞争行为较多。

从表2-9中我们可以看出，幼儿使用最多的是亲社会性团体竞争策略，出现了183次，其次是一般性团体竞争策略，出现57次，而强制性团体竞争策略仅24次。从整体上看，三种类型的策略随着幼儿年龄的增长呈现出一定的发展趋势，亲社会性团体竞争策略使用次数逐渐增多。

对幼儿亲社会性竞争策略在不同年龄段使用次数进行卡方检验，结果表明亲社会性竞争策略在不同年龄段出现次数存在极显著差异（$X^2=78.000$，df=2，$P<0.01$）。再对一般性竞争策略在不同年龄段出现次数进行卡方检验，结果表明这种策略在不同年龄段出现次数存在显著差异（$X^2=23.474$，df=2，$p<0.05$；然后对强制性策略在不同年龄段出现次数进行卡方检验，结果表明这种策略在不同年龄段出现次数存在显著差异（$X^2=12.250$，df=2，$p<0.05$）。对以上三种类型竞争策略进行卡方检验，结果表明三种类型的策略出现次数存在极显著差异（$X^2=160.023$，df=2，$p<0.01$）。

（三）幼儿竞争行为水平分析

随着幼儿年龄的增长，竞争水平也在不断提高，下面将分别对幼儿个体竞争与团体竞争进行定性与定量的分析。

1. 幼儿个体竞争行为水平分析

幼儿个体竞争根据幼儿竞争行为的目的和遵守规则的情况可分为低级、中级、高级三种水平。许多研究表明，随着幼儿年龄的增长，其竞争能力也在不断发展。本研究以选取的九个民间竞技游戏中观察到的典型的幼儿个体竞争行为为例，对幼儿同伴间出现的个体竞争行为过程及其水平进行初步分析和探讨。

水平一：低级水平

案例2-1：小班，谁的力气大（自发活动）

早上10：00，自由活动时间，几个幼儿自发玩起了"谁的力气大"。其他几个幼儿站到了线边并说了"1、2、3开始"，然后才开始比赛。廖文涛（文中出现的所有幼儿名字均为化名）对正在旁观的刘泽宇说："来玩呀，刘泽宇。"说着把手伸出来拉刘泽宇，刘泽宇默认地跟着廖文涛站到线边。而廖文涛和刘泽宇并没有把前脚相抵于线边，刘泽宇站的位置已经过了起点线偏向廖文涛那一边，廖文涛也没有等刘泽宇准备好，直接开始拉，刘泽宇笑嘻嘻地向着廖文涛拉他的方向跑。最后，两人玩起了你追我跑的游戏。

从案例2-1我们可以看出：在幼儿自发组织的"谁的力气大"这个游戏中，廖文涛和刘泽宇并没有理解规则的意义，因此也不能自觉遵守规则。他们满足的是游戏的动作本身。往往竞争双方并没有站到起点线时，他们就开始比赛，并且双方都很开心。在这时，游戏规则与输赢对他们来说，还没有构成任何意义。大部分小班幼儿只关注自己的动作，只有极少部分小班幼儿能够自发遵守规则，因此，在游戏中他们的个体竞争水平处于低水平。

水平二：中级水平

案例2-2：中班，小猫捉老鼠（自发活动）

下午3：00，中班幼儿吃完点心，出来自由活动，草地上有他们喜欢玩的各类民间游戏材料，其中有很多动物的头饰。这时李东俊对苹果组的同伴说："我们来玩小猫捉老鼠吧！"大家听了都很开心，纷纷响应东俊的提议。大家各自挑选喜欢的头饰，"小猫"和"老鼠"都为自己或者同伴戴好了头饰。游戏开始了，大家一起唱："小老鼠上灯台，偷油吃下不来……""小老鼠"们都赶紧出来"偷油"，但是胡瑞"偷"了好多沙包，耽误了时间。这时儿歌念到"喵喵喵，猫来了……""猫咪"都出来抓"小老鼠"了，胡瑞飞快地往回跑，但是他只有一只脚进了老鼠的家,另外一只还没有进家就被"小猫"易雨轩死死地抓住了,这时胡瑞大声对易雨轩说:我已经到家了,我一只脚已经进来了,你不能抓我了,你快回去。易雨轩可能觉得胡瑞说得有道理就把胡瑞放了。

案例2-2中的中班幼儿很显然已经能够不在教师的组织下比较顺利地自行组织小猫抓老鼠这个游戏,胡瑞已经有了输赢意识,他知道如果他被小猫捉到,那么他就输了,而且还要被关进笼子里。因此,他为自己"辩解"。他认为一只脚已经进家了,那么"小猫"(易雨轩)抓到自己也没用,他对易雨轩死死地抓住自己不放很不满。从这一点看,胡瑞的行为意味着他思维开始"去中心化"。相对于小班以动作本身娱乐为目的的竞争行为,这是中级水平的竞争行为,但是不可否认的是胡瑞并没有很好地遵守规则。

水平三:高级水平

案例2-3:大班,抢椅子(自发活动)

早上9:40,孩子们吃完水果,一部分先吃完的孩子搬着小椅子到班级旁边的阳台玩去了。刚开始是徐宸和浩浩抢一把椅子,后来发展成了大家一起玩"抢椅子"游戏,大班幼儿平时就非常喜欢玩"抢椅子"这个游戏,并且他们自主协商,并运用"点兵点将"的方法选出了杨一做鼓手(游戏的组织者,这名幼儿可以为抢椅子的幼儿击鼓,鼓声响的时候抢椅子的幼儿要围着椅子跑,鼓声停的时候幼儿竞相去抢椅子,没有抢到椅子的幼儿带一把椅子下去,游戏继续进行直到仅剩一把椅子)。游戏进行到第四轮时,竞争难度增大了,椅子越来越少,大家都专注地盯着椅子,陈菲与尚笑妍前后围着椅子跑,陈菲聚精会神盯着椅子,尚笑妍心不在焉地向围观的幼儿看了一眼,这时鼓声停了,陈菲迅速地坐上去,尚笑妍也赶紧跑过去坐到椅子上去。这时陈菲对尚笑妍说:"我先抢到的,你是后来的,你没有抢到,你要遵守游戏规则。"尚笑妍笑嘻嘻地站起来并且不用提醒就带了把椅子下去了。

案例2-3中的大班幼儿在自发组织的"抢椅子"游戏中,绝大部分都能够很好地遵守游戏规则,在竞争过程中能准确地理解对方的想法,这都表明幼儿逐渐摆脱了"以自我为中心"思维的束缚,为达到目的而努力。遇到问题不仅能够独立解决,并且能够根据规则评判自己与同伴的行为,与同伴进行良性竞争。

2. 幼儿竞争行为水平的年龄差异

(1)幼儿个体竞争行为水平的年龄差异

以幼儿的竞争发展水平为依据,可以将幼儿个体竞争划分为以下三个水平。表2-10是不同年龄幼儿自发游戏活动中个体竞争行为水平的分布情况。

表2-10 不同年龄幼儿自发游戏活动中个体竞争行为水平的分布情况

单位：次

竞争水平	小班	中班	大班	总计
低级水平	9	34	45	88
中级水平	4	97	78	179
高级水平	1	55	101	157
合计	14	186	224	424

从表2-10可以看出，不同年龄幼儿之间具有不同的竞争水平，中级竞争水平在中班幼儿中表现较为突出，出现了97次，占总数的22.88%；高级竞争水平在大班幼儿中表现较为突出，出现了101次，占总数的23.82%；小班幼儿出现的个体竞争行为多处于低级水平。这表明中高级竞争水平对于小班幼儿要求太高，小班幼儿能力尚未达到如此程度。

通过对不同年龄幼儿的同一种竞争行为水平进行卡方检验，结果表明同一种竞争行为水平在不同年龄幼儿之间分布存在显著差异：低级水平在不同年龄幼儿间的差异显著（$X^2=23.205$，df=2，$p\leqslant0.05$）。中级水平在不同年龄幼儿间的差异显著（$X^2=80.927$，df=2，$p\leqslant0.05$）。高级水平在不同年龄幼儿间的差异显著（$X^2=95.745$，df=2，$p\leqslant0.05$）。

这表明随着幼儿年龄的增长，幼儿的竞争行为也趋向更高水平发展。

（2）幼儿团体竞争行为水平的年龄差异

以幼儿的竞争中合作的复杂性与竞争中对抗的激烈程度为依据，可以将幼儿团体竞争行为分别划分为两个水平。表2-11是不同年龄幼儿自发游戏活动中团体竞争行为水平的分布情况。

表2-11 不同年龄幼儿自发游戏活动中团体竞争行为水平的分布情况

单位：次

		小班（%）	中班（%）	大班（%）	合计
合作水平简单/复杂	低	12（6.630）	81（44.751）	88（48.619）	181
	高	1（1.204）	31（37.350）	51（61.446）	83
竞争水平平和/激烈	低	4（9.091）	23（52.273）	17（38.636）	44
	高	9（4.090）	89（40.455）	122（55.455）	220

从表2-11不同年龄幼儿团体竞争行为不同水平的分布中可以看出，同一种

团体竞争行为水平在不同年龄幼儿之间分布不同,小班幼儿在竞争过程中简单合作出现 12 次而复杂合作仅出现 1 次;对抗过程中平和竞争出现 4 次而激烈竞争出现 9 次。中班幼儿在竞争中出现 81 次简单合作与 31 次复杂合作;对抗过程中出现 23 次平和竞争而激烈竞争出现 89 次。大班幼儿在竞争中出现 88 次简单合作与 51 次复杂合作;对抗过程中出现 17 次平和竞争而激烈竞争出现 122 次。

以上是对小、中、大班幼儿出现的简单合作、复杂合作、平和竞争、激烈竞争情况的简单描述。对小、中、大班幼儿出现的低水平合作与高水平合作进行卡方检验,结果表明在竞争中幼儿合作水平存在显著差异($X^2 = 36.379$,df = 2,$p \leq 0.001$)。

对小、中、大班幼儿出现的低水平竞争与高水平竞争进行卡方检验,结果表明在竞争中幼儿竞争水平存在显著差异($X^2 = 119.113$,df = 2,$p \leq 0.001$)。

以合作发展水平为依据,幼儿合作可以分为意向性合作、自发性协同、适应性协同、组织化协作。[①] 其中小班幼儿由于年龄较小,合作水平多处于意向性合作与自发性协同。在本研究中,小班幼儿在竞争过程中组内之间合作比较简单,因此合作水平处于低水平。部分发展水平较高的小班幼儿能够理解游戏规则并自行开展游戏,这些幼儿中有的幼儿具有较强的输赢意识,并且致力于在游戏中取胜,因此会与同伴展开激烈的竞争。而中、大班幼儿合作水平多处于自发性协同与适应性协同,在游戏中,组内幼儿不仅能够与同伴进行良好的沟通、协作,在言语与行动上进行协调一致从而形成小团体,还能在良好的组内合作的基础上再对外竞争。中、大班幼儿相较于小班幼儿输赢意识已经初步觉醒,因此幼儿之间的对抗大多是激烈的。

综上所述,随着幼儿年龄的增长,他们的团体竞争行为也趋向更高水平发展。

(四)幼儿团体竞争行为类型分析

1. 幼儿团体竞争行为类型的案例分析

根据竞争中合作的复杂性与对抗的激烈程度,可以将幼儿的团体竞争行为分为四个不同类型:合作简单、竞争激烈;合作简单、竞争平和;合作复杂、竞争平和;合作复杂、竞争激烈。下面本书结合在幼儿园观察到的幼儿团体竞争行为,对幼儿团体竞争类型进行初步分析和探讨。

[①] 曹中平.中班幼儿角色游戏中合作能力发展的初步观察研究[J].学前教育研究,1994(2):43-46.

类型一：合作简单、竞争激烈

案例2-4：中班，老鹰捉小鸡（自发活动）

上午10：30，中班幼儿户外活动时间，教师将孩子分为几组带到户外场地锻炼体能。中一班的黄悦看到小班幼儿在教师的组织下玩"老鹰捉小鸡"，对身边的小伙伴说："我们快点来玩游戏吧，我想玩'老鹰捉小鸡'"，并且自告奋勇地说要当"老鹰"，裴昊阳急忙说："我也想当，我也想当。"其他幼儿也都纷纷你一句我一句地告诉身边的伙伴自己想当什么。各方意见争执不下，这时站在一边的老师递来了头饰，每个幼儿拿了一个头饰便纷纷投入游戏中。李奕当"老鹰"捉"鸡宝宝"，在捉"鸡宝宝"的过程中，李奕追着一个方向跑了一会儿突然反向避开"鸡妈妈"去追"鸡宝宝"，"鸡妈妈"许斌光顾着阻拦老鹰去了，身后的"鸡宝宝"都被他丢下了，"老鹰"再次冲过来的时候，"鸡宝宝"吓得四散逃命，几个没有散开的"鸡宝宝"跑得过快，导致最后一个"鸡宝宝"直接摔跤了。

从案例2-4的情景中我们可以看出，"鸡妈妈"与"鸡宝宝"团体意识不强，他们之间并没有形成"命运共同体"。组内成员并没有形成对于"团体"的认同感与归属感。因此，组员之间不能统一步调。"老鹰捉小鸡"游戏中，"老鹰"猛烈地进攻并不断变换速度与方向，"母鸡"光顾着阻挡"老鹰"，全然忘记自己的使命是保护身后的"鸡宝宝"，而不是跟随"老鹰"的脚步、与"老鹰"决斗，"鸡宝宝"们也没有努力追上"鸡妈妈"，都忙着逃命，散乱成一片。

类型二：合作简单、竞争平和

案例2-5：中班，谁的力气大（走廊）

下午3：00，自由活动时间，几个幼儿自发玩起了"谁的力气大"。其他几个幼儿见状也纷纷玩起了这个游戏。陈梓涵、邓雨晴和张佳佳都想玩这个游戏，但是陈梓涵拉着邓雨晴向起点线走，很显然陈梓涵只想和邓雨晴玩这个游戏。张佳佳见状自觉加入邓雨晴的战队，但是张佳佳的积极性并不高，她只用单手拉起了邓雨晴的衣服把她往后拉，稍一用力手便松开了，然后再一次单手抓住邓雨晴的衣服。邓雨晴用力拉陈梓涵的时候陈梓涵用力坚持了几秒便不再用力，接着被邓雨晴拉着向前走。整个团体竞争过程中三个人都很开心。

案例2-5中，邓雨晴和张佳佳之间形成的合作是简单的，两个人虽然有共同的小目标，但是两个人并没有统一步调和相互配合。尽管在竞争过程中双方竞争状态很平和，三个人却玩得很开心。

类型三：合作复杂、竞争平和

案例2-6：中班，两人跑（自由活动）

运动会开展了"两人三足走"游戏，运动会结束后许多幼儿对这个游戏的热情依旧很高，所以老师为他们准备了许多绑腿的绳子。自由活动时间，郭文澜看到了筐子里的小绳子，她拿起小绳子对身旁的胡若琪说："这有绑腿的绳子，我们来玩'两人三足走'吧。"她们用绳子绑腿后准备开始玩，李老师走过来检查了一下她们的绳子绑得紧不紧，并且叮嘱她们要小心。这时还有几个小朋友也想玩这个游戏，纷纷寻找队友，有的幼儿还请求老师帮他们绑腿。郭文澜和胡若琪试着走了好几次终于找准了节奏，她们走到林楠和王菁的身边问："我们要不要一起玩？"在老师的提示下，她们开始了比赛。在比赛的过程中，郭文澜和胡若琪互相搀扶并且喊着口号"1、2、3；1、2、3"稳稳地向前走，旁边的林楠和王菁也都不着急，互相把手搭在彼此的肩膀上，个子高、步子快的幼儿照顾走得慢的幼儿，两人一起顺利地向终点走去。

案例2-6中的郭文澜和胡若琪在"两人三足走"的游戏中能够相互照顾，还能够用言语与行动统一步调，因此在比赛过程中，配合默契、稳步向前，这对于中班的幼儿来说要求很高，这表明组内幼儿能够对自己这个小团体做出实际的努力。在比赛过程中，两队幼儿都能够稳步匀速前进，并没有出现激烈的竞争状态。

类型四：合作复杂、竞争激烈

案例2-7：大班，拔河（户外活动）

下午3：00，大一班户外锻炼体能的时间到了，孩子们自觉分为几部分各自去玩自己想玩的游戏去了。许宸睿带着几个小伙伴到材料框里拿出了拔河的长绳，一场如火如荼的拔河比赛即将开始，孩子们都很兴奋，自觉分成了两队，并且各组队员都在调换位置，保持绳子左右两边的人数均衡。许宸睿提议说："我们为自己的队伍取个名字咯。"陈雨瑶说："好呀，好呀，我们这个队叫熊大队吧。"边说边看了看队友。接着许宸睿说："你们叫熊大队，那我们叫光头强队。"然后大家都说"我们快来比赛吧"，并一起把绳子拉到起点线。许宸睿说："预备，开始。"双方都在努力地往后拉，时不时还发出加油声。（如光头强队加油，熊大队加油。）两组队员都在为自己队伍的胜利而努力，双方力量均衡，一时之间两队之间决不出胜负，竞争过于激烈，有幼儿没有控制好重心摔倒了，也能够立马爬起来继续投入战斗，这轮比赛持续了一分多钟才结束。

案例2-7中的大班幼儿开展了拔河比赛，两组成员都有了团体意识，他们能够为了自己团体的胜利而努力，并且组内成员能够组织协调好自己的行动，

73

在比赛过程中他们也能够为自己的队伍加油喝彩。两个小组努力使自己小组成员的力量凝聚到一起即聚集组内所有成员的力量再与组外抗争。两组成员在比赛的过程中都能够努力坚持到最后，因此比赛持续了一分多钟。

2. 幼儿团体竞争行为类型的年龄差异

以幼儿的竞争中合作复杂性与对抗激烈程度为依据，可以将幼儿自发游戏活动中团体竞争行为划分为四种类型。表2-12是不同年龄幼儿合作性竞争行为不同类型的分布情况。

表2-12 不同年龄幼儿合作性竞争行为不同类型的分布情况 单位：次

团体竞争类型	小班（%）	中班（%）	大班（%）	总计	X^2
合作简单、竞争激烈	9（6.000）	65（43.333）	76（50.667）	150	51.640
合作简单、竞争平和	3（9.677）	16（51.623）	12（38.710）	31	8.581
合作复杂、竞争平和	1（7.692）	7（53.845）	5（38.463）	13	4.308
合作复杂、竞争激烈	0（0）	24（34.286）	46（65.714）	70	
合计	13	112	139	264	

从表2-12中可以看出，同一种团体竞争行为类型在不同年龄幼儿之间分布不同。小、中、大班幼儿出现的第一、二、三、四类团体竞争行为分别为9次、65次与76次；3次、16次与12次；1次、7次与5次；0次、24次与46次。小班幼儿的团体竞争行为仅出现13次，其中9个都属于第一类团体竞争。

这是由于小班幼儿处于独自游戏阶段，即使在团体竞争目标取向的游戏中，小班幼儿出现的团体竞争行为也比较少，并且相关的其他研究也已证明小班幼儿在游戏中的合作行为尚处于意向性合作阶段，团体竞争行为对于小班幼儿来说过难。因此，小班幼儿之间组内不能很好地合作但竞争却很激烈。大班幼儿合作水平较高，并且教师经常开展以小组为单位的竞争性游戏，因此大班幼儿组内能够很好地进行合作并且与组外展开激烈的竞争。

通过对不同年龄幼儿的同一种团体竞争行为进行卡方检验，结果表明同一种团体竞争行为在不同年龄幼儿之间分布存在显著差异：合作简单、竞争激烈在不同年龄幼儿间的差异显著（$X^2=51.640$，df=2，$p\leqslant0.01$）。合作简单、竞争平和在不同年龄幼儿间的差异显著（$X^2=8.581$，df=2，$p\geqslant0.05$）。合作复杂、竞争平和在不同年龄幼儿间的差异不显著（$X^2=4.308$，df=2，$p\geqslant0.05$）。合作复杂、竞争激烈在不同年龄幼儿间的差异不显著（$X^2=6.914$，df=1，$p\geqslant0.05$）。对小、中、大班幼儿在四种团体竞争行为进行卡方检验，结果表明四种类型之间存在显著性差异（$X^2=168.273$，$df=2$，$p\leqslant 0.01$）。

(五) 幼儿竞争行为的影响因素

游戏情境是动态的、过程性的，为进一步还原现场和幼儿真实的行为，研究者对民间竞技游戏中幼儿的行为案例和细节补充加以整理，梳理出具有代表性的部分，进行情境性分析，对幼儿竞争行为展开实质性的描述：结合案例实质性描述小、中、大班幼儿在游戏过程中的典型竞争行为，试图总结归纳出民间竞技游戏中幼儿竞争行为的影响因素。

1. 同伴关系对幼儿竞争行为的影响

案例2-8：小班，谁的力气大（教师组织）

教师将小朋友分为四组，按照学号为每个幼儿安排对手，并分组进行游戏。教师让每组幼儿分别站在线的两边，把前脚相抵于线上，然后吹响口哨，幼儿进行比赛，直到这一组所有的幼儿都完成比赛才结束这组活动……以此类推直到每组幼儿都完成这个游戏。大部分小班幼儿在这种集体游戏活动中能够遵守规则，与同伴把脚都抵于线上，并且等教师哨声响了才开始比赛。

在案例2-8这个集体游戏中，他们的活动是在老师的精心安排和组织下进行的。不需要孩子们讨论、协商与自主选择，只需遵循教师的指挥进行游戏。但在幼儿自行组织的自发活动中，幼儿之间的竞争行为会受到同伴关系的影响，幼儿会自己寻找竞争对手与自己一起玩，通过以下案例我们可以看到同伴关系对幼儿竞争行为的影响。

案例2-9：中班，谁的力气大（自发活动）

小班在进行"谁的力气大"这个游戏时，大部分幼儿会选择距离自己最近的幼儿配合进行比赛活动。而中班幼儿在自发进行这个游戏时，往往会邀请与自己关系好的同伴进行比赛。一组10个幼儿在进行比赛时，其中豆豆和楠楠（化名）在一旁加油看着并不参与，楠楠可能因为没有对手，主动邀请豆豆一起玩，豆豆看了一眼琪琪，然后摇头拒绝了楠楠，当琪琪完成比赛时，豆豆跑过去对琪琪说："琪琪，你不和我一起玩这个游戏吗？"琪琪说："好喽，这次我们玩喽。"然后两人一起开心地玩游戏了。

教师："你为什么不和楠楠玩呢？她没有人可以玩哎。"

豆豆："可是琪琪是我的好朋友，我就是想和她玩。"

案例2-10：大班，谁的力气大（自发活动）

大班幼儿自发进行"谁的力气大"这个游戏时，大部分幼儿都会主动选择对手，而不是和距离自己最近的同伴进行比赛。张泽轩大声地喊浩浩："浩浩,浩浩，快来呀，这个游戏好好玩，我们一起玩吧。"浩浩收到邀请很开心地跑过来，两人开始游戏，并且他们会遵守游戏规则，每次都会互相提醒回到线边重新开始，乐此不疲地反复游戏。其中有个女孩子没有对手玩这个游戏，站在旁边看着正在玩游戏的张泽轩和浩浩，并且大声地为浩浩加油。浩浩的力气没有张泽轩大，也不会运用技巧，就被张泽轩拉过去了。浩浩摩拳擦掌准备再来一次。第二次比赛时余茜主动跑到浩浩的身后用力地把他往后拉，这次张泽轩没有帮手，被余茜和浩浩合力拉过去了。

教师："为什么你要跑过去帮助浩浩比赛呢？"

余茜："因为我和他每天都在一起玩，他是我的好朋友啊。"

案例2-9和案例2-10都是幼儿的自发活动，幼儿的自主权更大，幼儿想玩游戏则必须为自己选择对手，案例2-8是在教师的指导下，教师已经为幼儿安排好了比赛的对手，幼儿不需要自己寻找对手，遵循老师的指挥即可。在案例2-9与案例2-10中，我们发现幼儿不再满足于选择距离自己近的幼儿进行比赛，他们会选择自己喜欢的同伴进行比赛，从教师与幼儿的谈话中，我们发现豆豆与琪琪互相认为是彼此的好朋友，而余茜也认为浩浩是她的好朋友，他们能够自发与自己的好朋友进行竞争行为，因而研究者推测，此类竞争行为在良好的同伴关系中易于发生。

2. 幼儿对待输赢的态度对幼儿竞争行为的影响

案例2-11：小班，猎人追小兔（教师组织）

上午9：00，教师组织小班幼儿玩"猎人追小兔"这个游戏，教师为幼儿准备了好多轮胎，由于小班幼儿年龄较小，并且刚入园不久，此类游戏经验匮乏，因此，教师充当猎人加入小朋友的游戏中。玩到第五轮的时候，程诗涵在"家"外面玩得太开心了，忘记回去，没有抢到轮胎，这时眼看"猎人"就要来了，程诗涵挤进了李语薇的轮胎，并推挤李语薇，把李语薇挤了出去。教师没有看到这一幕，因此李语薇被淘汰，游戏继续。游戏玩到最后一轮，兜兜比程诗涵快一步抢到轮胎，但是程诗涵不断推挤兜兜，兜兜对程诗涵说："我先来的，我先来的"，并且也要推开程诗涵，这时程诗涵情绪失控大哭起来。

教师："程诗涵，你没有抢到轮胎，怎么可以推挤别人呢？"

教师："在平时的游戏或者其他活动中，她做什么都要赢，只能赢不能输，输了的话，不是哭闹不止就是发脾气。"

案例2-12：中班，乌龟占角（自发活动）

中班幼儿完全有能力自行组织"乌龟占角"这个游戏，幼儿齐声唱："一人一双脚，各站一个角，乌龟睡大觉，赶紧四脚跳，不断换角。"儿歌唱完则不能再去抢角,没有抢到角的幼儿下一轮则当"乌龟"站到中间。在游戏进行了五轮之后,刘俊祺三次没有抢到角,轮到他站在中间当"乌龟"了,小朋友就都笑嘻嘻地指着刘俊祺说:"又是刘俊祺没有抢到角,又是你。"刘俊祺也笑呵呵地看着大家,然后迅速地说"开始"。游戏继续进行,第八轮时,李茂没有反应过来,没有抢到角,而他不想当"乌龟",站在边上不动,其他的小朋友都对李茂说:"你输了,你要去当'乌龟'啊。"李茂显然很不乐意,直接跑开了,去加入别的游戏了。

教师:"刘俊祺,你每次没有抢到角都要当'乌龟',怎么还乐呵呵的?"

刘俊祺:"那就快点再玩一次啊,我抢到角就不是'乌龟'了。"

教师:"李茂,你之前玩得那么开心,怎么走开了?'乌龟占角'不好玩吗?"

李茂:"挺好玩的,但是我输了啊,还要当'乌龟',我不要玩了。"

由以上两个案例,我们可以看到不同的幼儿在面对输赢时会采用不同的态度,大部分小班幼儿还没有理解输赢的真实含义,只有极小部分幼儿注意到要在游戏中取胜。在案例2-11中,程诗涵每次在竞争中失败时,总会哭闹不止,不依不饶。这种情况下,极容易出现恶性竞争。而在案例2-12中,中班幼儿刘俊祺和李茂面临同样的情况,但两者做法完全不同,刘俊祺等待下次取胜,而李茂直接走开不再继续游戏,在与同伴竞争时,赢了欢天喜地,输了便不再参与。由以上两个案例,我们可以发现,幼儿对待输赢的态度会对幼儿竞争行为产生影响。

这里我们可以根据科温顿的自我价值理论,将已经具有输赢意识的幼儿按照其对输赢采取的不同态度,划分为四种竞争类型:高趋低避型;低趋高避型;高趋高避型;低趋低避型。

如果幼儿能够在教师的指导和帮助下,学会正视输赢,那么一定会对同伴之间的竞争行为产生积极影响,竞争行为会增多。如果幼儿不能够正视输赢,在游戏中的竞争行为可能会减少,但是也极有可能会导致幼儿之间为了输赢争个你死我活,出现恶性竞争。

3. 幼儿的规则意识对幼儿竞争行为的影响

案例2-13:小班,乌龟占角(教师组织)

下午3:00,小班幼儿在教师的组织下进行"乌龟占角"这个游戏,大部分幼儿能够遵守游戏规则,知道音乐响了可以动,音乐停了就不能动了,不过还是有小部分幼儿需要在教师不断的语言提醒下才知道如何抢角。在这个游戏中,如果已经有两个幼儿抢到一个角,再有一个幼儿过来时,小班幼儿不会推挤，直接提醒他，他就会去抢别的角或者自觉配合地站到乌龟的位置，继续进行游戏。

案例2-14：中班，乌龟占角（自发活动）

下午4:00，中班幼儿在户外锻炼体能，地面上有"乌龟占角"的正方形格子，幼儿自发玩起了"乌龟占角"。游戏进行到第四轮时，陶梓喻先抢到一个角，这时候张紫阳和邓嘉怡跑过来把陶梓喻挤到一边，陶梓喻不甘示弱地和她们进行推挤，张紫阳和邓嘉怡大叫："我们先到的，我们先到的，你走开，你走开。"这时其他幼儿也都一致应声让陶梓喻站到乌龟的位置。陶梓喻虽然很不情愿，但最终还是站到了乌龟的位置。

教师："你们不是后面才站到陶子喻旁边的吗？为什么推开陶子喻？"

张紫阳："我们和他一起过去的，我们也抢到了呀！"

案例2-15：大班，老鹰捉小鸡（自发活动）

上午10:00，大班幼儿进行户外活动，幼儿自发组织进行"老鹰捉小鸡"游戏，幼儿自行协商决定谁当"老鹰"，谁当"鸡妈妈"，谁当"鸡宝宝"，在这种游戏中，"老鹰"所扮演的角色比较厉害，"鸡妈妈"与"鸡宝宝"要合作起来对付"老鹰"，因此"老鹰"对幼儿往往更具有吸引力。大家都想当"老鹰"，并且谁都不愿意退让。这时钟英杰大声喊道："别吵了，我们可以石头剪刀布啊。"于是幼儿之间进行了几轮石头剪刀布后，终于选出"老鹰"和"鸡妈妈"，剩下的幼儿自觉配合当"鸡宝宝"去了。协商期间有人提议待会他们可以轮流当这些角色，大家一致赞同。游戏开始后，"老鹰"捉了几个"鸡宝宝"后，就一直捉不到了，后来他迅速调转方向趁"鸡妈妈"不注意，跑过去捉"鸡妈妈"后面的"鸡宝宝"，"鸡宝宝"们跑不过"老鹰"，吓得都赶紧蹲下来。"鸡妈妈"大叫："不行，你不能再去捉了，鸡宝宝都蹲下来藏起来了，你重新来。"其他幼儿也附和说："对，我们蹲下来了，不能捉了，重来。"这时"老鹰"放下了已经蹲下的"鸡宝宝"，游戏继续。

案例2-13中，大部分小班幼儿知道游戏规则后，在教师的组织下游戏是可以顺利进行的。小班幼儿处于"规则神圣不可侵犯，规则大于天"的阶段，即使一部分发展比较快的小班幼儿能明白游戏规则，开始注意到游戏规则并模仿别人的规则动作。虽然在实践中，儿童仍然存在"以自我为中心"的倾向，但是他们开始接受这些规则。案例2-14的中班幼儿已经初步具有竞争的意识，并且他们能够意识到游戏中要遵守游戏规则，但是他们认为可以"钻"规则的漏洞，他们处于规则可变的阶段。因此中班幼儿在游戏中与同伴进行竞争时时常会出现"辩解"与"耍赖"这种情况。这种情况下，幼儿之间极有可能出现恶性竞争。案例2-15中，大班幼儿的表现表明他们理解了游戏规则的意义。他们在自行组织的游戏中，也能够很好地遵守游戏规则。这说明大班幼儿能够在规则范围内积极运用策略使自己在竞争中取胜，因此，大班幼儿竞争水平最高。

4. 教师对待竞争行为的态度对幼儿竞争行为的影响

案例2-16：中班，穿越鳄鱼湖（教师组织）

上午9：40，中三班幼儿游戏活动时间，教师组织幼儿玩"穿越鳄鱼湖"这个游戏。老师首先为孩子们分组，然后先带了一组到草坪玩。游戏开始前为他们说了一遍游戏规则，嘱咐孩子们在游戏中要遵守游戏规则并注意安全，游戏开始后和他们一起念儿歌。洪轩辰趁着"鳄鱼"们围攻其他"青蛙"的时候赶紧"过河"，但是就当他跳到"河中央"的时候，张翰之突然回头去抓他。这时洪轩辰也急忙往"河边"跑，张翰之碰到了洪轩辰的衣角但是没有抓到他，由于两人速度过快，洪轩辰摔了一跤。这时老师急忙叫停，并且很生气地训斥他们："你们怎么回事？能不能速度慢点？能不能遵守游戏规则，你们再不遵守游戏规则就不准你们玩了。"

家长："这个游戏挺难的，他们速度快点的确容易摔跤。但是打断游戏会不会减少他们的游戏热情？"

老师："他们不遵守游戏规则，激烈竞争容易出现了恶性竞争，我要提醒他们。"

案例2-16中的教师并没有准确识别幼儿在游戏中出现的良性竞争与恶性竞争，当幼儿出现激烈竞争时或者幼儿在游戏中摔倒时，便会第一时刻冲出来制止幼儿继续游戏或者是训斥幼儿。教师应该准确识别幼儿的良性竞争与恶性竞争，如果幼儿因为速度过快摔跤了或者竞争较为激烈，教师并不应过多干预，只要确认他们不会受伤即可。同时也应该认识到幼儿才是游戏的主人，在竞争性游戏中出现冲突时，教师应当鼓励幼儿自行解决或者引导他们解决，而不是做幼儿游戏的裁判者。

四、问题讨论与结论

（一）问题讨论

1. 幼儿的竞争行为与年龄之间的关系问题

关于竞争行为发展与幼儿年龄的关系问题，目前的研究存在两种不同的结论。其中一种结论认为随着幼儿年龄的增长竞争行为逐渐减少。有研究对120名城市儿童进行实验，结果发现：5—7岁、8—10岁的两组儿童比10—12岁的儿童表现出更少的合作行为（Handel，1984）。但也有研究发现，竞争行为出现的次数与年龄呈正相关。格林伯格的"堆积木测验"得出结果：3岁以前的儿童没有实际意义上的竞争行为，而与之不同的是，满5岁的儿童有3/4出现了竞争行为。

本研究通过对3—6岁幼儿在9个民间竞技游戏中的竞争行为的观察，发现小、中、大幼儿竞争水平之间存在显著差异，随着幼儿年龄的不断增长，在游戏中出现的竞争行为次数也逐渐增加，并且竞争水平趋向更高层次发展。本研究的观察结果与方晓义、白学军等人的相似。但由于本研究样本量较小，并且仅限于9个民间竞技游戏中幼儿的竞争行为，未来的研究可进一步扩大范围。

2. 幼儿竞争能力的发展问题

皮亚杰认为儿童规则意识的发展需要经历以下四个阶段。第一，以动作为中心的玩物阶段（3岁左右），这个年龄段的幼儿喜欢独自游戏，并且只是按照自己的意愿用各种方式和方法进行游戏，幼儿的行为动作没有规则可言。第二，以自我为中心的游戏阶段（3—5岁），在这一阶段的幼儿虽然在一起玩耍，但是他们各玩各的，幼儿的游戏规则是无法相互交流的。并且他们在游戏中不会互相控制，也不关注游戏结果。第三，初步的合作阶段（5—8岁），处于这一年龄阶段的幼儿开始逐渐理解规则的意义，输赢意识也开始萌芽，幼儿能够遵守游戏规则并把共同遵守规则理解为互惠条件，参与者之间逐渐出现真正意义上的协同。第四，规则协调阶段（11—12岁），在这一年龄段的儿童开始对规则本身感兴趣，幼儿的规则开始汇集并逐渐系统化，游戏者对游戏的规则及各种不同的变种以及规则的细节都非常清楚，并且彼此能够达成共识。

皮亚杰认为3—5岁的儿童在民间游戏中不能理解规则的意义，因此在自发游戏活动中不能与同伴产生遵守规则的竞争行为，由于年龄较小，不能摆脱"以自我为中心"的思维，在游戏中不能很好地遵守规则。本研究发现小班幼儿在自发游戏活动中几乎没有出现遵守游戏规则的团体竞争行为，因为这种高水平的竞争行为对小班幼儿来说太难。因此，在某种程度上，皮亚杰的观点具有一定合理性。但是本研究通过观察也发现一部分中、大班幼儿在"乌龟占角"和"抢椅子"等游戏中已经出现明显的输赢意识并且能够很好地遵守游戏规则，幼儿从产生行动意图到竞争行为的实现需要一个过渡。在年长幼儿的竞争过程中，比赛双方不仅有输赢意识，并且在行动上也能够遵守游戏规则，这说明年长幼儿已经具备了一定的竞争能力。但是由于本研究仅选取了9个民间竞技游戏去观察小、中、大班幼儿的竞争行为，所以是否由于游戏类型的影响导致整个不同年龄阶段幼儿的竞争水平的显著差异还有待更进一步研究。

3. 教师组织游戏与幼儿自发游戏中竞争行为的差异问题

在教师组织的游戏中,幼儿往往在教师的要求和指导下与同伴发生竞争行为,而在自发组织的游戏活动中,幼儿有了更多的自主性,会按照自己的意愿选择竞争对手,并且会自行解决游戏中出现的有的幼儿不遵守游戏规则等情况。随着幼儿的不断发展,年长幼儿在竞争认知方面逐渐趋向于成熟,竞争水平也不断提高,特别是在幼儿掌握了许多竞争策略之后,幼儿的竞争行为出现得更为频繁,并且其竞争水平也自然而然地不断提升。

当幼儿自发进行游戏时,年龄较大的幼儿不仅能够很好地遵守游戏规则,而且积极运用多种策略与同伴竞争,而年龄较小的幼儿往往无法达到这个高度,大部分幼儿还没有输赢意识,也不能理解与遵守游戏规则,自发出现的竞争行为较少,并且出现的竞争行为还是会从"仪式化"动作本身出发,因此小班幼儿的竞争行为水平相对较低。本研究通过观察发现:在幼儿自发游戏活动中,中、大班幼儿的竞争行为无论从竞争策略上还是竞争水平上来看都存在较为明显的差异。这是因为中班幼儿处于"可变的规则阶段",即使是在教师组织的游戏活动中他们也不会完全遵守游戏规则,而是会"钻"规则的漏洞,出现较多的"耍赖"行为,在游戏过程中,他们都按照自己的规则与同伴进行游戏,并且对竞争策略掌握得不够,较大班幼儿出现更多的强制性策略。因此,他们的竞争水平相对而言也较低。

(二) 研究结论

1. 幼儿竞争行为的主要特点

(1) 幼儿竞争行为呈现出一定的年龄特征

幼儿由于年龄的差异,在民间竞技游戏中的竞争行为表现出显著的差异。随着年龄的增长,其规则意识也在不断发展,开始逐渐懂得在游戏中遵守规则的重要性。尤其是幼儿沟通能力及社交技能的逐渐提高,使他们的竞争与合作行为的水平也有了很大程度的提升,在进行团体游戏的时候很容易达成共识,然后积极沟通协调,相互分工协作,最后产生团体竞争行为。中、大班幼儿不论是在教师的组织下还是在自发组织的游戏中都能积极地运用竞争策略从而使自己在游戏中取胜。这时幼儿已初步具备竞争意识,能主动与同伴团结协作,发生团体竞争行为,并且为达到共同的游戏目标而努力。

(2) 竞争策略从简单化向多样化发展

小班幼儿使用的竞争策略次数较少,并且使用的竞争策略比较单一,对他们来说,在竞争过程中同时运用几种竞争策略比较困难,并且小班幼儿的竞争时长也比较短。随着幼儿年龄增长，他们使用的竞争策略趋向复杂化，同时采取的竞争策略也多是重叠式的，并且在游戏中竞争行为能够持续较长时间。尽管中、大班幼儿已经具备了竞争能力，可以和同伴发生竞争行为，但由于思维还不能完全摆脱"以自我为中心"的局限，要站在他人的角度去考虑问题，对他们来说还是比较困难的。

（3）幼儿的竞争水平具有明显的年龄差异

幼儿的竞争水平受其年龄的限制，合作简单与竞争激烈是他们发生的主要团体竞争类型。大班幼儿在游戏中虽然还是会受到"以自我为中心"思维的束缚，但已初步具备竞争与输赢意识，也会运用适当的语言将自己的实际想法和意愿向同伴表达出来，在游戏过程中与同伴竞争时能够遵守游戏规则并且能够积极采取竞争策略取胜。中班幼儿的竞争多处于中级水平，他们的竞争水平低于大班的原因可能有两点：一是受年龄的局限，中班幼儿言语表达能力的发展水平有限，在游戏过程中他们虽然可能想到了解决问题与冲突的办法，但由于沟通能力的限制无法向同伴表达清楚自己的内心想法。二是受竞争认知水平的影响，他们在游戏中以自己的游戏规则为中心，幼儿与同伴之间进行竞争时经常出现"狡辩""耍赖"等现象。而小班幼儿的竞争基本处于意向性竞争的水平，他们的竞争水平较低，大部分幼儿并不关心游戏结果，输赢对他们来说没有多大的意义，因此多以动作本身乐趣为目的，只是自己玩而不管别人。

2. 幼儿竞争行为的影响因素

根据结果分析中对幼儿竞争行为的典型案例分析，我们认为幼儿竞争行为的影响因素如下：

（1）同伴关系：良好的同伴关系不仅会影响游戏过程中幼儿之间进行的合作行为，同时也会影响幼儿之间的竞争行为。幼儿往往会选择与关系好的同伴进行比赛活动，并且幼儿极易与具有良好同伴关系的幼儿展开良性竞争，因此，良好的同伴关系不仅会影响幼儿竞争行为的数量，也会影响竞争行为的性质。

（2）幼儿对待输赢的态度：小班幼儿年龄较小，往往还不具有真正的输赢意识，因此小班幼儿之间产生的竞争行为往往是低级水平的并且以嬉戏为目的。而中、大班幼儿输赢意识已经觉醒，并且为了在竞争中取胜，往往能够采取一定的竞争策略。但是幼儿们面对输赢会采取不同的态度，部分幼儿好胜心较强，绝对不允许自己在竞争中落败，往往可能会与同伴产生冲突，而大部分幼儿都能够正视输赢并在遵守规则的前提下与同伴进行竞争。因此，幼儿对待输赢的态度会影响幼儿竞争行为的水平。

（3）幼儿的规则意识：小班幼儿往往处于"规则神圣不可侵犯"的阶段，

对幼儿来说，规则来自教师即来自"权威"，小班幼儿只要能够听懂教师的指令，那么在游戏中往往不会违反规则，因此，小班幼儿在游戏中会严格遵守规则，出现的遵守规则的竞争行为较多。部分中班幼儿处于"可变的规则"阶段，他们可能会为了在比赛中获胜而采取"耍赖"和"辩解"的竞争策略。大班幼儿相较于小、中班幼儿游戏经验丰富，大部分幼儿能够理解规则的意义，在游戏中往往能够采取各种策略使自己取胜。

（4）教师对待竞争行为的态度：在具有竞技性质的比赛游戏中，教师对待竞争行为的态度往往会影响幼儿竞争活动的激烈程度与游戏时长。部分教师为了"保护"幼儿，过多地干预幼儿的游戏进程。当幼儿之间出现激烈的竞争时，教师则会简单粗暴地打断游戏或者训斥幼儿，这些对幼儿的竞争行为产生了一定的消极影响。

（三）研究启示

从民间竞技游戏中小、中、大班幼儿个体竞争与团体竞争行为的量化及典型行为的质性分析中我们了解到，民间竞技游戏的确可以为幼儿良性竞争能力的发展提供条件，那么，教师如何培养幼儿竞争能力以及如何将民间竞技游戏的价值充分挖掘出来并有效地加以利用，更好地促进幼儿社会性的发展，研究者提出以下几点启示。

1. 转变观念，重视民间竞技游戏的教育价值

观念是行为的先导。要充分认识和肯定民间竞技游戏特有的竞技性与群体性对幼儿竞争与合作行为的发展价值。在竞争性游戏中，幼儿逐渐开始意识到输赢，输赢开始对他们产生意义，幼儿为了赢得比赛往往积极开动脑筋，想象和预测对手的下一步的反应，然后计划自己的行动。正是这种想赢的欲望成为幼儿积极思考、摆脱"自我中心"思维的强烈动机，并且在与同伴竞争的过程中逐渐学会运用策略与技巧提高自己的竞争能力。

在群体竞技游戏中，幼儿之间要进行组内合作然后与组外竞争，这需要幼儿之间密切配合、互相沟通与协调，在这个过程中，幼儿会逐渐形成并增强对于团队的认同感与归属感，良好的同伴互动和对团体的归属感，不仅有助于幼儿获得有效的交往技能、形成良好的同伴关系、推进其社会化发展，更为幼儿今后的发展与进步奠定了基础。

2. 尊重年龄特点，选择适宜幼儿的民间竞技游戏

民间竞技游戏对幼儿的发展来说具有自身独特的价值与意义。关于民间竞技游戏的指导，首先涉及的问题不是具体的指导方法，而是为小、中、大班幼

儿选择适宜的民间竞技游戏，尽可能让全体幼儿都参与。在国外，民间游戏往往被称为规则游戏，这是由于规则游戏往往以代代相传的方式流传于民间。而皮亚杰认为规则游戏出现在前运算阶段的晚期（6—7）岁，成熟于具体运算阶段（7—11）岁，并且随着年龄增长，数量不断增加，鼓励不具备成熟的规则游戏能力的学前儿童玩这种游戏，似乎与规则游戏发展的年龄特点自相矛盾。所以教师要选择难度适宜的竞技游戏，为各年龄阶段幼儿提供适宜的民间竞技游戏。

本研究选择的9个民间竞技游戏中，其中小班幼儿也可以自发组织进行的游戏仅有"谁的力气大"，而大部分中班幼儿完全可以自行组织"乌龟占角""老鹰捉小鸡""两人跑""抢椅子""小猫捉老鼠"等游戏，大班幼儿可以理解和掌握规则更复杂的民间竞技游戏，在"穿越鳄鱼湖"游戏中，大班幼儿可以运用不同策略并且能与其他幼儿合作进行竞争，这些幼儿可以自行组织的竞技游戏中，幼儿出现的个体竞争与团体竞争行为偏多。这说明小、中、大班幼儿可以胜任不同难度的竞技游戏。因此，教师应根据幼儿年龄和本班幼儿实际能力选取适宜他们玩的游戏，让大部分幼儿都能够参与游戏。

根据幼儿的实际表现决定是否需要教师组织，对于幼儿有能力自发进行的游戏活动，可以让幼儿自行组织。

3. 明确定位，发挥教师在民间游戏中的指导作用

（1）游戏前——巧妙讲解游戏规则，激发幼儿兴趣

在游戏开始前，教师应为幼儿游戏做好准备。

首先，介绍游戏。儿童民间竞技游戏通常都有一定的故事情境，比如，"猎人追小兔""穿越鳄鱼湖""老鹰捉小鸡"等，这些游戏都是基于幼儿熟悉的卡通动物形象、寓言故事或生活经验设计的，教师可以用情景导入的方式激起幼儿游戏的兴趣，教师应该根据小、中、大班幼儿的发展水平来决定导入情景的详细程度。

其次，讲解游戏规则。小、中、大班幼儿的规则意识发展水平不同，小班幼儿在游戏中往往满足的是幼儿动作本身，而中、大班幼儿在游戏过程中往往不能够严格遵守游戏规则，教师应该在游戏前讲明游戏规则，而不是在游戏过程中打断与干扰幼儿。对幼儿讲解规则时教师要突出良性竞争，激起幼儿良性竞争的意愿，让幼儿明白在游戏中需要彼此提醒与配合；强调遵守游戏规则，教师可以在游戏前提醒幼儿要遵守规则，为幼儿营造公平愉快的氛围，使幼儿在良好的情绪下开展民间竞技游戏，有益于游戏中幼儿与同伴之间产生积极的互动。

(2) 游戏中——科学观察、识别与解读幼儿行为

教师在游戏中，应该做一名积极主动的观察者。蒙台梭利曾说过："幼儿教师应是一位观察者，他必须以科学家的精神，运用科学的方法去观察和研究儿童，揭示儿童的内在世界，发现童年的秘密。"教师只有通过科学观察，才能了解孩子的实际发展水平与行为特点并分析其背后的动机，继而更好地促进幼儿的发展。

在民间竞技游戏中，教师要积极主动、有目的地观察幼儿在游戏中的表现，不仅要观察幼儿是否遵守游戏规则，还要观察幼儿之间的同伴关系，分析幼儿的社会性行为。比如，在民间游戏中，幼儿与同伴竞争时可能出现肢体冲突，这时老师不能简单粗暴地干预，而是要更深一步观察，分析这种行为的原因，可能是幼儿在民间竞技游戏中存在固有的"必赢"意识，所以与同伴恶性竞争；也可能是由于幼儿之间没有良好的同伴关系，从而不能很好地与同伴展开良性竞争；还有可能是遵守规则的幼儿"指责"其他幼儿出现的违反游戏规则的行为，由此产生争吵等冲突。如果教师仅看到表面的行为，没有深入地观察和洞悉，就有可能执拗地认为是由于幼儿思维受到"自我中心"的局限，才会与同伴产生恶性竞争，这样不仅会误解儿童，更会影响自己对幼儿的认识和判断，进而影响接下来的游戏指导。

(3) 游戏中——适时介入指导，推进游戏进程

教师做幼儿游戏的引导者，要明白幼儿才是游戏的主人，要时刻把握好介入的时机与方式。

首先，教师要控制住自己，不要一发现幼儿之间竞争激烈就冲进去，简单粗暴地对幼儿进行干预，但如果幼儿之间发生的是不可调和的冲突，或者幼儿无法制止同伴的恶性行为，那么这时教师应该立刻介入，不仅是简单制止幼儿的行为，还要询问幼儿出现冲突的根本原因，然后再解决问题。

其次，在游戏中幼儿可能会出现违反游戏规则的行为，并且可能会出现"耍赖"或者"辩解"的行为策略，这并不是幼儿产生了恶性竞争，而是幼儿思维开始"去中心化"，这时候教师可以给幼儿留一定的时间和机会，让幼儿与同伴之间协商解决问题，这也是学习发展社交技巧的过程。

最后，教师应该有耐心，学会"等待"幼儿的成长，教师在游戏过程中可能会拔苗助长，有意识地教给幼儿游戏的策略，如在"穿越鳄鱼湖"这个游戏中，扮演"鳄鱼"的幼儿一直抓不到"青蛙"，教师心急如焚，在一旁大叫："你快去抓啊，你快点抓啊，往后快步走然后迅速转身。"

游戏策略往往是游戏者心智活动的外化表现，教师强硬的语言指导或者策

略示范,即使在一段时间内提高了小班幼儿使用策略的水平,但若干星期后却有明显回落。这表明小班幼儿没有真正理解策略动作的意义,而只是一种机械的模仿。

(4)游戏后——鼓励幼儿分享交流,增加游戏经验

在民间竞技游戏结束后,教师应该给幼儿提供分享与表达自己想法与经验的机会。一方面,教师应该把重点放在游戏过程中而不是对游戏结果的处理上,在游戏中有的幼儿往往输不起,赢了就笑,输了就哭。不能正视输赢的幼儿在以后的工作、生活中可能会时常受挫。教师应对幼儿加以指导,让幼儿关注胜利者所用的竞争策略,引导幼儿观察、学习成长较快的同伴所运用的竞争策略,提醒幼儿要学会站在他人的角度思考问题。另一方面,把握恶性竞争行为的教育契机,可以让幼儿说说与同伴在游戏中发生了哪些摩擦与不愉快,又是如何解决这些问题的。当然,教师也可以自己提出问题,把在游戏中观察到的典型矛盾与冲突说出来让孩子们积极讨论,还可以与孩子一起思考矛盾产生的原因,引导孩子讨论如何解决问题。

此外,分享环节也是教师对幼儿进行教育的好时机,教师不仅要对在游戏中遵守规则的幼儿进行表扬,还要鼓励勇于指出他人违反游戏规则行为的幼儿,促进幼儿对新经验的不断建构,培养幼儿良好的规则与竞争意识,使幼儿在游戏中内化是与非的标准,培养正确的价值观。

4. 教师应当促进幼儿竞争与合作同步发展

(1)正确对待合作与竞争的独特价值:实现同等重视

未来社会是充满机遇与挑战的社会,人与人之间的竞争越加激烈,并且会表现在人们生活中的各个方面,因此,竞争能力是未来人才必须具备的基本素质之一。然而在当今幼儿的社会性教育中,绝大多数教师更关注幼儿合作能力的培养与提高,忽略竞争行为的发展,因而很多孩子的竞争意识淡薄,竞争力不强,竞争结果承受能力不强,不能正视输赢,逃避竞争或者出现恶性竞争,而不是思考怎样运用策略在竞争中取胜。

众所周知,合作与竞争都是幼儿社会性发展的重要组成部分。合作与竞争都具有其特有的教育价值,教师在对幼儿教育的过程中,应该兼顾合作与竞争,不能只重视培养孩子的合作能力,也应该积极培养孩子的竞争能力。

(2)正确把握竞争与合作的发展方向:实现良性发展

其实无论合作还是竞争,根据其性质都可以划分为积极与消极两种。只要把竞争限制在一定范围内,并按既定的、合法合理的规则来进行,竞争就能发挥其积极影响与价值。幼儿之间的恶性竞争并没有如此复杂,在竞争性游戏中

幼儿之间出现恶性竞争可能是由于幼儿还没有树立正确的输赢意识，好胜心过强或者是规则意识不强。

幼儿之间激烈竞争可能会出现同伴间的冲突、身体对抗与打架等"反社会性行为"。部分幼儿之间出现这些恶性竞争情况是由多方面原因共同造成的，教师应当了解清楚前因后果然后抓住适当的教育时机对出现恶性竞争的幼儿进行教育，而不是简单粗暴地遏制稍微激烈的良性竞争。因此，在儿童竞争性游戏中，教师应该辨别出幼儿之间的良性竞争与恶性竞争，要兼顾对合作与竞争指导，不能厚此薄彼。

（3）正确处理竞争与合作的相互关系：实现优势互补

在现实生活中，竞争与合作通常如影相随。面对强大的社会竞争力，人们通常抱团竞争，以他人之长，补己身之短，也就是人们常说的 $1+1 \geq 2$。竞争会给合作带来巨大的活力，促使其不断朝着更加高效的方向发展。如若工作与生活中只有合作没有竞争，必将助长人们的惰性，导致在合作过程中人们逐渐失去动力。另外，无论是"优胜劣汰，适者生存"竞争观的建立，还是对竞争重要性的认可和竞争能力的提高，都是使人才基本素质不断提升的重要途径。因此，竞争会给合作带来源源不断的活力与动力支持，使其更具广度与深度，提高合作的水平。

教师要根据幼儿身心发展的规律帮助幼儿协调竞争与合作的关系，两者互为手段与目的，在竞争中学会合作，在合作中学会竞争。在游戏中，教师应该为幼儿创造竞争气氛，培养幼儿个体与团体竞争意识，避免幼儿之间的机械竞争及恶性竞争，促进幼儿间开展良性竞争，同时要提倡互帮互助，使幼儿在充满友爱与温馨的氛围中积极竞争，不断发展与进步。在合作的基础上，竞争不仅可以促进彼此间的深度合作，集众人之智谋形成合力，增强团体凝聚力，形成共同目标，还可以不断发展自己与成全别人，这样以后才能在激烈的社会竞争中取胜，最终实现"双赢"或"多赢"。

第三章

幼儿园游戏活动：
教育功能的异化与修正

游戏是一种系统，而系统具有结构性与功能性。一般情况下，结构决定功能。在幼儿园教育情境中，游戏结构直接决定游戏功能。同理，民间游戏的结构特点也制约其在幼儿园教育中的功能及其合理发挥。

在幼儿园教育中，游戏功能之所以在不同程度上被异化，其根源在于游戏结构的认知出现了不同程度的偏差，以致有意或无意地曲解游戏功能。为此，幼儿园游戏功能的修正（修复与矫正）要求教育者必须正确认识游戏本质，并且立足幼儿园教育合理分析游戏结构。

第一节 游戏的结构与民间游戏的构成

游戏之所以不同于其他活动，是因为游戏有着不同于其他活动的结构。解析游戏的结构，不仅可以为区分游戏活动与非游戏活动提供线索或参照，而且有助于辨识游戏的构成要素，发现游戏功能的内在机制及外部成因。

一、游戏的基本结构

基于文献分析和案例研究，游戏本体具有一些基本因素或共同成分。归纳起来，大致包括游戏主题、游戏规则、游戏角色和游戏情节四个基本成分。[1]

（一）游戏主题

任何游戏都有一定的主题。游戏主题一般是指游戏的中心议题和主要内容。主题源于社会生活或生产劳动，是日常生活经历或劳动生产经验在游戏过程中的具体反映。然而，游戏主题并非社会生活事件的简单复制，而是创造性地加

---

[1] 曹中平. 儿童游戏论——文化学、心理学和教育学三维视野 [M]. 银川：宁夏人民出版社，1999：18-23.

工、改造的产物。

1. 儿童游戏主题的来源

儿童游戏的主题取决于儿童的认识能力以及对社会生活的理解。游戏主题的范围与层次直接反映儿童游戏的发展水平。

随着儿童社会生活范围的扩大，游戏主题从熟悉的家庭生活或幼儿园生活逐渐扩展到社会现实生活的各个方面。显然，游戏主题也可反映社会生活对儿童游戏的影响。

随着儿童认知能力及社会性水平的提高，游戏主题由笼统单一逐渐分化为清晰多样。与此同时，游戏内容也由表浅、贫乏逐渐发展到深刻、丰富；认知加工由记忆表象占优势逐渐过渡到想象表象占优势。

2. 游戏主题的表征方式

不同类型的游戏，其主题的表征方式存在着一定的差异。

创造性游戏的主题往往是儿童根据自己的意愿自由选择的社会事件，其表征方式是显性的。主题制约并规定了游戏的基本内容和儿童的游戏构思及表现行为。

规则性游戏的主题往往是由儿童根据教育情境自主选择或教师根据教育目的确立的，其表征方式是隐性的，主题隐藏于教育内容之中，通过游戏的程序及方法体现。

3. 游戏主题的特点

在一些具体游戏活动中，游戏主题往往具有一定的灵活性、复合性。

主题的灵活性在游戏过程中表现为主题的转换、修正。在创造性游戏中，主题的灵活性是儿童创造性构思游戏不可缺少的条件之一。主题只能规定游戏内容的大致范围，但不能规范具体游戏行为及其相关情节。这是主题稳定性与可变性的有机统一。

游戏的复合性在游戏过程中表现为主题之间的组合、综合。特别是在规则性游戏中，主题复合性是教师导入教育目标、嵌入教育内容及其学习方法的先决条件。任何一个游戏均包含着丰富的知识、技能，具有多种教育功能和发展价值，而规则性游戏正是在主题之间的内在联系中嵌入相关教育内容，以到达预期的教育目标。显然，游戏主题可以是一个游戏的综合性标志。

（二）游戏规则

任何游戏都有规则。游戏活动中限制、调节游戏主体的行为及其互动关系的规则，称为游戏规则。规则的功能在于限制游戏内容、规范游戏行为、规定游戏方向，从而保证游戏的组织性和稳定性。

1. 游戏规则的种类

游戏有两种不同性质的规则。一种是游戏本身的规则，比如定制游戏中的规则，这是游戏得以开展并决定胜负的重要元素，如棋牌类规则游戏，就有出牌规则和走棋规则，这种规则需要所有游戏者在游戏前获得一致的认同，一旦游戏开始是不能改变的，所以规则具有共识性和外显性。这种游戏规则源于游戏内在的相互约定。故而，这类游戏规则也称为内生性规则，主要包括四种不同功能的规则：第一，具有禁止或限制功能的保障性规则；第二，具有平衡或监控功能的调节性规则；第三，规定玩法或明确步骤的程序性规则；第四，具有仪式化功能的惯例性规则。

另一种规则虽然也用于游戏过程中协调玩伴之间的行为，但它是属于游戏情境之外处理一般人际关系的日常行为规则。比如，在分配角色扮演者、协商游戏材料的使用和构思游戏玩法时，涉及的规则有轮流、谦让、共享、按序、归位等。这一类规则常常用来处理角色纠纷、玩具纠纷，或者通过规则养成良好的行为习惯，这类规则也适用于日常生活中的各类常规活动。

2. 游戏规则的来源

在不同游戏类型中，规则的来源及其表征方式各有差异。

规则性游戏中的规则一般由成人制定，直接为游戏本身服务，要求参与者严格执行。其表征方式是游戏方法及行为程序，外显而稳定，具有一定的强制性。承认并自觉遵守这些规则是获取参与游戏资格的条件之一。

而创造性游戏中的规则一般由儿童制定，从属于角色及其关系，直接服务于角色扮演及其过程中的自我调控。其表征方式是角色规范及其展开方式，内隐而多变，具有一定的灵活性。游戏规则受游戏复杂程度和儿童发展水平的双重制约。一般来说，游戏复杂程度高，儿童发展水平高，则游戏规则复杂而抽象。例如，体育游戏中，小班的游戏规则更多是通过实物、玩具和简单动作来完成，简单而具体，便于掌握和执行；而大班的游戏规则更多采用竞赛方式或运用语言、思维完成，复杂而抽象，需要儿童灵活地运用必要的智力和体力及社会技能。

3. 游戏规则的发展特点

游戏规则本身也是一个发展过程。随着儿童认知和社会化水平的发展，规则对游戏行为的调控作用由外部强制性逐渐过渡到自我指导性。根据皮亚杰对儿童游戏规则的研究，儿童的规则意识从"他律"外控发展到"自律"内控，游戏规则由一种神圣不可侵犯的"法律"转化为一种约定俗成的"规范"。这表明，儿童对待规则的态度与规则的调控性存在直接相关。从儿童对规则的驾驭能力的发展历程中也可见，儿童创造性的发展实质上是一种规则的能动性的发展。

虽然游戏规则对游戏主体的行为具有一定的规定性，但是在普遍的规定性之中，也为儿童创造性地利用规则并争取成功提供了一定条件。于是，规则构成了定向发展与自由发展的中介。在一定意义上，规则引导着发展，尤其是社会规则引导着儿童的社会化发展方向。

4. 规则与自由关系

规则与自由似乎是一对矛盾，其实不然。游戏是自由的，但又是受规则约束的。在某种意义上，游戏就是有限制的自由。游戏中的规则应该是为了游戏的顺利开展和满足游戏的需要而由游戏者共同协商产生的，是在幼儿体验到没有这些规则就不利于游戏开展的基础上产生的。

游戏中的规则不具有外在的强迫性，即使是由成人为幼儿制定，也应当站在幼儿的立场上得到所有幼儿的一致认同，这样的规则不是让成人用来裁判幼儿行为的，而是让幼儿用来协调自己行为的。因此，游戏的自由，不仅包括幼儿对游戏行为的自主，也包括自觉自愿接受游戏中规则的约束。

有人认为，在自主性游戏中儿童应该是绝对自由的，他们可以为所欲为、自由自在，但这样导致的结果是儿童没有一点规则意识，缺乏行为规范，教师在面对不服管教的孩子时，经常不知所措，困惑多多。

让儿童在游戏中发展自主性，并不是不要规则。如果没有规则，儿童就不可能学会控制自我冲动，形成良好的行为习惯。自由和规则本身就是对立统一存在的。这与"没有红灯的约束，就没有绿灯的通行"是一样的道理。关键要看规则的提出是否符合儿童的需要和接受能力，如果儿童认为规则是可以理解和接受的，他们会学会遵守，而如果规则的提出不被儿童所理解，那他们可能很难以接受或拒绝接受。

游戏中的自由必须是建立在一定规则约束之上的。在培养儿童自主性的同时，也要培养儿童的规则意识，自主与规则是同步的。当儿童在日常活动中不断练习并逐步将规则内化成自己行为的一部分时，那他们不管在什么情况下都会自觉遵守规则。

(三) 游戏角色

游戏中儿童扮演的人物或形象，一般称为游戏角色。角色及其扮演是儿童参与游戏活动积极性的源泉。儿童在扮演角色的过程中能够获得一种满足。尽管这种扮演是建立在"假想"的基础上，但儿童仍然能体验角色的真实性。在角色扮演过程中，儿童凭借创造性想象，通过言语、表情、动作等表现出对角色及其关系的理解，进而认识角色所反映的社会本质及人际关系。

角色及其扮演既是游戏发展的产物，又是发展的条件。扮演角色是儿童整体发展水平的综合体现，是儿童素质在游戏中较高水平的外化。它包括社会认知能力、语言交往能力和创造想象能力的协同发展。因此，角色和角色扮演不仅是游戏的核心要素，而且是儿童游戏发展水平的折射。

1. 游戏角色的类型

根据角色及其在游戏中的组合关系进行相对静态的分析，可把游戏角色分为下列几类：

（1）象征性角色

这种角色仅仅具有象征作用。它是建立在"假想"之上的一种表征方式，主要心理活动是想象和动作或言语。大多数的象征性角色是基于动作或言语的模仿。这种假装活动发展具有一定的顺序，首先是用真的物体对待自己（用装有水的杯子假装自己喝水），发展到用假的物体对待自己（用空的杯子假装喝水），最后发展到用假的物体对待假的对象（用空杯子给娃娃喂水）。

（2）互动性角色

这种角色不仅具有象征作用，而且具规则的调控作用。它是建立在"关联"之上的一种表征方式，主要心理活动是交往及其行为方式。大多数互动性角色是源于对现实生活的创造性反映。这种角色互动及其方式也有一定的发展顺序。首先是"对应性"交往（父母—孩子），发展到"并列性"交往（兄姐—弟妹，父母—孩子），最后发展到"复合性"交往（以父亲或母亲为中心的多维交往）。在"对应性"交往中，角色以成对的形式构成一维的双向互动；而在"并列性"交往中，角色以垂直或水平分化的方式构成二维的双向互动，但互动的二维是并列或平行的；而在"复合性"互动中，交往呈现出"社会形态"，直接再现社会生活的某些真实情境。

（3）造型性角色

这种角色的基本作用是表演或创造性地塑造。它是不仅仅停留在再现水平上，而是进行一定意义上的创作，即创造新的形象。因此，这种角色的扮演是基于大量记忆表象之上的创造性想象。它一方面超越了象征性角色的简单模仿，另一方面也摆脱了互动性角色的现实规定性。于是，角色表征方式具有极大的灵活性和创造性。现实生活中的角色只是一种原型。造型性角色往往是一类原型的加工、改造，或若干原型的有意义组合。

造型性角色，不仅可以通过角色扮演来表现，也可以运用物质材料，如以积木、泥沙或绘画表现。造型性角色是一种艺术化活动的核心，是象征性游戏的最高水平。

2. 游戏角色与游戏类型的关系

在具体游戏活动中，角色游戏的角色大多数是互动性角色和象征性角色，表演游戏和结构游戏中大多数是造型性角色；而音乐、体育游戏中主要是互动性角色。

当然，在一些复杂的游戏活动中，由于儿童角色表征水平上的差异，同一角色也可能出现"多样化"的模式，或不同角色也可能出现"一致化"的模式，即高水平的角色被低水平扮演，低水平角色被高水平扮演。尽管游戏角色对角色扮演具有一定的规定性，但游戏中的角色水平并不等于儿童实际扮演的。

（四）游戏情节

游戏情节多指贯穿于游戏过程的富有故事性或艺术性的具体细节，是构成游戏的基本要素之一。大多数游戏主要依靠角色扮演展开游戏情节。情节是主题综合的连接点，而且在主题的统合下构成一个整体，具有相对的完整性和连续性。情节使游戏内容丰富的同时，也保证了游戏形式的多样化。不同类型的游戏中情节往往各具特点。

1. 游戏情节的种类

游戏情节在不同类型活动中的作用也不尽相同，以此为依据可将情节分为下列三类：

（1）趣味性情节

这类情节一般源于幼儿生活中富有童趣的事件，其基本功能是保证游戏的趣味性。体育游戏和音乐游戏及部分智力游戏多以此类情节构成其"可玩性"。例如，"老鹰捉小鸡"游戏中"老鹰"与"母鸡"在对抗中"斗智""斗勇"的情节保证着游戏关系的展开，在一群"小鸡"的衬托下，显得童趣十足。

（2）故事性情节

这类情节一般源于幼儿文艺作品中的形象性描述，其基本功能是保证游戏的戏剧性。表演游戏基本上采取此类情节调节和监控幼儿的游戏行为。经典童话故事"三只蝴蝶"中三只蝴蝶的遭遇极其经过颇具戏剧性，集语言（对话）和动作（表情）于一体，不仅可以促进幼儿语言交往能力的发展，而且具有较强的道德启蒙意义。

（3）社会性情节

此类情节一般源于对社会现实生活经验的创造性加工，其基本功能在于满足幼儿对社会及生活的认识性需要。角色游戏和结构游戏及部分智力游戏多以此类情节建构主题。这三类游戏中情节的表征方式有着一定的差异，角色游戏的情节通过角色及其关系来展开，富有戏剧性；而结构游戏的情节却多以造型活动及其作品的组合来体现，智力游戏则更多地富有认知性，寓情节于智力活动之中。

2. 游戏情节的发展特点

无论是哪类情节都经历着相似的发展过程：从简单、片面、不连贯的模仿性情节发展到复杂、全面、连贯而富有创造性的情节。年龄小的幼儿情节单调，多是模仿角色的个别动作或语言片段，或反复表现事件的个别环节；年龄大的幼儿能够把一个个动作、个别情节按照一定生活逻辑联系起来，通过一定的联系把若干相对独立的情节综合为一个整体。这种情节的构思能力主要依存于幼儿的生活经历和认知发展水平。同时，游戏情境，特别是游戏材料及教师的必要提示往往能激发或启迪儿童的构思。

游戏情节与游戏角色之间存在极大的关联性。在游戏主题的统合下，游戏角色对情节具有一定的规定性，但游戏情节可以通过其多变性和戏剧性丰富幼儿对角色的理解和扮演，提高角色扮演的水平，增强角色的吸引力，从而激发幼儿参与游戏的热情。

二、民间游戏的构成：要素分析

从发展演变的历史视角看，一方面，民间游戏是社会变迁的产物，具有鲜明的时代特征和浓厚的地域特色；另一方面，民间游戏是文化沉淀的产物，蕴含深厚的文化底蕴和丰富的朴素智慧。显然，在历史进程过程中，民间游戏逐步形成了一种双层结构：具有灵活多变性的表层结构（外显性）与具有稳定恒常性的深层结构（内隐性）。

（一）民间游戏的解构逻辑

民间游戏现代化转换是一个游戏结构的重构过程，而重构的前提是解构。为此，解构民间游戏是其从传统形态转化为现代形态的必要条件。

不同的解构方式可能会导致不同的重构结果。要素分析主要是采取逻辑分析对整体结构进行解构。

从概念逻辑上看，民间游戏隶属于游戏范畴，应该具有游戏本体的四个基本成分：游戏主题、游戏规则、游戏角色和游戏情节。然而，民间游戏"因地制宜，就地取材"，甚至"因陋就简"，具有随意性和简易性特点。故而，民间游戏的结构比较松散，也不够完整。其中，一些要素（成分）相对稳定（本体性要素），而另一些要素（成分）则相对灵活（调节性因素）。同时，一些游戏本体性成分在民间游戏中不够明显，如游戏角色和游戏情节两种本体性成分以不同的方式分散体现在其他要素之中。

同时，民间游戏具有生态性特点——对时间、空间及环境等具有不同程度的依存性。时间、空间及环境等要素是民间游戏的客观保障条件，故而称之为条件性要素。

（二）民间游戏构成要素的类别

根据要素的属性与功能，民间游戏的构成要素大致可以划分为本体性因素、条件性因素和调节性要素三类。

1. 本体性要素

本体性要素是民间游戏的核心要素，包括游戏本体的两个基本成分和民间游戏独特成分。

（1）游戏主题（游戏精神）

民间游戏的主题不仅反映游戏思想和游戏内容，而且表征游戏精神和文化原型。

"耍龙灯"也叫舞龙，又称龙灯舞，是长期流行于我国广大地区的一种经典民间游戏。龙的形象和意象构成了"耍龙灯"游戏的核心要素。

我国古代人民为寄托美好愿望而创造了龙的形象。相传，古人把龙、凤、麒麟、龟称为四灵。龙的造型优美，绚丽多彩，线条刚柔相济，在历史长河中闪耀着独特的艺术光彩。

早在殷商时期，铜器和骨刻上就有龙形图案；周代铜器的龙纹已渐趋完整。"耍龙灯"在汉代民间已相当普遍了。唐、宋时期的"社火""舞队"表演中，"耍龙灯"已是常见的表演形式。宋代吴自牧在《梦粱录》中记载：南宋行都临安（今杭州）"元宵之夜……草缚成龙，用青幕遮草上，密置灯烛万盏，望之蜿蜒如双龙之状"。

在古代，人们把"龙"作为吉祥的化身，代表着风调雨顺的愿望。因此，用舞龙祈祷神龙的保佑，以求得风调雨顺、四季丰收。人们舞动用竹、铁捆扎、外用绸缎或布匹制作的彩龙取乐，表现欢快的心情，经过民间艺人不断加工制作，到现在，"耍龙灯"已发展为一种形式完美、具有相当表演技巧和带有浪漫主义色彩的民间舞蹈艺术，深为广大群众所喜闻乐见。

从"耍龙灯"游戏的由来中可以看出，民间游戏的主题不仅展示节日文化

95

（游戏思想），而且表达生活向往（游戏精神）。

儿童民间游戏的主题大多数是日常生活和社会活动的具体反映。例如，民间游戏"老鹰捉小鸡"，其主题思想表达的是长辈出于对晚辈的保护，而与敌手斗智斗勇的过程；其主要内容是，扮演鸡的一方通过身体不断灵巧移动，摆脱扮演老鹰的一方的追赶。

（2）游戏规则（游戏行为规范）

民间游戏大多是规则性游戏，其中竞技游戏的规则性最高。规则是民间游戏中不可或缺的要素，具有不可替代的作用。

凡是游戏就有游戏规则，而且规则对每个游戏者都具有约束力。如果没有规则，游戏这一共同体就不复存在了。游戏规则受游戏复杂程度和儿童发展水平的双重制约。

在不同类型游戏中，规则的制定及其表现方式各有差异。例如，"跳房子"的游戏规则主要是平面几何规则和身体运动规则。

"跳房子"又称跳年，是我国民间流行最广的儿童游戏之一。游戏时，先在地上画六个方格，每一个方格谓一年（或谓一间房子）。然后在方格内分别写上一、二、三、四、五、六几个数字以作区分。

"跳房子"时，游戏者先将小瓦片投进一个方格内，然后以单脚跳入该格内，把瓦片踢入下一个格内，谁先跳完全部的六个方格为赢。游戏中，瓦片不得踢出格子或触及每格的画线，违者要停跳，让下一个人跳。待全部参加该游戏者跳完一次后，再继续请前次停止的人开始跳。跳年获胜者可以打落败者的手掌。

（3）游戏技巧（游戏智慧）

民间游戏要求参与者具有一定技巧。技巧本质上是对技能熟练掌握的结果。技巧源于技能，并且高于技能（熟能生巧）。

游戏技能一般包括认知（智力）技能和运动（操作）技能。一般情况下，智力游戏需要智力技能，运动游戏需要动作技能，而有些复杂的儿童民间表演游戏需要"智勇双全"（智慧、勇气与力量的高度结合）。

儿童民间游戏大多是身体运动，身体运动方式涉及很多运动技能（技巧），如曲线跑、躲闪跑、左右跳、单足跳、双足跳、投准、平衡等。尽管这些技能相对比较简单，但在整体水平上要高于日常生活行为的要求。

例如，"跳房子"游戏，需要投掷技能、单脚弹跳技能、身体平衡技能等；"丢手绢"游戏，需要奔跑能力和躲闪技能；"跳皮筋"需要单脚跳、双脚跳、向前跳、向后跳等各种技能。

技巧也是游戏对参与者的一种制约。技巧制约性是民间游戏有别于一般游戏的一个鲜明特点。技巧不仅是民间游戏的本体性成分,而且是游戏的主体性要素。显然,如果没有相应的技巧作基础,游戏者就无法开展游戏,更谈不上游戏兴趣。

正是因为民间游戏的技巧制约性,所以参与游戏的儿童必须"先学后玩、玩中求学"。随着民间游戏的推进和延续,儿童的技巧不断发展,从新手到熟手再到高手。很多民间游戏在技巧上演变为杂技或竞技运动项目。

2. 条件性要素

民间游戏中,条件性因素属于客观因素,具有保障功能。没有这些条件性要素,民间游戏就无法开展或顺利进行。

(1) 游戏时间

任何游戏的开展都需要一定的时间。参与者总是需要一段时间才能完成游戏,只是所需的时间的跨度不同。

在民间游戏过程中,时间往往是决定胜负的关键要素:一些民间游戏直接以时间的长短来决定胜负;另一些民间游戏则以在相同的时间内完成(成功)的次数确定输赢;还有一些民间游戏中,时间作为一种内隐性或不确定性要素,具有隐性功能。在不规定时间的游戏中,游戏自然地开始、进行,直到结束。但是,这一过程所消耗的时间,是对游戏参与者意志力的一种巨大挑战。

显然,充分保障游戏时间,合理运用游戏时间,有助于保持民间游戏的情趣以及对儿童的吸引力。

(2) 空间要素

任何游戏都需要一定的空间,只是空间的大小不同而已。多数民间游戏在户外场地进行,空间要素似乎不重要。事实上,空间的质量在民间游戏中具有决定性意义。

游戏空间是指游戏场地的空间范围。一般情况下,游戏参加的人数越多,所需要的空间越大;反之,则越小。但是,很多民间游戏的理想效果需要适宜的空间密度包括材料密度(一定空间内的玩具数)和主体密度(一定空间内的人数)来保障。

例如,"捕鱼"游戏,在平坦的篮球场上进行,而且人数太多,密度过大,十分容易捕捉到"鱼",游戏没有一点难度,也就显得索然无味。但是,这一游戏如果放置在带有几个小坡的草坪上,还有一些障碍(如树、花),人数适中,那么,游戏的趣味就大大增加了。

(3) 游戏环境

游戏环境是指制约游戏的外部因素，包括自然环境和社会环境。民间游戏的环境依存性强，甚至一些民间游戏一旦离开特定的环境就会"水土不服"。因此，环境是民间游戏重要的保障条件。

宏观层面上，不同地域（自然环境）、不同民族（文化环境）流行不同的民间游戏；同一民间游戏在不同时期流行不同的风格或方式。甚至，不同季节或节日流行不同的民间游戏。

微观层面上，环境决定游戏资源。不同民间游戏对具体环境的要求不同，例如，玩沙需要沙池，陶艺游戏需要陶艺馆。反过来，具体环境也制约民间游戏，所谓"靠山玩山，遇水玩水"。

几乎每个民间游戏都需要一个适宜的环境。例如，在公园的空地上进行"丢手绢"的游戏，蓝天白云、花鸟草坪，显然是很有趣味的；如果在住宅小区的通道上开展"老鹰捉小鸡"的游戏，不仅影响了交通，还可能带来安全上的隐患。

3. 调节性要素

游戏的调节性要素不像本体性要素和条件性要素那样明确、清晰，显得较为松散、零乱、繁杂。在民间游戏中，调节性要素通常是单独或联合发挥调节作用的。其中，有些要素（材料与伴奏）具有辅助性支持作用和助长功能，另一些要素（输赢和奖惩）具有结果反馈作用和强化功能。

（1）材料（玩具）

材料泛指游戏中所用的玩具、器材、道具。民间游戏的材料比较简单，大多是就地取材，因陋就简。只有少数民间游戏需要配套玩具，并且大多是自制玩具。所以，民间游戏玩具比较粗糙，显得"土气"。也许正因为如此，才显示出游戏的民间特性。

例如，民间儿童游戏"跳皮筋"，就只要一根橡皮筋，十分简单；"丢手绢"，只需要一块小手绢，小朋友随身所带，拿来非常方便。

民间游戏中，很多游戏属于徒手游戏，身体就是最好的"玩具"。如"老鹰捉小鸡""捕鱼""贴烧饼"等游戏无须任何材料。

工具是人的器官的延伸。民间游戏中，玩具（材料）是身体的延伸。所以，材料并非每个游戏的必需要素。

（2）伴奏（童谣）

儿童民间游戏，特别是语言游戏，大多有童谣（儿歌）伴奏，边唱边玩。伴随民间游戏的童谣（儿歌）节奏明快、优美动听、朗朗上口、内容简单、易于记忆，使游戏趣味盎然，也给儿童增添无穷乐趣。例如，"跑马城""炒黄豆""编花篮"等民间游戏边说童谣边做动作，"丢手绢"民间游戏边唱儿歌边做游戏。

民间歌谣大多具有明显的地域特色和民俗特点。如果用方言来说唱，民间游戏会显得更为古朴、纯厚，"乡味"更浓。

但是，不是每个民间游戏都需要民谣（儿歌）伴奏。只有在民间语言游戏中，童谣（儿歌）才是"必需品"。缺少说唱，民间语言游戏就无法进行，更谈不上情趣。

（3）胜负

胜负是游戏的一种结果。民间游戏中，大多数竞技性游戏在结束时会赛出输赢，分出胜负，进而影响游戏参与者的热情或游戏动机。所以，胜负是民间游戏的调节性要素。

但是，有些民间游戏只有胜者，没有负者；有些民间游戏只有负者，而没有胜者；有些民间游戏没有胜负；有些民间游戏胜负不断转变，没有最后的胜者或负者。例如，"娃娃家"游戏中，幼儿不断地模仿成人做饭、洗衣服、照顾娃娃等动作，并陶醉其中，并不追求胜负结果。

儿童都有好胜心。儿童民间游戏的胜负给儿童带来了无穷的魅力，因为游戏的胜负充满着不确定性、不可预测性。游戏的胜负不仅与儿童的能力（实力）和个性（精神）有关，而且与儿童的运气和机遇有关。也许这就是民间游戏的情趣和魅力所在。

（4）奖惩

多数民间游戏不仅要分出胜负，而且"赏罚分明"：对胜者予以奖励，对负者给予"惩罚"。也有一些民间游戏只对胜者予以奖励或者只对负者给予"惩罚"。

民间游戏中的"奖励"与"惩罚"，都是象征性的，并富有情趣或幽默感。例如，给胜利者一朵小花、一根小草，一顶小草帽等；要求游戏的失败者唱首歌、跳个舞、做个鬼脸等，为游戏过程增加更多的欢乐色彩。

当然，并非所有民间游戏都具有奖惩要素。一些民间游戏即使有结果的胜负，但不一定有相应的外部"奖惩"，而是一种自我强化或自我实现的满足。

（三）民间游戏中要素之间的关系

任何一种民间游戏都是一个完整的系统。在民间游戏的结构系统中，一方面，三类要素的性质及作用各不相同；另一方面，三类要素之间要匹配和谐、协调适度。民间游戏中，要素之间的协同关系一旦失调或瓦解，就会破坏游戏的整体性，降低游戏的趣味性，减弱游戏的效果，甚至丧失游戏本来的意义。

本体性要素是任何游戏都必须具备的基本要素，三种要素缺一不可，同时存在于每个民间游戏之中，并且以整体的形式呈现。故而，这类要素具有稳定性和整体性。

调节性要素在民间游戏中可能出现，也可能不出现。即使出现，也很少同时出现。某个调节性要素对于一种游戏可有可无，而对另一种游戏则不可缺少。例如，"丢手绢"游戏，必须有民谣的伴唱，有一块手绢（材料），否则就无法开展游戏。这时的伴奏要素、器材要素就成为这个游戏的必备要素；再如，"跳皮筋"游戏，橡皮筋作为一种材料是必备要素。因此，这类要素具有灵活性和机动性。

而条件性要素则介于本体性要素与调节性要素之间，兼具二者的特点，既具有稳定性和整体性，又具有灵活性和机动性。可以说，在民间游戏中，这类要素"稳中有变"——不可缺少，但可以随机而变。例如，"跳房子"游戏中，基本时间必须有保障，但时间总量则因参与游戏的人数多少而变化；"房子"的大小或数量因空间大小或结构而不同，但地面空间必须平坦。可以说，条件性要素决定民间游戏的格调——"豪华"还是"简陋"。

第二节 游戏功能的系统分析与幼儿园游戏的功能定位

人类学家阿什利·蒙塔古从人生发展审视游戏功能。健康的儿童期是健康的成年期的先声，即一个健康的儿童拥有那些（包括游戏）一旦得到了全面的发展，便能够造就充实的人性的所有特性。为了防止"心理硬化"（psychosclerosis，意指人的机能的心因性退化），在生命的所有时间里，人都需要游戏，即继续发出欢笑、歌唱、跳舞、恋爱、尝试和探索。显然，游戏不是儿童的"专利"，游戏贯穿人的生命全程。

一、游戏功能的追问：人类学的视野

游戏是人类文明进步与文化发展的载体。原始阶段，人类的游戏文化就已经萌芽。在摆脱动物野蛮性的过程中，人类逐步形成人的社会性，萌发文化意识。这个过程中，游戏逐步获得文化属性并且不断增强。于是，游戏从生物本能活动演变为社会文化活动，从而构成了人类文化的一种原始形态——人类最原始的文化生活方式。

(一) 原始游戏的一体化与教育功能的萌生

在原始社会，人类文化的形式极端简单、内容极为幼稚。不仅年幼儿童的活动表现出十足的游戏性质，而且成人的文化生活也具有浓厚的幼稚色彩。因此，人类早期的游戏活动具有一体化的特点——在同一游戏中既可容纳成人，也可接纳儿童，成人与儿童共享游戏的乐趣。

人类学家在澳大利亚土著人和非洲潘格尔人中的发现都证明了这一特点。澳大利亚土著人中流行的角力（简单化的竞技游戏）、球戏和跳绳游戏在成人与儿童之间几乎没有差别；非洲原始部落中的潘格尔人，成人与儿童以同样的方式一起开展各种游戏。由此可见，人类早期文化中，成人游戏与儿童的游戏融为一体。成人游戏与儿童游戏的一体化，不仅使游戏获得兼容性——扩大游戏范围，丰富游戏内容；而且有助于游戏萌生并且逐步形成教育功能——游戏中儿童经验的自我生成与成人经验向儿童的自然传播。也许，游戏隐藏着一种"天然"的教育功能——直接经验的形成与间接经验的传授。

随着生产力水平的提高和社会生活形态的复杂化，人类游戏的功能从生存发展演化为追求享受。于是，成人游戏与儿童游戏也不断分化为两个"世界"：成人生活中追求或崇尚游戏的享乐功能，淡化或消解游戏的教育功能；儿童生活继续在游戏中延续，不仅保留了游戏的享乐功能，而且不断强化了游戏的教育功能。

(二) 儿童世界的意义与游戏的学习功能

任何一个民族的儿童都是在游戏的欢乐中长大成人的。在儿童长大成人的过程中，游戏似乎是一种自然发生的现象——儿童在游戏中，一方面，学会适应真实生活的需求，学习生存的技能；另一方面，超越真实生活的限制，寻求个人的自由。

人类学发现儿童的世界具有三种意义：一是开放的意义，儿童从事着人类共同的生活、工作；二是无拘无束的意义，儿童能无拘无束地游玩，玩各种游戏；三是创造的意义，儿童能像艺术家一样创造。

由此推断：第一，游戏是儿童生活中的一种自发性教育活动，因为在日常生活中，儿童自发地把经验建构在游戏里，像科学家一样发现世界；第二，游戏是一种创造性的教育活动，因为儿童在游戏中创造生活意义，像艺术家一样表现世界。

儿童的游戏世界就是儿童的学习世界。在人类学家看来，游戏具有三种学习功能：

1. 儿童从游戏中学习到生活的原则和规则，在轻松的游戏中，儿童形成了将来踏入社会必需的适应能力。

2. 在人类的群体生活里，需要在团体规则限制与个人的自由之间找到一种精神上的平衡。游戏可以让儿童摆脱社会规则和文化的限制，寻求个人自由。也许儿童的游戏精神就在这种平衡中滋生与"升华"。

3. 在游戏的一段特定时空里，游戏者可以虚构任何现实生活中所不允许的行为及情节，逃避现实社会的种种限制，弥补由此造成的不满和沮丧情绪。这种学习具有自我调节作用，体现了游戏的心理保健功能。

由此可见，儿童在游戏中学习社会习俗和秩序，形成良好的社会适应能力。在日常生活各种各样的游戏中，儿童通过扮演、模仿、练习等学习方式掌握社会生活中的各种职业技能、习俗礼仪、群体规则。在一定意义上，游戏就是儿童社会化——从"自然人"向"社会人"的发展过程。

二、游戏功能的系统分析：构成及其关系

游戏为什么会吸引儿童？为什么要让儿童去游戏？从小就让儿童耽于游戏，是否会得不偿失？……这些问题几乎可称得上"千古之问"，其中隐含着历代在游戏功能上的纠结。

（一）游戏功能的认识

自古以来，人们一直在探讨游戏的功能与作用。在历史长河中，"仁者见仁，智者见智"。不同的观察角度、不同的思维方式、不同的文化背景产生了不同的观点或看法，形成了不同的游戏理论。在认识游戏的功能与作用上，尽管这些观点和理论具有时代局限性或学科局限性，但为后人更为清晰地认识游戏功能开拓了新的视野、提供了新的启发。

价值是事物本身所具有的积极意义，具有本质规定性。使用价值是事物的有用性，具有条件限制性。一个人对游戏功能的认识取决于其游戏取向。

一般情况下，游戏的价值决定其本体性功能，而游戏的使用价值决定其工具性功能。游戏理论一般讨论的游戏功能，实际上属于游戏本体性功能。

然而，在看待游戏的功能与作用上，如今很多人仍然墨守成规、固执己见。调查结果表明，游戏的本体性功能仍未被人们真正理解和接受。在应试教育的当下，游戏无用论或游戏有害论盛行。在错误的游戏观影响下，游戏本体性功能被严重异化或扭曲——游戏浪费儿童的时间和精力，游戏的唯一作用是提供

娱乐。在大众媒体上，有学者公然宣称"只有玩死，没有学死"！显然，在教育实践中，落后或错误游戏观必然限制游戏功能的发挥。

（二）游戏本体性功能的构成（类别）

游戏本身具有哪些功能呢？从早期进化论倾向的游戏理论到现代心理学的游戏理论，再到后现代的游戏哲学，这个追问一直在延续。游戏如同一座宝藏，蕴含着巨大的功能——本体性功能。

基于文献综述和实践（实验）总结，根据功能定位不同，游戏本体性功能大致可以划分为四个方面。[①]

1. 游戏的娱乐功能

游戏的娱乐功能表现为游戏使人愉快。心理学研究表明，游戏能带来明显的欢乐、幽默感和自发性（身体的自发性、认知的自发性和社会的自发性）。游戏的这种特性能够给儿童带来轻松愉悦的情感体验，能够满足儿童内在的情感需要，帮助儿童调节和控制自己的情绪状态，从而有利于情绪的健康发展。

游戏通常源于个体娱乐的需要。凯瑟琳·贾维（Catherine Garvery，1991）认为，游戏就是人们自由地参加并进行的以娱乐为主要目的的活动。[②] 一些学者甚至断言，游戏就是一种娱乐。显然，娱乐的确是正在成长中的儿童对游戏最大的心理需求。

游戏的启动来自儿童内在动机，而非外在力量。游戏的目的就在于游戏本身。因此，儿童在游戏的时候一般不会有太大的外在压力，甚至能完全忘记外在压力的存在，从而能够在游戏的过程中感受到更多的愉快。

儿童可以按自己的意愿自由地选择自己喜欢的游戏类型，自由地寻找自己喜欢的游戏伙伴，自由地挑选自己喜欢的游戏材料，自主地安排游戏的进行程序，自主地制定游戏的有关规则，自主地决定是继续还是退出游戏。显然，在游戏过程中，儿童能够体验到真正的无拘无束、自由自在的感觉，真正获得轻松愉悦的情感体验。

2. 游戏的保健功能

游戏的保健功能表现为游戏使人健康。大量研究表明，游戏可以增强体质、恢复精力、宣泄焦虑、调整状态、矫正不良行为，从而促进身心健康发展。

一方面，游戏具有生理保健功能。游戏（尤其是体育游戏）中，儿童能够

---

① 曹中平. 儿童游戏论——文化学、心理学和教育学三维视野 [M]. 银川：宁夏人民出版社，2000：64-68.

② 贾维. 游戏 [M]. 王蓓华，译. 成都：四川教育出版社，2006：5-8.

在愉快的氛围中不知不觉地借助奔腾跳跃、拼凑裁剪来协调肌肉运动、促进新陈代谢，提高机体适应能力，从而增进健康、增强体质。

帕特里克（Patrick, 1916）早就发现，人们可以通过游戏来解除由紧张的体力劳动或脑力劳动所造成的疲劳，恢复精力。基于此，他提出了一个知名的游戏理论——松弛说。

另一方面，游戏具有心理保健功能。最早发现游戏的心理保健（治疗）功能的人是弗洛伊德（S. Freud）。在他看来，游戏是一种防御机制——个体释放性欲，减轻焦虑。他发现，游戏有利于儿童从紧张的状态和事实的约束力中解脱出来。儿童在游戏中可以"脱身事外，乐在其中"，无拘无束、无忧无虑地展现自己的真实本性，发泄在现实生活中久受压抑的冲动。基于此，他提出了一个知名的游戏理论——补偿说。

维果茨基（L. Vegoteky）认为，游戏是促成个体不可实现的欲望与现实之间平衡的一种心理情景，有利于个体消除内在冲突，增强自信、消除紧张、培养耐心、锻炼意志。

正是因为游戏具有心理保健功能，临床心理学创造了游戏疗法。

3. 游戏的认知功能

游戏的认知功能表现为游戏促进认知发展。游戏实践表明，儿童在游戏中不仅能获得知识经验、巩固技能技巧、促进思维发展、提高智力水平、优化认知结构，而且能掌握有效的学习方法和策略，形成良好的学习动机和学习态度。

皮亚杰认为，游戏与认知具有相互促进作用。儿童游戏的发展依赖于认知水平的提高，游戏水平的提高又反过来促进了认知的发展与完善。贝特森则认为，游戏的贡献是学会学习。游戏是"第二学习"。从某种程度上讲，儿童的游戏就是学习——一种隐性学习。

在不同游戏类型中，儿童可以获得不同的经验，例如，儿童在象征性游戏中学习形象思维，而在规则性游戏中掌握社会规则。显然，游戏是一种学习的策略和学习的手段。

在现实生活中，很多人看不到游戏与学习的一致性，割裂游戏与学习的关系，强迫儿童在学习中放弃游戏，严重抑制儿童认知能力的自然发展。这显然是游戏的教育功能异化的必然结果。

4. 游戏的沟通功能

游戏的沟通功能表现为游戏促进个体社会化。儿童社会学研究表明，游戏可以促进相互交流与理解、相互学习与提高，可以推动社会信息传播和文化传递。可以说，游戏就是儿童社会化过程或文化的濡化过程。

首先，游戏本身是一种社会现象。一方面，通过游戏的个体社会化功能，儿童可以更加全面地理解和把握他人的思想和情感，也可以使自己的思想和情感被他人准确地理解和把握，从而促进群体的团结与协作，促进人际关系的和谐发展，适应社会的要求，从而实现自我社会化；另一方面，通过游戏的群体社会化功能，相同水平的游戏伙伴间可以相互影响与相互促进，水平不同的游戏伙伴则可以实现知识的传递与经验的交流，从而充分发挥游戏的教育功能。

其次，游戏是一种文化现象。游戏不仅是儿童文化的主要形态，也是传播文化的载体，具有继承、借鉴、传递的文化功能。游戏的代际传承与历史沉淀不仅有助于民族文化特性的形成，而且在一定程度上推动了文化的持续与交替。

民间游戏及其现代化集中反映了游戏在文化上的继承性、发展性、拓展性和独特性。实质上，民间游戏就是文化"活化"传承的一种模式或路径。

（三）游戏功能的整体性与系统性

理论上，游戏的功能并不仅仅局限于以上几种简单而抽象的概括。在教育实践过程中，游戏功能的发挥也绝非是单一的、孤立的、静止的构成。为此，必须从整体上理解游戏功能系统结构。

1. 在游戏的功能系统中，游戏的娱乐功能占有基础的、核心的地位，并融会于游戏的其他功能之中

游戏之所以不同于学习和劳动，很大程度上就在于游戏所特有的娱乐性。很明显，一种游戏如果不能给游戏主体——儿童带来快乐，不能满足其童年期特有的情感需要，就不可能引起其参与游戏的动机与兴趣，更不可能真正调动起其行为的积极性和主动性，也就是说，事实上不可能真正实现游戏活动的预期目的、发挥游戏活动的应有功能。由此看来，游戏的娱乐功能在游戏的整个功能系统中是第一位的，它实际上就是其他各项功能存在的前提和基础。

在功能系统中，娱乐功能具有核心的作用。可以说，没有"娱乐"这根贯穿在各种游戏过程中的主线，游戏的其他各项功能就只能是零散的、孤立的，甚至根本就不存在，更不用说高效地发挥作用。

因此，在安排、布置或评价某一游戏活动时，要以儿童在游戏中获得多大程度的快乐、得到多大程度的情感享受和满足为前提，而不能片面地以实用主义态度——以游戏能使儿童知道什么、记住什么、学习什么作为衡量一切的标准。不管怎么说，功能良好的游戏首先必须给儿童带来尽可能多的愉快体验。

2. 在游戏功能系统中，各元素（功能）互相联系、互相影响

首先，从内容上看，游戏各功能互相渗透、互有交叉。这种情况在娱乐功

能和其他功能的关系中表现最为明显,而在其他功能之间,也常可发现一些端倪:游戏要促进儿童社会认知的发展,自然要蕴含社会沟通和文化传递;游戏要改善个体的身体素质,自然要涉及动作技能的学习。

其次,从发挥形式上看,各功能互相影响、休戚相关。一种功能能否得到充分发挥往往直接影响到其他功能的实现,而其他功能的实现程度又会反过来促进或抑制此种功能的发挥。例如,在游戏中,儿童社会化水平提高的幅度越大,其认知的发展就会更快,而认知发展越完善,又会反过来促进其社会化水平的更大提高;而如果心理素质(如耐心、毅力)得不到改善,其学习的效果就要大打折扣,而这反过来又可能导致其心理素质水平的进一步下降(如自信丧失、意志磨灭)……这都是显而易见的道理。

因此,在游戏实践中,我们要厘清各功能间的可能联系,统筹全局,力争使游戏的各项功能在相互促进中得到最大限度的发挥,而不能顾此失彼,或由于某一环节上的疏忽而使其功能得不到应有发挥,甚至导致整个游戏的失败。

3. 各游戏功能与各游戏类型并非一一对应,但联系紧密

不同的游戏类型可能具有不同的功能,而相同的游戏类型则可能功能各异。也许有人据此以为,要使儿童在某一方面得到发展,与儿童参加何种游戏并无关系,只要儿童在游戏,参与哪种游戏类型并不重要。这种观点以游戏类型与功能之间的差异性立论,似乎颇有道理,但是由于它简单地忽视其相互之间紧密联系的一面,因而不免失之偏颇。

其实,游戏类型与游戏功能之间是紧密联系的:不同游戏类型虽可具有相同的功能,但在功能发挥的程度上差异显著;相同的游戏类型虽然可能功能各异,但其仍有偏重。正如,体育游戏偏重儿童生理保健,角色游戏偏重儿童社会化水平的提高,象征游戏偏重儿童抽象思维的培养……这也是显而易见的。

由此看来,要使游戏真正较大程度地促进儿童发展、发挥最大功能,根据不同需要选取最佳的游戏类型仍是有必要的。当然,如果现实条件确实不允许"自由"选择,那就只能尽可能地发挥"次最佳"游戏类型的相应功能,予以弥补。

4. 游戏的各项功能是开放的,是发展变化的

影响游戏功能的因素多种多样,随着社会环境的变化、时代特征的转换、游戏主体的不同,游戏的各项功能也可能发生变化。

在"以武立国"的古斯巴达,角力游戏主要用于培养儿童健壮的体格、坚忍的毅力,而如今,则主要用于娱乐与保健;对年龄较小的儿童来说,"老鹰捉小鸡"的游戏可能会大大地提高其奔跑能力,而对年龄较大的儿童来说,则可

能在这方面价值不大。这告诉我们,在游戏实践中,从设计到游戏编排大可推陈出新,让"陈旧"的传统游戏在新条件下焕发出新的活力。

这也提醒我们,针对不同类型的游戏主体,应该因材而异、因地制宜地选用最适合其发展的游戏类型,而不能不看对象,简单套用一种游戏样式,一种游戏"从小玩到老"。

5. 理解游戏的功能要一分为二、辩证对待

初看起来,游戏的各项功能似乎都是"有百利而无一害"的。在一般情况下,也确实如此。但是,我们在看待任何事物时都不能走极端,对游戏功能的理解也应当一分为二、辩证对待。

游戏确实能使人心怡气爽,但是如果太注重其娱乐功能的发挥,就有可能使儿童玩物丧志、沉溺其中(时下,电游对儿童的消极影响就是极为有力的证明);游戏也确实有利于提高儿童社会化水平,但所谓过犹不及,社会化过度又可能导致儿童自我本性的缺失;至于学习功能似乎"无懈可击",但事实上如果太专注于在游戏中学习,给游戏带上太多的目的性色彩,却可能抑制娱乐功能和其他功能的应有发挥,在实际上削弱游戏的整体功能。

如此看来,既要看到游戏各功能的正面效应,又不能忽视其可能带来的消极影响,既要保证游戏功能的充分发挥,又要操之有度,应该成为正确对待、合理发挥游戏功能的一大原则。

三、幼儿园教育中游戏的功能定位

任何一个人都曾沉浸于童年游戏的娱乐之中,成年以后几乎都曾回忆过童年游戏的欢乐情境以及一起享受欢乐的儿时伙伴。

人类似乎有一种"游戏情结"。游戏的欢乐并不因为岁月的流逝而淡化。童年的记忆或似曾相识的情境很容易激活久久尘封的童心。故而,为人父母或为人教师后,我们不由自主地加入儿童的游戏行列,尽情地感悟游戏的另一番滋味——和孩子一起成长。也许,游戏就在不经意之中获得了教育使命。

(一)游戏回归教育

自古以来,游戏与教育似乎不可分割。在希腊语里,娱乐是"学校"的含义之一。在古罗马,负责教授基本知识的教师被称为游戏先生(Magister Ludi)。

很难说,现代教育活动是在什么时候丧失了游戏的含义并且变成一种约束性的、模式化的活动。游戏在学校中得不到鼓励似乎并非仅仅出于某种提高教

育效率的理想，而是一种神秘的、隐藏起来的精神病过程的结果。① 也许这是一个教育病理学问题。显然，如今有必要恢复游戏在教育中原本就存在的含义。

在人类教育发展史中，游戏曾经被视为正当教育活动，游戏对教育发展做出过重要贡献。近半个世纪以来，我国素质教育探索过程中，比较成功的教育经验是重新引进游戏原则或渗透游戏成分，发挥游戏的教育功能，例如，愉快教育、情境教育、乐学教育、尝试教育，等等。显然，游戏回归教育已然成为一种发展趋势。

（二）游戏是适宜儿童发展的主导活动

如果把生活视为一个活动系统，那么，在儿童发展的不同时期，系统内部的各种活动所处的地位或作用也存在着差异。达维多夫认为，在儿童时期，游戏在活动系统中起着主导作用，为此他把游戏称为儿童发展阶段的主导活动。主导活动是指"最适合"儿童发展水平，并最能满足儿童需要的活动，推动儿童实现最佳发展的活动。在艾利康宁看来，主导活动是能产生新的"发展点"（新的生成物）的活动。简而言之，游戏就是发展适宜性活动。

游戏之所以适宜儿童发展，是因为游戏不仅可以满足儿童的需要，而且可以在满足需要的过程中产生新需要、新的"生成物"，生成新的心理机能。皮亚杰曾经断言，任何形式的心理活动最初总是在游戏中进行的。②游戏构成了心理发生、发展的最佳状态。

另外，游戏统整了各种活动，只要是自主选择的活动，儿童总是以一种游戏的态度去对待它，即使吃饭、睡眠都有游戏的韵味。难怪有人说，自发活动的名字就是游戏。在某种意义上，儿童生活于游戏之中，游戏是儿童生活的"精神家园"。

游戏不仅是儿童的"精神家园"，同样也是成人的"精神家园"。游戏作为活动的特殊类型具有自己的发展历史，它包括了人的生活的所有阶段。在少年期至老年期都存在它的表现形式。③游戏伴随人生，以不同的方式使人生丰满而充满希望和欢乐。"只有游戏才能使人生获得其本来意义。"显然，放弃游戏意味着放弃生命中最具浪漫色彩的童真和率真。因为"人类发展如果能保持其稚气，就更符合人的本性：一种不断改造的动物，永远不会衰老"④。

---

① 苏·德·科马. 游戏的战略层次 [J]. 教育展望（中文版），1996（9）：23.
② 让·皮亚杰. 儿童的心理发展 [M]. 傅统先，译. 济南：山东教育出版社，1982：92.
③ 苏·德·科马. 游戏的战略层次 [J]. 教育展望（中文版），1996（9）：25.
④ 阿纳尼耶夫. 爱情的历程 [M]. 靳戈，译. 合肥：安徽人民出版社，1982：72.

（三）游戏是促进儿童发展的教育活动

围绕"教育与发展"之关系（主要是教育的功能定位及其在儿童发展中的作用），似乎存在两种对立的观点：内发论和外铄论。①

内发论把教育仅仅看作提供自由而不加干预的环境，让儿童随心所欲地发展其固有的本性；外铄论则把儿童发展视为环境刺激的直接引进，教育只需要安排好环境条件，尤其是奖励和惩罚，以形成儿童的行为。内发论否定"价值引导"，而外铄论则忽视"自主建构"，均是一种极端的教育观。

教育是价值引导与自主建构的有机统一。从"价值引导"与"自主建构"相互统一的教育观出发，教育要关注儿童的生活世界，重视儿童的自主活动以及学习过程中价值冲突的意义。教育回归生活，贴近儿童的现实生活，满足儿童的心理需要，尊重儿童的人格尊严。

于是，教育不得不放弃传统的"强制性"和现代的"治疗性"，进而转化为一种协作型的新模式。只有游戏成为整个教育的基础，即建构以游戏为基本活动的课程模式，才能完成这一转化。

首先，游戏能够实现教育的"价值引导"功能。

如果说教育活动的功能是促进儿童自主建构，获得全面和谐的发展，那么，只有游戏才能满足教育活动中"双主体"的需要。一方面，儿童在游戏中满足各种发展需要，实现自主发展；另一方面，教师通过游戏完成价值引导。游戏本身是一种文化现象，包容着价值取向。教育必须正视儿童的价值冲突，"价值引导"意味着教师具有文化上的优势，把握着教育方向和目标，即价值取向，这并不否定儿童的自由意志和尊严。教育在游戏活动中完成价值引导，能以和谐的方式化解教育过程中的价值冲突。

其次，游戏能够实现儿童的"自主建构"。

在现代教育技术中，游戏及其自我监控策略是保证学习主体性的前提，一切教育只有富有游戏性，即把强加于儿童身上的约束性环境转化为一种游戏，儿童学习的自主性才能充分发挥出来。沛西·能认为，游戏活动能使纪律和自由达到高度的统一。② 由于游戏能保证教育上的自由，儿童发展过程的"自主建构"就获得了与其相适应的外部环境，从而也奠定了教育过程中教师与儿童"合作"的基础。

游戏具有强有力的功能聚合性。游戏不仅是学习的准备，而且是一种学习

---

① 肖川. 教育的真义：价值引导与自主建构 [J]. 教育科学论坛，1999（1）：3-5.
② 沛西·能. 教育原理 [M]. 王承绪，赵瑞瑛，译. 北京：人民教育出版社，1992：101.

策略；游戏体验不仅可以强化游戏动机，而且可以迁移到教育情境的任何活动。游戏中形成或发展起来的自主性构成了个体人格的核心。故而，游戏不仅是儿童发展的需要，而且是满足这种需要并促使其个性健康发展的最适宜的教育活动。

第三节　幼儿园教育中游戏功能与民间游戏的教育功能

幼儿园教育中，游戏具有双重属性（本体性和工具性）。于是，在不同的教育情境中，游戏具有不同的功能（本体性功能和工具性功能），发挥不同作用。民间游戏的教育功能既具有游戏的基本功能（本体性功能和工具性功能），也具有其"独特"的教育功能（文化传承功能与社会教化功能）。

一、游戏的教育功能

游戏的教育功能一般表现在两种关系上。一种表现在游戏与儿童发展的关系上，也就是说，游戏的教育功能是指游戏在儿童发展中的作用；另一种表现在游戏与教育的关系上，也就是说，游戏的教育功能是指游戏在教育过程中的作用。

（一）游戏的本体性与工具性

游戏是儿童发展的需要。格罗斯曾风趣地说，不是因为年轻而游戏，而是因为游戏而年轻。马斯洛也曾把游戏视为一种发展需要。显然，游戏具有本体性——儿童发展本身所具有的一种特性。简而言之，游戏本体性就是为游戏而游戏。

推动儿童游戏的根本性动因是游戏的内在动机，而非外在价值。游戏的内在目的源于游戏主体发展的需要——个体在游戏中获得需要的满足，这才是个体追求游戏的根本目的。

游戏的本体性表现为游戏本身常有其非正式或正式的内在规则。这种规则由儿童自行协调制定，并且随着儿童和情境的不同而有弹性地变化。

游戏的工具性是成人或教师因教育目标而赋予游戏的外在价值，它必须与其内在价值相一致，否则将破坏它的本体性，即因忽视儿童需要而强加于儿童，使游戏异化为非游戏。赋予游戏以某种外在价值，使得游戏具有工具性，即把游戏转化为一种教育的形式、手段或工具。

儿童的游戏需要与成人（教师）的教育期望之间不可避免地存在差距。一旦教育期望水平超过儿童游戏需要的层次，游戏将失去其工具性效能。成人（教师）与儿童在游戏观念及其理解上存在不同程度的差异。教育活动中，一旦出现游戏观念上的冲突，游戏的工具性将失去本来意义，甚至会妨碍儿童游戏的本体性功能。故而，教师必须基于儿童的立场，建立合理的教育期望以适应儿童的游戏需要。唯有如此，游戏才能在满足儿童需要的过程中实现教育目标。

（二）本体性功能与工具性功能

根据教育过程中游戏发挥作用的方式不同，游戏的教育功能可以划分为本体性功能与工具性功能。

毋庸置疑，游戏的本体性功能是一种积极（正向）的效能。一方面，游戏主体（儿童）对游戏本体具有绝对的掌控权——游戏自主权，包括游戏时机的把控、游戏过程的预设、游戏主题的调整、游戏伙伴的选择。显然，游戏本体性（功能）与游戏主体性（权利）完全拟合：主体的游戏权利就是自主发挥游戏内在的功能。另一方面，游戏本体（游戏材料及其操作技能、游戏过程及其程序、角色关系及其规则等）承载着学习经验，制约着学习历程，甚至决定了教师的游戏指导策略。显然，游戏本体就是学习的载体，游戏过程隐含着学习过程。

如果说，游戏的本体性功能表现为目的与手段的统一性，那么游戏的工具性功能意味着目的与手段的分化性——作为手段的游戏（工具）与游戏的教育目的（教师的教育期望）是分离的两个因素。

那么，游戏能成为教育的工具吗？很难回答这个问题。由于在教育目标（内容）与儿童游戏需要之间客观上难以达成一致，教育实践势必面临一种困境：为了完成教育任务，教师是改造教育活动使之获得游戏性（教育活动游戏化），还是改造游戏活动使之获得教育性（游戏活动教育化）？实质上，这一困境折射出游戏在教育中的功能定位的复杂性与艰巨性。

（三）自主性游戏与工具性游戏

在游戏实践中，教师总是纠结：儿童参加游戏是为了自我满足呢，还是为了接受教育而做出的必然选择呢？运用游戏是以教育目标为导向呢，还是以适应儿童的主观需要为导向呢？这种纠结隐藏着教师与儿童在游戏主动权上的选择与分配。

目前，教育实践中似乎出现了一种双重选择模式：自选区域游戏（自主性游戏）发挥游戏的本体功能；集体教学游戏（工具性游戏）发挥游戏的工具性功能。至于在一日生活中二者的比重，则因园而异。

自主性游戏与工具性游戏的相通之处在于，尊重儿童的游戏自主权，发挥游戏的主体性，同时赋予教师游戏指导权，发挥教师的游戏智慧。自主性游戏并不排斥教师的游戏指导，工具性游戏中并不限制儿童的游戏自主性。

二、民间游戏的教育功能

民间游戏肩负着特殊的教育使命，以其独特的方式发挥特殊的教育功能。民间游戏的双重属性（文化性与教育性）决定了民间游戏必须发挥两种特殊的教育功能：文化传承功能与社会教化功能。[1]

（一）文化传承功能

教育文化学告诉我们：教育的使命在于创造和传播文化。教育本身具有文化传承功能，因为教育本身具有文化性——教育扎根于文化之中。在幼儿园教育情境中，民间游戏作为一种教育活动，在发挥游戏的一般教育功能的过程中完成了文化传承的使命。

在教育实践中，民间游戏走进幼儿园意味着民间游戏融入幼儿园课程，使幼儿园游戏具有文化品质并且发挥文化的濡化功能——潜移默化，润物无声。一定意义上，民间游戏是教育传承文化的"最佳选项"。

（二）社会教化功能

民间游戏具有明显的时代特征。民间游戏之所以能够在一定区域流行，是因为民间游戏符合当地社会生活方式，契合当时的社会风气。否则，民间游戏必然被冷落，甚至被淘汰。

民间游戏要适应社会生活，必然要服务社会生活。民间游戏服务社会的主要方式就是发挥其社会教化功能——道德教化与社会认同。大多数民间游戏的主题（内容）来自社会生活或生产劳动，蕴含着主流价值观、道德信念和社会观念。很多民间游戏随着社会变迁或时代发展，内容发生了变化，而形式则依然保留。

正是因为民间游戏对儿童具有道德教化作用，它为幼儿道德社会化"铺就"了一条重要路径。

---

[1] 李屏. 中国传统游戏研究——游戏与教育关系的历史解读 [M]. 太原：山西教育出版社，2012：279-284.

第四节　教育功能的生态重建：民间游戏的教育使命

游戏的教育功能异化必然破坏游戏教育功能的生态系统，导致游戏的教育功能失灵、教育作用失效。为此，有必要深究游戏功能异化，尤其是"游戏工具化"的根源，修正被"异化"的游戏功能，重建游戏功能生态系统，全面发挥游戏的教育功能，提高游戏教育的有效性。

一、游戏功能异化的表现

（一）游戏的本体性功能与"游戏娱乐化"

在教育实践中，由于过度强调或表面理解游戏的本体性功能，游戏的本体性功能"窄化"为"游戏自由化"——简单理解或一味强调游戏的愉悦功能或情感功能，轻视游戏的其他功能，特别是忽视或否定游戏的认知功能。游戏的本体性功能异化为"游戏娱乐化"，游戏"沦落"为一种纯粹的娱乐活动。具体表现为两个方面：

一方面，在自由与规则的关系上，排斥规则的作用，把自由"庸俗化"地理解为"自由自在""任逍遥"。

另一方面，在感性（娱乐性）与理性（严肃性）的关系上，排斥教师的理性引导，忽视游戏的严肃性，把游戏的娱乐功能简单化地理解为在游戏中获得一种感官上的"快感"——好玩儿。

实质上，"游戏娱乐化"是游戏的本体性功能异化的产物，其不良后果在于否定了游戏的"教育性"，也就消解了游戏成为教育活动的可能性。

受精神分析游戏理论的影响，"游戏娱乐化"在国际上曾经一度占据主导地位。随着认知心理学的游戏理论的兴起，游戏的认知功能受到重视，"游戏娱乐化"逐步淡出幼儿园教育。

目前，在我国幼儿园教育中，"游戏娱乐化"仍然有很大的影响力。特别是，当"游戏娱乐化"与传统的游戏无用论结合，对幼儿园教育产生了巨大的冲击——成为幼儿园"小学化"的一个主要成因。

（二）游戏的工具性功能与"游戏工具化"

在教育实践中，由于片面理解或过度强调游戏的工具性功能，游戏的工具性功能"退化"为"游戏工具化"——无条件或无节制地把游戏视为教育的

"手段"，而成为一种没有灵魂的"工具"。

在游戏与教学关系上，"游戏工具化"表现为游戏是服务于教学的手段，甚至"退化"为一种教学法——游戏教学法。在游戏与课程的关系上，"游戏工具化"表现为游戏服务于课程设计与实施，成为一种课程编制机制或课程实施策略。其实，从游戏教学法到课程编制机制或课程实施策略，游戏工具化的实质并没有改变，只是在表述上更加含蓄或巧妙。

本质上，"游戏工具化"是游戏教育功能异化的产物，其不良后果在于剥夺了游戏的独立性，也就消解了游戏成为教育基本活动的必要性和"合法性"。近20年来，我国幼儿园教育实践经验业已证明，动摇游戏在幼儿园教育中基础地位的"首害"就是"游戏工具化"的观念或行为。

二、游戏教育功能的生态系统及其修复

游戏的教育功能旨在尊重儿童的天性，使教育适应幼儿发展水平和学习特点，体现幼儿园教育的战略性——为幼儿打下可持续发展的基础。

无论"游戏娱乐化"还是"游戏工具化"，都是游戏教育功能上的一种"短视"——割裂游戏功能在教育过程中的整体性与系统性，孤立地或机械地看待游戏的教育功能。

（一）游戏教育功能的生态系统

游戏本体功能、游戏教育功能、民间游戏教育功能相互交织。在幼儿园教育情境中，三种功能的基本定位及其发挥作用的方式有相同的一面，也有不同的一面。

1. 游戏功能系统与游戏教育功能

游戏功能系统是游戏教育功能的基础或背景，游戏教育功能是游戏功能系统在教育过程中的体现。故而，游戏教育功能的生态系统具有两个层面：游戏功能系统属于生态系统的外层，而游戏教育功能属于生态系统的内层。

游戏教育功能异化的深层原因在于：一方面，混淆游戏的教育功能与"非"教育功能之间的区别。尽管文化传承功能、休闲娱乐功能和身心保健功能及心理治疗功能等都与教育相关，但毕竟不是游戏在幼儿园"正规"教育中的主要功能。

另一方面，忽视游戏教育功能与游戏功能系统之间的关联性或层次性，孤立地强调游戏的某个功能或游戏在教育中的某种作用。

任何一种游戏功能在教育中的作用既可体现本体性功能——发挥幼儿的主

体性（游戏精神），提高自主性游戏的发展水平；也可表现工具性功能——发挥教师的主体性（游戏智慧），提高工具性游戏的教育质量。

2. 游戏功能生态与教育质量

游戏是最适宜的教育生态，良好的游戏功能生态就是良好的教育生态。显然，游戏功能生态的好坏决定了游戏教育质量的高低。幼儿园游戏的使命在于建设良好的教育生态，增强游戏教育功能的有效性，提高幼儿园游戏教育质量。

良好的教育生态体现在幼儿园教育基于儿童发展水平和生活经验，采用适宜性（发展适宜性与文化适宜性）游戏，引导幼儿向更高水平（生理成熟水平、认知发展水平和社会性发展水平）发展。

毫无疑问，修复游戏功能系统只是游戏功能生态建设的"补偿性"举措，幼儿园游戏文化建设才是建设游戏功能生态的"重中之重"，而在幼儿园游戏文化建设中，民间游戏具有得天独厚的优势。

(二) 民间游戏的教育使命

游戏的教育功能异化不是单一因素造成的结果，而是多种因素交互作用的产物。故而，要防止游戏教育功能异化，必须修复游戏功能生态。在教育功能系统修复过程中，民间游戏可以担负起重要的使命，发挥独特作用。

1. 民间游戏的文化传承功能提升游戏的本体性教育功能

幼儿园教育中，游戏是一种有意义的娱乐（高尚的娱乐，精神享受）。文化赋予娱乐意义。民间游戏的文化性不仅可以扩展游戏娱乐功能的范围（增加"快乐源"），而且能够提升游戏娱乐的层次（从生理性"快感"升华为心理性"幸福感"）。所以，民间游戏的文化传承功能有助于提升幼儿园游戏的娱乐教育功能。

民间游戏是一种自发传承的文化活动，具有巨大的文化传播力；民间游戏拥有一种自我创造与自我更新机制，显示出强大的生命力。民间游戏的文化传承功能不仅仅在于为后人积累了浩瀚的显性的游戏文本（书面的或口头的传承或创新、当下流行的或已经失传的文本），更为宝贵的是让游戏精神延续不断、游戏智慧经久不衰。所以，民间游戏的文化传承功能有助于幼儿园吸取游戏智慧，弘扬游戏精神。

当游戏本体（教育活动）承担文化"物化"传承功能时，游戏主体（幼儿）自然担负起文化"活化"传承使命。显然，当幼儿园游戏的使命指向文化传承，教育过程中的"游戏娱乐化"倾向必然得到纠正。因为，游戏的娱乐功能只是伴随游戏过程的"短暂的"情绪体验，而文化传承中的游戏精神则是永恒的追求。

2. 民间游戏的社会教化功能优化其工具性教育功能

民间游戏的社会教化功能赋予幼儿园游戏神圣的"育人"功能。幼儿园游戏不仅要助力课程实施，优化教学活动，而且要担负起立德树人、教书育人的使命。在这种格局下，游戏的工具性教育功能不再局限于教育的手段或经验学习的强化物，而是上升到幼儿园"立德树人、教书育人"的动力系统和策略系统。

民间游戏走进幼儿园的教育使命不仅在于丰富游戏的社会性，促进幼儿社会化发展，而且在于通过游戏群体发挥游戏的人文关怀作用。

在幼儿园教育中，长期存在"游戏工具化"倾向，这与"技术主义"游戏观盛行有着必然联系。"技术主义"游戏观忽视游戏的"人文关怀"价值或排斥游戏的社会教化功能。显然，幼儿园只有摆脱"技术主义"游戏观的局限，才能跳出游戏、教学与课程相互关系上的"技术化"怪圈，全面认识游戏的工具性教育功能。

三、游戏功能生态建设的基本方略

在幼儿园教育中，游戏功能生态的质量直接决定游戏的教育效果。在微观层面上，幼儿的游戏行为和幼儿园游戏水平取决于游戏功能的有效性，所以，幼儿的游戏行为和幼儿园游戏水平可以反映游戏功能生态的质量。

（一）游戏功能生态质量的三种水平

根据游戏中幼儿的行为表现，幼儿园游戏功能生态质量大致可以划分三种水平：无效游戏生态（无教育质量）、低效游戏生态（低教育质量）和高效游戏生态（高教育质量）。[1]

1. 无效游戏生态

无效游戏生态中，幼儿长时间难以进入游戏状态，完全被玩具本身吸引，在低水平的操作上简单重复，没有形成基本的游戏情境，游戏过程缺乏基本的目的性和连续性。

无效游戏生态的总体表现是混乱失控，具体游戏行为表现为下列几个方面：

（1）儿童的声音很大，音调很高；

（2）肢体接触较多，有时儿童的行为处于危险的冒险行为的边缘；

---

[1] 格朗兰德. 发展适宜性游戏：引导幼儿向更高水平发展 [M]. 严冷，译. 北京：北京师范大学出版社，2014：12-24.

（3）有时会看见欢闹——儿童不可控制地大笑和咯咯傻笑；

（4）争议较多，经常导致身体伤害或情感伤害（缺乏安全感与信任感）；

（5）重复性行为多，大多是简单的模仿；

（6）参与度低，相互交流少，更没有需要协商的冲突。

2. 低效游戏生态

低效游戏生态中，幼儿反复游离于游戏情境之外，游戏的目标不明确，游戏过程毫无意义地反复中断，玩具基本丧失了游戏的支持作用。

低效游戏生态的总体表现是简单重复，具体游戏行为表现为下列几个方面：

（1）平稳、安静；

（2）简单、重复地游戏，可能是因为缺乏内容丰富的游戏经验或试图模仿自己拥有的经验所致；

（3）不愿顺应新信息和想法，停留在空洞的、尚未完成的游戏水平上。

3. 高效游戏生态

高效游戏生态中，幼儿快速进入游戏状态并且长时间沉浸其中，甚至达到"忘我"境界，游戏目标明晰，游戏过程流畅，创造性地发挥玩具的支持作用。

高效游戏生态的总体表现是有目的、复杂的；能够让儿童聚精会神，具体游戏行为表现为下列几个方面：

（1）无论是15分钟还是1个多小时，儿童都能高度参与游戏；

（2）儿童相互分配角色并且在游戏中扮演角色；

（3）即使存在异议也不会出现行为问题，儿童会通过协商和妥协解决争议，协商时间通常较短并且能达成一致；

（4）游戏的噪声水平合理，并且在他人善意提醒时较易安静下来；

（5）有特定需要时，会向教师寻求帮助，如需要某件物品完善游戏，或者需要教师帮助解决争议以便游戏能够继续下去；

（6）儿童会邀请教师观看他们的游戏、批准他们的做法和提供反馈意见，然后儿童会继续自己的游戏。这种游戏很少需要教师的持续介入；

（7）儿童使用材料的方式富有创意。游戏时，儿童不一定需要真实物体作为道具，因为他们可以将一小块积木当作手机或将拼插在一起的方块当作灭火用的水管。

（二）幼儿园游戏功能生态的影响因素

幼儿园游戏功能生态包括物质环境（物的因素）和社会环境（人的因素）两个主要组成部分。其中，物的因素包括空间与材料（玩具），人的因素包括幼儿与教师。

1. 空间与材料

空间小、材料少是一把双刃剑——既可能诱发攻击行为，也可能为分享行为创造条件；空间大、材料多同样是一把双刃剑——既可能增加选择困难，也可能促进幼儿创新游戏。

2. 儿童发展与游戏群体及同伴关系

儿童发展水平高，游戏能力相对较强；游戏群体大，同伴关系和谐，幼儿游戏行为的社会性水平高。

3. 教师及师幼关系

教师的游戏精神和游戏能力不仅直接影响幼儿的游戏态度和游戏取向，而且间接影响师幼关系的融洽程度。一般来说，教师与幼儿之间建立了一种游戏的心理契约（心照不宣），那么，幼儿就会形成一种游戏安全感（不会担心教师的干涉）和游戏自信心（对自己的选择保持一种执着）。

（三）游戏功能生态建设的主要路径

根据生态学原理，一方面，游戏结构决定游戏功能；另一方面，游戏环境制约游戏功能。为此，游戏功能生态建设的基本方略应该"双管齐下"：激活游戏结构中各个要素的活力（潜力）；优化游戏环境中各个成分及其相互关系。前一种方略更多地运用于游戏过程及其指导；后一种方略则用于游戏准备及其筹划。无论采取哪种方略，都要通过下列路径实施。

1. 游戏材料：游戏功能生态的客观条件

游戏材料与游戏生态质量的关系密切，游戏材料的数量与品质直接决定游戏生态的质量。然而，游戏材料在游戏生态中的作用往往受制于儿童发展与教师指导。

游戏材料转化为游戏功能生态绕不开教师指导，因为教师指导策略影响游戏材料的选配与投放。

游戏材料融入游戏功能生态更离不开儿童，因为游戏材料只有通过幼儿的操作或使用才能成为游戏生态的一部分，否则，游戏材料只是一种"摆设"。

在游戏功能生态中，儿童的发展水平决定了游戏材料的作用：开始儿童被材料所吸引，基于已有经验与材料进行自发性的互动，难以进行完整的游戏；进而发现材料的某些属性或功能，自觉接受材料结构的限制，试图根据材料的规定（玩法或规则）进行游戏；当儿童能够熟练操纵材料或掌握常规玩法后，儿童开始突破材料的限制，试图创新玩法或赋予材料新的功能，进入自主游戏水平。

2. 游戏动机：游戏功能生态的内在动力

游戏是由内在动机引起的，自动自发、自由选择的过程。儿童游戏的内在动机主要有三种来源。

（1）认知的矛盾：儿童常常被不一致的和复杂的事物所吸引，游戏即产生于这些认知的矛盾。

（2）能力：游戏是儿童控制环境的方法，通过游戏，儿童学习事物的特性及其变化。

（3）归属：当儿童游戏是由自我动机引起的，他们就会享受游戏活动的本身，而不是为了获得外在的奖赏。①

3. 教师指导：游戏功能生态的调节系统

教师指导包括直接指导与间接指导。直接指导就是对儿童游戏过程的行动介入；而间接指导就是借助游戏材料投放（增减或重组）对儿童游戏进行调控。显然，从教师指导看，游戏材料投放并非易事。

游戏材料的选择及其投放方式背后是教师对材料的解读。教师的游戏材料解读能力不仅直接决定游戏材料的选择与投放，而且影响游戏材料品质的发掘与发挥。故而，教师指导对游戏功能生态具有调节作用。

四、儿童的游戏权利与教师的游戏使命

游戏功能生态建设首先必须辩证认识儿童的游戏权利与教师的游戏使命及其相互关系。儿童的游戏权利源于儿童作为游戏主体的本质规定性。游戏是儿童主体生存与发展的内在需要，不是外在某种力量赋予的责任或义务。也就是说，儿童游戏不以任何人（包括儿童自身）的意志而转移，任何人都无权剥夺儿童游戏的意愿、需要和选择。

教师的游戏使命源于教育机构（包括幼儿园和学校）赋予教师提供游戏开展教育活动的责任或职权。游戏是教育主体行使教育职权的一种策略或方式，既不决定于教师的主观意志，也不取决于儿童的游戏需要。

教师的游戏使命不仅是保障儿童的游戏权利，而且要发挥游戏的教育功能，促进儿童发展。

（一）教师的使命是保障幼儿游戏的权利

幼儿的游戏权就是在游戏中学习的权利，享受快乐学习的权利。教师的价

---

① 麦戈尼格尔. 游戏改变世界［M］. 闾佳, 译. 杭州：浙江人民出版社, 2012：88.

值在于使幼儿园游戏超越纯粹的娱乐性，从而获得富有价值指向的教育性。故而，教师的使命在于保障幼儿在高质量游戏中实现向更高水平发展的机会。

对于种系发展而言，游戏存在的价值在于推动进化，促进人类的环境适应性；对于个体发展而言，游戏存在的价值在于面对未来的不确定性。

游戏是一种原始的交流模式，也是一种经验传递策略——朴素的教育模式。教师的使命在于发挥游戏的教育功能，把游戏从朴素的教育模式转化为科学的教育模式。

（二）游戏是儿童的一种超级语言，也是幼儿园教师的教育语言

游戏是一种特殊的非言语交流模式。这种交流模式具有沟通功能——信息传递与经验迁移。游戏的跨文化比较和双语（多语）教育研究从不同视野发现了同一种现象——即使幼儿之间语言不同，互相听不懂对方的语言，也并不妨碍他们一起游戏。游戏似乎本身就是一种"语言"，具有语言的交流功能。[①]

这一发现对游戏本质的认识和幼儿园游戏指导具有重要意义：游戏是儿童的"一百种语言"之一，游戏指导就是教师运用游戏作为教育语言对幼儿学习和生活进行指导。

幼儿园游戏为幼儿非言语交流提供了一个高能"虚拟空间"——在虚构的场景中传递经验、教化心性、培植品格——游戏空间。而这个空间里的通用语言恰恰就是游戏。在某种意义上，游戏是一种超级语言——超越现实的一种虚拟语言。教师发挥游戏的教育功能，毫无疑问，必须掌握这种语言。

众所周知，游戏的历史远比幼儿园教育的历史悠久。幼儿园游戏大多源于日常生活中的游戏，其中，民间游戏是幼儿园游戏的"天然宝库"。然而，当日常游戏（民间游戏）进入幼儿园后，成为一种有目的、有计划、有组织的教育活动，游戏的内容和形式必然要发生变化。

教师必须掌握游戏语言，否则无法在自然游戏（民间游戏）和人工游戏（教育游戏）之间完成转译。当前，幼儿园教师的素质结构中，最为薄弱的部分莫过于游戏能力与游戏精神。也许，掌握游戏语言是教师弥补游戏素养短板的必由之路。

[①] J. 瓦西纳. 文化和人类发展 [M]. 孙晓玲，罗萌，等译. 上海：华东师范大学出版社，2007：313-315.

第四章

民间游戏的现代化转换：
超越现实困境之路

什么是困境？现代汉语词典中关于"困境"的解释是："事情进入一个难办的地步，指困难的处境。"①而"困难"是指难以解决的具体问题，当困难无法得到及时解决时就会形成困境。困境可以形容一件事进入一个难办的地步。现实困境指正在面临的棘手的现状和难以解决的问题。②

困境的类型有许多种，显性困境与隐性困境、社会困境和伦理困境、现实困境和理想困境、理论困境与实践困境。

客观上，现实困境就是一种实践困境。教育中的现实困境指的是在教育实践过程中，由于教育理论无法应用到教育实践中而导致的困境。游戏的现实困境是生存环境恶化、异化现象的发生和游戏精神的缺失等困难，导致儿童游戏陷入举步维艰的尴尬境地。③

民间游戏是优秀传统文化中最贴近幼儿园教育的部分，不仅是幼儿园教育的文化财富，而且是幼儿园教育的智慧宝库。然而，民间游戏在幼儿园教育中面临双重现实困境——游戏精神失落和游戏功能的异化。

目前学界似乎已经达成一种共识——民间游戏是中国优秀传统文化的一朵奇葩，也是幼儿园教育的宝贵资源。但是，由于文化传统的阻抗和教育观念的隔阂，导致民间游戏在幼儿园教育实践中处境极为尴尬。显然，游戏理论与游戏实践的脱节是游戏在幼儿园教育中面临的普遍现实困境。当然也是民间游戏在幼儿园教育中面临的现实困境。

民间游戏在幼儿园教育中面临更为严峻的现实困境。这是由于"教育技术主义"的长期盛行和儿童游戏权利的丧失导致的游戏精神失落和游戏功能异化。正因为如此，民间游戏长期游离于幼儿园教育之外，甚至退化为幼儿园的一种

---

① 中国社会科学院语言研究所词典编辑室. 现代汉语词典（第7版）[M]. 北京：商务印书馆，2016：766.
② 赵新萌. 学校校本改进的现实困境及其出路 [D]. 天津：天津师范大学，2019：5.
③ 曾庆会. 民间儿童游戏发展困境探析 [J]. 首都体育学院学报，2009（02）：235-237.

"文化点缀"。显然，超越现实困境就必须弘扬游戏精神，修复游戏功能。技术上要运用科学方法对民间游戏进行现代化转换，使之融入幼儿园教育之中，彻底解决民间游戏与幼儿园教育"两张皮"的问题。

第一节 民间游戏走进幼儿园教育：主旨与背景

一、民间游戏走进幼儿园教育的主旨

民间游戏走进幼儿园旨在弘扬游戏精神，修正游戏功能，焕发民间游戏的生命力，建构一种民间游戏自我更新机制——让民间游戏在幼儿园教育中获得"重生"与"新生"。

民间游戏走进幼儿园并非另行建构幼儿园游戏教育体系或游戏课程模式，而是通过创造性的现代化转换融入现代幼儿园教育体系之中。从文化发展的视角，民间游戏融入幼儿园教育的使命在于让幼儿园扎根于中国文化，以游戏为"文化纽带"实现"文化对接"。

民间游戏融入幼儿园教育是处理民间游戏与幼儿园教育关系的一种策略。要正确处理民间游戏与幼儿园教育的关系，不可避免地要回顾中国幼儿教育发展的历史。尽管中国有着悠久的育儿文化，积淀了丰富幼儿教育经验，然而，囿于家庭场景或家族文化，幼儿教育不可避免地存在家庭局限性与时代滞后性。

二、中国幼儿园现代化进程的历史困境

随着洋务运动的兴起，在近代"西学东渐"的时代浪潮下，传统的家族式或家庭化幼儿教育面临着教育现代化与制度化的冲击。

根据史料记载，1903年，时任湖广总督的"前卫"官员端方兴办了当时中国第一家幼儿园——"湖北幼稚园"。而后，清政府颁布的"癸卯学制"（1904年颁布，但因制定于1903年，为癸卯年，故称为"癸卯学制"）中规定，把"蒙养院"作为国家基础教育的第一个阶段。因此，1904年"武昌幼稚园"正式命名为"武昌蒙养院"。[1]

遗憾的是，"武昌蒙养院"完全"日本化"。"蒙养院"的管理制度基本上仿照日本明治三十二年（1890年）颁行的《幼稚园保育及设备规程》。教法和

---

[1] 唐淑. 中国学前教育史 [M]. 北京：人民教育出版社，2002：67-70.

教具设备均源自日本，园长和教师均从日本聘任。①显然，"武昌蒙养院"是一个半殖民地半封建教育的产物。

"蒙养"是中国传统说法。所谓"蒙以养正"，就是正本慎始，在婴幼儿智慧蒙开之际就施加正面影响，开发其智慧，促使其更好地成材。从"幼稚园"到"蒙养院"，幼儿教育园机构的名称似乎中国化了，但是幼儿园教育的制度及管理模式仍然存留浓厚的洋化色彩。尽管如此，幼儿教育纳入公共教育体系，并且成为基础教育的起始阶段，仍然具有进步意义。因为幼儿教育要成为国民教育体系的一个组成部分，必然要选择公共幼儿教育之路。然而，历史表明，这条道路充满着曲折和艰辛。

同理，中国幼儿园教育这样一种纷繁驳杂的发展进程也为民间游戏融入现代幼儿园教育"制造"了重重困境，包括文化阻抗和观念隔阂。

第二节　幼儿园教育中民间游戏的困境及其超越

一、民间游戏走进幼儿园：文化创新的必然

幼儿园作为一种源自欧洲教育传统的教育机构通过日本传入近代中国。幼儿园这个名字在中国历史上经过先后多次变更，从最早的"蒙养院"，到辛亥革命后的"蒙养园"，再到北洋政府期间的"幼稚园"，直到1951年中华人民共和国正式将其更名为"幼儿园"。②虽历经百余年的发展历史，但始终面临着"中国化"和"现代化"问题。

幼儿园教育"中国化"问题，不仅是教育制度的设计问题，还是教育文化的"重塑"问题。时至今日，重谈民间游戏走进幼儿园，不能局限于幼儿园教育的内容与方法，而要上升到幼儿园文化创新的层面。因为，幼儿园教育百余年的发展历程中，在教育实践层面上，民间游戏与幼儿园教育内容及方法早已"交织"在一起。

（一）民间游戏与优秀文化传承：游戏的文化使命

民间游戏是幼儿园教育"扎根"于中国文化的重要"土壤"。在幼儿园创

---

① 唐淑. 中国学前教育史（第三版）[M]. 北京：人民教育出版社，2015：68.
② 何晓夏. 简明中国学前教育史（第3版）[M]. 北京：北京师范大学出版社，2014：48-50.

建的历程中，游戏，特别是传统游戏扮演着一个极其重要的角色。可以说，幼儿园"脱胎"于儿童的集体游戏。在福禄贝尔将其创立的全新教育机构命名为"幼儿园"之前，这个机构曾经被称为"儿童游戏学校"。①

溯本求源，既然游戏成就了幼儿园的诞生，那么，游戏必然有助于幼儿园的发展，特别是在不同文化中获得"重生"。从文化的视角看，幼儿园"中国化"实质上就是"幼儿园"在中国文化中的"重生"。

不同文化中，游戏的内容与形式或许迥然不同，但是游戏精神和游戏功能却是有异曲同工或同质异构之理。基于中国民间游戏这一宝贵的文化资源，将中国传统文化"基因"植入现代幼儿园教育，也许能够走出一条符合国情的幼儿园教育"中国化"之路。

当下，民间游戏在幼儿园教育中的文化使命具有双重属性：一方面继承优秀的传统文化，将幼儿园教育的发展置于中华民族的伟大复兴的宏伟蓝图之中；另一方面吸取民间游戏中蕴含的教育智慧，弘扬游戏精神，创新幼儿园文化，消除"小学化"的负面影响，让幼儿园教育回归正轨。

（二）民间游戏走进幼儿园的文化困境：文化阻抗

尽管幼儿园创建之时并不排斥游戏，甚至"扎根"于游戏。现代意义上的第一套幼儿园课程就是福禄贝尔设计的"恩物"体系——基于玩具设计建构的游戏课程。然而，20世纪以来，受科技革命浪潮的冲击，幼儿园日益技术化与教育化的过程不断演变为学校教育的"附属品"或入学教育的"预备班"。在特定历史条件下，幼儿园甚至一度变为小学的"学前班"。

与此同时，游戏在幼儿园的地位也随之下降，甚至沦为幼儿园教育的"奖品"或包装策略。从此，游戏不再是幼儿园的文化底色和基本的教育活动，而是幼儿园教育的一种方法或技术。

20世纪80年代，随着人本主义的兴起，人文关怀再次成为教育发展的主旋律。在教育回归生活、教育尊重儿童的思潮下，幼儿的发展规律与学习特点也随之成为幼儿园教育研究的焦点。于是，重新认识游戏与幼儿发展的关系构成幼儿园教育改革与发展的突破口。

进入新世纪后，随着国人文化觉醒，文化复兴的时代使命开启了幼儿园文化建设的征程。于是，民间游戏作为传统文化的一朵"奇葩"重新被寄予希望。然而，由于历史的发展惯性和现实的利益诉求，民间游戏再次走进幼儿园却并非一帆风顺。

---

① 周采，杨汉麟. 外国学前教育史 [M]. 北京：北京师范大学出版社，1999：186.

如果说，游戏回归幼儿园属于教育理念的更新问题，那么民间游戏走进幼儿园面临的困境却是文化阻抗——传统文化与现代文化在相互接触过程中出现的相互抗拒。受社会变革的影响，中国幼儿园的发展在不同历史时期经受过多种文化的浸蕴和多种教育思想或理论的渗透，始终难以扎根在中国文化的土壤之中。其中的缘由主要在于文化阻抗。

（三）民间游戏文化困境的自我超越：文化创新

文化接触是文化传播必然出现的普遍现象。不同文化形态相互接触具有多种形式和多样后果。R.L.比尔斯将文化接触区分为文化抗拒、文化同化和文化整合三种方式。①然而，我们必须清醒地认识到民间游戏与幼儿园教育之间的文化阻抗不是两种异质文化之间博弈——一种文化同化另外一种文化，而是同质文化之间的整合——一种文化与另外一种文化的融合。文化融合不是文化复合的机制，而是一种文化创新的策略。在幼儿园，民间游戏要走出文化困境必须凭借文化创新实现自我超越。

文化创新是文化在传承基础上的创造性转化和创新性发展。传统文化创新主要有两种基本形式：一是依靠传统文化的内生动力实现新陈代谢，谋求自我发展；二是依靠现代文化的外在穿透力实现"基因变异"，以达"浴火重生，凤凰涅槃"。

当下，我国幼儿园文化仍然处在变革之中，为民间游戏的创新创造了最佳的契机。只要激活民间游戏中的文化内生动力，合理发挥幼儿园现代文化的穿透力，民间游戏完全有希望走出文化困境，在实现自我超越的同时担负起幼儿园文化创新使命（见案例4-1 小班民间游戏 老狼老狼123 和案例4-2 小班民间游戏 老狼老狼几点了）。

从以下两个案例中，我们可以发现，民间游戏不仅具有文化内生动力，而且具有文化穿透力——游戏智慧与游戏精神贯穿幼儿园游戏活动过程的各个环节之中，融入幼儿园教育的各个层面。

案例4-1 小班民间游戏 老狼老狼123

目标预设

1. 发展幼儿反应应变能力。
2. 培养幼儿听的能力。
3. 感受民间游戏的快乐。

---

① 石川荣吉.现代文化人类学［M］.周星，等译.北京：中国国际广播出版社，1988：44-46.

材料配置

小羊头饰（和幼儿人数相同）、老狼头饰（一个）。

活动过程

1. 活动前帮助幼儿活动身体。

2. 学习儿歌：

老师说一遍"老狼老狼123"，幼儿说一遍。

3. 讲解游戏玩法及规则：

幼儿带上小羊头饰扮演小羊，老师扮演大灰狼并介绍玩法和讲解规则。

玩法及规则：狼和羊要隔一段距离，由老师先当老狼在前面背对着大家，一边说"老狼老狼123"，说到最后一个字，马上回头，小羊们就要保持不动（动了就会被狼吃掉），同时在老狼说口令的时候，小羊们靠近狼，直到碰到狼的背，然后迅速跑回家。（操场上的小圆点）

4. 幼儿熟悉玩法后可请幼儿当大灰狼。

案例4-2　小班民间游戏　老狼老狼几点了

目标预设

1. 乐于参加游戏，了解合作的含义，体验游戏活动的快乐。

2. 在游戏的过程中提高幼儿的反应速度和灵敏性。

3. 能够遵守游戏规则。

材料配置

地垫若干、红萝卜若干、狼和兔妈妈的头饰。

活动过程

准备环节

幼儿跟着音乐入场走圆圈，做动作热身运动。

教师边念儿歌边带幼儿做动作：

今天天气真正好，小兔小兔起得早。

跟着妈妈来做操，要把身体锻炼好！

点点头、点点头，伸伸臂、伸伸臂。

弯弯腰、弯弯腰，踢踢腿、踢踢腿。

转一圈、转一圈，蹦蹦跳、蹦蹦跳。

一二一二往前跳，我们是快乐的兔宝宝。

游戏环节

1. 师：小兔子们一活动起来就会很开心！想不想来玩一个有趣的游戏？今

天我们来玩个"老狼老狼几点了"的游戏。这个游戏怎么玩呢?

2. 师:老狼在前面走,小兔子跟在后面一边跳一边齐声问:"老狼老狼几点了?"等到老狼回答"十二点了"时,老狼就会转身追小兔子,小兔子就要逃跑然后找个地方蹲下躲起来,一动都不能动。如果动了,就会被老狼发现然后被捉走。

3. 老师扮演老狼进行游戏。

师:那我们来试一试,现在我是老狼啦,我可厉害啦!小兔子们你们可要当心点哦。(幼儿游戏一次)

游戏后提醒幼儿:躲起来时一动都不能动,老狼的耳朵很厉害的,只要有一点动静就会被发现。

4. 增加游戏难度:小兔子运送粮食躲在"小兔家"里。(教师摆放若干地垫)

(1)师:这个游戏好玩吗?可是小兔子只是躲着肚子会饿啊,而且老狼现在越来越聪明了,我们小兔子光蹲着也有危险,怎么办呢?你们看,这边有什么?(中间的圆圈里有粮食,外边圆圈上的笑脸是小兔子的家,大灰狼站在两圆中间)中间有这么多红萝卜,这次小兔子不会肚子饿了,这边还有小兔子的家,游戏时小朋友要边念"老狼老狼几点了"的儿歌边运送粮食放在兔子家里,当老狼说"十二点了"时,我们就在兔子家里躲起来。(游戏中教师提示幼儿在游戏的过程中注意安全,不要争抢、不要推挤。)

我们先来试一试:

师:"十二点啦!"幼儿躲起来。

(2)幼儿游戏一遍。

5. 减少5个地垫。

(1)师:看那边发生什么事情了?

大灰狼:我怎么一只小兔子都没抓到呢,原来这儿有那么多兔子家,我要破坏几个。

师:刚才每人一个兔子洞,可是现在有几个被破坏了怎么办?(……)这是个好办法!可以两个人在一起,你们同意吗?

(2)幼儿完成游戏。

6. 再减少5个地垫。(教师将兔子家减少至10个)

(1)师:看,老狼又在破坏了!

老狼:恩,气死我啦!我再毁几个兔子洞。呵呵,这次我又破坏了几个,我看你们怎么办?

127

师：哎呀有没有好办法？是啊，小兔子们要相亲相爱，互相帮助。可以两个人站在一起，还可以三个人一起呢！

（2）请幼儿和老师一起扮演大灰狼。

师：老狼，你别得意啊，我们也有好办法的！

老狼：哈哈，我又要来抓小兔子啦，这次谁想来做小灰狼和我一起抓兔子？

师：这次有大灰狼和小灰狼哦，我们可得躲好了！游戏开始喽！

注意：根据幼儿的游戏情况，可增加难度，例如，运送粮食时可双腿夹住萝卜跳等。

二、民间游戏融入幼儿园教育：教育的文化使命

民间游戏走进幼儿园的文化使命绝对不是使幼儿园教育"民间化"或幼儿园游戏"传统化"，而是让幼儿园教育融入中华民族文化复兴的洪流，担负起弘扬传统文化的使命，实现幼儿园文化的"自我"创造。

本质上，民间游戏走进幼儿园教育是一种文化"对接"——传统文化与现代文化的深度融合或开放性整合。一方面，民间游戏以一种朴素文化形态融入幼儿园教育，实现幼儿园教育对传统文化的回归；另一方面，民间游戏以一种民间教育智慧融入幼儿园教育，实现幼儿园教育创新的"社会化"。

（一）民间游戏走进幼儿园教育：教育回归生活的文化"纽带"

中华优秀传统文化融入幼儿园的本质是在文化传承与创新中焕发幼儿园教育的新生机和新活力。传统文化融入，不仅是塑造个体人格的需要，更是塑造民族性格、民族精神，形成民族凝聚力的需要。民间游戏融入幼儿园教育旨在通过优秀文化的熏陶感染，培养幼儿文化自豪感，促进幼儿身心和谐发展。

民间游戏的"地域性"和"生活性"使其成为教育回归生活的文化"纽带"或经验"链条"。

首先，民间游戏具有"地域性"，而地域文化本身具有一种强大的精神力量。

民间游戏是一种根植于本土的生发性文化或原生态文化（非上层建筑层面的文化或非正式规则的文化）[1]。民间游戏传承了数百年，甚至数千年，经历了一代又一代人的公共选择后，最终积淀在这个地区的血液里，然后，又由一代一代人承袭下去，构成了这个地区的文化底色、社群特色和民族特质。故而，

---

[1] 李屏．中国传统游戏研究——游戏与教育关系的历史解读［M］．太原：山西教育出版社，2012：4-6.

不同地域或地区总有一些文化代表性的民间游戏。在一定意义上，这些民间游戏构成了地域文化的"代言人"。

民间游戏走进幼儿园教育有助于幼儿园教育扎根于传统文化，防止幼儿园成为"文化孤儿"或文化上的"流浪儿"。

其次，教育回归生活的历史前提是教育回到文化发展的轨道，因为教育回归生活本质上是一种文化的生命续接方式。

一方面，民间游戏作为一种朴素的文化形态，在幼儿园教育理念（制度）中获得了丰富的文化内涵，完成了传统文化与现代文化的生命续接，实现了文化传承基础上的文化创新，孵化出幼儿园文化的雏形，为幼儿园打上本土文化底色；另一方面，民间游戏作为一种民间教育智慧，在幼儿园教育实践中获得了经验上的"文化升华"，完成了生活常识与科学知识的经验连接，实现了传统教育经验在现代教育实践中重构或"重生"，催生出幼儿园教育创新的火花，为幼儿园教育发展提供了文化动力，树立了幼儿园教育的文化自信心。①

（二）民间游戏融入幼儿园教育：弘扬游戏精神

民间游戏融入幼儿园教育既是民间游戏的文化使命，也是幼儿园教育文化升华的内在需要。民间游戏融入幼儿园教育是一种历史的抉择，也是一种现实的诉求。如何做出合乎历史发展规律的选择，满足幼儿园教育顺应时代高质量发展的诉求呢？弘扬游戏精神，实现深度融入似乎是一个必然选择。

对于具体的游戏来说，游戏的内在精神构成了其深层含义，而游戏的外在形式和结构则表现其表层特征。游戏的完整意义必须同时包含深层含义与表层特征两个方面。游戏应该包括实体性的游戏活动和抽象性的游戏精神。脱离了游戏精神的游戏活动成为一个僵硬的外壳，没有具体的游戏活动作为载体的游戏精神也无法表达。游戏精神是游戏活动的核心。② 实体性游戏活动与游戏精神并不存在一一对应的关系。实体性游戏活动是游戏的外在表现形式，游戏精神是游戏的内在本质和魂灵。

从现实性的角度看，民间游戏融入幼儿园教育重在继承和弘扬民间游戏的精神内核，改造和创新民间游戏的表现方式，从而实现民间游戏的现代化转换，由此建筑一条民间游戏在幼儿园教育中"深度融合"之路。

---

① 杨燕敏. 幼儿中华民族传统文化传承教育中的民间游戏运用［J］. 教育观察，2020（4）：23-25.

② 丁海东. 论儿童的游戏精神［J］. 山东师范大学学报（人文社会科学版），2006（1）：78-81.

1. 探究民间游戏的传承机制：从自发传承（基于稳定社会群体的代际性传递——纵向复制的自然传承）到自觉传承（基于文化教育机构的扩展式传递——多元整合的创造性发展）。

2. 读懂民间游戏的"民间语言"：从自然生态与文化生态的变迁过程，解读传统民间游戏的"前世今生"（源头与现状）、形态演变（玩法与玩具）与时代特征以及其中的创意语言（寓意与意象、科技智慧与艺术审美）。

3. 阐释民间游戏的当今价值：用当下主流教育理论诠释民间游戏的本质内涵，转译为当下主流"话语"，如STEAM教育、核心经验、学习品质、游戏化教育、游戏课程化等。

4. 探寻民间游戏"现代化"的路径：季节化（自然气候与传统节日）、领域化（主题与领域）、区域化（天然区域与人工区域）、模块化（族类模块与功能模块）。

第三节 民间游戏现代化转换的理论构想：以健康教育为例

民间游戏中运动游戏占主导地位，蕴含着丰富的健身（养生）智慧，也体现了优秀的体育（运动）精神和卓有成效的教育功能。

一、让幼儿园健康教育回归生活：体育文化（保健智慧）与健康教育的双向整合

长期以来，幼儿园教育始终难以摆脱远离生活，甚至脱离生活的困境。究其根源，是因为幼儿园教育的"设计者"没有遵循"教育源于生活，教育根植文化"的社会规律，也没有秉承"教育的使命在于传播文化和创造文化"的信条。其中，幼儿园课程的设计尤为严重。

在教育回归生活的潮流中，"课程要贴近幼儿生活经验"（"生活"课程）、"课程要儿童为中心"（"童本"课程）等理念日益深入人心。然而，理念的思辨和主张的声扬离不开实践的探索和科学的实证。

在"传统文化进校园"的时代呼声中，幼儿园也开启了文化建设征程。于是，民间游戏融入幼儿园教育获得了前所未有的社会支持和内在动力。从《幼儿园教育指导纲要（试行）》到《3—6岁儿童学习与发展指南》，"五大领域"（健康、语言、社会、科学、艺术）课程依然成为当下中国幼儿园教育课程的基

本模式。于是，民间游戏融入幼儿园教育获得了课程上选择"空间"——整体融入或局部融入。

民间游戏融入幼儿园健康教育就是民间游戏在幼儿园课程中的"局部融入"。从文化传承的视角看，这种"局部融入"也就是民间游戏中的体育文化（或保健文化）与幼儿园健康教育的双向整合或深度融合。一方面，民间体育的"文化融入"，激发"体育文化"在幼儿园健康教育过程中的凝聚效应，最大限度发挥幼儿园健康教育在幼儿身心和谐发展中的可持续性效能；另一方面，民间保健文化在幼儿园教育实践中的"文化升华"，实现传统保健与现代保育的优势互补，在幼儿园健康教育中产生不断生发的"叠加"效应。

为此，在融入幼儿园健康教育过程中，需要合理定位民间游戏的价值，深度扩展民间游戏功能、顺应时代更新民间游戏内容。

二、从文化资源到教育智慧：民间游戏价值的合理定位

从弘扬游戏精神的视角看，对于幼儿园健康教育，民间游戏不仅仅是工具性价值意义上的文化资源，而且是本体性意义上的教育智慧。

大多数民间游戏属于传统体育游戏，是现代体育的文化源头；大多数民间游戏中蕴含着丰富的健康教育智慧，包括健身方法和健心策略。[1] 这恰恰是民间游戏在幼儿园健康教育中的核心价值。这种价值取向不仅仅是一种文化上的精神传递，而且是教育上的智慧生成。

民间游戏融入幼儿园健康教育，其主要贡献至少有三个方面：游戏精神、价值取向和思维方式。体育精神的实质就是游戏精神——不懈追求，永无止境。游戏精神不仅是幼儿园健康教育的价值追求，而且是推动幼儿身心和谐发展的内在动力。在不同社会条件的游戏实践中，民间游戏逐步形成了多元化价值取向。于是，民间游戏内部出现功能分化，部分民间游戏执着于健身与健体的保健功能，而另一些民间游戏则关注伦理秩序的教化功能。在功能分化的背后隐藏着思维方式的差异——这种差异源于游戏者在游戏实践中关注焦点的不同。例如，游戏与身体的物质关系、游戏与心理的精神关系、游戏与秩序的社会关系。这种思维方式的灵活性有助于拓展幼儿园健康教育的目标的开放性、内容的包容性与方法的变通性。

---

[1] 曹中平．中国民间游戏总汇（角力游戏卷）［M］．长沙：湖南文艺出版社，2016：10．

三、从文化涵化到教育同化：民间游戏功能的深度扩展

民间游戏融入幼儿园健康教育不是民间游戏对幼儿园健康教育进行改造的"文化涵化"的过程，而是幼儿园健康教育对民间游戏的"教育同化"过程。① 因为，幼儿园健康教育并不因为民间游戏的融入而改变其本质。民间游戏的融入只是完善或丰富幼儿园健康教育的目标和内容，优化或改进幼儿园健康教育的方法与策略。

融入本质上是一种单向的整合。② 根据整合的方式，民间游戏融入幼儿园健康教育的方式大致可以分为下列几种层次：

1. 移植。这是最常见的一种融入方式，是指民间游戏在融入过程中依附于幼儿园健康教育体系或模式，构成幼儿园健康教育的一部分，但不引起幼儿园健康教育的任何改变。

2. 替代。替代是指以幼儿园健康教育的"教育特质"来转换民间游戏的文化特质，代替其功能，发挥同样的作用。

3. 适应。适应是指在民间游戏融入幼儿园健康教育的过程中，幼儿园健康教育为了切合民间游戏的文化特质，在原有教育模式或体系的基础上创造条件，为民间游戏的顺利融入做好充分准备。

4. 消融。消融是指幼儿园健康教育以原有的思想、观念、价值取向和思维方式为框架，解释、消化、改造民间游戏的文化特质，并在"涵濡孕育"中使民间游戏转化为一种现代教育智慧。

5. 生成。生成是指幼儿园健康教育的"教育特质"与民间传统文化的文化特质相交汇，双方皆被有限地改造或转化，形成一种互补态势，从而融合出一个新的教育系统或文化系统。

随着融入层次的不断上升，民间游戏在幼儿园健康教育体系中的功能也随之不断地深度扩展。

四、从文化通性到教育理性：民间游戏内容的时代顺应

在一定的历史条件下，不同文化之间同时存在"同质性"（文化通性）和

---

① 蔡永良. 语言·教育·同化：美国印第安语言政策研究 [M]. 北京：中国社会科学出版社, 2003：39.
② 黄宏伟. 整合概念及其哲学意蕴 [J]. 学术月刊, 1995 (9)：12-17.

"异质性"（文化间性）。① 同样，在民间游戏与幼儿园健康教育之间，不仅存在"文化通性"，也存在"文化间性"。

民间游戏与幼儿园健康教育之间的"文化通性"表现在目标上的一致性、功能上的兼容性和内容上的转换性。民间游戏与幼儿园健康教育之间的"文化间性"表现在目标上的偏离性、功能上的冲突性和内容上的排斥性。② 显然，民间游戏融入幼儿园健康教育的过程不会是一蹴而就的。融入的过程必然是复杂的，需要付出艰辛的探索。为此，在民间游戏融入幼儿园健康教育的过程中必须保持教育理性。

从幼儿园健康教育立场出发，融入民间游戏旨在弘扬游戏精神，继承游戏智慧，增强幼儿园健康教育的"文化力"——把幼儿园健康教育融会于中华民族的健康文化和健康智慧之中。由此推断，幼儿园健康教育融入民间游戏应采取分层推进和定向融合策略。

（一）分层推进策略

文化系统一般具有三个结构层次。物质文化层次稳定性较差，行为文化次之，精神文化则较为稳定，相应的，它们各自发生"融入"的难易程度和先后顺序便有所不同。③

就民间游戏而言，民间传统玩具（游戏材料）属于物质文化层次，稳定性较差，更容易融入幼儿园健康教育；民间游戏内容属于行为文化层面，稳定性较强，不容易简单融入幼儿园健康教育；民间游戏中蕴藏的游戏精神属于精神文化，稳定性更强，难以直接融入幼儿园健康教育。为此，必须分层推进——由易到难，循序渐进。具体而言，以改进民间传统玩具为切入点，顺应时代潮流（特别是科学的健康教育理念和符合幼儿园身心发展水平的运动模式），更新游戏内容，重构体育游戏活动。在体育游戏活动中逐渐培养幼儿的游戏精神，因为弘扬游戏精神是民间游戏融入健康教育的终极目标和文化追求。

（二）定向融合策略

当民间游戏作为一个文化系统融入幼儿园健康教育时，必须对民间游戏进行文化解析——从结构、特质和价值等方面进行剖析、批判、鉴别和选择。毕

---

① 李安民. 关于文化涵化的若干问题［J］. 中山大学学报（哲学社会科学版），1988（4）：28-31.
② 阿里马斯. 少数民族传统游戏与文化传承——以蒙古族儿童传统游戏为个案［D］. 呼和浩特：内蒙古师范大学，2008：41-48.
③ 胡启勇. 文化整合论［J］. 贵州民族学院学报（哲学社会科学版），2002（1）：36-40.

竟并非所有的民间游戏都适合或都能够融入幼儿园健康教育。为此,有必要采取定向融合策略。

根据民间游戏与幼儿园健康教育之间的"文化通性",选择在目标上具有一致性、功能上具有兼容性和内容上具有转换性的民间游戏,定向融入幼儿园健康教育系统的各个部分或环节。与此同时,设计筛选机制,防止目标上具有偏离性、功能上具有冲突性和内容上具有排斥性的民间游戏"侵入"或"误入"幼儿园健康教育。

"跳皮筋"是我国广为流传的民间游戏,深受儿童的喜爱。根据《幼儿园教育指导纲要(试行)》的理念,结合幼儿发展特点,可以把民间游戏"跳皮筋"和童谣巧妙地融合在一起,以发展幼儿的弹跳能力,增强体质,加强与同伴交往、合作为目标设计跳皮筋的健康教育活动。(见案例4-3中班民间体育游戏跳皮筋和案例4-4大班体育教学游戏 跳皮筋)

比较两个游戏活动,可以发现:民间游戏不仅可以定向融入幼儿园教育某个领域,而且可以定向融入幼儿园教学游戏(工具性游戏),丰富教学内容,优化教学过程,提高幼儿园教学效果。

案例4-3　中班民间体育游戏 跳皮筋

目标预设

1. 体验与同伴合作游戏的快乐。

2. 引导幼儿初步掌握跳皮筋的方法。

3. 锻炼幼儿的腿部力量,提高幼儿身体动作的协调性与灵敏性。

材料配置

1. 经验准备:观看相应录像,并熟悉一些简单的民间童谣。

2. 材料准备:橡皮筋、小椅子、录音机、歌曲《马兰花开》的音乐磁带等。

活动过程

1. 听音乐入场,做热身运动。

(1) 教师带领幼儿听音乐拍手入场。

(2) 教师一边带领幼儿唱民间童谣,一边引导幼儿做热身运动,活动身体各个关节。

(教师导语:小朋友们,我们来一起唱唱歌曲,做做运动吧。)

2. 通过游戏,初步掌握跳皮筋的方法。

(1) 引导幼儿尝试探索跳皮筋的基本方法。

(教师导语:小朋友们知道怎么跳皮筋吗,今天老师带来了一些皮筋,咱们来一起学习一下。)

(2) 结合民间童谣《马兰花开二十一》，练习单脚内外跳皮筋。（幼儿围成圆圈，单脚撑皮筋，另一只脚练习跳。）

(3) 听音乐，拍手转圈放松。（动静结合，幼儿稍作休息。）

(4) 用小椅子撑起皮筋，让幼儿自由探索皮筋的多种跳法（单脚跳、双脚跳、双脚交替跳、叉花跳等）。

(5) 引导幼儿与同伴合作并探索练习跳皮筋的多种方法。

①让幼儿分组进行跳皮筋练习；

②提高皮筋高度，幼儿练习并游戏；

③各组进行跳皮筋演示，比比哪组跳得好。

3. 活动结束。

教师提问：小朋友们，大家都掌握了哪几种跳皮筋的玩法呢？（通过教师的引导激发幼儿对民间游戏的兴趣）

幼儿听音乐做放松练习，走出活动室，活动结束。

案例4-4 大班体育教学游戏 跳皮筋

教学目标

1. 了解民俗传统体育项目跳皮筋的作用，学习掌握跳皮筋的基本动作。
2. 通过活动学习，增强幼儿血液循环系统功能，促进新陈代谢。
3. 通过活动学习的组织方式，让幼儿之间互帮互助，共同进步。

教学准备：橡皮筋4条。

教学过程：三个环节。

准备环节

集合整队，清点人数，师生问好。要求幼儿集合动作快、静、齐，听指挥。

1. 教师宣布活动纪律要求和安全注意事项。
2. 以两路纵队沿操场慢跑两圈。
3. 幼儿成体操队形散开，教师示范，幼儿跟做徒手操：

头部运动 4×8 拍

扩胸运动 4×8 拍

腹背运动 4×8 拍

弓步压腿 4×8 拍（一个八拍换向一次）

扑步压腿 4×8 拍（一个八拍换向一次）

（动作正确、到位，有节奏感，保持队列队形的整齐性）

基本环节

教学过程主要掌握跳皮筋基本动作要领。

点：站在皮筋的一侧中间，两手叉腰或两臂侧平举。一只脚原地跳动一次，另一只脚随之跳起并用前脚掌点地。（注：以下基本动作的预备姿势同"点"）

迈：一腿自然弯曲从皮筋这一边迈过另一边。

顶：正顶，面向皮筋站立，一腿屈膝向上举，用小腿顶着皮筋；侧顶，身体的左（右）侧触皮筋，一腿屈膝向上举，用小腿内侧或外侧顶着皮筋。

绕：一腿原地或迈过皮筋另一边，然后小腿由里向外（由外向里）绕皮筋，绕几次不限。

1. 请两名幼儿将一根橡皮筋绷直。队伍的前两列蹲下，后两列站立不动。

2. 教师讲解要领，并示范以上基本动作。要求幼儿学习和练习时要认真，听教师或组长的安排，注意自己和他人安全。

3. 幼儿按照四列横队分成四组，到规定场地练习。并在每组中选一名小组长负责管理练习顺序和指导学习较困难的幼儿。教师循环指导幼儿。

4. 练习五分钟后，幼儿以四列横队集合，前两列蹲下，后两列站立。教师抽取幼儿进行演示。

5. 演示后，抽取幼儿回答相关问题，教师再次示范正确动作，并抽取完成较好的幼儿示范。

6. 幼儿再次分散成四组练习。十分钟后再次集合，抽取幼儿演示并点评。

结束环节

运动游戏：跳绳跑接力

方法

1. 将橡皮筋作为跳绳使用。四组幼儿在场地上站成四路纵队，变成四个竞争队伍。

2. 发出口令后，每组第一名幼儿用跳绳的方式边跳边跑，到达场地一段的标志物处后转身跑回队伍，并与本队队员交接棒。按此方法依次进行，全组队员最先完成的为获胜队伍。

要求

1. 遵守游戏规则，注意自己和他人安全，跑直线。

2. 游戏后，集合整队，清点人数，师生共评。

第四节　民间游戏现代化转换的实践探索

民间游戏现代化转换本质上是民间游戏在幼儿园教育中的创新性运用。在幼儿园教育中，简单地引进传统民间游戏是一种短视行为或低端思维。只有在游戏实践中创造性转换民间游戏，才能充分理解民间游戏的文化精髓，深刻认识民间游戏的教育价值，认真吸取民间游戏蕴含的教育智慧，冷静地发现问题，创造性地解决问题。

一、民间游戏的转换机制与方法

(一) 民间游戏的转换方式

基于民间游戏的适用性与教育性确立筛选原则，形成民间游戏进入幼儿园课程的"屏障"。所谓适用性，是指民间游戏是否与儿童发展特点和教育规律相适应；所谓教育性，是指民间游戏是否有利于促进儿童身心健康成长和幼儿园文化品质建设。

转换是一个鉴别与筛选、继承与改造的复杂过程。民间游戏的转换方式主要包括两个维度：

1. 整体淘汰与整体继承

整体淘汰。这类游戏完全没有实用价值和教育潜质，甚至有损儿童身心健康，因此可以直接淘汰。

整体继承。这类游戏有实用价值和教育潜质，游戏内容、规则和器材都比较科学合理，又是儿童很喜欢、很投入的优秀传统民间游戏，可以作为很好的教育资源，直接纳入儿童活动，直接整合到幼儿园园本课程中。

2. 局部改造与整体改造

局部改造。这类游戏在内容、形式、玩法、规则、材料等某一方面不完美或不适合儿童，但还是有一定的教育价值，只要稍作改良就可成为符合现代教育理念的游戏。

整体改造。这类游戏在整体上远离幼儿的现实生活，但是潜伏其中的原型却具有现代化转换价值。整体改造一般是在保留民间游戏原型的基础上对其进行整体性改编或结构化重构。

(二) 民间游戏的转换方法

根据"取其精华、去其糟粕、古法新玩"的基本原则，结合幼儿园教育和儿童年龄特点，运用分离、嫁接、移植、转换、改造创新等方式，将这类民间游戏融入幼儿园游戏课程，构建一种新型的儿童教育体系和游戏体系。

1. 基于"发展适宜性"原理整体继承游戏

民间游戏的整体性继承必须强调以儿童的兴趣和需要为基础。基于"发展适宜性"原理，以儿童发展为中心，将游戏中的知识技能、儿童发展、社会文化统一起来，系统设计活动内容与形式，这就需要考虑游戏与儿童发展水平的相宜性。

具体而言，一是时间上的相宜性，游戏内容的选择要与季节相吻合；二是与儿童发展水平的相宜性，游戏内容的安排必须适合不同年龄儿童的发展水平与需求；三是与地域文化的相宜性，体现地域特色是游戏课程资源运用的基本前提，也是其不同于普通游戏活动的价值所在。（见案例4-5 大班民间表演游戏 斗笠舞）

课程园本化要求挖掘本土教育资源，从地域的自然、文化和社会特点出发，选取适合儿童学习的地域素材和活动，以加深儿童对所处地域和自己生活的认识与了解。

案例4-5 大班民间表演游戏斗笠舞

斗笠是一种古老的防雨防暑器具，在人类由渔猎转为耕作时就开始使用，特别在热带和亚热带地区是必不可少的，那时的斗笠制作很简单，系绳也就地取材，多用柔软的树皮纤维。后来，斗笠成为我国的民间工艺品。利用我国的民族工艺品开展活动，有利于对我国传统工艺品的保护与传承。

将音乐《采茶扑蝶》融入舞蹈，表演声情并茂，采茶扑蝶的情节贯穿整个活动，幼儿玩起来轻松又活泼。充分利用民族工艺品——斗笠——表演出劳动人民的劳动情景，富有浓厚的生活性和造型性。

民间玩法

1. 跳斗笠。幼儿分组，将斗笠摆放在地上进行跳斗笠比赛。
2. 滚陀螺。每两名幼儿将斗笠当陀螺互相滚动。
3. 火车钻山洞。幼儿面对面地将斗笠架起来当山洞，最后两名幼儿将斗笠当方向盘开始钻山洞，钻完后继续到前面搭山洞，这样流水式进行游戏。

幼儿园游戏

目标预设

1. 充分尝试斗笠的多种玩法，体验斗笠游戏的乐趣。
2. 跟着《采茶扑蝶》的音乐，学会基本的斗笠舞的动作。
3. 创编斗笠舞的动作，在活动中获得成功体验，增强幼儿的自信心和意志力。

材料配置

幼儿人手一个斗笠，录音机一台，《采茶扑蝶》录音带一盒，斗笠舞的视频。

幼儿先学会关于头戴斗笠劳动的几个基本动作，然后再充分发挥想象力，创编相关的动作。

活动过程

1. 热身运动：快乐的斗笠操

(1) 教师出示斗笠：你们见过它吗？你们猜猜今天老师用它做什么？现在我们每人拿一个斗笠和老师一起做热身运动。

(2) 教师给孩子们讲解斗笠及它的功能。

2. 播放斗笠舞的视频，让孩子感受斗笠舞的美

(1) 师：小朋友喜欢这些斗笠吗？今天我们就和这些漂亮的纸斗笠做游戏。原来啊，有了这些斗笠，我们还能跳出很优美的舞蹈。

(2) 播放斗笠舞的视频，孩子们欣赏斗笠舞的美。

(3) 交流分享。请多名幼儿演示观看到的斗笠舞的基本动作，全体幼儿集体尝试最普遍的动作。

3. 在《采茶扑蝶》的音乐陪衬下，教师亲自表演斗笠舞

4. 幼儿学习斗笠舞的动作

5. 创设情境，幼儿集体游戏：快乐的采茶工

春天来了，茶园的茶叶长出了新芽，我们一起上山去采茶吧！采茶时要戴上斗笠，小心地从弯弯的小路上走过去。然后再跨过田埂去采茶，采完茶叶将茶运回来。

(1) 教师演示

第一次：戴斗笠过小路；第二次：单手持斗笠过小路；第三次：让斗笠从小路上滚过。

(2) 教师组织幼儿游戏

重点提醒幼儿走平衡木时注意安全，当心从小路上掉下，指导幼儿用正确的方法迈过"田埂"。

6. 播放音乐《采茶扑蝶》，集体跳斗笠舞，并玩"领头羊"的游戏

教师与幼儿围成一个圈，大家一个跟一个走，挑选一个跳得好的幼儿，他跳什么大家都要跟着跳，即"领头羊"。可以让幼儿随意做些斗笠舞的动作，发挥自己的想象力和创造性。

7. 活动结束

师:"小小采茶工真能干,采了这么多茶,现在我们一起庆祝丰收吧!"教师带领幼儿拿着斗笠听音乐做放松运动。

2. 运用"变式"原理多路径改造游戏

(1)推陈出新,替换游戏内容。一些民间游戏所展现的生活背景和内容或与儿童有些距离,或在思想性上有些局限、已不符合时代精神,或在趣味性上还不够生动,或相配的儿歌、童谣有些粗俗,或缺少亲切感等,采取替换内容或变换玩具,使之能够与儿童的实际生活结合起来。

(2)古法新玩,改变游戏玩法。传统民间游戏的玩法是人为设计的,并不是一成不变的。因此给教师和儿童提供了自由探索、大胆想象的机会,如可以一物多玩,也可以多物多玩,还可以几种游戏组合混搭,使一种游戏玩出不同的花样,激发儿童对游戏的兴趣,使其创新能力得到培养。

(3)移植嫁接,扩展游戏价值。所谓移植是将传统文化元素(如民谣、民间游艺、民族艺术及民间体育)或现代儿童文化形态(如儿歌、皮影、木偶戏、童话剧)植入民间游戏中,使民间游戏内涵更加丰富,教育作用更加突出。

(4)灵活多样,变换游戏形式。民间游戏规模可大可小,人数可多可少,形式多样。在具体运用时可根据时间、空间、场地、参与人数、儿童学习与游戏需要等实际情况变换游戏形式。

耍龙灯是中国传统民间游戏,精致绚丽的龙灯、优美灵动的舞蹈给幼儿带来感官上的享受和艺术的陶冶。同时,在自由欢快的游戏中,幼儿身心得到发展,感受到游戏带来的快乐。幼儿园可以基于幼儿动作发展水平,灵活地变换游戏方法与内容(见案例4-6 大班民间表演游戏耍龙灯和案例4-7 中班民间体育游戏舞龙)。

案例4-6 大班民间表演游戏耍龙灯

目标预设

1. 在耍龙灯的活动中,培养合作精神,体验耍龙灯的乐趣。

2. 能根据"戏珠人"的指令,手眼协调地耍出各种动作,培养观察能力,提高动作的协调性。

3. 了解中华民族被称为"龙的传人",知道新春佳节耍龙灯是表现喜庆的风俗习惯。

材料配置

戏珠棒一根,"龙头"一个,布织"龙"一条,歌曲音乐《小拜年》,耍龙灯的相关视频或录像。

活动过程

1. 播放视频或录像，师幼一起观看春节耍龙灯的情景。教师引导幼儿讨论耍龙灯的有关知识，请幼儿说说人们是怎样耍龙灯的，并请幼儿做一做逗和耍等动作。

2. 教师带领幼儿到户外宽敞的空地，介绍耍龙灯的习俗及游戏器材。

3. 播放锣鼓音乐，教师当戏珠人，带领一组幼儿尝试游戏。

4. 幼儿进行集体游戏，一名幼儿当戏珠人，其余幼儿随着戏珠人的指引耍龙灯。可让幼儿轮流当戏珠人，探索耍龙灯的花样。

5. 表演歌曲《小拜年》。播放歌曲，幼儿随着音乐的节奏欢快地耍起龙灯。

案例4-7　中班民间体育游戏舞龙

目标预设

1. 学习模仿舞龙中的几种基本动作。
2. 发展幼儿的上肢力量和协调平衡能力。
3. 让幼儿通过舞龙学习团结合作、互相帮助的团队精神。
4. 体验合作舞龙的乐趣，激发对民间舞龙的喜爱之情。

材料配置

1. 北操场场地。
2. 舞龙用道具、龙珠。
3. 设置障碍所需要的矿泉水瓶、两根长绳、铃铛、啤酒桶4个。
4. 地面上画出一个大大的螺旋形。

活动过程

1. 开始部分，进行热身运动。

小朋友在场外站成4队，手持龙灯。

师：小朋友们，前几天我们一起学习了舞龙，现在有请我们小小舞龙队听着鼓点，看着龙珠一起进场吧。（小朋友们齐声说"好"）

2. 自由探索"舞龙"。

（1）分组练习，请幼儿复习已有的舞龙经验。

师：为了让舞龙的节目更精彩，我们还要加油练习哟！现在请你们分组把已经学会的舞龙的玩法练习一下吧！（请小朋友们分散练习，老师进行小组指导、个别指导和提醒）

（2）让每队幼儿在大家面前进行展示。

师：现在要请你们每队来为大家表演一下，看看你们练习得怎么样。

3. 通过设置障碍，让幼儿的动作更规范，合作更紧密。

师：刚才小朋友们舞龙都很棒，舞龙的动作也很丰富。但是为了让我们表演舞龙的时候更精彩，今天老师为你们准备了一些活动材料，帮助你们把动作做得更规范。你们看，这是游龙戏水，我们绕过障碍模仿龙在大海里左右游动；这是飞龙奏乐，你们一定要高举龙身，让小铃铛发出好听的声音；接着的是潜龙探海，你们要让龙身探到海底；最后是盘龙望月，你们一定要开动脑筋走进迷宫，还要顺利地走出来，这样你们盘龙的动作会更好看。你们想不想试一试？

幼儿按游龙戏水、飞龙奏乐、潜龙探海、盘龙望月的游戏顺序尝试探索。

3. 运用"迁移"原理创新游戏

随着儿童游戏形式日益丰富、游戏材料日益完善，许多新的民间游戏正在悄悄孕育诞生。如用毛线编的辫子进行的"抓尾巴"游戏、用毛线做的毛球进行"甩甩球"游戏，如果能再给游戏配上朗朗上口的童谣，制定相应的游戏规则，就渐渐能成为具有地域特色的民间游戏，这实质是民间游戏知识与规则的迁移。

民间游戏大都具有开放性的特征，无论是在游戏时念的童谣还是单纯的体育游戏，往往都内蕴着一定的知识与规则。运用这些知识与规则可以根据具体的游戏活动进行改编和调整，从而创造出新的游戏。

另外，可以进行内容上的迁移，如根据儿童在游戏中的状况，引导其根据一个游戏项目发散想象出不同的游戏内容，或者根据游戏的具体内容进行适宜的拓展，使之一生二、二生三。

还可以进行方法与形式上的迁移。儿童根据一个游戏的方法与形式，发散想象出不同的游戏，可以极大地提高民间游戏资源的利用效率（见案例4-8 大班民间表演游戏跳竹竿）。

案例4-8 大班民间表演游戏跳竹竿

跳竹竿又称"竹竿舞"，源于黎族古老的一种祭祀方式，随着时代的变迁，祭祀色彩已逐渐消失，成为一种既是文化娱乐，又是体育健身的活动。竹竿舞分打竿者和跳竿者两个角色。打竿者姿势有盘腿坐或双膝跪地两种；跳竿者在有节奏、有规律的碰击声里，在竹竿分合的瞬间，灵巧、敏捷、自由地跳跃。

传统游戏

1. 功能

（1）发展弹跳能力、灵敏性和协调性等素质，培养节奏韵律感。

（2）能运用跳竹竿锻炼身体，体验运动的乐趣和成功的喜悦。

2. 准备：长短、粗细一致的竹竿若干

3. 玩法

（1）打竹竿的人面对面盘腿坐下或双膝、单膝跪地，每人双手各执竹竿的顶端，成若干组平行状。在音乐或儿歌的伴奏下，打竿者根据节拍敲打竹竿，并随着音乐或儿歌的节奏时开时合，不断地变换节奏、图形和方位。

（2）跳竹竿的人随着或快或慢的节奏，在交叉的竹竿中跳跃，统一从一面进另一面出，可单人跳、双人跳、三人跳或成队跳。当竹竿分开时，双腿或单脚巧妙地落地，不等竹竿合拢又急速跃起，并不时地变换舞步做出各种舞蹈动作。跳竹竿者既不能踩着竹竿，也不能被不断开合的竹竿夹着。

4. 提示：此游戏既可以直接运用，又可以创新运用

创新游戏

（一）钻竿跳

1. 功能

（1）能够按照一定的节奏与规律，手脚协调地跳竹竿，使动作的协调性与灵敏性得到提升。

（2）在探究跳竹竿的多种玩法中体验自我或与同伴合作跳竹竿的乐趣。

2. 准备

经验准备：已掌握跳竹竿的基本玩法，适合大班幼儿。

材料准备：竹竿四组。

3. 玩法

两人一组打竹竿，节奏为"开开合合、开——抬——"，在"抬"字时，两人同时单手抬起一侧竹竿。跳竿者也按此节奏在"开"字时跳进竹竿，"合"字时跳出来，在"抬"字时，迅速钻过第二根竹竿。跳竹竿的幼儿可单脚跳也可双脚跳。

4. 提示

（1）在游戏中可先单人跳，熟练后可两人或多人面对面、手拉手同时跳、钻，增加合作和游戏的趣味性。

（2）此游戏适合大班幼儿。

（二）四杆井字跳

1. 功能

（1）能够按照一定的节奏与规律，手脚协调地跳竹竿，使动作的协调性与灵敏性得到提升。

（2）在探究跳竹竿的多种玩法中体验自我或与同伴合作跳竹竿的乐趣。

2. 准备：竹竿四组

3. 玩法：四组竹竿呈"井"字形摆放，跳竿者（4人或8人）面朝同一方向，均可在"井"字形外侧或内侧，朝顺时针方向或逆时针方向跳竿。幼儿熟悉玩法后，可让他们自己参与编排动作，创新跳法。

4. 提示：此游戏适合大班幼儿

（三）米字叠加跳

1. 功能

（1）能够按照一定的节奏与规律，手脚协调地跳竹竿，使动作的协调性与灵敏性得到提升。

（2）在探究跳竹竿的多种玩法中体验自我或与同伴合作跳竹竿的乐趣。

2. 准备：竹竿四组

3. 玩法：敲竹竿者将四组竹竿分别合拢并交叉摆成"米"字形，形成八个空隙。竹竿在敲击时始终保持合拢，跟随音乐或儿歌的节奏进行上下敲击。跳竿者（4人或8人）分别站在竹竿的间隙中按顺时针或逆时针行进跳，跳法可以根据敲击的节奏变化。

4. 提示：此游戏适合大班幼儿

二、民间游戏的生态的重构：从自发性游戏到自主性游戏

民间游戏走进幼儿园面临一个全新的格局，因为游戏生态发生了质变。

第一，游戏群体：从自然部落到人工团体；从混龄群体到同龄群体。

第二，游戏材料：从自制玩具到成品玩具；从替代性玩具到功能性玩具。

第三，游戏环境：从自设区域（根据环境条件适当调整游戏方式）到预设区域（根据区域标记开展游戏）。

为此，民间游戏必须从自发性游戏向自主性游戏转换，重新建构一种包容性和衍生性的游戏生态。

（一）基于游戏群体把自主性游戏活动转换为自主性教育活动

幼儿园游戏不同于其他场合或情境中的游戏，如公园游戏、家庭游戏、社区游戏，幼儿园是正规教育机构，游戏不仅仅给幼儿带来快乐的生活，还承载着教育的使命。

幼儿园游戏要借助游戏群体，培养幼儿的合作能力与竞争精神，发展幼儿的自主性。教师要善于充分利用幼儿的合群性，把个体化的自发性游戏转化为自主性的集体教育活动。

（二）基于生活经验的扩展将指导性游戏转化为实践性活动

游戏经验源于日常生活，幼儿园教育活动要贴近幼儿的生活经验，丰富幼

儿的活动经验。

教师要通过具体化的教育活动，指导幼儿参与社会生活与社会实践，优化幼儿的经验结构，培养幼儿解决问题的能力。

基于生活经验，把游戏活动扩展为社会实践活动，如力所能及的劳动、户外体验性活动、观察性学习活动等。

（三）基于入学准备把组织化游戏转化为游戏化的学习性活动

由于游戏性活动与学习性活动具有发展上的连续性和功能上的同质性。那么，教育中的游戏与学习之间可能存在不同的关系。

1. 在游戏中学习（learning in play）：学习寓于游戏中之中，学习隐藏在游戏过程中。（显性游戏、隐性学习）如捉迷藏。

2. 借游戏来学习（learning by play）：游戏是学习的手段或工具，学习是游戏的预期结果。（游戏是游戏、学习是学习）如教学游戏。

3. 为游戏而学习（learning for play）：游戏是学习的目的或内容，学习是游戏的手段或条件。（学游戏、做游戏）如学习下棋。

三、民间体育游戏"老鹰捉小鸡"现代化转换的实践探索

民间体育游戏是儿童快乐和健康的不绝源泉。幼儿园开展民间体育游戏，能够有效地锻炼幼儿的身体，增强竞争、合作、互助意识，有利于幼儿形成勇敢、坚强的品质和活泼开朗的个性。

民间体育游戏是历史长河中体育游戏经验的累积和体育游戏智慧的结晶。然而，民间体育游戏可以通过现代化转换，实现"古为今用"。

民间体育游戏"老鹰捉小鸡"集技能性、趣味性、游戏性、实用性于一体，在幼儿园健康教育中具有独特价值。为此，本研究基于"古为今用"的原则，以民间体育游戏"老鹰捉小鸡"为例，回顾民间体育游戏现代化转换的探索过程，总结其中的经验。

（一）民间体育游戏"老鹰捉小鸡"传统玩法及其问题分析

1. 传统玩法

民间体育游戏"老鹰捉小鸡"角色鲜明、规则易懂、玩法简单，非常适合集体或分组开展。

一开始，在组织幼儿玩"老鹰捉小鸡"游戏时，传承了民间游戏最传统的玩法：一名幼儿当"老鹰"，一名幼儿当"母鸡"，其余幼儿当"小鸡"。游戏开始，"老鹰"站在"母鸡"前面，"小鸡"们排成一纵队躲在"母鸡"的身后,"母鸡"站在前面伸出手臂来保护后面的"小鸡"们不被"老鹰"抓住。游戏制定的规则是被"老鹰"抓住的"小鸡"暂时休息,不能继续参加游戏。

2. 问题分析

"老鹰捉小鸡"的传统玩法中,幼儿在操场上能够快乐地奔跑、躲闪。尽管幼儿的奔跑技能及快速反应能力得到了发展,但实践中也存在一些问题。

(1) 游戏是以"一对多"的角色追逐进行,"小鸡"们容易脱离"母鸡"的保护范围随意跑散,造成"人多散乱"的局面,很难体现大班幼儿的团队意识与合作精神。

(2) 在集体追逐游戏中"小鸡"角色数额多、队伍长,动作幅度大且躲闪方向不一致,容易在奔跑躲闪的过程中发生摔跤、碰撞等事件,存在一定的安全隐患。

(3) 因为传统游戏规则与内容的禁锢,"小鸡"角色始终是被捉的角色,注定要接受失败,而大班幼儿因为竞争意识逐渐增强,在游戏中"被捉"的反抗心理和行为也越来越突出,比如,每次被"老鹰"捉住的"小鸡"总是一脸不快,带有消极情绪,导致"小鸡"们参与游戏的兴趣逐渐降低。

(4) 大班幼儿在追逐躲闪游戏中动作幅度大、力度强、速度快,身体一直处在高亢的紧张状态中,不利于幼儿的身心健康发展。如何对幼儿运动量进行合理调整,让游戏张弛有度,更富有持久性和弹性,也是需要思考的问题之一。

针对以上出现的问题,在实践中本人对"老鹰捉小鸡"游戏进行了多种创新尝试。根据具体游戏的具体内容,在保持原有游戏结构完整的基础上,对其游戏的内容进行适宜的拓展,促使游戏变得更加紧张、激烈、有趣,更具有生命力,让幼儿在愉悦的氛围下享受游戏和学习的快乐。

(二) 民间游戏现代化转换的方式及案例分析

第一种转换方式:拓展民间游戏中"母鸡"角色而形成的游戏。

转换游戏1:智慧的"母鸡"

游戏目的

1. 乐于与同伴玩游戏,感受集体游戏的快乐。
2. 能根据"老鹰"的动作变化,灵活地做调整,提高动作的灵敏性。
3. 在合作中,增强集体团队意识与合作精神。

角色分配:班级幼儿分成2组,每组选1人当"老鹰",3—4人当"小鸡",其余幼儿当"母鸡"。

游戏方法:"母鸡"们手牵手围成一个圈,"小鸡"站在圈内,游戏开始时，"老鹰"站在圈外，边来回走动边念儿歌："我是老鹰本领大，今天来把小鸡捉。"站在圈上的"母鸡"按顺时针（或逆时针）走动念儿歌："小鸡小鸡不用怕，妈妈在外保护你。"儿歌念完，"老鹰"就要想办法去捉"小鸡"。"母鸡"根据情况调整圈的紧密度、高矮度防止"老鹰"进圈捉"小鸡"。同时还可以用"网"捕"老鹰"。

游戏规则

1. "母鸡"手牵着手围成圈，"老鹰"要"趁机"钻入圈内，但不能硬行拉开"母鸡"的手。

2. "小鸡"可以活动但不能跑出圈外，只能贴在"母鸡"的背后；当"小鸡"贴在"母鸡"背后时，"老鹰"不能捉"小鸡"；"老鹰"捉到"小鸡"后，两者角色互换。

将游戏中"母鸡"角色数量加以拓展并以圆圈的游戏形式来进行，目的有两个：一是可以将"小鸡"的队伍缩减，并控制在一定范围内活动，在一定程度上减少了"小鸡"四处跑散的现象，提高了幼儿游戏中的安全性和自由参与性，促使游戏在安全有保障的环境下积极开展；二是在游戏中"母鸡"们要根据"老鹰"的动作变化，灵活地调整队伍，增强了幼儿动作的灵活性，且在手牵手合作游戏形式中幼儿的集体团队意识与合作精神得到了锻炼。

第二种转换方式：在传统游戏中加入"巢"和"窝"的情境内容而形成的游戏。

转换游戏2：能干的"老鹰"

游戏目的

1. 在游戏情境中，感受民间体育游戏的趣味性。

2. 能根据具体的游戏情节，灵活地做运动调整。

3. 发展奔跑躲闪的动作技能。

角色分配：若干名幼儿当"老鹰"，1名幼儿当"母鸡"，其余幼儿当"小鸡"。

材料提供：套圈（塑料圈）

情境创设："鹰巢"（旧轮胎）和"鸡窝"（地面上画的圆圈）

游戏玩法：请若干幼儿当"老鹰"玩游戏。"老鹰"拿着套圈站在自己的"鹰巢"里，小鸡四处分散在场地上。发令后老鹰从"鹰巢"里跑出来追套"小鸡"，"小鸡"可以在"母鸡"的保护下进行活动，也可以自由活动，遇到"老鹰"追捕，"小鸡"可以直接跑到"母鸡"身后，也可以随机跑到"鸡窝"中避难。比一比在规定的时间内哪只"老鹰"捉到的"小鸡"多，就可以被评为"最能干的老鹰"。

游戏规则

1. "老鹰"必须手拿呼啦圈套住小鸡才算捉住,"小鸡"不能跑出规定的场地。

2. 套圈不能乱抛乱扔。

3. "老鹰"不得跑到"鸡窝"里捉"小鸡"。

4. 如果"小鸡"被"老鹰"套中,"老鹰"就把"小鸡"运回"鹰巢","小鸡"坐在轮胎上休息,不继续参加游戏。

"鹰巢"情境的拓展,让游戏更富有情节性、趣味性和自由性。幼儿能在有张有弛的游戏过程中根据运动需要和身体需求自由调节、自由发挥,让游戏更富有持久性和弹性;在游戏中巧妙地加入了"老鹰"和"小鸡"的角色对话,使游戏更富有情趣和挑战性,激发了幼儿参与游戏的兴趣,促使幼儿在有趣又激烈的游戏环境中愉快玩耍,满足了幼儿及游戏本身的需要。

第三种转换方式:拓展传统游戏中"小鸡"这个角色而形成的游戏。

转换游戏3:勇敢的"小鸡"

游戏目的

1. 感受追逐游戏的紧张、刺激气氛和乐趣。

2. 提高奔跑和躲闪动作的协调性和灵敏性。

3. 增强勇敢、机智、不怕困难的品质和团结合作意识。

角色分配:把全班幼儿分成若干组,每组选1人当"老鹰",1人当"母鸡",其余人当"小鸡"。

材料提供:布块、长绳。

游戏方法:游戏开始,"母鸡"张开双臂保护好后面的"小鸡","老鹰"站在"母鸡"前面,念儿歌:"老鹰老鹰本领大,今天来把小鸡捉。""小鸡"接着念儿歌:"小鸡小鸡变勇敢,趁机要把老鹰捉。"说完,"老鹰"开始捉"小鸡","母鸡"保护"小鸡",趁"老鹰"不注意,"小鸡"两两合作,或者三人合作用准备好的布块或绳子作为"鸟网"捕捉"老鹰"。

游戏规则:"小鸡"被"老鹰"捉到即被捕捉,"老鹰"被"鸟网"包围即被"小鸡"捕捉。

将"小鸡"被捉的角色调整为主动地位,改变了传统游戏中捉与被捉、主动与被动的关系,充分调动了"小鸡"参与游戏的积极性。当"老鹰"来捉"小鸡"时,"小鸡"不是一味地躲闪和逃跑,而是可以机智地借助道具,与同伴团结合作,反攻"老鹰"的追捕,与"老鹰"展开勇敢机智地反捕游戏,在这种紧张激烈的游戏情节中,增强了"小鸡"(弱势群体)不怕困难、勇敢面对强者并能与强者顽强作斗争的拼搏精神和优良品质,同时也让孩子们的团结合作能力得到了进一步的锻炼。

第四种转换方式:拓展传统游戏与其他体育游戏相结合而形成的游戏。

转换游戏 4:"小鸡"运西瓜

游戏目的

1. 在"运西瓜"的游戏情境中,体会劳动的快乐。

2. 锻炼平衡、钻爬、快跑和躲闪能力,提高动作的协调性和控制力。

角色分配:幼儿分成两组,每组 1 人当"老鹰",1 人当"母鸡",其他人当"小鸡"。

游戏准备:平衡木两条、拱形门两个、梅花桩若干(踩桩过溪)、大框若干(内放球类)。

游戏玩法:"小鸡"们按先后顺序轮流抱着西瓜钻过山洞(拱形门)、走过小桥(平衡木),跨过小溪(梅花桩),把西瓜一个一个运回家(放到大框中)。当"老鹰"出现时,"小鸡"可以选择躲在"母鸡"身后被妈妈保护,可以选择快跑回家,也可以选择立刻蹲下不动。

游戏规则

1. 老鹰不能捉蹲下不动的"小鸡"。

2. "小鸡运西瓜"的路径必须按照场地划分的先后顺序完成相应的动作。

民间体育游戏与现代体育游戏的融合充分发挥了游戏的综合能力和整合价值,既保证了游戏原有的趣味性,又让游戏内容更加饱满、游戏过程更加丰富有趣,促使每一个幼儿在游戏中乐于参与,自由发挥,与同伴快乐追逐、奔跑、躲闪,在愉悦的氛围下享受游戏和学习的快乐。

(三) 实践反思

1. 深入分析传统玩法,合理创新玩法,体现民间游戏的创造性运用

民间游戏是民间文化的一个载体,它反映出不同时代人们对民间文化的认知、传承和延续。我们在将民间游戏资源"古为今用"之时不能只注重对游戏的传承而忽视幼儿的生活实际;不能只为了游戏而游戏,忽视幼儿在游戏中主体性的发挥;不能只让幼儿在游戏中被动地训练基本的动作技能,而忽视幼儿智力、思维、创造能力的发展以及良好品质的形成。

民间游戏"古为今用"强调的是创新性尝试、智慧性运用。所以我们在传承民间文化的基础上要具备改造创新、与时俱进的游戏精神,拿到一个游戏材

料后要不断地深入分析,在尊重幼儿生活实际的基础上,科学地组织与安排好游戏内容、形式和时间,合理地运用指导策略将游戏资源进行优化、改良和拓展,创造性地运用民间游戏资源,充分体现民间传统游戏"文化性"和"教育性"的双重属性。

2. 民间体育游戏与现代游戏相结合,发挥游戏间的综合功能和整合价值

在传承与创新游戏的实践中,一方面,教师要具备开放性的游戏理念,充分体现游戏间的开放性原则,通过在新的游戏情境的设计、新材料的运用、新玩法的发现等过程中,巧妙地将民间体育游戏与现代游戏紧密结合,促进幼儿与游戏的动态发展;另一方面,教师发挥游戏间的综合功能和整合价值,使得每一个幼儿在游戏中积极参与、自由发挥、快乐合作,在愉悦的氛围中享受游戏带来的快乐。

四、民间竞技游戏"打三角板"现代化转换的实践探索

幼儿园教育情境中,民间游戏的现代化转换,不仅要尊重民间游戏的特性,而且要遵循幼儿学习发展规律。一个游戏的学习过程中,幼儿大致要经历三个阶段,即游戏新手阶段、游戏熟手阶段、游戏高手阶段。

游戏新手指的是处于熟悉游戏规则和练习游戏技能阶段的新学者;游戏熟手指的是掌握了一定游戏技能和规则,能熟练游戏的游戏者;游戏高手指的是有独特的取胜技能和方法的游戏者。各个阶段幼儿有着不同的学习特点,并且掌握不同水平的游戏技能。

如何让幼儿轻松掌握相关的游戏技巧和技能,尽快实现从"新手"到"高手"的转变?在民间游戏现代化转换的实践中发现,变式游戏是一种行之有效的方法。

民间竞技游戏"打三角板"是湘中地区广为流行的儿童民间游戏。传统的玩法是用废纸或者烟盒纸,折成三角形,游戏一方将三角板置于平整的地上,另一方将手中的三角板对准地上三角板有尖角的边用力甩去,利用三角板到达地面产生的风,如果把地上的三角板翻个个儿,地上的三角板就归其所有。玩这游戏有窍门,游戏高手都有自己的独门绝技,例如,手甩三角板刹那的发力;对准地上三角板的角度等。

我们以民间游戏"打三角板"为例,阐明民间游戏现代化转换过程中"变式游戏"及其对幼儿游戏学习进程的推动作用。

<<< 第四章 民间游戏的现代化转换：超越现实困境之路

（一）变式游戏"打响炮"和"折纸三角板"："游戏新手"练习基本动作技能

新手阶段的幼儿处于游戏"围观"状态，对游戏直观的效果（如材料、玩法、人数）感兴趣。

要吸引"新手"参与游戏，必须尊重幼儿年龄特点以及学习特点，降低游戏的难度，才能激发幼儿的学习兴趣。据此，我们设计了民间竞技游戏"打三角板"的两个变式游戏："打响炮"和"折纸三角板"。

1. 变式游戏

变式游戏1 打响炮

目的：在"打响炮"的过程中幼儿掌握打三角板的基本动作，使幼儿手臂力量得到发展。

玩法：幼儿自由结伴，选择平整的地面，将折好的三角板用力挥起，比谁的三角板触地时的声音大。

变式游戏2 折纸三角板

目的：掌握折纸三角板的基本步骤，学会自己制作游戏材料。

三角板的折法：幼儿取长方形纸，将其中一角折起，折起的长方形短边对齐长边。将长方形三角一头再次折叠，将长方形另一头同样折成三角形，并重叠，将大三角一段折进小三角里即可。

2. 实录分析

实录片段一

老师将折好的三角板分发给幼儿，幼儿自主探索玩法，森和川将三角板握在手里当手枪。

教师：我有一种跟你们不一样的玩法，还可以比谁的力气大，想不想看看？

森、川：好呀！

教师将三角板用力一甩，打在地上发出响亮的"啪"声。

森、川：我们也会呀！

森与川开始尝试用力甩三角板。别的幼儿也跟着他们往地上甩三角板。

刚开始甩三角板，有的三角板在地上翻跟斗，根本发不出声音。渐渐地有人发现了使三角板发出声音的奥秘，于是开始了比试。

比试中，有幼儿渐渐地发现将三角板叠加在一起，用同样的力气可以使三角板发出的声音增倍响亮。

实录片段二

棋在打三角板，声音又大又脆，很响亮。涵蹲下看了一会，也试着将自己的三角板照棋的方法用力打下，可是始终没有像棋打得那么响脆。

涵："棋，你的三角板怎么那么响？"

棋："因为我的三角板跟你们的不同，我的是超级金刚合体三角板！"

涵感到很新奇，继续看棋打三角板。突然，棋的三角板在地上散开了，三个三角板散落在地上。涵捡起棋的三角板看了看，大叫："哈哈！我明白了，我也要做一个超级金刚三角板！"

说着，转身朝老师跑来："老师，你再给我三个三角板，我要用四个三角板合体，超过棋的超级金刚！"

老师："想要三角板吗？可以啊，但是老师不能给你，要自己学着折！"

涵："好呀！学会了，我要折四个、五个，打出最响的声音！"

幼儿纷纷来向老师索要更多的三角板时，教师抓住时机，设计了第二个变式游戏"折纸三角板"。

在变式游戏"折纸三角板"中，幼儿自己制作游戏材料，动手能力得到了明显提升。

（二）变式游戏"贴烧饼"和"拍三角"：对"熟手"进行规则渗透

变式游戏帮助幼儿个体完成从"新手"到"熟手"到"高手"的游戏升级，也能满足集体学习中不同能力层次幼儿的游戏需求，同时也让民间游戏衍生出适合现代幼儿学习和玩乐的游戏。

当大部分幼儿学会自己折纸三角板以后，教师将无限的材料供应变成限量供应，折纸材料的发放有了附带条件。例如，值日生工作完成好，奖励一张折纸用纸；活动中有良好表现，奖励一张折纸用纸。幼儿要获得更多的游戏材料，就不是那么轻而易举了。想要获得三角板还有一种途径，就是通过游戏赢得。

当幼儿产生了游戏赢得三角板的需求后，教师设计了游戏变式"贴烧饼"和"拍三角"。

1. 变式游戏

变式游戏3　贴烧饼

目的：学习打三角板的游戏规则，获得打三角板的前期游戏经验，游戏技能得到提高。

玩法：通过猜拳游戏，输者一家将自己的三角板放在地面，另一家用自己的三角板对准对方的三角板打下去，如果打下的三角板有一半左右压在地上的三角板上，则可以赢得地上的三角板，游戏重新开始。如果没有贴上对方的三角板，则换对方进行反攻。

变式游戏4 拍三角

目的：渗透游戏规则，幼儿探索和发现三角板翻身的秘密和技巧。

玩法：将三角板一起放在桌子上，双方拿出同样数量的三角板，以猜拳的方式决定先后，然后采用"拍"和"吸"两种方式，使桌上的三角板翻过来即可赢得。

2. 实录分析

实录片段三

"我们不玩拍三角了，我们打三角板吧！"这是棋在户外活动经常说的一句话。

"可是我不是很会玩……"涵说。

"我让着你一点怎么样？"

"好吧，你怎么让着我？"

"每一盘我打你的三角板一次，你可以打我的两次！"

老师："棋，这样对你可不够公平哦！"

棋："我想他陪我玩，他学会了我们就可以比赛了！"

通过一系列三角板游戏的开展，幼儿已经从新手变成了熟手，并且已有了学习"打三角板"的游戏需求，教师引导幼儿开始尝试玩"打三角板"游戏。

（三）"打三角板"比赛："高手"交流和提升游戏技术，体验游戏成功感

在三角板游戏中，能力比较强的幼儿成为游戏高手。他们在掌握了"打三角板"游戏技能后，就会不断地找合适他们的对手进行技艺切磋。

于是，教师设计了"打三角板"比赛活动，满足"高手"交流的游戏需求。

1. "打三角板"比赛规则

游戏者自备三角板五个，比赛五轮。猜拳决定谁先打，输者拿出自己的一个三角板放在地面，胜者拿出自己手里一个三角板打向地上的三角板，三角板如果被打翻身则收为己有，开始第二轮游戏。如三角板没有翻身，则将自己打向地面的三角板留下，让另一方捡起地上的一个三角板打留在地面的那个三角板。五轮过后，谁手上的三角板多，谁获胜。

游戏为淘汰制。抽签两人一组，根据报名人数确定比赛小组数。初赛胜出者，挑战别的组胜者。

2. 实录分析

实录片段四

三角板大赛开始，涵与炫抽到了一组。

153

大家开始忙活起来，涵一边把自己的三角板的三条边仔细地向一面折，一边对旁边的小伙伴说："我要用我的绝技打败炫！""你这样有什么好处啊？""这样可以让三角板贴在地面上，别人打我的三角板的时候，风就进不去，我的三角板就不容易翻过来。"

比赛开始，棋猜拳输了，他放下一个三角板后，使劲地踩了几下，很有信心地说："哼哼，我踩紧了，他赢不走我的三角板！"

这时，他的对手皓说："我把衣服拉链拉开，就可以把你的三角板打翻！"

开始比赛了，皓挥动手臂，衣襟扇起来一阵风，果然把棋的三角板打翻了！

当幼儿拥有和探索自己独门绝技的时候，标志着他已经成为游戏高手。

民间游戏"打三角板"的三个阶段的探索表明，变式游戏能够有效地提高幼儿的游戏技能，在幼儿从"新手"到"熟手"再到"高手"的学习与发展中具有强有力的推动作用。

幼儿在游戏过程中始终保持着良好的兴趣，不断有着对游戏新技能的强烈需求。在集体游戏中，幼儿可以根据自己能力的发展自由选择适合自己能力和自己感兴趣的变式游戏，在游戏中实现了自主学习。

第五章

寻找民间游戏中的学习生长点：
教育评价的视角

第一节 游戏中的学习生长点

民间游戏融入幼儿园课程的一种方式就是生成课程。游戏生成课程是民间游戏在幼儿园课程中的现代化转换方式。而民间游戏生成课程的关键环节在于寻找民间游戏中的学习生长点。

一、游戏中学习经验的表征与生长点

游戏生成课程的一个关键环节就是在游戏中寻找学习"生长点"（学习经验），也就是探察游戏中"学习经验"的表现形式（方式）和组织结构（模式）。

（一）游戏中学习经验的表征

如果说，游戏是学习的载体，那么，一个（种）游戏之中蕴藏着哪些学习经验？如何发现这些隐藏在游戏经历（行为过程）之中的学习经验呢？其中必然存在着一个学习经验（知识）的游戏表征问题。

知识经验是个体与信息甚至是整个情境相互作用而获得的，个体一旦获得知识，就会在头脑中用某种形式或方式代表其意义。知识（经验）的表征（概念、命题、图式、产生式等）是知识经验在头脑中的表示形式和组织结构。[①]

游戏反映经验、表现经验并且丰富经验。尽管游戏是经验的产物，但不是经验本身；然而，游戏可以提供学习经历，而经验就隐藏在游戏经历之中。于是，学习经验的游戏表征问题（寻找学习生长点）在实践中就转化为一个表现

[①] 陈琦，刘儒德. 当代教育心理学（修订版）[M]. 北京：北京师范大学出版社，2007：254-256.

性评价问题：基于儿童游戏经历（行为）解读游戏中的学习经验。

（二）游戏中学习经验的生长点

儿童带着已有经验进入游戏，运用过去经验解决当下问题，获得新的经验，并且在经验增长的同时形成了学习品质（应对未来学习不确定性）。

教师切忌刻意寻找游戏的学习经验生长点，而应顺应儿童在游戏中的自我发现、自我挑战。游戏课程化的关键在于师幼良性互动。其中，教师的使命是引导儿童学会对学习经验的自我调节、自我管理。

1. 学习经验的上升路径中生发生长点

基于儿童发展水平和学习方式，在游戏中寻找儿童学习经验及其上升路径，和幼儿一起建构一个游戏经验逐步提升的平台（游戏材料的支架功能）。

游戏材料的层次化及其操作学习过程的程序化使学习经验的上升过程外显化，也便于师幼互动透明化。

教师的讲解与示范也可以帮助幼儿实现观察学习（接受学习），提高学习经验的推进速度，并且能够降低幼儿学习中探索（发现）的认知压力。

2. 游戏兴趣的目标指向中暗含生长点

游戏兴趣的中心（稳定的兴趣）表明学习经验上的偏爱或优势。游戏兴趣的目标指向暗示着学习经验增长点的出现。

游戏指导实践表明，教师寻求和利用儿童的兴趣作为游戏生成课程的基础，比事先为儿童挑选一个游戏主题更具挑战性。

3. 同伴互动的发展差距中隐藏生长点

在群体游戏中，同伴互动效果差异是学习生长点的重要线索。同一个幼儿与不同幼儿搭档完成同一任务，如果结果差异明显，可能意味着某个学习生长点隐藏其中。

4. 一物多玩的发散思维中映射生长点

游戏过程中，一物多玩是发散性思维的产物。同一玩具的玩法越多，意味着玩具蕴藏着越多的游戏潜能。玩法变化源于儿童经验的获得或迁移，而经验迁移可以创造学习生长点。

二、学习生长点与关键经验

在教育过程中，学习生长点无处不在。但是，并非所有学习生长点都具有"生成力"。从发展的视角看，必须"抓大放小"——从大量的学习生长点中科学发现关键经验，并且对富有"生成力"的学习生长点给予适宜而及时的支持，使之在学习经验系统发挥支柱作用和纽带作用。

(一) 关键经验及其含义

高宽课程理论中,关键经验(Key Experiences)是描述两岁半到五岁儿童在此阶段所必需且对其现实生活及未来发展有重要意义的社会、认知、身体等多方面的素质。①

在幼儿经验结构中,关键经验具有节点作用,能够帮助幼儿经验建构和迁移。② 关键经验是连接"3—6岁儿童学习与发展指南"和幼儿园教育实践的桥梁。③

后来,关键经验更名为关键发展性指标(KDIS)。作为高宽课程的内容线索,关键发展性指标与关键经验在本质上是无二致的。④"关键"指幼儿应该学习和了解有意义的观点,"发展性"指学习是循序渐进的,从简单到复杂,课程与年龄的认知发展水平保持一致,"指标"用来强调教育者需要证据来证实幼儿正在学习和发展那些为入学或人生做准备的知识和技能。

关于关键经验的解析有不同的视角,多视角分析有助于揭示关键经验基本特征及含义。目前,有代表性的关键经验解析模式见表5-1。综合分析,可以看出关键经验具有几个典型特征:

1. 生成性:关键经验是在教育情境中的学习经历中"生发"出来的经验,不是从他人解释中直接获得的经验。

2. 发展性:关键经验的形成基于连续学习的"螺旋式发展"过程,不是机械学习的累积过程。

3. 循证性:关键经验在学习过程中不断接受检验,在循证过程中不断拓展和丰富。

4. 层次性:关键经验是一个富有弹性的经验"转换"系统,兼容表层的感性经验和深层的理性经验,并且具有相互转换的灵活机制。

---

① HOHMANN M, WEIKARD D P. Educating Young Children: Active Learning Practices for Preschool and Childcare Programs [M]. Ypsilanti: Publication of the High /Scope Press, 1995: 37.
② 叶平枝. 在幼儿教育课程改革背景下重新审核关键经验思维意义、内涵与特征 [J]. 学前教育研究, 2008 (11): 7-11.
③ 顾荣芳, 王艳. 3~6岁儿童健康领域的关键经验与实施路径 [J]. 学前教育研究, 2015 (10): 15-23.
④ 高瞻教育研究基金会. 学前儿童观察评价系统 [M]. 霍力岩, 刘祎玮, 刘睿文, 等译. 北京: 教育科学出版社, 2018: 18.

（二）关键经验是富有"生成力"的学习生长点

在幼儿园教育活动中，不同教育情境为不同的学习生长点创造不同的条件或机会。某种意义上，教育情境中隐含着无限的学习生长点。然而，不同的学习生长点具有不同的经验"生成力"。

1. 学习生长点的辐射能力：不同的学习生长点的辐射范围不同。辐射范围与发展空间成正比，辐射面越大，经验链越长，发展空间越大。如同神经系统中的神经元，突触越多，其信息传播越广。显然，具有强大辐射力的学习生长点可称为关键经验。

2. 学习生长点的发展潜力：不同的学习生长点的发展潜力不同。发展潜力越大，经验的可持续性越强，经验链越长，连接过程越稳定，经验链也越"结实"。显然，关键经验属于具有发展潜力的学习生长点。

根据维特罗克的生成学习理论，学习过程是一种经验的生成过程，而经验的生成是学习者原有认知结构与环境中接受的感觉信息（新经验）相互作用、主动选择信息并且主动建构信息意义的过程。[①] 由此推知，学习生长点就是新旧经验的结合点，而"关键经验"就是主动选择并且主动建构有意义的信息。

表 5-1　关键经验特征及其含义

来源	特征	含义
高宽课程研究人员[②]	直接获得性	幼儿通过与环境互动获得"具体"经验，逐渐形成抽象概念
	发展意义性	经验的必要性、稳定性、普适性是必不可少的
	发展连续性	遵循某种顺序，经验能够联系过去和现在的体验，形成新经验
	循证教育性	教师要详细记录，并以此为基础展开教育，支持儿童习得经验

[①] 陈琦，刘儒德. 当代教育心理学［M］. 北京：北京师范大学出版社，2007，4：189.
[②] 爱泼斯坦. 数学：关键发展性指标与支持性教学策略［M］. 霍力岩，王冰虹，杜宝杰，等译. 北京：教育科学出版社，2018：15.

续表

来源	特征	含义
顾荣芳、王艳[①]	基础性	幼儿发展的经验基础
	连续性	相互联系或者前后联系
	交互性	与环境或者他人发生交互作用
	层次性	具有年龄特征的螺旋式发展
	反复性	在反复中逐渐获得经验
于冬青[②]	生成发展性	在教育情景中不断生成的经验而非直接作为活动目标
	互动连续性	具有不断发展变化的过程,分为不同层次和不同领域的经验
	主动学习	幼儿在学前教育活动中主动获得关键经验

第二节 表现性评价:寻找学习生长点的方法

学习评价模式很多,但是适合学习生长点的评价模式却不够明朗。基于学习生长点与关键经验的关系,我们尝试将关键经验的表现性评价作为寻找学习生长点的方法。

民间游戏生成课程的一个关键技术就是在幼儿游戏过程中发现学习生长点。既然关键经验是富有"生成力"的学习生长点,那么就可以通过关键经验的评价找到游戏过程中的学习生长点。

一、表现性评价及其特点

表现性评价(Performance Evaluation)是与传统的标准测验相对的一种评价方式,又称"另类评价""真实评价""新评价"。表现性评价起初主要用于非正规学习情境中学习效果的质性评价,后来引进幼儿园教育情境,并且作为一种过程性评价的主要模式。

[①] 顾荣芳,王艳.3~6岁儿童健康领域的关键经验与实施路径[J].学前教育研究,2015(10):15-23.

[②] 于冬青.关键经验:学前教育活动设计的新思路[J].东北师范大学学报(哲学社会科学版),2012(5):192-195.

幼儿的表现性评价要求评价与幼儿的生活经验吻合,反映幼儿在真实情境中理解、运用知识的能力,提倡在多种情境下运用多种方式评价幼儿。[1]

目前,表现性评价的概念界定比较多,主要观点见表5-2。

表5-2 表现性评价的概念及其关键词

来源	概念	关键词
周文叶[2]	在尽量合乎真实的情境中,运用评分规则对学生完成辅助任务的过程或/与结果做出判断	真实情境、评分规则、判断
斯蒂金斯[3]	表现性评价是对学生运用所学知识解决新问题或完成特定任务而进行的一种系统评价	所学知识、任务
威金斯[4]	评价学生在真实情境中的所知所能	真实情境、所知所能
R. Linn & E. Gronlund[5]	表现性评价包括文章写作、科学实验、语言表达与运用数学解决问题,强调做而不仅是知道,兼顾过程与结果	解决问题,过程和结果
松下佳代[6]	在某种特定的情境当中,对某人使用各种各样的知识和技艺进行的表演或制作完成的作品直接进行评价的方法	效果

综合分析概念界定可以判断:表现性评价是指在某种特定的真实或模拟情境中,考查学生(儿童)运用先前所获得的知识完成某项任务或解决某个问题的过程。表现性评价旨在评价知识与技能的掌握程度、问题解决能力、交流合作方式和批判性思考等多种复杂能力的发展状况。

与其他评价模式相比,表现性评价具有下列特点:(1)情境性(真实性),指学习者需要在真实的情境下完成特定的任务;(2)任务性,评价的考察点并

---

[1] 曹英. 幼儿表现性评价 [J]. 内江科技, 2014 (9): 125, 130.

[2] 周文叶. 中小学表现性评价的理论与技术 [M]. 上海: 华东师范大学出版社, 2014: 12.

[3] 冯生尧, 谢瑶妮. 英国高考中的表现性评价: 中心评审课程作业 [J]. 比较教育研究, 2006 (8): 78-82.

[4] 威金斯. 教育性评价 [M]. 北京: 中国轻工业出版社, 2005: 12.

[5] R. Linn & E. Gronlund. Measurement and assessment in teaching [M]. Upper Saddle River, N. J. Merrill, 2000: 181.

[6] 田中耕治, 松下佳代, 西冈加名惠, 三藤亚沙美. 学习评价的挑战——表现性评价在学校中的应用 [M]. 郑谷心, 译. 上海: 华东师范大学出版社, 2015: 60.

非单一，往往涉及受试者掌握的综合知识和技能；（3）活动性，完成特定任务的行为可以定义为一种活动。

二、表现性评价的要素

表现性评价一般包括三个核心要素：表现性目标、表现性任务、表现性评价工具。①

（一）表现性目标

表现性目标是我们期待学生能够表现且有机会展示出来的能力水平，具体分为：

1. 复杂的学习目标。如操作、运动、沟通、情意技能等领域；

2. 需要持久理解的目标。如整合多种智能领域。表现性评价目标适用于认知、情感和动作技能各个领域。②

（二）表现性任务

表现性任务，为了检测学生对特定目标完成的情况而对学生特定行为进行收集，以此作为评价学生的依据。③ 表现性任务必须与教学目标对接且具有情境吸引性。④

有学者提出表现性任务设计步骤：任务分析、设置问题情境、写任务指导语、循环修改。⑤ 常用表现性评价方法有儿童作品取样法、档案袋、教师设计任务或作业。⑥

幼儿主要表现性评价方式有口头描述、戏剧表演、演示、幼儿作品集。⑦ 幼儿在美术区里绘画、剪纸，在益智区里拼图、下棋，这些都是幼儿运用知识和技能的表现。

---

① 周文叶. 中小学表现性评价的理论与技术［M］. 上海：华东师范大学出版社，2014：53.
② 周文叶. 中小学表现性评价的理论与技术［M］. 上海：华东师范大学出版社，2014：56.
③ 周文叶. 中小学表现性评价的理论与技术［M］. 上海：华东师范大学出版社，2014：84.
④ 田中耕治，松下佳代，西冈加名惠，三藤亚沙美. 学习评价的挑战——表现性评价在学校中的应用［M］. 郑谷心，译. 上海：华东师范大学出版社，2015：110.
⑤ 周文叶. 中小学表现性评价的理论与技术［M］. 上海：华东师范大学出版社，2014：93-94.
⑥ 周欣. 表现性评价及其在学前教育中的应用［J］. 学前教育研究，2009（12）：28-33.
⑦ 曹英. 幼儿表现性评价［J］. 内江科技，2014（9）：125-130.

（三）表现性评价工具

表现性评价工具有等级量表（rating scales）、核查表（checklist）、评分规则（scoring rubric）。

等级量表既可以作为筛选表现性评价任务的工具，也可以用来评价幼儿的表现程度；核查表由一系列学习目标和发展指标构成，这些指标可以用来检测幼儿发展情况，帮助观察者检索幼儿行为或者评价学习结果；评分规则又称评分标准，是实施表现性评价时的一种关键评分工具，它描述了和标准相关的、期望学生达到的表现水平，告诉评价者应该在学生作品中寻找什么特征或标志，以及怎样根据事先制定好的规则评价作品。[①]

三、表现性评价——适合幼儿关键经验的评价

之所以选择表现性评价作为幼儿关键经验的评价方法，是因为表现性评价具有良好的拟合性、适宜性和真实性。

（一）目的的拟合性

表现性任务提倡的是一种动态的、过程性的评价，并且强调评价在教育之中的意义，要求评价任务不能与评价目标脱节，要与其一致。[②]

由此推知，表现性评价是适合3—6岁儿童学习与发展的评价。因为该年龄阶段的儿童书写能力和口头语言能力仍然十分有限，无法准确地利用符号表达自己的想法，只能通过行为动作表现出来。显然，偏重活动过程的表现性评价便能更确切地了解他们经验的发展以及经验发展的过程。

（二）任务的适宜性

表现性任务适用于考查幼儿关键经验的综合运用和灵活使用。关键经验在幼儿身上的体现是错综复杂的，一种行为可能同时蕴藏多种关键经验，一种关键经验也可以表征为不同的行为，关键经验这一特性使得我们在评价过程中要考虑到幼儿对其综合、灵活运用的程度。

有研究表明，幼儿在自己熟悉的场景中能够完成的任务并不能进行相应的迁移，也就是说如果儿童在另一不熟悉的场景中不能够完成之前已完成过的特

---

① 周文叶. 中小学表现性评价的理论与技术［M］. 上海：华东师范大学出版社，2014：111-119.
② 雷燕，李燕红. 表现性评价及其在幼儿评价中的应用［J］. 康定民族师范高等专科学校学报，2005（1）：91-94.

定任务的话，我们也认为该名幼儿缺乏相应的知识技能，① 这就是一种知识无法迁移的表现，通过表现性评价，能够在一定程度上削减对幼儿关键经验评价的偏差。

（三）结果的真实性

表现性任务依赖于真实情境，适用范围广、局限性小且外部信度较高。尤其是与传统的标准化测量相比，表现性评价不仅克服了仅能测试低水平知识这一缺点，还能测量出于真实情境中的复杂成就和情意表现。②

同时，与"学习故事"相比，虽然二者的理念相近，③ 但表现性评价对于行为表征的重视使其相较于"学习故事"更容易进行实证研究。

第三节　民间棋类游戏中关键经验的表现性评价

一、研究背景

（一）民间游戏中关键经验的研究

游戏的儿童发展价值主要集中在身体动作技能发展、认知发展和社会性发展等方面，民间游戏的教育功能则主要体现在增强文化认同感、发展智力及形成良好品质等方面。

近年来，民间游戏的儿童发展价值的实证研究逐步兴起。④ 民间游戏的儿童发展价值主要体现在儿童生理发展、认知发展、社会性发展、情感发展及个性发展五个方面。但是民间游戏的发展价值研究缺乏普适性的论证及实际运用。⑤

经典民间游戏"老鹰捉小鸡"的案例研究试图解释游戏在幼儿社会化中的三种作用：给予幼儿尝试失败与成功的经验；约定俗成的游戏规则与成人社会

---

① GULLO D F. Understanding Assessment and Evaluation in Early Childhood Education [M]. New York: Teachers College, Columbia University, 1994: 31-86.
② 林·格朗伦德. 教学中的测验与评价 [M]. 国家基础教育课程改革"促进教师发展与学生成长的评价研究"项目组，译. 北京：中国轻工业出版社，2003: 32-33.
③ 段媛媛. 表现性评价与"学习故事"——幼儿发展评价中的新范式与新方法 [J]. 漯河职业技术学院学报，2015（4）：183-184.
④ 程晨. 我国近十年幼儿园民间游戏研究评述 [J]. 成都师范学院报，2017（12）：44-47.
⑤ 冯超群. 民间游戏教育价值研究综述 [J]. 陕西学前师范学院学报，2016（2）：23-26.

相吻合；能够获得极高的情感体验。① 实验研究进一步表明，民间体育游戏能够促进身体素质、运动技能及社会行为。②

（二）棋类游戏中关键经验的研究

棋类游戏是益智游戏的一种，具有益智性、变化性和趣味性。③ 棋类游戏需要幼儿开动脑筋并具备一定的逻辑分析能力。棋类游戏虽规则性强但"取胜"方法多变，取胜后能带给幼儿愉悦感和成就感，对于好成功的幼儿会更加激发他们的好胜心和好奇心。显然，棋类游戏中的关键经验多与幼儿的智力因素结合。

棋类游戏蕴含着丰富的数学知识。"飞行棋"包含多种逻辑关系，如分类、顺序、数量、形状、时间、空间等。④

有幼儿园试图在棋类游戏中指导幼儿掌握关键经验——基本规则、基本技能（如点数、掷骰子）。⑤ 数字棋类游戏"企鹅捕鱼"在探究数学知识、过程性能力和学习品质的相互作用的基础上，发现幼儿能够在较强的游戏情境中习得计算、对比集合、点数等有效支持儿童数学学习的经验。⑥ 实践经验表明，幼儿园开展围合棋、象棋、自制棋活动，有助于大班幼儿学习品质（好奇心、主动性、专注性、创造性、反思性）的发展。⑦

总的来说，棋类游戏包含以下关键经验："知"——促进幼儿人际智能和自我认识的发展，如竞争与合作的交往技能；"省"——促进幼儿内省智能的发展，如自信、情绪稳定、承受力强、意志坚定；"想"——促进幼儿空间智能的发展，如空间方位（上、下、左、右）和空间想象能力；"思"——促进幼儿数学、逻辑智能的发展，数学方面有分类比较、排序、数量关系、目测数量、空间关系、时间关系（数、量、形、时、空五大方面），逻辑方面涉及注意力、观察力、判断力等。

---

① 朱华，蒋东升. 教育学视角下传统民间游戏与竞技的价值研究 [J]. 南京体育学院学报（社会科学版），2012（1）：75-78.

② 曹中平. 民间体育游戏应用于幼儿健康教育的实验研究 [J]. 学前教育研究，2005（1）：35-37.

③ 米娜. 幼儿园智力游戏开展现状与对策研究 [D]. 长春：东北师范大学，2014.

④ 张瑞. 浅谈幼儿园棋类游戏与数学的关系 [J]. 课程教学研究，2013（16）：160-161.

⑤ 洪丽玲. 幼儿园棋类游戏的实践与探索 [J]. 福建教育，2010（27）：112-113.

⑥ 钟晨焰. 社会建构视角下儿童游戏中学习行为的研究——以数学棋类游戏为例 [D]. 上海：华东师范大学，2018.

⑦ 徐娴. 棋类活动对大班幼儿学习品质的影响研究 [D]. 上海：上海师范大学，2018.

（三）民间棋类游戏中关键经验的研究

民间棋类游戏是指民间创编并在民间代代相传的棋类游戏，如时钟棋、城堡棋、百格棋、猫捉老鼠棋等。

毛南族棋类游戏主要包括飞行棋、皇棋、射击棋、老母棋、三点棋、牛角棋、园棋和铡刀棋等。民族棋类游戏不仅能够增强儿童的民族认同、文化自信，而且在幼儿规则意识和正确竞技意识中起到关键意义。①

通过传授式教学、区域游戏和渗透式家园合作，幼儿园能够帮助幼儿在民间棋类游戏中获得经验的增长。② 民间棋类游戏能够提升幼儿的观察力、注意力、想象力、思维力以促进认知能力发展。③ 作为一种益智游戏，民间棋类游戏对幼儿数学经验及思维发展有促进作用。④ 作为一种竞技性游戏，幼儿在社会性互动中产生愉快的学习体验，形成主动学习的积极态度。⑤

综上所述，民间棋类游戏不仅具有民间游戏的一般价值，而且在数学认知学习和智力品质上具有独到价值。

二、民间棋类游戏中关键经验表现性评价过程

（一）设置表现性目标

本研究中表现性目标是民间棋类游戏中的关键经验。根据关键发展指标，本研究把民间棋类游戏中的关键经验划分为8种（见表5-3）。然后在文献综述的基础上，归纳出民间棋类游戏中关键经验的概念定义（见表5-4）

表5-3　民间棋类游戏中的关键经验

关键发展指标	含义	关键经验
数据分析	利用数量信息得出结论、做出决定和解决问题	事物关系
空间意识	幼儿识别人与物之间的空间关系	空间意识

---

① 徐莉，彭海伦. 毛南族儿童的棋游戏及其教育意义价值［J］. 学前教育研究，2009（2）：44-47，51.
② 周亚明. 民间土棋游戏园本课程开发的意义与途径［J］. 学前教育研究，2016（10）：67-69.
③ 于淑娟. 民间游戏的学校教育价值及其实现［D］. 济南：山东师范大学，2016.
④ 张凤敏. 幼儿园游戏区规划与指导［M］. 上海：华东师范大学出版社，2017：118.
⑤ 梁庆丽. 建构主义理论视野下的幼儿园智力游戏开展的现状及对策研究［D］. 长春：东北师范大学，2013.

续表

关键发展指标	含义	关键经验
序列	对物体的各种属性进行比较，将多个物体按序列或者形式一一进行排序，并描述它们之间的关系	序列
模式	幼儿识别、描述、复制、补全及创造模式	
数词与符号	幼儿识别并使用数词（基数词与序数词）和符号	数字与计数
点数	幼儿点数物品	
部分整体	幼儿组合与分解物体的数量	
问题解决	幼儿解决游戏中遇到的问题	判断与反思
反思	幼儿对自己的经验进行反思	
实验	幼儿通过实验验证自己的想法	
预测	幼儿对将要发生的事进行预测	
学习品质	幼儿专注于感兴趣的活动	专注性
社会性发展	幼儿具有积极的自我认知	自我认同
情感发展	幼儿识别、标记和调节自己的情感	情感

表 5-4 民间棋类游戏中关键经验的概念定义

关键经验	概念定义
事物关系	解读事物信息；发现事物的功能、作用；应用事物的功能、作用
空间意识	按照指示正确取放物体和辨别自己的左右；能够正确移动物体进行回应；能够敏锐地感知环境变化；富有空间想象力
序列	能发现简单规律，描述它们之间的关系和比较属性；按照规律排序并尝试创造新的排序方式
数字和计数	进行两个集合的目测比较；能够一一对应地点 10 个以上的物体；能够在实际操作中进行 10 以内的加减运算；能够对一个数进行组合和分解
判断与反思	预测尚未发生的行为或情景；能够找到解决方法；能够对事情出现的原因进行分析；回忆过去相似的经历
专注性	幼儿注意力能够集中在任务对象上；有意识地对其他事物减少关注；过程中几乎不需要教师督促提醒
自我认同	知道自己是特别的、与众不同的；能够积极地看待自己；在活动中感受到成功的愉悦感后还想做得更好

续表

关键经验	概念定义
情感	能够经常保持愉快的情绪；知道引起情绪的原因并调整控制情绪的表达方式；关注别人的情绪和需要并给予力所能及的帮助

(二) 确定表现性任务

本研究参考《民间棋类游戏》（罗鉴江著），结合幼儿园10多年的棋类游戏实践经验，把符合幼儿年龄特征和兴趣的民间棋类游戏划分为7类20种（见表5-5）。

表5-5 幼儿民间棋类游戏的类型

类型	游戏
到达类	虎鸡虫棒棋、田鼠搬家棋、跳棋、飞行棋
封锁类	憋死牛、大斜方棋
占地类	围合棋、十分棋
成形类	倒序棋、靶棋、立体四子棋、五子棋
灭子类	歼敌棋、西瓜棋、六子棋
取子类	金字塔棋、石头剪刀布棋
争子类	黑白格棋、占角棋、六色记忆棋

本研究以四分位距和众数作为筛选标准，从20种棋类游戏中筛选出虎鸡虫棒棋、围合棋、五子棋、六子棋、占角棋五种游戏作为评价的表现性任务。

(三) 实施表现性任务

本研究采用实况详录法实施表现性任务。

实况详录法指在一段时间内（如一个小时或半天内）持续地、尽可能详尽地记录研究对象所有行为动作表现，如本研究中主要观察幼儿在民间棋类游戏中的关键经验表现行为，借助录像设备把现场资料完整记录下来，以便对幼儿的表现性行为进行详细客观的描述。

研究对象是浏阳市一所市级H民办园（专门开设棋类游戏活动区）的大班幼儿（N=30）。在每一个民间棋类游戏拍摄之前，首先让大班的各个班级选出的10名小朋友自由配对分为5组，按组进行棋类游戏，每当投入新的游戏材料时，重新让幼儿自由配对，以此循环，每个游戏玩三到五局或时间持续在15分钟以上，保证幼儿对弈的时长和对弈盘数，有利于幼儿在对弈中关键经验的逐渐外显，增加研究的有效性。

（四）制定评分规则

制定评分规则路径有三种：一是收集幼儿作品，根据幼儿作品特征形成不同等级和维度的评分规则；二是基于一个理论框架，结合教师经验和所评内容细分具体特征表现；三是混合规则设计，既有理论框架指导又有学生作品特征。[①]

本研究采用的制定评分规则路径是第三种：基于表现性目标形成的关键经验概念性定义，根据预观察和游戏行为检索技术对实况详录资料进行整理，检索幼儿游戏行为再具体细分幼儿在民间棋类游戏中关键经验行为表现，完善概念定义，为教师日后科学地观察和评价幼儿提供评分规则。

（五）实施表现性评价

采用时间取样法进行编码计分，即当关键经验行为发生时，用分数表示在一个较短的时间段内该行为出现。[②]

在反复回看民间棋类游戏录像的基础上，以3分钟为一个时间段，每个时间段间隔2分钟就观察1分钟，利用查核记号"√"在检索表中记录每次游戏行为中出现的关键经验，若在观察的时间段内一次游戏行为对应多个关键经验，则对应的每个关键经验都记1分。

四、研究结果

由于不同的表现性任务及游戏时长不一致，因此将幼儿在游戏中每个关键经验的总得分除以每个游戏的总时间段，以消除因不同游戏时长引起的得分差异。根据研究目的和研究内容，进行不同游戏间和不同关键经验间的差异分析和相关分析。

（一）民间棋类游戏中关键经验的差异分析

为了了解不同的关键经验在民间游戏中的位次差异，本研究采取单因素方差分析，以游戏为维度，探讨在同一类的民间棋类游戏中的各个关键经验之间是否存在差异，有助于教师了解民间棋类游戏中关键经验的位次情况。

---

① 佟柠. 如何开展指向核心素养的表现性评价 [J]. 中学地理教学参考, 2017 (17)：49-52.

② 贝蒂. 幼儿发展的观察与评价：第7版 [M]. 郑福明, 费广洪, 译. 北京：高等教育出版社, 2011：50.

1. 五子棋中关键经验的差异

方差分析的结果显示，五子棋中关键经验的得分具有显著差异[F（7,239）= 36.054, p = 0.000 < 0.05）]。由于五子棋的方差不齐性（p = 0.000 < 0.05），因此用多重比较检验法筛选出五子棋中含量最高的关键经验。

进一步的多重分析结果显示，在五子棋上，事物关系分别和数字与计数、自我认同、情感调节有显著性差异；空间意识分别和序列、数字与计数、自我认同、情感调节有显著性差异；序列分别和数字与计数、自我认同、情感调节有显著性差异；数字与计数分别和判断与反思、专注性、自我认同有显著性差异；专注性分别和自我认同、情感调节有显著性差异；自我认同和情感调节有显著性差异。其中空间意识在五子棋中得分最高，其次是专注性和事物关系，得分最低的是数字与计数。

表 5-6 五子棋多重比较

		2	3	4	5	6	7	8
1. 事物关系	均值差	-0.146	0.043	0.540*	0.150	-0.077	0.283*	0.490*
	显著性	0.078	1.000	0.000	0.698	0.988	0.001	0.000
2. 空间意识	均值差		0.188*	0.686*	0.295*	0.068	0.429*	0.636*
	显著性		0.010	0.000	0.001	0.902	0.000	0.000
3. 序列	均值差			0.497*	0.107	-0.120	0.241*	0.447*
	显著性			0.000	0.990	0.600	0.010	0.000
4. 数字与计数	均值差				-0.390*	-0.617*	-0.257*	-0.050
	显著性				0.000	0.000	0.005	1.000
5. 判断与反思	均值差					-0.227*	0.134	0.340*
	显著性					0.040	0.894	0.001
6. 专注性	均值差						0.361*	0.567*
	显著性						0.000	0.000
7. 自我认同	均值差							0.207*
	显著性							0.045
8. 情感调节	均值差							
	显著性							

* p<0.05

2. 虎鸡虫棒棋中关键经验的差异

方差分析的结果显示，关键经验在虎鸡虫棒棋的得分上具有显著差异［$F(7,239)=127.628$，$p=0.000<0.05$）］。由于虎鸡虫棒棋的方差不齐性（$p=0.000<0.05$），因此用多重比较检验法筛选出虎鸡虫棒棋中含量最高的关键经验。

表5-7 虎鸡虫棒棋多重比较

		2	3	4	5	6	7	8
1. 事物关系	均值差	0.065	0.955*	0.923*	0.505*	0.035	0.509*	0.628*
	显著性	0.990	0.000	0.000	0.000	1.000	0.000	0.000
2. 空间意识	均值差		0.889*	0.858*	0.439*	-0.030	0.443*	0.563*
	显著性		0.000	0.000	0.000	1.000	0.000	0.000
3. 序列	均值差			-0.031	-0.450*	-0.919*	-0.446*	-0.326*
	显著性			0.861	0.000	0.000	0.000	0.000
4. 数字与计数	均值差				-0.419*	-0.888*	-0.415*	-0.295*
	显著性				0.000	0.000	0.000	0.000
5. 判断与反思	均值差					-0.469*	0.004	0.124
	显著性					0.000	1.000	0.914
6. 专注性	均值差						0.473*	0.593*
	显著性						0.000	0.000
7. 自我认同	均值差							0.120
	显著性							0.813
8. 情感调节	均值差							
	显著性							

*$p<0.05$

进一步的多重分析结果显示，在虎鸡虫棒棋上，事物关系分别和序列、数字与计数、判断与反思、自我认同、情感调节有显著性差异；空间意识分别和序列、数字与计数、判断与反思、自我认同、情感调节有显著性差异；序列分别和判断与反思、专注性、自我认同、情感调节有显著性差异；数字与计数分别和判断与反思、专注性、自我认同、情感调节有显著性差异；判断与反思和专注性有显著差异；专注性分别和自我认同、情感调节有显著性差异。其中事物关系在虎鸡虫棒棋中得分最高，其次是专注性和空间意识，得分最低的是序列。

3. 占角棋中关键经验的差异

方差分析的结果显示，关键经验在占角棋的得分上具有显著差异[F (7, 239) = 54.004, p = 0.000 < 0.05)]。由于占角棋的方差不齐性（p = 0.000 < 0.05），因此用多重比较检验法筛选出占角棋中含量最高的关键经验。

表 5-8 占角棋多重比较

		2	3	4	5	6	7	8
1. 事物关系	均值差	-0.118*	0.724*	0.354*	0.449*	-0.005	0.404*	0.484*
	显著性	0.025	0.000	0.000	0.000	1.000	0.000	0.000
2. 空间意识	均值差		0.843*	0.473*	0.567*	0.113	0.522*	0.603*
	显著性		0.000	0.000	0.000	0.116	0.000	0.000
3. 序列	均值差			-0.370*	-0.276*	-0.729*	-0.320*	-0.240*
	显著性			0.000	0.002	0.000	0.000	0.021
4. 数字与计数	均值差				0.094	-0.359*	0.050	0.130
	显著性				0.979	0.000	1.000	0.755
5. 判断与反思	均值差					-0.453*	-0.044	0.036
	显著性					0.000	1.000	1.000
6. 专注性	均值差						0.409*	0.489*
	显著性						0.000	0.000
7. 自我认同	均值差							0.080
	显著性							1.000
8. 情感调节	均值差							
	显著性							

* p<0.05

进一步的多重分析结果显示，在占角棋上，事物关系分别和空间意识、序列、数字与计数、判断与反思、自我认同、情感调节有显著性差异；空间意识分别和序列、数字与计数、判断与反思、自我认同、情感调节有显著性差异；序列分别和数字与计数、判断与反思、专注性、自我认同、情感调节有显著性差异；数字与计数和专注性有显著性差异；判断与反思和专注性有显著性差异；专注性分别和自我认同、情感调节有显著性差异。其中空间意识在占角棋上得分最高，其次是专注性和事物关系，得分最低的是序列。

4. 六子棋中关键经验的差异

方差分析的结果显示,关键经验在六子棋的得分上具有显著差异[$F_{(7, 239)} = 103.230$,$p = 0.000 < 0.05$]。由于六子棋的方差不齐性($p = 0.000 < 0.05$),因此用多重比较检验法筛选出六子棋中含量最高的关键经验。

表5-9 六子棋多重比较

		2	3	4	5	6	7	8
1. 事物关系	均值差	-0.338*	0.630*	0.552*	0.243	-0.211	0.343*	0.443*
	显著性	0.000	0.000	0.000	0.061	0.066	0.000	0.000
2. 空间意识	均值差		0.968*	0.890*	0.580*	0.127	0.681*	0.781*
	显著性		0.000	0.000	0.000	0.061	0.000	0.000
3. 序列	均值差			-0.078*	-0.388*	-0.841*	-0.287*	-0.187*
	显著性			0.044	0.000	0.000	0.000	0.001
4. 数字与计数	均值差				-0.310*	-0.763*	-0.209*	-0.109
	显著性				0.000	0.000	0.000	0.327
5. 判断与反思	均值差					-0.453*	0.100	0.201
	显著性					0.000	0.939	0.075
6. 专注性	均值差						0.554*	0.654*
	显著性						0.000	0.000
7. 自我认同	均值差							0.100
	显著性							0.601
8. 情感调节	均值差							
	显著性							

*$p<0.05$

进一步的多重分析结果显示,在六子棋上,事物关系分别和空间意识、序列、数字与计数、自我认同、情感调节有显著性差异;空间意识分别和序列、数字与计数、判断与反思、自我认同、情感调节有显著性差异;序列分别和数字与计数、判断与反思、专注性、自我认同、情感调节有显著性差异;数字与计数分别和判断与反思、专注性、自我认同有显著性差异;判断与反思和专注性有显著性差异;专注性分别和自我认同、情感调节有显著性差异。其中空间意识在六子棋上得分最高,其次是专注性、事物关系,得分最低的是序列。

5. 围合棋中关键经验的差异

方差分析的结果显示，关键经验在围合棋的得分上具有显著差异［$F(7, 239) = 74.781$，$p = 0.000 < 0.05$］。由于围合棋的方差不齐性（$p = 0.000 < 0.05$），因此用多重比较检验法筛选出围合棋中含量最高的关键经验。

进一步的多重分析结果显示，在围合棋上，事物关系分别和空间意识、序列、数字与计数、专注性有显著性差异；空间意识分别和序列、数字与计数、判断与反思、自我认同、情感调节有显著性差异；序列分别和数字与计数、判断与反思、专注性、自我认同、情感调节有显著性差异；数字与计数分别和判断与反思、专注性、自我认同、情感调节有显著性差异；判断与反思和专注性有显著性差异；专注性分别和自我认同、情感调节有显著性差异。其中空间意识在围合棋上得分最高，其次是专注性、判断与反思，得分最低的是序列。

表 5-10 围合棋多重比较

		2	3	4	5	6	7	8
1. 事物关系	均值差	-0.473*	0.365*	0.247*	-0.057	-0.451*	0.111	0.186
	显著性	0.000	0.000	0.001	1.000	0.000	0.854	0.113
2. 空间意识	均值差		0.838*	0.720*	0.416*	0.022	0.584*	0.658*
	显著性		0.000	0.000	0.000	1.000	0.000	0.000
3. 序列	均值差			-0.118*	-0.422*	-0.816*	-0.254*	-0.179*
	显著性			0.000	0.000	0.000	0.000	0.003
4. 数字与计数	均值差				-0.304*	-0.698*	-0.136*	-0.061
	显著性				0.000	0.000	0.050	0.997
5. 判断与反思	均值差					-0.394*	0.168	0.242*
	显著性					0.000	0.174	0.008
6. 专注性	均值差						0.562*	0.637*
	显著性						0.000	0.000
7. 自我认同	均值差							0.075
	显著性							0.994
8. 情感调节	均值差							
	显著性							

* $p<0.05$

（二）民间棋类游戏之间关键经验的差异分析

为了了解在不同民间棋类的游戏中，幼儿关键经验的表现差异，采用单因素方差分析，以关键经验为维度，探讨不同的游戏情境是否会影响幼儿关键经验的表现，帮助教师选择出最能够培养某种关键经验的民间棋类游戏。

1. 事物关系的差异

方差分析的结果显示，五种民间棋类游戏在培养事物关系上具有显著差异[$F(2, 149) = 29.442$, $p = 0.000 < 0.05$]。由于事物关系的方差不齐性（$p = 0.000 < 0.05$），因此，用多重比较检验法筛选出五种民间棋类游戏中培养该经验最优的游戏。

表 5-11　事物关系多重比较

		2	3	4	5
1. 五子棋	均值差（P）	-0.164 (0.020)	-0.061 (0.939)	0.156 (0.243)	0.420* (0.000)
2. 虎鸡虫棒棋	均值差（P）		0.103 (0.161)	0.320* (0.000)	0.584* (0.000)
3. 占角棋	均值差（P）			0.216* (0.013)	0.481* (0.000)
4. 六子棋	均值差（P）				0.264* (0.006)
5. 围合棋	均值差（P）				

＊$p < 0.05$

进一步的多重比较结果显示，在事物关系上，五子棋分别与虎鸡虫棒棋、围合棋有显著差异；虎鸡虫棒棋分别与六子棋、围合棋有显著差异；占角棋分别与六子棋、围合棋有显著差异；六子棋与围合棋有显著差异。

虎鸡虫棒棋与五子棋、六子棋、围合棋、占角棋的均值差均为正，因此，虎鸡虫棒棋是在五种民间棋类游戏中事物关系表现最佳的游戏。围合棋与六子棋、五子棋、占角棋、虎鸡虫棒棋的均值差均为负且极其显著，因此围合棋是五种游戏中在事物关系上表现最差的游戏。

从效果来看，在事物关系维度下，五种民间棋类游戏排序为：虎鸡虫棒棋、占角棋、五子棋、六子棋、围合棋。

2. 空间意识的差异

方差分析的结果显示，五种民间棋类游戏在培养空间意识上具有显著差异 [$F(2, 149) = 5.355$, $p = 0.000 < 0.05$]。由于空间意识的方差不齐性（$p = 0.000 < 0.05$），因此，用多重比较检验法筛选出五种民间棋类游戏中培养该经验最优的游戏。

表 5-12 空间意识多重比较

		2	3	4	5
1. 五子棋	均值差（P）	0.047 (0.940)	−0.033 (0.836)	−0.036 (0.772)	0.093 (0.149)
2. 虎鸡虫棒棋	均值差（P）		−0.080 (0.290)	−0.083 (0.254)	0.046 (0.981)
3. 占角棋	均值差（P）			−0.003 (1.000)	0.126* (0.005)
4. 六子棋	均值差（P）				0.129* (0.004)
5. 围合棋	均值差（P）				

* $p < 0.05$

进一步的多重比较结果显示，在空间意识上，占角棋与围合棋有显著差异；六子棋与围合棋有显著差异。

六子棋与占角棋、五子棋、虎鸡虫棒棋、围合棋的均值差均为正，因此，六子棋是在五种民间棋类游戏中空间意识表现最佳的游戏。围合棋与虎鸡虫棒棋、五子棋、占角棋、六子棋的均值差均为负，因此围合棋是五种游戏中在空间意识上表现最差的游戏。

从效果来看，空间意识维度下，五种民间棋类游戏排序为：六子棋、占角棋、五子棋、虎鸡虫棒棋、围合棋。

3. 序列的差异

方差分析的结果显示，五种民间棋类游戏在培养序列上具有显著差异 [$F(2, 149) = 149.654$, $p = 0.000 < 0.05$]。由于序列的方差不齐性（$p = 0.000 < 0.05$），因此，用多重比较检验法筛选出五种民间棋类游戏中培养该经验最优的游戏。

多重比较结果显示,在序列上,五子棋分别与虎鸡虫棒棋、占角棋、六子棋、围合棋有显著差异;虎鸡虫棒棋与占角棋有显著差异;占角棋分别与六子棋、围合棋有显著差异。

五子棋与占角棋、围合棋、六子棋、虎鸡虫棒棋的均值差均为正,且具有显著差异,说明五子棋远比其他四种民间棋类游戏更加适合培养序列这个关键经验,因此,五子棋是在五种民间棋类游戏中序列表现最佳的游戏。虎鸡虫棒棋与六子棋、围合棋、占角棋、五子棋的均值差均为负,因此虎鸡虫棒棋是五种游戏中在序列上表现最差的游戏。

从效果来看,序列维度下,五种民间棋类游戏排序为:五子棋、占角棋、围合棋、六子棋、虎鸡虫棒棋。

表 5-13 序列多重比较

		2	3	4	5
1. 五子棋	均值差 (P)	0.748* (0.000)	0.621* (0.000)	0.743* (0.000)	0.742* (0.000)
2. 虎鸡虫棒棋	均值差 (P)		−0.127 (0.027)	−0.005 (0.981)	−0.006 (0.981)
3. 占角棋	均值差 (P)			0.122* (0.039)	0.121* (0.042)
4. 六子棋	均值差 (P)				−0.001 (1.000)
5. 围合棋	均值差 (P)				

* $p<0.05$

4. 数字与计数的差异

方差分析的结果显示,五种民间棋类游戏在培养数字与计数上具有显著差异 [$F(2, 149) = 38.952$, $p = 0.000 < 0.05$]。由于数字与计数的方差不齐性($p = 0.000 < 0.05$),因此,用多重比较检验法筛选出五种民间棋类游戏中培养该经验最优的游戏。

表 5-14 数字与计数多重比较

		2	3	4	5
1. 五子棋	均值差 （P）	0.219* (0.001)	-0.246 (0.001)	0.168* (0.018)	0.127 (0.146)
2. 虎鸡虫棒棋	均值差 （P）		-0.465 (0.000)	-0.051 (0.509)	-0.092* (0.013)
3. 占角棋	均值差 （P）			0.414* (0.000)	0.373* (0.000)
4. 六子棋	均值差 （P）				-0.041 (0.878)
5. 围合棋	均值差 （P）				

说明：* $p<0.05$

多重比较结果显示，在数字与计数上，五子棋分别与虎鸡虫棒棋、占角棋、六子棋有显著差异；虎鸡虫棒棋分别与占角棋、围合棋有显著差异；占角棋分别与六子棋、围合棋有显著差异。

占角棋与五子棋、围合棋、六子棋、虎鸡虫棒棋的均值差均为正，且具有显著差异，说明占角棋远比其他四种民间棋类游戏更加适合培养数字与计数这个关键经验，因此，占角棋是在五种民间棋类游戏中数字与计数表现最佳的游戏。虎鸡虫棒棋与六子棋、围合棋、五子棋、占角棋的均值差均为负，因此虎鸡虫棒棋是五种游戏中在数字与计数上表现最差的游戏。

从效果来看，数字与计数维度下五种民间棋类游戏排序为：占角棋、五子棋、围合棋、六子棋、虎鸡虫棒棋。

5. 判断与反思的差异

方差分析的结果显示，五种民间棋类游戏在培养判断与反思上具有显著差异 [$F(2, 149) = 3.863$, $p = 0.005 = 0.05$]。由于判断与反思的方差是齐的（$p = 0.415 > 0.05$），因此，用多重比较检验法筛选出五种民间棋类游戏中培养该经验最优的游戏。

表 5-15 判断与反思多重比较

		2	3	4	5
1. 五子棋	均值差（P）	0.191*（0.010）	0.238*（0.001）	0.249*（0.001）	0.214*（0.004）
2. 虎鸡虫棒棋	均值差（P）		0.047（0.522）	0.058（0.434）	0.023（0.759）
3. 占角棋	均值差（P）			0.010（0.887）	0.025（0.738）
4. 六子棋	均值差（P）				−0.035（0.634）
5. 围合棋	均值差（P）				

说明：* $p<0.05$

进一步的多重比较结果显示，在判断与反思上，五子棋分别与虎鸡虫棒棋、占角棋、六子棋、围合棋有显著差异。

五子棋与虎鸡虫棒棋、围合棋、占角棋、六子棋的均值差均为正，因此，五子棋是在五种民间棋类游戏中判断与反思表现最佳的游戏。六子棋与占角棋、围合棋、虎鸡虫棒棋、五子棋的均值差均为负，因此六子棋是五种游戏中在判断与反思上表现最差的游戏。

从效果来看，判断与反思维度下，五种民间棋类游戏排序为：五子棋、虎鸡虫棒棋、围合棋、占角棋、六子棋。

6. 专注性的差异

方差分析的结果显示，五种民间棋类游戏在培养专注性上无显著差异 [$F(2, 149) = 1.151$, $p = 0.335>0.05$]。由于专注性的方差是齐的（$p = 0.415>0.05$），因此用多重比较检验法筛选出五种民间棋类游戏中培养该经验最优的游戏。

表 5-16 专注性多重比较

		2	3	4	5
1. 五子棋	均值差（P）	-0.051 (0.284)	0.012 (0.805)	0.023 (0.638)	0.046 (0.335)
2. 虎鸡虫棒棋	均值差（P）		0.063 (0.188)	0.074 (0.124)	0.098* (0.043)
3. 占角棋	均值差（P）			0.011 (0.822)	0.034 (0.473)
4. 六子棋	均值差（P）				0.024 (0.621)
5. 围合棋	均值差（P）				

＊p<0.05

多重比较结果显示，在专注性上，虎鸡虫棒棋与围合棋有显著差异且得分显著高于围合棋，说明在培养专注性上，虎鸡虫棒棋的效果优于围合棋，其余四种棋类均无显著差异。从均值差上看，虎鸡虫棒棋在培养该经验上的效果最好，围合棋表现最差。

从效果来看，专注性维度下，五种民间棋类游戏排序为：虎鸡虫棒棋、五子棋、占角棋、六子棋、围合棋。

7. 自我认同的差异

方差分析的结果显示，五种民间棋类游戏在培养自我认同上具有显著差异[$F(2, 149) = 7.644, p = 0.000 < 0.05$]。由于自我认同的方差是齐的（$p = 0.119 > 0.05$），因此，用多重比较检验法筛选出五种民间棋类游戏中培养该经验最优的游戏。

表 5-17 自我认同多重比较

		2	3	4	5
1. 五子棋	均值差（P）	0.061 (0.270)	0.060 (0.279)	0.215* (0.000)	0.248* (0.000)
2. 虎鸡虫棒棋	均值差（P）		-0.001 (0.983)	0.154* (0.006)	0.186* (0.001)

续表

		2	3	4	5
3. 占角棋	均值差（P）			0.155*（0.006）	0.187*（0.001）
4. 六子棋	均值差（P）				0.032（0.561）
5. 围合棋	均值差（P）				

＊p<0.05

多重比较结果显示，在自我认同上，五子棋分别与六子棋、围合棋有显著差异；虎鸡虫棒棋与六子棋、围合棋有显著差异；占角棋分别与六子棋、围合棋有显著差异。

五子棋与占角棋、虎鸡虫棒棋、六子棋、围合棋的均值差均为正，因此，五子棋是在五种民间棋类游戏中自我认同表现最佳的游戏。围合棋与六子棋、虎鸡虫棒棋、占角棋、五子棋的均值差均为负，因此，围合棋是五种游戏中在自我认同上表现最差的游戏。

从效果来看，自我认同维度下，五种民间棋类游戏排序为：五子棋、占角棋、虎鸡虫棒棋、六子棋、围合棋。

8. 情感调节的差异

方差分析的结果显示，五种民间棋类游戏在培养情感调节上具有显著差异 [$F(2, 149) = 3.260$，$p = 0.014 < 0.05$]。由于情感调节的方差是齐的（$p = 0.162 > 0.05$），因此，用多重比较检验法筛选出五种民间棋类游戏中培养该经验最优的游戏。

多重比较结果显示，在情感调节上，虎鸡虫棒棋分别与六子棋、围合棋有显著差异。

占角棋与虎鸡虫棒棋、五子棋、六子棋、围合棋均值差均为正，因此五子棋是在五种民间棋类游戏中情感调节表现最佳的游戏。围合棋与六子棋、五子棋、虎鸡虫棒棋、占角棋的均值差均为负，因此围合棋是五种游戏中在情感调节上表现最差的游戏。

从效果来看，情感调节维度下，五种民间棋类游戏排序为：占角棋、虎鸡虫棒棋、五子棋、六子棋、围合棋。

表 5-18 情感调节多重比较

		2	3	4	5
1. 五子棋	均值差 （P）	-0.026 (0.690)	-0.066 (0.304)	0.109 (0.091)	0.116 (0.073)
2. 虎鸡虫棒棋	均值差 （P）		-0.040 (0.539)	0.135* (0.037)	0.141* (0.029)
3. 占角棋	均值差 （P）			0.175* (0.007)	0.182* (0.005)
4. 六子棋	均值差 （P）				0.007 (0.915)
5. 围合棋	均值差 （P）				

* $p<0.05$

（三）民间棋类游戏中关键经验的相关分析

为了了解在不同的民间棋类游戏中关键经验之间的相关性，因此，通过计算斯皮尔曼相关系数来探讨关键经验之间的相关程度，统计结果见表 5-19。

由表 5-19 可知，空间意识与专注性呈显著正相关（$r=0.310$，$p=0.000$），说明幼儿在民间棋类游戏中空间意识获得越高，相对应游戏的专注性也越高。

数字与计数和序列呈显著正相关（$r=0.288$，$p=0.000$），说明幼儿数字与计数的关键经验能够在玩包含丰富的序列关键经验的民间棋类游戏时获得。

判断与反思和序列呈显著正相关（$r=0.213$，$p=0.009$），判断与反思和数字与计数呈显著正相关（$r=0.203$，$p=0.013$），说明在民间棋类游戏中获得判断与反思经验越丰富，相应游戏的序列、数字与计数经验也会越丰富。

专注性和事物关系呈显著正相关（$r=0.268$，$p=0.001$），专注性和空间意识呈显著正相关（$r=0.310$，$p=0.000$），说明教师在培养幼儿的专注性时，可以选择含事物关系或者空间意识经验丰富的游戏。

自我认同和事物关系呈极其显著正相关（$r=0.270$，$p=0.001$）；自我认同和序列呈显著正相关（$r=0.290$，$p=0.000$）；自我认同和数字与计数呈显著正相关（$r=0.248$，$p=0.002$）；自我认同和判断与反思呈显著正相关（$r=0.354$，$p=0.000$）；自我认同与专注性呈显著正相关（$r=0.273$，$p=0.001$），说明幼儿在民间棋类游戏中自我认同关键经验获得越高，相应游戏的序列、数字与计数、判断与反思、专注性也越高。

情感调节和事物关系呈显著正相关（r=0.266，p=0.001）；情感调节与判断与反思呈显著正相关（r=0.258，p=0.001）；情感调节和自我认同呈显著正相关（r=0.256，p=0.002），说明幼儿在民间棋类游戏中情感调节关键经验获得越高，相应游戏的事物关系、判断由于反思、自我认同也会越高。

表 5-19　民间棋类游戏中关键经验相关矩阵

		1	2	3	4	5	6	7
1. 事物关系	相关系数							
	显著性							
2. 空间意识	相关系数	0.237*						
	显著性	0.004						
3. 序列	相关系数	0.114	0.121					
	显著性	0.166	0.141					
4. 数字与计数	相关系数	0.067	0.023	0.288**				
	显著性	0.418	0.783	0.000				
5. 判断与反思	相关系数	0.113	0.125	0.213*	0.203*			
	显著性	0.169	0.127	0.009	0.013			
6. 专注性	相关系数	0.268**	0.310**	0.019	0.047	0.145		
	显著性	0.001	0.000	0.821	0.570	0.076		
7. 自我认同	相关系数	0.270**	0.148	0.290**	0.248**	0.354**	0.273**	
	显著性	0.001	0.071	0.000	0.002	0.000	0.001	
8. 情感调节	相关系数	0.266**	0.051	0.075	0.105	0.258**	0.157	0.256**
	显著性	0.001	0.537	0.365	0.201	0.001	0.056	0.002

* $p<0.05$，** $p<0.01$

（四）幼儿关键经验的影响因素

幼儿游戏的发展除了受儿童的年龄、发展水平、个性和性别特征影响外，还受到家庭关系、同伴关系和课程等社会因素的影响。所以，需要探讨幼儿性别、游戏时长和游戏类型对关键经验的影响。

1. 关键经验的性别差异

采用单因素方差分析考察不同关键经验的性别差异。统计结果（见表5-20）。

表 5-20 民间棋类游戏中关键经验在游戏时长上的差异

	M±SD（最大值，最小值）		I-J	P
	男（N=15）	女（N=15）	男-女	男 & 女
事物关系	0.759±0.290 (1.000, 0.000)	0.682±0.316 (1.000, 0.000)	0.077	0.121
空间意识	0.911±0.141 (1.000, 0.200)	0.934±0.136 (1.000, 0.400)	-0.023	0.301
序列	0.180±0.347 (1.000, 0.000)	0.174±0.300 (1.000, 0.000)	0.006	0.921
数字与计数	0.227±0.239 (0.833, 0.000)	0.167±0.222 (0.833, 0.000)	0.060	0.115
判断与反思	0.522±0.284 (1.000, 0.000)	0.403±0.296 (1.000, 0.000)	0.119	0.013
专注性	0.866±0.190 (1.000, 0.182)	0.859±0.182 (1.000, 0.200)	0.007	0.820
自我认同	0.414±0.249 (1.000, 0.000)	0.367±0.214 (1.000, 0.000)	0.047	0.222
情感调节	0.309±0.246 (1.000, 0.000)	0.240±0.262 (1.000, 0.000)	0.069	0.100

从表 5-20 中可以看出，判断与反思的性别差异显著（$p \leq 0.05$），说明男女性别在判断与反思上存在显著差异；其余经验的性别差异均不显著（$p \geq 0.05$），这说明在这些经验上，性别不产生显著影响。

2. 关键经验的游戏时长差异

因为研究者在设计表现性任务时，规定被试者每次在开展民间棋类游戏至少对弈三到五局或时间持续在 15 分钟以上，所以，不同游戏间的平均时长相差不大。同一种游戏，因为幼儿玩儿的难度不同，所以不同幼儿的游戏时长有差异，例如，在六子棋的游戏中，有的幼儿游戏时长为 6 分钟，有的为 35 分钟。

表 5-21 民间棋类游戏的游戏时长的均值及差异（N=30）

游戏	M	SD	最小值	最大值
五子棋	15.200	3.809	10	21

续表

游戏	M	SD	最小值	最大值
虎鸡虫棒棋	18.733	5.017	14	31
占角棋	17.333	5.208	10	28
六子棋	19.200	7.531	6	35
围合棋	17.067	4.143	13	31

为了了解不同游戏时长对关键经验的影响，研究者对本次150个视频录像进行时长统计，将所有的游戏时长分为三组，15分钟以下（36个）、15~20分钟（86个）、20分钟以上（28个）进行单因素方差分析。

表5-22　不同游戏时长民间棋类游戏中关键经验的均值及其差异

	M±SD（最大值，最小值）			F	P
	<15min（n=36）	=15~20min（n=86）	>20min（n=28）	组间	
事物关系	0.734±0.322 (1.000, 0.000)	0.697±0.318 (1.000, 0.000)	0.773±0.223 (1.000, 0.091)	0.698	0.499
空间意识	0.975±0.063 (1.000, 0.800)	0.894±0.164 (1.000, 0.200)	0.942±0.097 (1.000, 0.714)	5.024	0.008
序列	0.270±0.407 (1.000, 0.000)	0.0170±0.302 (1.000, 0.000)	0.081±0.235 (1.000, 0.000)	2.811	0.063
数字与计数	0.245±0.280 (0.833, 0.000)	0.168±0.210 (0.667, 0.000)	0.223±0.225 (0.625, 0.000)	1.623	0.201
判断与反思	0.486±0.320 (1.000, 0.000)	0.450±0.296 (1.000, 0.000)	0.471±0.268 (1000., 0.000)	.201	0.818
专注性	0.863±0.225 (1.000, 0.200)	0.868±0.165 (1.000, 0.286)	0.844±0.196 (1.000, 0.182)	.182	0.833
自我认同	0.387±0.174 (0.750, 0.000)	0.399±0.237 (1.000, 0.000)	0.369±0.285 (1.000, 0.091)	.181	0.835
情感调节	0.283±0.266 (0.800, 0.000)	0.283±0.261 (1000., 0.000)	0.236±0.266 (0.875, 0.000)	.380	0.685

方差分析结果显示，游戏时长在空间意识上具有显著性差异［$F(2, 147) = 5.024, p = 0.008 \leq 0.05$］。由于空间意识的方差不齐性（$p = 0.000 \leq 0.05$），所以用多重比较进一步检验"空间意识"关键经验在不同时长内的差异性，其

余不同时长对关键经验的培养均无显著差异。(以下"游戏时长15分以内"称"短时长","游戏时长15~20分钟"称"中时长","游戏20分钟以上"称"长时长")

在空间意识上,短时长与中时长存在显著差异[$F(2, 149) = 5.024$,$p = 0.008 \leq 0.05$]。短时长与中时长、长时长的均值差均为正,因此在空间意识上短时长表现最佳。中时长与短时长、长时长的均值差均为负,因此在空间意识上中时长得分最低。

根据分析结果可知,整体而言,游戏时长小于15分钟,幼儿关键经验的平均值较高,其次是15~20分钟,表现最差的是20分钟以上。

3. 关键经验的游戏类型差异

为了探讨不同游戏类型对关键经验的影响,帮助教师正确地选择游戏类型,所以进行不同游戏类型之间方差分析。

表5-23 不同游戏类别中关键经验的方差分析

游戏类别	个案数	总和	平均值	标准差	F	显著性
成型类	240	151.283	0.630	0.332	36.054	0.000
到达类	240	120.521	0.502	0.405	127.628	0.000
争子类	240	135.533	0.565	0.350	54.004	0.000
灭子类	240	102.496	0.427	0.383	103.230	0.000
占地类	240	91.112	0.379	0.349	64.781	0.000

由表5-23可知,幼儿在民间棋类游戏中不同游戏类别的关键经验得分有差异,最高约151分,最低约91分,同一种游戏类型间关键经验的得分存在显著差异,因此,需要进一步进行多重比较分析。

表5-24 不同游戏类别中关键经验的多重比较结果

I	J	差异性检验p值							
类型	类型	事物关系	空间意识	序列	数字与计数	判断与反思	专注性	自我认同	情感调节
成型类	到达类	0.020	0.940	0.000	0.001	0.010	0.284	0.270	0.690
	争子类	0.939	0.836	0.000	0.001	0.001	0.805	0.279	0.304
	灭子类	0.243	0.772	0.000	0.018	0.001	0.638	0.000	0.091
	占地类	0.000	0.149	0.000	0.146	0.004	0.335	0.000	0.073

续表

I 类型	J 类型	差异性检验 p 值							
		事物关系	空间意识	序列	数字与计数	判断与反思	专注性	自我认同	情感调节
到达类	争子类	0.161	0.290	0.027	0.000	0.522	0.188	0.983	0.539
	灭子类	0.000	0.254	0.981	0.509	0.434	0.124	0.006	0.037
	占地类	0.000	0.981	0.981	0.013	0.759	0.043	0.001	0.029
争子类	灭子类	0.013	1.000	0.039	0.000	0.887	0.822	0.006	0.007
	占地类	0.000	0.005	0.042	0.000	0.738	0.473	0.001	0.005
灭子类	占地类	0.006	0.004	1.000	0.878	0.634	0.621	0.561	0.915

多重分析结果显示，在事物关系上，成型类与占地类有显著差异；到达类分别与灭子类、占地类有显著性差异；争子类分别与灭子类、占地类有显著差异；灭子类与占地类有显著性差异。其中到达类得分最高，占地类得分最低。

在空间意识上，争子类与占地类有显著性差异；灭子类与占地类有显著性差异。其中灭子类得分最高，占地类得分最低。

在序列上，成型类分别与到达类、争子类、灭子类、占地类有显著性差异；到达类与争子类有显著性差异；争子类分别与灭子类、占地类有显著性差异；灭子类与占地类有显著性差异。其中成型类得分最高，灭子棋得分最低。

在数字与计数上，成型类分别与到达类、争子类、灭子类有显著性差异；到达类分别与争子类、占地类有显著性差异；争子类分别与灭子类、占地类有显著性差异。其中争子类得分最高，到达类得分最低。

在判断与反思上，成型类分别与到达类、争子类、灭子类、占地类有显著性差异。其中成型类得分最高，灭子类得分最低。

在专注性上，到达类与占地类有显著性差异。其中到达类得分最高，占地类得分最低。

在自我认同上，成型类分别与灭子类、占地类有显著性差异；到达类分别与灭子类、占地类有显著性差异；争子类分别与灭子类、占地类有显著差异。其中成型类得分最高，占地类得分最低。

在情感调节上，到达类分别与灭子类、占地类有显著性差异；争子类分别与灭子类、占地类有显著性差异。其中争子类得分最高，占地类得分最低。

由此可见，培养关键经验的游戏类型的最佳排序是：成型类、到达类、灭子类、占地类、争子类。

五、问题讨论与结论

(一) 问题讨论

1. 民间棋类游戏中关键经验的均衡性

民间棋类游戏中包含的各个关键经验不均匀，不同民间棋类游戏中关键经验含量不同。因为每个棋类游戏规则不一样，所以游戏规则里能够反映出的关键经验也不同。有的学者指出，游戏材料决定幼儿的操作方式，进而影响其关键经验的获得，所以我们要根据不同关键经验投放不同的区域游戏材料，"串珠"培养"排序模式"，"同类的石头、棋子、纽扣"培养"数概念"。[1] 如五子棋的游戏材料操作方式是将五颗子连成一条线，它比其他棋类包含更多"序列"的关键经验；虎鸡虫棒棋的操作方式是需要熟练"虎吃鸡，鸡吃虫，虫蛀棒，棒打虎"的逻辑关系，因此它比其他棋类包含更多"事物关系"关键经验。

研究中"专注性"在民间棋类游戏中无显著差异，说明"专注性"关键经验在民间棋类游中位次比较均衡，与其他研究者[2]采用围合棋、象棋和自制棋等棋类游戏对大班幼儿进行游戏干预得出棋类游戏能够提升幼儿的"专注性"的研究结果一致。研究中"情感调节"在民间棋类游戏中的得分较低，与卡罗尔·格斯特维奇（Carol Gestwicki）[3] 指出儿童早期的自我管理能力发展缓慢的观点一致。从发展上，学前儿童有能力学习表达识别情绪，因此支持学前儿童有意义地游戏是一种帮助他们处理情绪情感调节的高效方式。

2. 民间棋类游戏中关键经验的情境性

《现代汉语规范词典》把"情境"定义为一段时间和空间许多具体情形的概括。[4] 民间棋类游戏中影响幼儿所有游戏体验的因素都构成了游戏情境，客观上的游戏材料、游戏场所和对弈对手等，主观上的游戏者情绪、能力等，这些都会影响关键经验的获得。如，五子棋和围合棋在游戏材料上几乎是一样的，但是在事物关系、序列、判断与反思、自我认同等关键经验上都有显著性差异。

---

[1] 蒋锡云. 区域活动材料的投放和幼儿的数学关键经验 [J]. 幼儿教育, 2014 (10): 30-31.

[2] 徐娴. 棋类活动对大班幼儿学习品质的影响研究 [D]. 上海: 上海师范大学, 2018.

[3] 格斯特维奇. 发展适宜性实践: 早期教育课程与发展 (第3版) [M]. 霍力岩, 等译. 北京: 教育科学出版社, 2011: 214.

[4] 胡健. 教育游戏中游戏情境与教育内容的融合研究——以"Pathogen Wars"为例 [D]. 芜湖: 安徽师范大学, 2016.

研究者认为这是由游戏情境差异引起的，从主观因素看，幼儿整体上较围合棋更加熟悉五子棋；从客观因素看，五子棋的游戏技巧比围合棋"打吃""连接"等游戏技巧较为简单易学。

3. 民间棋类游戏中关键经验的相关性

民间棋类游戏中关键经验之间的相关性体现在，幼儿在民间棋类游戏中某种关键经验获得越多，与之相关联的另外一种关键经验也会获得。

斯金纳的操作性学习理论认为，人往往会重复产生愉快后果的行为，抑制不愉快后果的行为，这一理论解释了"数字与计数"和"序列"呈极相关关系的原因。如五子棋判断输赢的唯一标准就是五枚棋子连成一条线，因此幼儿好成功的心理一直促使着其不断进行点数，以反复确认自己是否取得了胜利。

专注于民间棋类游戏的幼儿经常需要思考和关注棋盘，所以大脑就一直处于高度集中的注意状态，因此"专注性"分别与"事物关系、空间意识"呈极相关关系。

自我效能受到自身行为成败的经验影响，它源自个体的直接经验。因此幼儿自身对游戏规则的熟悉也直接影响到幼儿自我认同的形成。这说明了幼儿如果对弈技能掌握得较好，对自我评价较高，也会带来持续对弈的兴趣、动力和信心。因此事物关系、序列、数字与计数、判断与反思、专注性与自我认同呈显著正相关。

皮亚杰指出空间概念与几何概念具有对应关系。[1] 说明"空间"与"概念"具有关联性，这和事物关系、空间意识呈显著正相关研究结论是一致的。

4. 民间棋类游戏中关键经验的成因

性别图式理论强调遗传倾向，随着遗传对性别影响的减弱，师幼关系、同伴关系和社会环境才逐渐成为性别差异的主导因素。社会化和不同的对待方式才是个体在态度、行为上存在性别差异的原因。[2] 当幼儿意识到社会对性别的要求时，他们也开始根据性别对事物进行分类，把自己的经验整合到性别图式当中并以此指导自己的行为，但是这种影响在儿童早期并不是特别明显。因此只有在"判断与反思"上男孩比女孩优越，其余均无显著性差异。

有一项研究表明，儿童完全融入一个高质量的游戏至少需要 30 分钟。[3] 幼

---

[1] 赵新华. 儿童空间概念发展研究述评 [J]. 心理发展与教育, 1993 (3): 47-52.
[2] 陈允成, 帕森斯, 等. 教育心理学: 实践者——研究者之路（亚洲版）[M]. 何洁, 徐琳, 夏霖, 译. 上海: 上海人民出版社, 2007: 155.
[3] CHRISTIE J F, WARDLE F. How Much Time is Needed for Play [J]. Young Children, 1992, 47 (3): 28-33.

儿玩儿民间棋类游戏的过程是展示自己思维逻辑的程序性学习过程，即幼儿在对弈游戏过程中，能够用何种方式方法应对。

根据加涅的信息加工理论，程序性知识的学习是一个复杂的加工过程：首先是陈述性知识层面，先让幼儿知道游戏规则，其次是通过规则不断地变式，最后是技能到达自动化的阶段。

因此，在棋类游戏刚开始时，幼儿最先获得程序性知识，喜欢通过语言表述出来便引起了"短时长"内关键经验的得分上升。随着游戏深入，游戏者需要根据对手的出子方式调整策略，需要时间去试误，在试误中逐渐理解知识，把新旧知识进行同化和顺应以获得稳固的经验，所以在"中时长"阶段幼儿就会处于"试误"和"探索"的状态，引起关键经验的得分下降。随着不断地"试误"以及观察学习，幼儿逐渐掌握了游戏技巧，也丰富了自身的经验，因此在"长时长"阶段幼儿的关键经验得分进一步提高。

游戏类别也属于游戏情境因素的一种，它蕴藏于游戏情境中，共同影响幼儿的关键经验。本研究中选择的五种民间棋类游戏，它们的关键经验之间具有较大的差异，游戏材料、游戏玩法都影响着关键经验的形成。早有研究表明[1]，特定类型的游戏材料能够诱发儿童进行相关形式的游戏，游戏材料有多种类型，如仿真玩具、结构玩具和教育性玩具。民间棋类游戏是一种教育性玩具，福禄贝尔早已通过"恩物"开启了教育性玩具的热潮，但是教育性玩具也需要合理选择、投放和使用。

5. 表现性评价应用于幼儿关键经验评价的适应性问题

表现性评价符合儿童的发展特点，他们擅长用操作活动表现自己的理解，儿童的认知发展特点反映在技能的表现上。[2] 幼儿在特定情况下完成任务的知识能力，在其他地方并不一定能完整地进行迁移，所以这不能说明幼儿缺乏某种关键经验。[3] 因为经验的获得具有反复性，所以需要通过表现性评价客观地评价幼儿在任务中的表现。

再者，幼儿活动特点既有内化性也有外化性，"外化"指教师或者研究者可以通过观察和记录儿童在活动中的表现，分析其内在的心理结构和特征，了解其发展水平和已有经验。"内化"使得儿童通过与外界的相互作用，逐步积累经

---

[1] 约翰森，克里斯蒂，华德. 游戏、儿童发展与早期教育 [M]. 马柯，译. 南京：南京师范大学出版社，2013：166.

[2] 周欣. 表现性评价及其在学前教育中的应用 [J]. 学前教育研究，2009 (12)：28-33.

[3] GULLO D F. Understanding Assessment and Evaluation in Early Childhood Education [M]. New York：Teachers College, Columbia University, 1994：31-86.

验。教师可以通过控制活动对象、影响活动方式等策略影响儿童的经验获得，引导儿童发展。① 综上，表现性评价侧重于幼儿能够"做什么"，关键经验行为的"外显性"使得表现性评价在幼儿阶段实施具有适宜性。

6. 民间棋类游戏应用过程问题

民间游戏进入幼儿园需要经历"筛选、改造、再造"几个阶段。秦元东强调儿童民间游戏的根本属性是民族性，对于地域要求高的幼儿园民间游戏，只能存在于当地情境中，一旦离开当地情境被移植到其他地域，就像离开"生命的土壤"，最后而枯萎、变异甚至变种。

本研究中经过筛选的五种民间棋类游戏分别是五子棋、虎鸡虫棒棋、占角棋、六子棋和围合棋。这些民间棋类游戏对于特定地域的依赖程度不高，材料简单易得，不像以竹子为游戏材料开展的游戏，必须依赖于当地丰富的竹资源。

不同民族的棋类游戏之间也有相通之处。广西毛南族②的飞行棋（五行棋）、皇棋（与农民起义有关）、射击棋（类似济南的"走四棋"），水族③的水棋如瓦棋、拱棋、三三棋、挑抬棋等，内容丰富但材料极其简单，棋盘随手在地上画，棋子可以为石头、苞谷、黄豆、草棍等低结构材料。研究者指出，水棋这种简单的风格是切合早期亚文化状态下水族社会结构简单的状态。

由此可见，不同民族的棋类游戏流通性很强，共同特点是随手画的棋盘、天然材料的棋子和约定俗成的棋规，只要有一套完整详细的玩法规则即可。

民间棋类游戏在一定程度上可以克服民族地域材料的局限性，但是需要教师对引进的特定民间棋类游戏的历史背景进行解释，帮助幼儿培养民族认同感和文化认同感，关键在于教师能够挖掘民间棋类游戏中的关键经验并结合本园幼儿的实际情况加以运用。

（二）结论

1. 民间棋类游戏中关键经验具有不均衡性

民间棋类游戏中关键经验的位次从高到低排序是：空间意识、专注性、事物关系、判断与反思、自我认同、情感调节、数字与计数、序列。五个民间棋类游戏中位次最高的三个经验是空间意识、专注性、事物关系；位次最低的两

---

① 焦艳，冯晓霞. 对"为教学服务的评价"的理论构想 [J]. 学前教育研究，2009（5）：7-11.
② 徐莉，彭海伦. 毛南族儿童的棋游戏及教育意义 [J]. 学前教育研究，2009（2）：44-47，51.
③ 顾晓艳，李景繁，徐辉. 非物质文化遗产视角下水族民间棋类游戏的研究 [J]. 贵州大学学报（社会科学版），2011（6）：140-143.

个经验是数字与计数、序列。这说明民间棋类游戏中最富含的关键经验是空间意识、专注性和事物关系。

2. 民间棋类游戏中的关键经验具有情境性差异

民间棋类游戏中情境性对关键经验的影响由好到一般的排序为：五子棋、虎鸡虫棒棋、六子棋、围合棋、占角棋。这说明培养关键经验最佳的民间棋类游戏是五子棋、虎鸡虫棒棋、六子棋。

3. 民间棋类游戏中关键经验之间的相关程度不同

关键经验之间呈显著正相关的有：空间意识和事物关系，判断反思和序列、数字与计数。

关键经验之间呈极其显著正相关的有：数字与计数和序列，专注性和事物关系、空间意识，自我认同和事物关系、序列、数字与计数、判断与反思、专注性，情感调节和事物关系、判断与反思、自我认同。

4. 民间棋类游戏中关键经验受游戏类型的影响

民间棋类游戏中的关键经验不受幼儿性别和游戏时长影响，只受民间棋类游戏的类型影响，其中争子类、成型类和到达类中关键经验的表现较为优越。

六、启示与建议

（一）启示

1. 正确运用科学方法能够实现民间棋类游戏的现代性转换，激活民间棋类游戏的创生机制

理论上把传统文化资源转化为教育资源的途径是把传统民间游戏视为一种多元化的教育资源；实践上，要对传统民间游戏进行纵向延展和横向渗透，建立一个创新的游戏系统。[①]

实现民间棋类游戏的现代性转化，需要对民间棋类游戏中的结构因素进行调整转换。结构因素包括：游戏材料、游戏玩法、游戏规则和游戏内容。

（1）游戏材料。以前的民间棋类游戏大多数在地上进行，随手画棋盘图，将捡来的石头当作棋子，盘腿一坐便完全投入对弈，但是随着城镇化的加速发展，幼儿接触自然的机会越来越少，那种自由无拘束地在野外嬉戏玩耍的场面越来越少，因此教师不妨将传统的材料与现代教育领域活动结合起来，棋类的游戏材料可以在手工活动中自制完成。

（2）游戏玩法和规则。教师可以根据游戏初步进入幼儿园的情况进行调整，

---

① 曹中平. 激活传统民间游戏自我更新机制 [N]. 中国教育报, 2017-06-25 (001).

激活民间棋类游戏的生气。如本研究中的"占角棋",在实际应用时发现未能满足幼儿的"最近发展区"需求。因此可以对游戏玩法进行调整,让幼儿自由在格子里填上"10以内"的数字,游戏规则不变,依然是"占棋",玩法改为将占到棋子的数字累加,比谁的得分最高。这样实现在游戏中进行10以内的加法运算,也更加符合大班幼儿的思维发展。

实现民间棋类游戏的现代性转化,需要建构促进幼儿发展的民间棋类游戏关键经验评价体系,焕发民间棋类游戏的活力。除了教师的评价外,也要关注幼儿的自我评价,发挥幼儿的自主性,既有助于评价时更加全面客观,又有助于培养孩子的反思习惯。

2. 深入解读民间棋类游戏的关键经验,能够拓展获得关键经验的学习路径

只有深入理解关键经验的丰富内涵、紧扣关键经验的特点才能让棋类游戏成为"脚手架",帮助幼儿更好地获得、提升关键经验,拓展关键经验的学习路径。

(1) 民间棋类游戏的关键经验特点

关键经验的获得过程具有反复性。经验的获得是一个学习过程。行为的改变不一定代表着经验的获得,因此教师不能简单地把幼儿行为的改变认为是幼儿经验的习得,教师对幼儿关键经验的观察必须是以比较持久的行为变化为捕捉点。经验的获得会有一个反复的过程。

关键经验具有发展生成性。经验不是一成不变的,也不是一蹴而就的,是在与环境的相互作用的过程中逐渐生成的。当幼儿已经熟练掌握游戏规则时,他就会尝试提高游戏难度,比如想出了"翻转棋子"的玩法,将棋子翻转,不看棋子信息凭记忆走子。这样不仅使游戏获得新发展,幼儿也在新玩法中提高了记忆力和判断力。

关键经验具有主动交互性。关键经验以幼儿的生活为基础,受环境的影响较大。马斯洛的需要层次理论指出,当幼儿感受到环境安全以及自主交往权利受到尊重时容易激发探索欲望,使经验在积极稳定的状态下获得。因此研究者在开展民间棋类游戏时,会给予幼儿自由选择玩伴的机会和安排一间独立的活动室。

(2) 拓宽获得关键经验的学习路径——搭建"鹰架"

幼儿的生活经历、沟通能力、社会适应能力、文化多样性和智力等因素都

是造成幼儿游戏水平差异的原因。① 幼儿游戏水平的差异需要教师根据实际情况搭建"鹰架"以促进幼儿的发展。高宽课程指出,给予儿童鹰架支持必须是在幼儿现有的水平上提供支持,并适时地加以扩展。

教师首先要对幼儿在民间棋类游戏中的关键经验进行观察,对幼儿的认知水平、思维方式和问题解决方式进行记录,然后根据幼儿的现有水平提供"鹰架"。

"鹰架"分为两类:一是通过人际交往发挥作用的"交互式鹰架";二是借助工具材料发挥作用的"工具式鹰架"。② 因此,我们在游戏互动中通过"提问"和"参与"做到"交互式鹰架",同时根据幼儿的发展水平投放丰富关键经验的民间棋类游戏,实现"工具式鹰架",支持幼儿学习发展,拓宽幼儿的学习路径。

3. 合理选择设计民间棋类游戏,能够提升幼儿园课程的文化品格

民间棋类游戏蕴含丰富的教育智慧,也是中华民族文化的组成部分。合理地选择设计民间棋类游戏,把民间棋类游戏融入课程当中,才能够更加有针对性地影响幼儿的发展。因此我们要合理地进行民间棋类游戏筛选、材料投放、游戏组织和评价以提升幼儿园课程的文化品格。

(二) 建议

基于本研究的结果,就幼儿园教师运用民间棋类游戏时提出一些建议,总结如下:

1. 在棋类游戏筛选上,要符合幼儿的年龄特征和兴趣

陈鹤琴的"活教育"思想特别重视课程设计的弹性和灵活性。因此我们从"活教育"理论出发,灵活地根据每个幼儿身心发展特点和兴趣,选择难度适中、能够引发他们参与游戏的积极性并且在游戏中获得满足和成就感的游戏。

2. 在棋类游戏材料投放上,根据不同关键经验培养需求选择不同的民间棋类游戏类型

不是所有的关键经验都能够从一种民间棋类游戏中获得,也不是所有类型的民间棋类游戏都在某种关键经验上表现优越。关键经验表现的反复性要求老师要根据不同的关键经验培养需要选择游戏。综合所有经验而言,争子类、到达类和成型类游戏是表现较好的。教师如果希望幼儿能够在游戏中获得较为均

---

① 格斯特维奇. 发展适宜性实践:早期教育课程与发展(第3版)[M]. 霍力岩,等译. 北京:教育科学出版社,2011:214.
② 鲁志鲲. 脚手架理论对学前教学启示[J]. 学前教育研究,2004(9):19-21.

衡的关键经验，可从三种类型中选择合适的民间棋类游戏材料。

3. 在棋类游戏组织上，要创设轻松愉快的游戏情境

赫伊津哈认为，游戏的基调是狂喜和热情，并且是与那种场景相协调的神圣式或喜庆式。一种兴奋和紧张的感觉伴随着行动，随之而来的是欢乐与轻松。① 关键经验对学习环境依赖程度较高，愉快的环境更加有助于幼儿经验的获得。幼儿是游戏的主人，他们在玩游戏的过程中具有自主权，切忌为了追求下棋技巧、方法而对幼儿进行"僵硬"的反复训练，破坏轻松愉快的游戏情境。

4. 在棋类游戏评价上，尊重幼儿在不同关键经验上的水平差异

关键经验是连续性的含义，能够帮助教师以动态的视野观察和评价幼儿发展。在短时间内，每个幼儿对于游戏的理解和接受能力不一样，因此他们在民间棋类游戏中关键经验水平的表现有所差异。作为教育者切忌只根据幼儿的下棋结果对幼儿关键经验发展水平进行评价，应该树立发展的眼光，给予幼儿信心与进步的空间。

---

① 赫伊津哈. 游戏的人：文化中游戏成分的研究 [M]. 何道宽，译. 广州：花城出版社，2007，9：25.

第六章

民间游戏融入幼儿园课程：
游戏课程的视角

民间游戏融入幼儿园教育是一项复杂的系统工程。在"传统文化进校园"的时代背景下，民间游戏不仅具有文化传承功能，而且担负着幼儿园文化建设的使命。然而，民间游戏融入幼儿园教育，也面临许多现实困境。民间游戏课程化也许是超越困境的一种主要策略。

游戏课程化作为一种幼儿园游戏课程模式，其本质在于游戏创新（在游戏中建构新的游戏，在原有经验的基础上获得新的经验）。游戏课程化的精髓在于弘扬游戏精神，启迪游戏智慧。

游戏课程化是指从幼儿的游戏出发，及时把握幼儿学习的生长点，通过引导和建构新的游戏，促进幼儿学习与发展。在教育实践中，游戏课程化就是一个通过游戏的力量促进幼儿学习与发展的游戏链，其出发点是幼儿的游戏，最后又回到游戏中去。[①]

第一节 幼儿园课程中民间游戏的价值定位

民间游戏集聚了先辈的智慧，是先辈留给后人的宝贵精神遗产。民间游戏是人类的生存智慧，也是朴素的创造智慧。

幼儿园游戏大多源于民间游戏，民间游戏已然成为幼儿园游戏课程创新的智慧资源。民间游戏不仅蕴含朴素的创新精神，而且契合原始创造特质。

一、民间游戏价值定位的两种取向

在民间游戏的课程价值定位上，似乎存在两种视野或倾向：一种倾向是"资源论"或"融合论"；另一种是"图式论"或"内生论"。

---

① 王振宇. 追寻游戏精神，实现游戏课程化[N]. 中国教育报，2019-06-03.

(一) 民间游戏的文化资源论

在"资源论"视野中，民间游戏，特别是传统游戏是课程的文化资源。因为民间游戏是一种文化宝库，蕴含着巨大的教育价值。民间游戏贴近生活经验，"因地制宜，就地取材"，具有机动性与灵活性；民间游戏切合活动需要，"因人而异，求同存异"，充满变通性与亲和力；民间游戏根植着"智慧胚胎"——"智勇双全，随机通达"，折射出纯洁而朴实的求真精神。由此推知，承载着民俗文化与历史传统的民间游戏构成了幼儿园课程重要的文化资源。

鉴于民间游戏的独特文化意蕴及其在儿童身心发展中的教育价值，幼儿园课程建设需要充分挖掘和利用传统民间游戏的教育资源。

(二) 民间游戏的智慧图式论

在"图式论"视野中，民间游戏是源于长期生活经验和社会实践而不断沉淀或升华的朴素的生存智慧，是人类教育的"原生态"，至今仍然是非正规教育的一种日常形态。

在正规教育形态出现之前，游戏（渗透在或独立于日常生活与生产劳动）担负着儿童教育的使命。在原始教育机构出现之前，客观上，游戏组织（游戏群体）扮演着学校（幼儿园）的角色；在课程"建模"之前，游戏主题及其内容集聚方式或转换策略构成了现代学校（幼儿园）教育中课程的原始图式。在这个意义上，游戏的"生活预备说"（游戏为生活做准备）也可以作另一种解读：民间游戏及其群体（组织）是学校（幼儿园）教育及其课程的"雏形"（原始图式）。

民间（传统）游戏的历史源远流长，甚至远超人类的发展历史。人在成为人之前已经开始游戏。在"自然游戏"意义上，游戏是进化的产物——"种族记忆"；在"审美游戏"意义上，游戏是文明的源头——"文化基因"。

二、民间游戏与园本课程：幼儿园课程的文化之路

如果说，民间游戏是一种文化基因，那么民间游戏就是现代游戏的"根"，现代游戏中隐藏着民间游戏的"图式"。由此推之，现代游戏是传统游戏的创造性转换（变式），其中传承着传统游戏的"基因"。

如果说民间游戏是一种文化载体，那么民间游戏是现代游戏的"源"，现代游戏是传统游戏创造性加工的产物。由此推之，民间游戏构成了游戏课程的文化资源，民间游戏课程化能够展现或提升课程的文化品质。

撇开民间游戏的"文化资源论"与"智慧图式论"之争，从课程建设的角

度，民间游戏既可以是游戏课程外在的文化资源，也可以是现代游戏内在的智慧图式。

就游戏课程化的路径而言，民间游戏从传统游戏到现代游戏是游戏课程化中的"内生"过程，从而形成庞大的"游戏家族"；民间游戏从原始文化形态到幼儿园游戏活动是游戏课程化中的"融合"过程，建构了开放的"课程空间"。所以，游戏课程不仅扎根于文化传统，而且富有文化品质。显然，民间游戏融入幼儿园课程是园本课程建设的文化之路。

第二节 游戏生成课程的机制

游戏生成课程是民间游戏融入幼儿园课程的一种机制。游戏课程化是指从幼儿的游戏出发，及时把握幼儿学习的生长点，通过引导和建构新的游戏，促进幼儿学习与发展的过程。显然，游戏课程化是游戏生成课程的一种理论构想。

在教育实践中，游戏课程化就是一个通过游戏的力量促进幼儿学习与发展的游戏链，其出发点是幼儿的游戏，最后又回到游戏中去。由此推断，游戏生成课程是游戏课程化的实践路径。

如果学习经验是游戏中的课程（学习）"生长点"之一（学习品质也是一种重要的"生长点"），那么游戏课程化的过程需要解决游戏生成课程的两个机制问题：游戏为什么能生成课程？游戏如何生成课程？

一、游戏生成课程的逻辑起点：游戏的"生长力"

游戏为什么能够生成课程？是因为游戏具有"生长力"。那么，何谓"生长力"？"生长力"（viability）也称为"生存力"。

激进建构主义代表人物，美国哲学家、心理学家和控制论专家恩斯特·冯·格拉塞斯菲尔德（Ernst von Glasserfeld）用"生长力"来描述经验的本质属性。在他看来，只要某种知识经验能够帮助我们解决具体问题，或者能够提供关于世界的一致性解释，那它就是有"生长力"的知识经验。基于"适者生存"的法则，个体不断扩展知识经验以适应环境的变化。凡是那些有助于适应的知识经验，都是有"生长力"的经验。

游戏具有"生长力"，是因为游戏既是种系经验"生长力"的一种个体表现方式，也是个体获得具有"生长力"经验的一种学习方式。游戏的"生长力"主要表现为三个方面：

197

1. 游戏活动能够为幼儿提供具有发展适宜性的学习途径：直接感知、动手操作与亲身体验。

2. 游戏活动中蕴含着丰富的知识经验和解决问题的技能：激活已有经验、获得直接经验、尝试新的经验。

3. 游戏活动能为幼儿创造一个富有安全性的自由探索环境：面临风险与挑战、在不确定性中探寻有效性、在灵活地解决问题中形成创造性。

二、游戏生成课程的过程

游戏与课程之间存在一种双向关系。课程可以生成游戏经历，游戏行为可以转化为课程内容。游戏生成课程是幼儿学习与教师指导双向作用的过程，是幼儿积极游戏和教师巧妙指导协同作用的产物。游戏生成课程是从一个游戏活动（P1）向另一个游戏活动（P2）的"上升"或"生长"的过程（To）。

（一）游戏与课程的相互生成

根据幼儿游戏与学习指导的先后次序，游戏与课程的双向生成可以在同一学习过程的两个环节——初始学习（自发学习）和练习或巩固（自觉学习）中相继发生。

游戏既是一种学习媒介，也是一种适合发展的实践。游戏与课程之间可能存在一种双向关系：课程可以提供游戏经历，而儿童的游戏行为又可以生成课程内容。

幼儿园游戏是一种教育活动。教师安排游戏空间、时间和材料，以让幼儿积极参与游戏，从而获得对每一位儿童都有益的经历和活动。它的目的是在自然性的环境下为全体儿童提供丰富的刺激（学习经历）。然而，儿童的自由游戏或自发游戏（已有经验）会自动生成课程（新的经验）吗？

（二）民间游戏生成课程的特点

游戏生成课程的过程就是游戏不断变化（变式或转换）的创新过程。如果说，游戏课程化（游戏生成课程的过程）是：P to P，那么，民间游戏生成课程的过程就是：fP to eP（free play to educational play）。因为民间游戏大多为自由（自发、自主）游戏。这意味着，把民间游戏从日常生活中侧重娱乐价值的自由游戏转化为幼儿园承载教育价值的教育游戏，既包括自主游戏，又包括工具性游戏。显然，民间游戏生成课程实质上是游戏生成课程化的一种具体方式。

民间游戏作为学习经验的载体，隐藏着丰富的学习经验。然而，民间游戏数量多，地域性强，适宜幼儿发展水平的却不多。为此，有必要基于幼儿的发展水平（生活经验）选择适宜的游戏（游戏的适宜性），并且透视其中的"经验生长点"（游戏的生长性）。

在实践中，民间游戏生成课程就是以民间游戏作为学习经验的表现性任务，通过对幼儿游戏行为的观察，透视其中包含的学习经验，进而借助经验链条（经验连续体），和幼儿一起生成新的游戏。在这个意义上，民间生成游戏课程也是传统游戏的"活化"过程，激活了民间传统游戏的自我更新机制。①

毫无疑问，民间游戏课程化是幼儿园超越民间游戏现实困境的一种重要策略。

三、游戏生成课程的条件

游戏未必都能自动生成课程。无论游戏中充满多么丰富多样的学习机会，它不能保证一定会有学习发生（新经验的获得）。

游戏生成课程至少需要具备三个基本条件：

（一）游戏动机的驱动作用

游戏动机具有推动游戏生成课程过程的作用。游戏动机一般来自三个方面：

1. 玩具吸引（情境驱动）。玩具往往是游戏行为的诱因。一个游戏具有游戏需要，一旦出现合适的玩具，那么，游戏需要迅速驱动游戏行为。玩具似乎成为催化剂。

2. 伙伴吸引（人际驱动）。当一个幼儿被另一个（群）幼儿的游戏所吸引，那么就会产生游戏需要，并且试图加入其中。一般情况，一个幼儿顺利加入一个游戏群体必须经历三个环节：饶有兴趣地旁观——平行游戏或建设性评论——获得邀请或自然融入。

3. 游戏吸引（自我驱动）。游戏记忆（尤其是愉悦的游戏体验）往往成为儿童游戏的动力。因为游戏具有自我强化效应——越玩越想玩。因为游戏中的自我挑战与自我满足相互作用，往往使人难以自拔。

（二）玩具课程化的支持作用

课程视野中，玩具是课程的物化形态。在游戏生成课程的过程中玩具扮演多种角色：第一，玩具是幼儿的"教科书"：玩具蕴含着知识，游戏就是读玩具这本无字天书。第二，玩具是课程实施的手段：儿童认知的情境性、直观性与操作性，玩具构成了师幼互动的"中介"。第三，玩具是无声的隐性课程：玩具

---

① 曹中平. 激活传统民间游戏自我更新机制[N]. 中国教育报，2017-6-2.

具有教育性与审美性，构成教育环境的基本成分。教师借助玩具投放与环境创设，实现对幼儿的间接指导。第四，玩具是儿童文化的表征：玩具具有民族性、时代性与生态性，玩具寄托了成人对儿童生命的尊重、对儿童未来的憧憬、对儿童生活的引导。

玩具课程化是游戏课程化的基本保障。玩具课程化泛指根据不同课程模式设计或优配玩具以实现玩具与课程一体化（硬件与软件一体化），通过玩具系列化或系统化（蕴藏其中的知识）全方位持续支持课程实施。

游戏生成课程的过程中，玩具的学习功能具有决定性作用。玩具课程化旨在基于玩具的学习功能为游戏课程化建构"支持"系统，实现玩具在游戏课程化实施过程中的"支架"效能。玩具课程化的支持作用具体表现为下列几个方面：一是发挥玩具的魅力，激发学习动机；二是挖掘玩具中的经验，启动学习"生长"过程；三是运用玩具的玩法，生成新的游戏；四是利用玩具间的组合，优化学习经验。

（三）教师的支架作用（寻找学习经验的生长点）

游戏课程化的过程，实际上就是一个对结构不断解构和重构的过程，这样一来游戏就变成了一个连续的互动，游戏和课程便融为了一体，同时游戏也变成了幼儿园教育的基本活动。

然而，幼儿的自发游戏不能自动生成课程，那么怎样才能生成课程呢？从自由（自发）游戏（free play）到教育性游戏（educational play）的过程中，教师的指导不可缺少，指导时机不能错过。

1. 游戏评估（观察与评价）

对于教师而言，游戏生成课程的关键是要搞清楚两个问题：

（1）自由游戏中有哪些"学习经验"具有课程生成价值与可能性？

（2）幼儿在自由游戏（已有经验）中怎样实现向教育性游戏（含有新经验的学习）的转换？

为此，教师要立足于"儿童经验连续体"，识别游戏的"经验生长点"，并且及时给予支持，帮助幼儿顺利实现"fP to eP"。

P to P（游戏课程化公式）意指"游戏——生长点——新游戏……"，也就是说从一个游戏 P_1 出发，然后寻找到一个生长点生成 P_2，然后逐层提升一直到 P_n。从 P_1 到 P_n 这个长链就是游戏课程化。

游戏课程化不是指特定的一个 P，或者特定的一段 P，而是一个长链，这样就把游戏和课程有机地融合起来，这里的课程不是一个单独的领域，而是一个综合的活动。游戏课程化的过程，实际上就是一个对结构不断解构和重构的过程，这样一来游戏就变成了一个连续的互动，游戏和课程便融为了一体，同时游戏也变成了幼儿园教育的基本活动。①

2. 儿童的经验连续体

游戏是经验的载体，而经验是一个连续体。"经验连续体"（experiental continuum）是杜威教育哲学中的一个概念，表示儿童熟悉而存在于记忆中的过去、眼前的并不断发展的现在，以及充满了希望和惊奇的可预期和不可预期的将来这三者之间的关联。

在杜威看来，经验是一个发展的连续体：过去的经验、现在的经验与将来的经验。②

基于杜威"做中学"的原则，经验不能给予，只能拥有。这就意味着，游戏是经验的载体：游戏不能直接给予儿童经验，只能为儿童拥有经验创造条件。自由游戏只是为儿童提供创造性学习和获得新经验的机会——儿童运用过去的（已有的）经验在当下的游戏中获得新的（现在的）经验，并且为将来获得经验创造条件。

大量案例分析表明，在自主探索与教师指导的相互作用的基础上，幼儿的游戏技能明显提高。这是否意味着游戏中的经验"生长点"发挥了"学习效能"呢？

理论上说，技能也是一种经验（程序性知识），技能的形成与提高以经验获得为基础。由此推知，游戏技能提高意味着经验的"生长"。

假如把课程理解为一种学习经历，根据杜威"经验=经历+反思"的公式推断，游戏经历中新技能的形成意味着儿童拥有了"经验"。那么，这一过程是否意味着游戏实现了"课程化"呢？

游戏课程化是一个在原有游戏基础上建构新游戏的过程。那么新旧游戏之间的差异是表现在"学习经验的生长"还是"游戏技能的提高"？按照皮亚杰的认知发展理论，新游戏是旧游戏同化的产物还是旧游戏顺应新需要的结果，还是同化与顺应双向建构的过程，尚难确定！

---

① 王振宇. 游戏课程化：实现游戏手段与目的的统一［J］. 山西教育（幼教），2019（11）.

② 杜威. 我们怎样思维·经验与教育［M］. 姜文闵，译. 北京：人民教育出版社，1991：276.

第三节 民间游戏生成课程路径

游戏课程化本质上是构建一种符合国情的幼教课程模式。民间游戏课程化是课程本土化的一种策略，也是游戏课程化的一种方式。民间游戏生成课程是一个"纵横交叉"的立体系统，主要由纵向延展和横线渗透两条路径构成。

一、民间游戏生成课程的纵向路径：延展

民间游戏生成课程的纵向路径是指民间游戏的层次（层级、水平）的纵向延展。随着儿童发展水平的提高，游戏层级不断增高同时，游戏中学习经验不断增长，儿童游戏的发展水平也在不断提高。

（一）游戏间的纵向发展：游戏类型的变化

从游戏的发展过程看，游戏本身就具有发展性。游戏的发展是由浅入深进行渗透的，前一阶段是后一阶段的前提与基础，后一阶段是前一阶段的深入与完善，由此构成了游戏类型和游戏层级的螺旋式上升（纵向发展）。

根据儿童在游戏中的社会性表现，帕顿（M. B. Parten）将游戏分为六种类型：无所事事、旁观、单独、平行、联合与合作。他认为游戏的社会性质遵循一个发展顺序，即在早期年龄段，单独与平行游戏占优势，例如，民间游戏中的吹泡泡就是独自游戏，幼儿自己一个人玩。平行游戏是指两个以上的幼儿在一起，用的是同样的玩具，玩儿的是同样的游戏，但是相互之间不发生协作关系，如跳绳、打陀螺、滚铁环等。在学龄前晚期，联合与合作游戏逐渐占据主导地位。联合游戏是指几个幼儿一起玩儿，但没有明确的分工，而合作游戏指几个幼儿在一起玩儿，相互之间有比较明确的分工合作，如幼儿经常玩的炒黄豆、摇小船、推小车、老鹰捉小鸡、丢手绢、木头人等游戏。

根据儿童的认知发展水平，皮亚杰（Piaget J）将游戏分为三种类型：练习性游戏、象征游戏、规则游戏。他认为在认知发展的不同水平上，会按次序发生三种形式的游戏。练习性游戏是最早出现的一种游戏形式，游戏的动因在于感觉或运动器官在使用过程中所获得的快感，由简单的重复运动组成。如"风车转转转"游戏，小班幼儿拿着风车，绕着草坪反复跑圈是典型的练习性游戏。幼儿在游戏中以物代物、以物代人、以人代人等都是象征的表现形式，根据这些特征可以把这种游戏称为象征游戏。规则游戏是指两个以上的幼儿在一起，按照一定的规则进行的、具有竞赛性质的游戏，如赶小猪、斗鸡、拔河、五子棋等。

（二）游戏内的纵向发展：从新手到高手的成长

游戏内的纵向发展是指幼儿游戏技能的发展。幼儿的游戏技能不是一蹴而就的，而是随着年龄的增长不断提升的。若将这些历程以跨越性的阶段划分，大概可以分为3个阶段：新手到熟手、熟手到高手、高手到专家。

从儿童发展的视角看，这三个阶段就是儿童从游戏的被动参与者到游戏的主动参与者，最终演变为游戏的积极创造者的过程，同时也伴随着儿童游戏技能的纵向发展过程。

以民间游戏"打陀螺"为例，其玩法是用鞭子抽打陀螺使其在地面上高速旋转的游戏，对从未接触过的幼儿来说既有难度又有兴趣。于是，"打陀螺"游戏的课程化沿着下列路径延展。

第一阶段：作为旁观者欣赏打陀螺——新手前的角色

教师带领小班幼儿观看各式打陀螺表演，或参加大班幼儿的打陀螺比赛，小班幼儿在旁一边欣赏，一边加油呐喊，非常热闹。另外还组织幼儿开展美术活动，在陀螺上进行创意加工，使陀螺在旋转时发出许多旋式的图案，激发幼儿游戏的动机。在初始阶段，幼儿更多是旁观者的角色。

第二阶段：作为配角体验打陀螺——新手

有了前面的直观感受，部分幼儿跃跃欲试，但是对于小班幼儿来说，动作的发展还不足以掌握打陀螺的技巧。于是采用分工合作的方式，幼儿只需将陀螺转起来，由教师或大一点儿的幼儿抽打，让幼儿体验合作游戏的乐趣；另外还可以通过自制或收集许多各式各样的陀螺，如塑胶陀螺、雷达陀螺、电磁陀螺、纸陀螺，这些陀螺不用抽打，只需快速转动即可，易操作且玩时还可发出声音和亮光，增加幼儿的兴趣。幼儿在自主探索中初步感知并掌握了陀螺的旋转原理，学习简单技能。

第三阶段：作为主角学习打陀螺——熟手

在这个过程中，幼儿开始自主探索、互相学习。几乎每个人手上都有一个陀螺，一有空，就三五成群地围坐、跪爬在地板上，神情专注地打陀螺并关注着谁的陀螺转得快、谁的陀螺转得时间长。在玩儿的时候，还有幼儿边玩儿边编儿歌："陀螺，陀螺，真好玩。"他们有的一起玩儿，有的两人玩儿，有的大家一起玩儿，陀螺好似一块大磁铁，吸引着幼儿们。体验成功的幼儿会一脸兴奋地告诉大家："快看！我的陀螺转起来啦。"还没成功的幼儿则马上围过来，有的蹲着看；有的干脆趴在地上专心看；有的还学着他人的样子抽陀螺。在这个过程中，幼儿互相学习，自主探索，反复尝试，乐此不疲。

第四阶段：作为教练指挥打陀螺——高手

经历了前面三个阶段后，绝大多数幼儿都学会了打陀螺，但是对于这个游戏来说，男幼儿一般比女幼儿掌握动作要领快一些。为了让女幼儿也参与到这项有益的活动中，老师提议举行一次"打陀螺"比赛。幼儿们兴趣高涨，大家都很开心地做准备。比赛开始了，结果自然是女幼儿输，看着女幼儿输了，男幼儿们很得意。女幼儿却不服气，在一旁认真练了起来。这时有个别男幼儿对女幼儿说："我来教你吧，绳子绕在上面，手要这样子拿（边说边做示范），然后用力拉绳子，就可以了。""绳子要顺着陀螺旋转的方向抽打，才不会停。""打陀螺要到水泥地或瓷砖地面，在塑胶地面转不起来。"女孩照着男孩说的那样做，果然陀螺很快转起来了，幼儿们兴奋得欢呼、尖叫，享受成功带来的愉悦感。他们的叫声又吸引了旁边低年龄班级的幼儿，他们也加入队伍中一起尝试，作为小"老师"的那几个幼儿忙开了，一个个教着，很用心……

经历以上四个步骤后，幼儿完成了从新手到专家的跨越。在民间游戏课程化过程中，儿童同伴群体作为重要资源，教师要加以利用，适时采取混龄教学的方式，让大班幼儿带动中小班的幼儿共同参与游戏，他们更能胜任角色，中小班的幼儿也能在大班幼儿的身上学到经验与技能。在平行教育的同时进行垂直交往，有利于幼儿游戏技能的发展。

二、民间游戏生成课程的横向路径：渗透

民间游戏生成课程的横向路径是渗透。横向渗透是指不同结构与功能的民间游戏之间的整合。

（一）游戏间的开放性：不同类别民间游戏之间的双向渗透

民间游戏的内容极其丰富，其分类模式也多种多样。根据传统民间游戏的不同结构与功能，我们把民间游戏划分为四类：运动类游戏、语言类游戏、表演类游戏与制作类游戏。

民间游戏的鲜明特点就是综合性。游戏的分类不是切断游戏类型之间的联系，而是深入把握游戏的本质。在游戏实践中，各类游戏相互交织，形成一种富有生机的游戏生态。于是，不同类别民间游戏之间的双向（多元）渗透自然成为游戏课程化的横向路径。

民间游戏间相互渗透有以下几种方式：

1. 功能融合型

功能融合意指不同功能的民间游戏之间融合（整合），形成复杂游戏功能系统。如舞龙、舞狮这类表演类游戏，在引导幼儿初步学习时属于运动类游戏，偏向于身体锻炼，促进儿童大肌肉动作的发展及同伴之间的合作；在学习的过程中结合一些有地方特色的童谣，随着有节奏地念诵童谣来学习动作，既增加了游戏的趣味性，又可以感受民谣的韵律，又与语言类游戏结合；接下来学会了动作要领以后，师生巧用油壶、纸棍等各种废旧物品制作长龙，既通过"变废为宝"培养幼儿的环保意识，又锻炼了幼儿的动手制作能力，在这个阶段属于制作类游戏；最后幼儿拿着自己制作的道具表演"舞龙"，属于表演类游戏。

2. 结构复合型

结构复合意指不同内容的民间游戏之间复合（叠加），也就是把一些不同类型的游戏有机地整合在一起，组合成一个复合游戏。例如，可以把说唱游戏"金锁银锁"和体育游戏"过山洞"组合起来改编成一个复合游戏。改编后，幼儿边说唱童谣边做各种规定动作，不仅锻炼了语言能力，其运动机能也在游戏中得到了自然的发展和提高。另外还可以把一些零散的小游戏根据目标和任务串在一起进行有机整合，如将幼儿熟悉的"炒黄豆""砍白菜""种黄豆"三个小游戏串在一起，改编成大班体育活动"丰收了"。

总之，民间游戏课程化要充分运用民间游戏整体功能，发挥不同民间游戏的综合价值，促进幼儿全面发展。

（二）游戏外的开放性：民间游戏与教育活动的双向转换

游戏与非游戏之间存在着系统联系。①这种系统联系构成了民间游戏课程化的横向路径之一：民间游戏与教育活动双向转换。

民间游戏与教育活动双向转换是指以民间游戏作为教育活动资源，从选择、挖掘民间游戏本身所蕴含的内在教育价值出发，结合教师对本班幼儿身心发展水平的分析、兴趣需要的把握及幼儿培养目标的理解，把民间游戏作为教学内容或实施教学活动的载体，设计并组织实施教育活动。如果将游戏与幼儿园领域相联系，那么游戏可以成为一种有效的整合机制。在教师与儿童共同编织"经验网络"（经验生长点之间的联系）的过程中，游戏可以起到重要的整合作用。

民间游戏综合性强，同一民间传统游戏能够与多个相关教育活动实现双向转换，不仅能成为一种有效的整合机制，实现与幼儿园教育活动的转换与结合，

---

① 贾维. 游戏［M］. 王蓓华，译. 成都：四川教育出版社，2006：5.

充分发挥多种活动形式的"合力"功能,还有利于教师对幼儿游戏中学习经验的关注与理解,深入挖掘民间游戏的课程创新价值,创造性地展现民间传统游戏蕴含的文化经验,实现民间游戏的"活化":让幼儿成为民间游戏的传承人。

1. 主题综合课程中民间游戏与教育活动间双向转换

将同一民间游戏融入主题教育活动中,并进行双向转换,充分运用游戏与非游戏之间的系统联系,实现教育活动之间的整合或渗透,在发挥主题的综合效应的同时提升主题的文化品质。大班主题活动"美丽的风筝"围绕民间游戏"风筝"设计了四个活动(见表6-1 "美丽的风筝"主题活动方案),分别从语言、社会、科学、健康、艺术等领域实现整合或渗透。

2. 以民间游戏为纽带的区域活动间双向转换

区域活动在幼儿园一日生活中占据重要地位,可以把民间游戏融入区域活动,并以民间游戏为纽带实现区域活动之间的双向转换。例如,"打陀螺"游戏融入运动区,目标主要是学习打陀螺的方法,体验打陀螺的乐趣,从而促进幼儿反应的灵敏性及动作协调能力;"打陀螺"游戏也可以融入科学区,引导幼儿感知陀螺转动的速度,观察陀螺旋转时的图案与色彩的变化,学习陀螺原地稳定旋转的技巧;"打陀螺"游戏还可以融入美工区,让幼儿尝试制作简易陀螺并装饰,体验自制玩具的快乐。

简而言之,民间游戏可以融入幼儿一日生活的各个环节之中,实现纵向延展与横向渗透的多元整合,建构一座纵横交织的"立交桥",进而使民间游戏课程化的路径"随机通达"。

表6-1 "美丽的风筝"主题活动方案

序号	活动	领域	主要活动目标	方法	活动资源
1	参观风筝博物馆	社会、艺术	通过实地参观,初步感受风筝这一民间艺术之魅力,产生了解风筝的兴趣	集体参观	联系风筝博物馆或者观看有关录像
2	小小风筝知多少	语言、科学、社会	①查询风筝的类别、原理等相关知识,知道风筝是我国特有的民间艺术。②能够通过自主学习寻求答案,学会与同伴分享、交流、合作	交流讨论	各种风筝的实物或图片、儿童调查所获得的知识经验、调查表

续表

序号	活动	领域	主要活动目标	方法	活动资源
3	扎风筝	艺术、科学	①进一步认识风筝的构造特征，学习用撕、剪、贴等多种民间艺术形式制作简易的风筝。②体验与同伴合作制作风筝的快乐	讨论动手制作	准备好活动场地，儿童操作材料
4	飞吧，风筝	健康、科学	学习放风筝，体验运动的快乐	分工合作探索	户外宽阔的场地

第四节 民间游戏融入幼儿园课程的实践探索

民间游戏融入幼儿园课程的实践过程是一个复杂而艰辛的探索过程。

一、实践目标

1. 在幼儿园教育活动中渗透民间游戏：探索民间游戏融入一日生活环节中的具体行动策略，提高幼儿园游戏活动的有效性。

2. 在民间游戏中培养幼儿创新精神：创设条件鼓励幼儿用替换材料、改变规则、创新玩法、自编游戏、自制材料等形式创造性地开展游戏，使民间游戏真正成为幼儿自主自愿的游戏形式，成为促进幼儿全面发展的重要载体。

二、实践措施

游戏是文化的载体。经过一代又一代人的传承与发展，民间游戏积淀了深厚的文化底蕴，折射出多姿多彩的精神风貌和生活趣味。

民间游戏曾经给一代又一代儿童带来欢乐，而现在却正逐渐远离幼儿的生活。幼儿不再熟悉甚至没有接触过那些古老的游戏，民间儿童游戏的传承迫在眉睫。为此，我们可以采取下列举措：

（一）借助"盟友"搭建"支架"，找准民间游戏的"突破口"

1. 在文化艺术中寻求精神共鸣

仪式产生于神圣的游戏，诗歌诞生于游戏并繁荣于游戏，音乐和舞蹈则是纯粹的游戏。可见，民间游戏是儿童接触和学习民族文化的重要途径。幼儿在轻松愉快的游戏过程中能够了解、认识、学习、体验一些民间传统文化。

文化艺术与民间游戏有着天然的联系，可以引起民间游戏的热情和共鸣，获得广泛合作与支持。

例如，在"跳竹竿"游戏中，幼儿不仅认识了中国的少数民族——黎族，了解了他们的民俗文化，而且通过欣赏、模仿、合作、交流等游戏活动对中国少数民族产生热爱之情，在一定程度上培养和提升了幼儿的民族认同感。

不论是参加"挑小棍""拍手游戏"等两两结伴的游戏，还是"迈大步""跳皮筋""攻城"等小组、集体性合作游戏，幼儿总能从中找寻到适合自己的位置和角色。在游戏的参与、展示与交流过程中，幼儿不断得到大家的帮助、指导和关注，心理上得到满足，能力上获得提升，幼儿对自我价值的认同无形中使他们对自己的游戏团队产生了依赖感与归属感，促进了幼儿身心的健全发展。

民间游戏有着悠久的历史和丰厚的文化底蕴，它可以使幼儿熟悉自己祖先所创造的历史文化，促使幼儿产生强烈的民族自豪感。幼儿在玩儿的过程中亲近生活，了解生活，通过模仿现实生活中的事物和人物的行为、习俗，会很容易感受到其中蕴含的民俗氛围，从而建立起最初的认同感。

2. 在娱乐活动中展示民间游戏魅力

民间儿童游戏是由民间创编、代代相传下来的，其过程充满趣味性，开展起来方便易行，材料简易随处可得，对幼儿而言充满了独特的魅力。

在开展民间游戏的过程中，我们注意保留每一个民间儿童游戏的传统玩法与发展价值，利用其自娱自乐、自由自在、非功利性的特点吸引幼儿主动参与活动，并努力创设轻松愉悦的物质与心理氛围，适时适度地为幼儿创造选择、挑战、超越自己的机会与条件，鼓励幼儿创造性地参与游戏活动，充分发挥主体性，体验自由、成功和快乐。

例如，"躲猫猫"游戏中，藏者要绞尽脑汁找一个大家不易寻到的地方，这就需要做到眼睛亮、动作轻快、遮掩严密，而找人者也要耳尖眼明，善于发现蛛丝马迹。不论充当二者中的哪一个，都需要参与者付出一定努力，也都能在紧张、刺激、神秘的游戏过程中获得小小的快乐和成就感。从一开始仅因好玩有趣而游戏，到后来为了参加团队、体验合作与成功而游戏，幼儿的生活经验、认知能力、群体合作意识与创造能力就这样在自主快乐的民间游戏过程中迸发与显现。

（二）在教育环境创设中尊重民间游戏的"文化身份"

环境是重要的教育资源。幼儿园应通过环境的创设和利用，有效地促进幼儿的发展。幼儿园创设民间游戏的适宜环境应该将民间文化融入幼儿园环境建设，营造浓厚的游戏氛围，潜移默化地引发幼儿自主游戏的兴趣与意愿。

1. 幼儿园公共环境的创设

可以在地面上绘制各种多彩的游戏图案，例如，走迷宫、抢四角、房子图等，在师生共同创意、翻新、玩耍的基础上，对幼儿感兴趣的、有创意的多画一些，在数量上、空间上尽量满足幼儿的需要。

在走廊、外墙上张贴各种民间游戏的介绍图、师生共玩游戏的彩图等，向家长推荐简单易玩的儿童民间游戏；引发家长与幼儿互动游戏的愿望。

利用家长资源，师生共同搜集、自制民间游戏体育器械，投放到院内塑胶操场、沙池、大树上等，如：纸球、布老鼠、废旧易拉罐做成的高跷、不同高度的彩色皮筋、不同长短的竹竿、粗细长短不一的绳子、花色不同的毽子、大小不同的废旧轮胎、各种呼啦圈、铁圈、大沙包等，供幼儿户外体育活动时自由选择。

2. 班级环境创设

（1）民间游戏活动区

师生共同搜集卡片、小弹弓、杏核、桃核、鹅卵石等玩具，投放自制"打片儿""翻花绳""抖空竹""打陀螺""溜溜球"等游戏材料，共同装饰和布置民间游戏体育活动区、操作活动区，在其他活动区角（语言区、益智区等）内也渗透民间游戏的材料与内容，使幼儿一日生活中有了更多自由选择的游戏机会和空间。

（2）班级"家园桥栏目"

定期向家长展示班内开展游戏活动的照片与文字，向家长推荐经典的传统民间儿童游戏；鼓励家长在家里与幼儿共同活动，通过代代相传，将更多的游戏资源引入幼儿园。

3. 合理投放民间游戏材料

（1）丰富性：树枝、石子儿、沙子、杏核等自然物，编织绳、一次性筷子、毛线、纽扣等废旧物品，电光陀螺、游戏卡片等现代化玩具，还有生活中常见的剪刀、纸、笔等材料，都是师生开展民间游戏的好伙伴。丰富多样的材料成为区角一道亮丽的风景线，吸引着幼儿主动参与游戏。

（2）目的性：根据幼儿的能力水平与兴趣点投放相应材料，引导幼儿相互合作，并与教育教学目标相结合，让幼儿通过自主游戏获得能力发展。如在益智区投放各种自制的棋类，将近期数学活动教学内容融入其中，幼儿在相互合作和学习中巩固了知识，提高了能力。

(3) 层次性：为不同能力的幼儿准备适宜的游戏材料，给每位幼儿体验成功的机会，使民间游戏成为幼儿进步与获得快乐的助推器。如"抓子儿"游戏中，传统的玩法是将沙包抛起，利用下降前的时间快速抓取桌上或地上的其他沙包，这对绝大多数幼儿来讲有困难。我们为幼儿提供大小不同的沙包、杏核、石子等，每组的数量也不一样，幼儿可根据能力进行挑选。同时，为每组增加乒乓球，幼儿可用它代替抛起的沙包，先在桌上弹一下，再赶紧去抓子儿。材料的替换满足了不同能力幼儿的需求。

(4) 多变性：定期增加和更换新的游戏材料，让材料"动"起来，进一步激发幼儿挑战的欲望。

(5) 创新性：师生、家长对游戏材料进行创意加工与替换，既保留游戏的传统玩法，又赋予游戏新的活力，传承的过程更加富有意义。如：李蓉老师将户外地面弹玻璃球游戏转移到了室内，利用旧木盒制作了小球门玩具，减轻了幼儿游戏难度，成为桌面游戏好玩的玩具；韩玉俐老师将传统的"抓子儿"游戏材料换成了杏核，配上乌龟背景图，幼儿很感兴趣，玩得兴致盎然。

(6) 安全性：在搜集材料的过程中，不断对其进行改良与加工，保证材料既有趣又安全，适合幼儿自由或集体活动中操作与使用。

(三) 一日生活各个环节中自然渗透民间游戏

1. 选择合适的内容，渗透于一日生活

民间儿童游戏的种类非常丰富，在组织游戏时，我们注意做到动静交替，环节过渡自然，减少了幼儿等待时间，有利于组织活动与培养良好常规习惯。如：晨间活动及离园活动时，组织和引导幼儿在室内玩"鸡吃虫""老虎吃小孩""指五官""撒木棒"等小型游戏；户外体育活动时，玩"跳皮筋""迈大步""荷花荷花几月开""打片儿""冰糕化了"等活动性强的游戏；餐后、散步时幼儿玩"翻绳""太平天国""画丁老头儿"等活动量较小、较安静的游戏。如果将规则稍做改变，有的游戏则可以适用于各大领域的教学当中，能够有效集中幼儿注意力，促进幼儿多方面发展，如"老狼老狼几点了""接龙游戏"等。民间游戏的灵活运用，既达到了教育目的，又丰富了幼儿一日生活。

2. 根据年龄特点，开展不同游戏

幼儿年龄不同，要选择与之身心发展特点相适应的民间儿童游戏。通过实践我们发现，小班幼儿对民间游戏是很感兴趣的，尤其是一些带有好听的童谣和简单动作的游戏。因此我们选择一些技能简单、规则单一、形象具体、趣味性强的民间游戏，如"指鼻子""木头人""抢椅子""捞小尾巴鱼"等，幼儿手口一致协调地、有节奏地唱歌数数,不仅发展了语言能力,增强小肌肉的灵活性,发展平衡、下蹲等基本动作,同时培养了团结合作、自我控制、活泼向上的良好品质。中、大班幼儿基本动作发展较好,他们能较自如协调地单脚跳、双脚跳、跨跳、躲闪、快跑等,动作灵活、反应快、平衡性好、手眼协调,因此我们选择一些动作难度稍大、规则较严格的民间游戏,如"闯关""我们邀请一个人""抢四角"等;中、大班的幼儿记忆力好、想象丰富,有的游戏可以渐渐增加难度,如"猜猜谁过去了",可以增加人数,六七个幼儿一起玩儿,也可以鼓励幼儿自己发明和创造一些老游戏的"新玩法",融入竞赛、表演等活动形式,以丰富幼儿的经验,提高兴趣。

（四）探索民间游戏活动的组织策略

为了充分发挥民间游戏的自主性特点,我们着重关注把握教师角色:游戏开展中,倡导教师多观察,以大伙伴的身份平行参与游戏,支持幼儿活动;游戏组织中,多为幼儿创设开放式活动区域,扩大幼儿活动场所与交往面,鼓励幼儿游戏中的创新行为;游戏指导中,关注幼儿学习过程,以遵循循序渐进的原则,引导幼儿合作协商、学会一些解决具体问题的方法;评价过程中,注意发挥幼儿的主体性、激发幼儿的创造性,培养社会情感,体验民间游戏带来的快乐。

1. 师幼互动亲密玩

自主学习是民间儿童游戏的显著活动特点。儿童往往是通过观察他人的玩法、产生游戏欲望后自主加入游戏的。本着尊重民间游戏本体活动特点的认识,我们倡导教师以"游戏表演者""游戏伙伴"的身份巧妙展示和介入民间儿童游戏,演示传统玩法,吸引幼儿视线,引发幼儿游戏欲望,鼓励幼儿尝试游戏,不断地推进游戏情节的进展;同时,充分利用幼儿自身资源,请幼儿互当"小老师",将学来的新游戏教授给同伴。

例如,"编花篮"游戏中,幼儿主动展示和介绍自己的游戏经验,分队组织游戏过程,在游戏中自行调整人数、规则,自己发现游戏难点与重点,讨论和解决出现的问题,并逐渐达成共识,在互帮互助中共同进步,体验合作学习的快乐。有了这样的经验,在其他一些游戏中,幼儿也通过自主选择游戏方式,准备玩具材料、协商角色、构思情节、控制游戏环境、制定游戏规则,充分表现自己的游戏才能。与同伴共同游戏时的交流、合作、冲突,也促进了幼儿自主、自制、合作等社会性品质和行为的发展。

在师生互动、生生互动中,大家各自展示不同的想法与创意,游戏的过程更加生动有趣。师生平等、尊重、友爱的态度和对民间游戏的喜爱之情相互感染，不仅让师生之间的感情更加亲密，也极大地调动起幼儿参与游戏活动的热情，增强了幼儿的自信心、责任意识，促进了彼此之间的学习与交流。

2. 难点分解巧妙玩

对于一些有一定难度的民间游戏，教师注意观察幼儿游戏学习过程，分解技能难点，搭建台阶引导学习。

例如，"跳房子"游戏的老玩法是：幼儿用沙包在画好的房子图中单、双脚跳、扔、捡沙包，综合锻炼其跳跃、投掷、平衡等能力。

以前在大班开展这个游戏时，幼儿积极性不高。经过观察与分析，我们发现主要原因有两个：其一是老师费很长时间画好几个房子图，八、九个幼儿一组，等待时间较长；二是幼儿一开始就学习完整的游戏，易出现蹦跳时踩线、扔沙包时投不到规定位置、捡沙包时单脚站不稳并摔倒等现象，成功率不高，打击幼儿积极性。为解决以上难点，教师尝试了"难点分解法"。

第一步：纸上画房子。教师引导幼儿在纸上画房子图，并结合格子图做出"房子"的合理解释：1、2、3格为通道，4、5格为客厅，6格为餐厅，7、8格为卧室，9格的半圆为厕所。生动形象的说明让幼儿很快记住了格子图的画法和布局，激发了他们的游戏兴趣。

第二步：手指模拟玩。幼儿在自己绘制的图上，用中指、食指模拟跳格，由会玩儿的带动不会玩儿的，幼儿很快用手指学会了跳房子的方法，形成的动作知觉和表象为后来用脚跳房子打下了基础。

第三步：地上画房子。幼儿自由分组画房子，他们迁移前面画纸房子的经验，相互商量、争执，学习别人的优点，反思自己的不足，提高了合作能力和不断调整行为策略解决实际问题的能力。比如，有的幼儿画好后发现格子小易踩线，经过观察他人和反复尝试发现画出两只脚的宽度较合适，既有跳跃的跨度也对跳跃的控制力有一定要求，难易适度。

第四步：商量规则跳房子。幼儿不拿沙包，跳自己画的房子。教师鼓励每组幼儿自己商量规则。各组的玩法还真不一样：有的是跳到头，再转身跳回来；有的是跳到头从旁边绕回来排队重新开始。有的是一个跟一个鱼贯进行；有的一个跳回来后另一人再跳。有的组还规定如果谁跳的时候踩线了，就重新跳一次或停止游戏一次。不用沙包减少了跳房子的难度，幼儿自己商量玩法，提高了他们游戏的主动性、参与性。

第五步：拿沙包跳房子。游戏规定沙包是地雷，不能踩有沙包那一格。可是很多幼儿在捡沙包时站不稳，经过同伴示范，幼儿总结：最好是先单脚半蹲，一手撑地掌握平衡，另一只手捡沙包。各组掌握了动作要领，游戏顺利地开展起来。

第六步：跳新式房子。这次幼儿绘制的房子图又有了新的创意，格局进行了不同程度的变化，也很有趣。有的变换房间位置，有的把两座房子组合在一起，有的把房子装饰成动物造型，俨然是一群房屋设计师。幼儿在画画跳跳中感受着创新的喜悦。幼儿园的操场上多了这些各式各样的房子图，中小班的幼儿经过这里，也会自发地蹦蹦跳跳，为幼儿自主游戏创造了机会。

从最初的纸上玩到后来的创意玩，教师引导幼儿一步步搭建了学习的台阶，幼儿不断迁移已有经验、运用已有经验合作解决新的问题，学习起来轻松自然，激发了学习的主动性和积极性。同样的方法对于学习其他技巧性游戏（如"滚铁环""编花篮"等）都很有帮助。

3. 调整规则继续玩

游戏"给盲人指路"传统的玩法是：一名幼儿蒙上眼睛，另一名幼儿用口述的方式告诉蒙眼的幼儿如何避开障碍物，到达指定目标。也可以由一名幼儿讲述，多名幼儿蒙眼寻找目标，谁先到达目标谁获胜。主要是锻炼幼儿的方向感和空间感，发展平衡能力及合作意识。

幼儿玩过几次后，兴趣有所转移。经过反思，教师根据幼儿的活动情况及游戏特点，对规则进行了调整：一是对配合好的幼儿加大游戏的难度，多设几处障碍，最后把敲锣改为画鼻子。二是对分不清方向的幼儿，进行方位训练和学习，调整小组角色人数，促进游戏的顺利进行。三是开展亲子游戏，学习父母是如何照顾帮助"盲人"的，获得更多经验。四是游戏延伸玩法：进一步加大游戏的难度，尝试其他关于盲人的双人配合（"盲人和跛子""盲人和哑巴"）游戏。

规则的调整和改变大大提高了游戏的趣味性和挑战性，幼儿参与热情十分高涨，获得了多方面发展。

4. 降低难度轻松玩

在户外活动组织小班幼儿玩民间游戏"摸盲人"时，教师发现原游戏玩法对于此年龄段幼儿有一定难度。小班幼儿平衡能力、听觉判断能力都较弱，被蒙上眼睛后，不敢往前行走，循声找人的能力也很弱；被摸的幼儿由于等待时间长也早没了耐心，游戏总是草草结束。

针对小班幼儿年龄特点，教师决定改变游戏方法，降低游戏难度。将游戏场所由户外调整为户内。师生围坐在一起，引进民间游戏"击鼓传花"的方法选出"盲人"。给"盲人"戴上眼罩后，师生边说儿歌"送，送，送盲人"，边把"盲人"送到场地中间。其他幼儿继续击鼓传花,边传边念儿歌:"蒙上眼,猜乖乖,传到谁,我猜猜。"当说到最后一个"猜"字时,拿到花的幼儿走到"盲人"跟前对他说:"摸摸小脑袋,说出名字来。""盲人"根据声音和触觉感知说出这名幼儿的姓名。

随着对游戏的逐渐熟练,教师又根据幼儿的游戏状况及时调整游戏语言,如把"摸摸小脑袋,说出名字来"这句话改成"小兔子,跳跳跳,说出我的名字来""小花猫,喵喵喵,说出我的名字来",不仅增加了趣味性,还锻炼了幼儿的语言表达能力和表演能力。

游戏改编考虑到了小班幼儿的年龄特点,把"动"的游戏改成了"静"的游戏。从发展价值上来看,教师选择了从触觉到听觉这一更适合小班幼儿感官发展的形式,充分体现了教师在幼儿学习游戏的过程中勤思考、善变通的教育能力。

5. 设置情景开心玩

有些民间游戏因玩法简单、情节单一,幼儿玩过多遍后参与游戏的热情就不高了。教师便尝试为游戏加入新的情节和内容,重新调动幼儿兴趣,取得了良好的效果。

在民间游戏"三个字"中,教师加入了"八路军抓小鬼子"的情景,幼儿不知不觉把自己想象成其中的角色,游戏顿时变得活跃起来。

根据小班幼儿的年龄特点,教师在民间游戏"小老鼠上灯台"中加入"猫捉老鼠"的故事情节,增加了游戏的紧张感与趣味性,很受幼儿喜爱。

民间游戏"小尾巴鱼"中,结合动画片《喜羊羊与灰太狼》的情节,教师重新创设游戏情景,将儿歌内容改为"一网不打猪,二网不打猪,三网单抓灰太狼。"谁被捉住谁就是灰太狼。儿童在自己喜欢的动画角色感染下,快乐游戏,气氛非常活跃。

6. 变换形式灵活玩

民间游戏在幼儿一日生活中的活动形式可以灵活多样,集体、小组、个人,活动区游戏、自由活动、家庭娱乐都可以开展。在幼儿园的家长开放日、节日表演等活动中,形式多样的民间游戏也作为特色活动被运用和展示,受到大家欢迎。

原本固定的游戏便有了更广泛的活动空间与活动内容,生生互动、师生互动、家园互动之中也引发了许多新的创意,使民间游戏更加充实和完善,更加贴近幼儿们的生活,真正成为大家喜爱的游戏、能够普及推广的游戏。

民间游戏"指五官",平时可以作为幼儿自由活动时间两人或多人自由组合的小型游戏，也可以引入集体教学活动并且成为导入环节，由教师带领幼儿集体游戏，活动中可以很快集中幼儿的注意力。语言活动中开展这个游戏，还可以帮助幼儿巩固有关五官的口语词汇。

7. 迁移经验变式玩

有些传统游戏因为年代久远，其中的一些内容已经与幼儿当前的经验不相适应，如能将幼儿的已有经验迁移到民间游戏中来，不仅使民间游戏更容易为幼儿接受，还使之更富有时代性。

民间游戏"跳皮筋"中，老师引导幼儿将学过的《幼儿园像我家》《小弟弟早早起》等一些现代歌曲、童谣编入跳皮筋唱词中，幼儿边跳边念，十分喜欢。"跳皮筋"中，幼儿发现跳跃时的腿部动作与舞蹈中的一些基本步伐非常相像，于是产生了把学过的基本步伐（如踏点步、进退步等）运用到游戏动作中的想法。尝试之后效果非常好，女幼儿们特别喜欢，就连男幼儿们也被吸引，积极加入跳皮筋的行列中。

8. 自主创新独立玩

幼儿在掌握了民间游戏的传统玩法后，在教师的鼓励下，自主创新了各种新的玩法。

民间游戏"堆馒头"中，经过教师的观察和引导，幼儿对原有的玩法与规则进行了自主创新：增加参与人数；加入竞赛环节；允许改变身体动作。如此一来，游戏的合作性、规则性增强，幼儿玩得十分开心。

在民间游戏"画丁老头"中，教师紧抓幼儿的想法和提议，引导幼儿把生活中常见的食品、数字和绘画联系起来，幼儿积极动手动脑，设计与众不同的丁老头一家，画出的形象丰富多彩。

民间游戏"跳皮筋"中，幼儿自由创造出了单根、双根皮筋的多种玩法，想出了双人跳、三人跳、多人跳、单脚跳、双脚蹦跳、轮跳、反跳等多种方法。幼儿自己创编和发明的玩法既满足了幼儿活动的需要，又充分发挥了他们的主体性、独立性和创造性，培养了合作、交往能力和自信心。

9. 混龄活动融合玩

为了更好地利用环境材料，幼儿园开展了"快乐游戏小分队"活动，打破班级界限，鼓励不同年龄班之间民间游戏材料与空间的共享，尝试大带小、混龄伙伴交往游戏，支持各年级组之间幼儿的合作游戏。

每月一次的"快乐游戏小分队"活动，扩大了幼儿自由游戏的场所与交往面，不同层次的合作游戏有效提高了幼儿的群体意识与交往水平，成为幼儿园游戏活动的一个亮点。

（五）教学活动中融入民间游戏

民间游戏涵盖了科学、语言、艺术等内容，能启发幼儿从感性中获得直接的认知经验，发展各种能力；运动性强，能充分锻炼体能；集体性、创造性强，促使幼儿合作和竞争不断平衡统一；益智益趣，陶冶性情，建立自信，使幼儿身心全面和谐发展，潜移默化地接受民族文化的熏陶。由此可见，传统民间游戏蕴含着丰富的现代教育价值。

幼儿园采取自然渗透的方式，把民间游戏融入幼儿园各领域的教学活动，将游戏精神贯穿于教学活动的各个环节。

1. 增强材料提供的目的性，提高材料的可操作性

将游戏材料融入教育活动中，能够为幼儿提供更多的动手操作机会，有目的、有选择地加以利用，则更能发挥其教育价值，促进幼儿发展。

如在中、大班的数量学习活动中，教师根据幼儿年龄特点与现有知识水平，选取合适的扑克牌，数量、大小各有不同，引导幼儿通过扑克牌发现其中的数量关系，引导幼儿不断创编和发明新的游戏。幼儿举一反三，灵活变通，继而延伸出"扑克牌系列游戏"，在新的、有趣味性的玩法中不断加深对数量的感知，幼儿的数学概念、判断反应能力得到了较快提升。

2. 灵活发挥民间游戏的教育价值，提升教育活动有效性

每一个游戏都有其独特的教育价值，在分析、研究、挖掘的基础上，加之有效利用，可以大大提高课堂教育活动的有效性。

民间游戏"跳房子"中，幼儿一起设计复杂程度不同的"格子"，单、双数跳、顺数跳、逆数跳、按群计数跳、相邻数跳等。随着"跳房子"难度的增加，幼儿兴趣反而更加浓厚。

民间游戏"迈大步"中，引进民间游戏"石头剪子布"的规则，随机决定每个幼儿每次迈几步。如"剪刀"表示两步，"石头"表示十步，"布"表示五步；赢方一次迈 5 步或 3 步。由此，在民间儿童游戏中不知不觉地培养幼儿数学能力。

3. 在各个领域中渗透民间游戏

在民间游戏与各个领域渗透、融合的过程中，教师们使用的主要策略有：

第一，自然介入。活动的开始、中间、结束部分，以不同的民间游戏灵活贯穿，起到穿针引线的作用，增加幼儿参与的主动性与活动的趣味性，选择的游戏内容一般比较简单，形式短小。

第二，重点围绕。整个活动围绕和采用一种游戏形式进行，有目的地引导

幼儿通过游戏的玩法达到教育目标。例如，由于发展幼儿下肢力量、掌握跳跃基本动作需要经过大量反复练习才能收到良好效果，于是选择民间游戏"跳竹竿"作为训练方式。因为"跳竹竿"游戏具有浓厚的趣味性。

围绕民间游戏"跳竹竿"开展的一系列跳跃练习活动，没有了机械训练的枯燥，幼儿在整个游戏活动中，情绪高涨、乐而不厌，达到了增强体质、发展基本动作的目的。

第三，焦点关注。紧紧抓住幼儿兴趣点，因势利导，满足幼儿求知欲望。例如，在民间游戏"打陀螺"中，幼儿对陀螺旋转时发生的色彩变化产生了浓厚兴趣，教师马上引导幼儿自制陀螺玩具，在卡片上涂上不同的颜色，在转动过程中互相发现和比较，自由探索其中的奥秘。

第四，巩固技能。利用一些幼儿感兴趣的游戏，引导幼儿反复地玩儿，帮助幼儿熟练掌握方法与技能，让幼儿轻轻松松地学习，快快乐乐地活动。例如，艺术活动中穿插"纸飞机"游戏、音乐活动结合"九宫格"游戏、数学活动采用"扑克牌"游戏等。

第五，不断延伸。一种民间游戏在主题活动中的不断延伸与变化，可以形成富有挑战性的系列游戏玩法。游戏系列化可以循序渐进地提升幼儿能力，连续不断地调动幼儿学习的欲望和参与热情，形成一种长效机制。

大班"扑克牌"系列游戏中，随着游戏目标与难度的增加，幼儿的认知水平也随之不断提升。

小班"捞小尾巴鱼"系列游戏中，师生一起收集了许多鱼的实物、图片，帮助幼儿认识和了解各种鱼的名称，玩游戏的时候最后加问一句："什么鱼？"增加了游戏的挑战性，也进一步丰富了幼儿的科学知识，幼儿乐在其中。

4. 在游戏中汲取精华，重构"精品"活动

民间游戏中的许多童谣朗朗上口、韵律感强，对仗工整，比较押韵，具有强烈的文学美，加上好听的音乐、富有节奏的动作，就成了幼儿喜闻乐唱、爱跳爱表演的歌曲、律动和课间操。

利用边角料缝制的大、小沙包等材料，图案多样，色彩绚丽，可作为民间艺术品让幼儿欣赏。

经过加工的跳绳、竹竿等，与富有民族特色的歌舞相结合，是幼儿园大型运动会、歌舞比赛场上格外亮丽的一道风景线。

丰富多彩的民间游戏与各种各类的幼儿园教育活动之间的有机融合，不仅消解了民间游戏在幼儿园教育中的现实困境，而且创造性地转换民间游戏资源，为幼儿园建设园本课程开创了一条文化之路。

第五节 民间游戏融入幼儿园课程中"重构"策略的案例分析

民间游戏"跳房子"这一古老的游戏能保留至今且为广大幼儿所喜爱,与人们对它的传承与创新是分不开的。我们以大班民间游戏"跳房子"为例,探索民间游戏融入幼儿园课程的有效策略。

游戏分两个阶段开展,在保留游戏精华的基础上,主要通过游戏内容和方式、材料以及游戏情节、规则与玩法等方面的"重构",挖掘民间游戏的功能与价值,增强游戏趣味性,并为幼儿的游戏活动搭建支架,循序渐进地提升幼儿的游戏水平。

一、民间游戏"跳房子"的传统玩法及分析

"跳房子"是一种古老的游戏,也是一种世界共同的幼儿游戏,又称为"跳方阵""跳方格",在罗马时代遗留下来的镶嵌地面上就存在类似跳房子的图案。在电影里,十八世纪的欧洲曾出现过,在现实生活中,二十世纪的中国也曾出现过。就是用一只沙包(或者一块瓦片)作为游戏的辅助物,先把沙包扔到指定的地点,然后蹦蹦跳跳把沙包拾回来便大功告成,所画的房子形状和数量的组合可各有不同。

"跳房子"游戏的传统玩法多样,但目前大家普遍接受的玩法主要是用单脚把沙包踢入最后一个方格,然后将沙包捡起跳回第一格,接着跳到第二格、第三格……踢,如此循环往复,直到每一格都成为起跳格跳完之后,便背朝房子扔沙包"占房子"。谁占得最多则为获胜的一方。

民间游戏"跳房子"能增强肢体肌肉关节机能、锻炼身体的灵活性和协调性,培养机智、果断的意志品质。它的规则简单,深受幼儿们的喜爱,是发展幼儿综合素质的宝贵资源。

然而,民间游戏"跳房子"传统玩法规则多,有的玩法、规则比较复杂,同时,对于幼儿的平衡能力是一个巨大的考验。幼儿的身体平衡能力较差,在连续的单脚跳中不能控制好自己的身体,传统玩法在技能上对于学龄前幼儿来说有一定难度;另外,在"跳房子"的传统玩法中,游戏的情境性不强,缺少趣味性。

由此看来,幼儿园不能完全照搬民间游戏传统玩法,而是要充分挖掘民间

游戏的价值与精神，赋予民间游戏更丰富的教育内涵。

民间游戏融入幼儿园课程的探索过程中，我们根据幼儿发展水平和学习特点重构"跳房子"游戏，在保留"跳房子"游戏精华的基础上，引导幼儿通过一系列自主的探索活动，尝试迁移、运用各种经验对游戏进行大胆的再创造。

二、民间游戏"跳房子"重构过程的描述及分析

（一）第一阶段实况片段的描述及分析

一开始我们从传统的玩法入手，幼儿在各种形状的房子里游戏，而我们平时玩的跳房子玩法只局限于单、双脚跳，并没有其他的跳法，在此阶段重点引导幼儿在房子里创新不同的跳法。

1. 启发幼儿尝试多种"跳"的动作，大胆创新游戏玩法

师：平时怎样玩跳房子游戏的？谁想来示范一次？

示范的幼儿很自然地采用了单脚和双脚跳的方法进行游戏。

师：除了单脚、双脚跳还可以怎么跳？

幼：可以单双脚交替跳。

师：你可以来示范一下吗？

幼儿摇摇晃晃地跳完后，显然单双脚交替跳增加了一定的难度，此时另一幼儿马上举起了手。

幼：我可以倒着跳。

师：那你也来试试看啊！

该名幼儿倒着跳完一格后转身跳向了下一格，这是特别有意思的跳法，其他的幼儿都跃跃欲试。此时幼儿的创新思维已经被开启。

师：你们都去试试，看谁能玩儿得最有趣、最开心。

话音刚落，幼儿们早已按捺不住了，纷纷尝试起自己想出的新玩法。

通过讨论和启发以及幼儿的示范，已经激起了幼儿们的创新思维，在幼儿们自主练习跳的时候，很多幼儿还能一次跳两格，我们把它命名为"隔空跨跳"，还有的幼儿运用转身跳、单双脚交替跳等多种玩法。于是我决定加入辅助材料，为幼儿的创新提供有力的支持，共同创新出更多的玩法。

2. 提供材料，让幼儿进一步拓展游戏玩法

师：刚刚小朋友创新了很多玩法，老师在场地的周围还为你们准备了很多材料，沙包、瓶盖串、小石子、响铃球……如果请这些材料帮忙，谁还能想出不同的玩法？

幼（迅速举起手）：老师，我想到了一个方法。

师：好，你来试一试。

该幼儿跑去拿了一个沙包，丢到第三格中，单脚跳到第三格，单脚将沙包踢至下一格，又双脚跳到终点，由于难度增加了，他跳得有些吃力。

师：真聪明，把我们平时玩的游戏加了进去，大家再去试试看，找到你需要的材料，看谁能玩出更多更有趣的玩法。

有了辅助材料的帮忙，幼儿的积极性更高了，思维也拓展得更宽了，还有一个幼儿头顶沙包在跳房子，其他幼儿纷纷效仿。

师：刚刚你们是如何运用这些材料进行游戏的？

幼1：我是双脚并拢夹沙包跳的。

幼2：我是把沙包顶在头上双脚跳的。

幼3：我是单脚踢瓶盖串再加双脚跳。

幼4：我是转身跳后再单脚踢沙包的。

幼5：我是单脚踢小石子跳的。

师：那你们在使用这些材料跳房子时，遇到了什么问题？

幼1：我在双脚夹沙包跳时沙包总是掉下来。

幼2：沙包放在头顶时一跳就掉下来。

幼3：踢瓶盖串时我的脚总是落地。

幼4：单脚踢沙包时沙包很难踢到下一个。

幼5：踢石子时总是踢到线外。

在这一环节中，辅助材料的投放为幼儿创新玩法提供了有效的支持，幼儿也很感兴趣，积极挑战新的玩法。加入辅助材料后明显增加了游戏的难度，在自主选择辅助材料练习时，幼儿发现有些材料是不适合的，比如响铃球滚动快，很容易踢出去。最终我和幼儿们商量单脚踢物时选用瓶盖串作材料。在多种玩法中，幼儿尝试单脚踢物，幼儿单脚连续踢物较多时难度是比较大的，腿部力量不够，难以掌握身体的平衡，幼儿总是脚落地，压线犯规，于是我们设计了单脚踢物接力游戏。

3. 尝试方形房子的新玩法，练习单脚踢物接力游戏

单脚踢物接力游戏玩法：幼儿分组排队站好。每队前四个幼儿分别站在"房子"的四个格子里，单脚把瓶盖串沿着顺时针或逆时针方向踢给旁边的幼儿，旁边的幼儿又传给后面的幼儿，以接力的形式单脚传递瓶盖串。如果瓶盖串出线、压线或者没踢过去，则被淘汰，换另一人上场继续游戏。

师：刚刚在接力游戏时遇到了什么困难？

幼1：我有时候站不稳，脚会落地踩线。

幼2：容易把瓶盖串踢到格子外。

师：为什么会站不稳，瓶盖串又为什么会踢到格子外？

幼1：因为有时候很着急，还没站稳脚就向前踢。

幼2：踢的时候太用力了，所以就踢出去了。

幼3：我踢的时候压线了，没有踢过去是因为我用力太小了。

师：那如何来解决这些问题呢？

幼1：我觉得是因为单脚跳时身体摇摇晃晃站不稳，我们可以像玩"走平衡木"游戏那样，把双手打开，站稳之后再踢。

师：他说得真好，我们可以像走平衡木一样，双手侧平举，保持平衡，跳过去之后站稳了再踢，我们一起来试一试这样是否会更好。

4. 幼儿尝试用这种保持平衡的方法玩游戏

幼1：这样做会站得很稳，站稳了后再踢沙包脚就不会落地。

幼2：一定不能着急，不能太用力，也不能用力太小。

幼儿按照走平衡木的方法单脚跳格子，能够稳稳地落地，幼儿掌握了方法后，练习单脚踢物，成功率较高，有了成功的体验，幼儿对挑战游戏又有了自信心，接力游戏就更加具有趣味性、挑战性，通过玩单脚踢物接力游戏，幼儿单脚踢的技能越来越好，于是一些幼儿主动提出增加格子的数量，由此衍生出了九宫格、十六宫格游戏，每次单脚踢物两次以上，这样玩难度更大。而且，幼儿们发现利用脚的内侧踢比脚尖踢更容易控制力度。幼儿能自发利用晨间活动、户外活动、游戏活动时间反复地玩儿，他们的平衡能力、协调性得到了很大提高。

（二）第二阶段的实况片段的描述及分析

在前一个阶段，我们拓展了游戏的玩法，幼儿的游戏技能得到了提升。我们认识到，游戏情节是激发幼儿参与游戏的动力，它会使游戏越玩越有趣，在一次区角活动中我们受到了启发：幼儿们正在玩棋类游戏，××在一旁观战时，若有所思地说："你们看，这飞行棋的格子就像我们玩的跳房子游戏里的房子一样，棋子不也是一蹦一跳的吗？"我灵机一动，何不将飞行棋与跳房子游戏结合起来玩呢？幼儿的兴趣会更高，受到××的启发，我们共同设计了"我是小小飞行员"这一游戏活动。

1. 通过提问引发幼儿兴趣

师：小朋友，你们喜欢玩儿飞行棋吗？飞行棋是怎样玩儿的？

221

幼1：我们玩儿飞行棋时候，是四个人一起玩儿的，最先到达终点的就是赢家。

幼2：我最喜欢玩儿飞行棋了，我想和××PK。（说着说着就高兴地跳了起来）

幼3：玩飞行棋的时候，我们通过掷骰子来决定谁先走，棋子还可以飞起来。

幼4：每次投掷骰子的时候，我的愿望就是每次都投到数字"6"，这样我就可以起飞，最先到达终点。

从幼儿的回答和表现可以看出，飞行棋游戏是幼儿平时生活中最喜欢玩儿的游戏，既然幼儿对飞行棋游戏兴致如此高，那我就可以加上新的元素，和幼儿一起创新更多的玩法。

2. 玩儿"我是小小飞行员"游戏，增强幼儿的合作意识

游戏玩法：分两队进行，每队派一名幼儿站在房子中间当掷骰子的人，其他队员分别站在房子起点处。游戏开始，由两队轮流掷骰子，掷到几点，本队第一名队员就可以单脚踢物往前跳几格，跳回起点就排到最后一个，轮到下一队员，哪一队全部跳完为胜。

3. 幼儿分两组开始游戏

师：刚才玩儿游戏时，你们发现了什么问题？是怎么解决的？

幼1：容易压线，有的小朋友多跳了，跳的时候要放慢速度，可以边跳边数。

幼2：有的小朋友跳的时候脚都落地了，应该算是犯规，应该停止游戏一次。

幼3：投掷骰子的小朋友速度好慢，必须拿到骰子就马上抛。

幼4：我们可以通过剪刀、石头、布的方法来决定谁先跳，谁当投骰子的人。

幼儿初次尝试投骰子跳房子，幼儿小组合作玩儿得不亦乐乎，他们还相互监督对方有无犯规情况，当发现对方脚落地或者脚压线的时候，我便站在旁边看着幼儿们如何处理，这时候浩浩小朋友说："如果再犯规就必须停止前进一次。"由此可以看出幼儿能尝试独立解决问题，制定游戏规则，团队合作精神也逐渐增强。

4. 引导幼儿讨论拼房子的材料和方法，并尝试拼房子

师：看看这个房子除了像飞行棋的形状，还像什么？

幼1：像山洞。

幼2：是一个空心的正方形。

幼3：像走迷宫那样。

师：每次老师画房子要用很多时间，小朋友想想，除了老师用画的方法准备房子，你们可以用什么办法准备房子？

幼1：可以用拼的方法。

幼2：可以用摆的方法。

师：对，这些方法很好，那用什么材料来拼房子、摆房子呢？

幼1：可以用PVC管。（幼儿们很自然地运用了建构游戏经验。）

幼2：用积塑。

幼3：用筷子。

幼4：用跳绳。

幼5：还可以用踩梅花桩的竹筒。

幼6：我觉得可以用泡沫垫，它的形状很像房子的格子。

在幼儿间的相互启发下，他们又调动了丰富了生活经验。

师：除了我们平时玩儿的房子形状，你们还能拼出不一样的房子吗？

幼1：我可以拼成弯弯曲曲的小路。

幼2：我能拼成别墅的形状。

幼3：我能拼出桥的形状。

……

师：那你们来用这些材料试一试拼房子。

幼儿运用多种材料尝试拼房子，教师观察指导。由于幼儿的建构游戏经验和合作经验较丰富，活动进行得有序而顺利，我们没过多干预。不一会儿，一座座造型各异的房子已经拼好了。

师：请你们介绍一下你们的房子。

幼1：我的房子像小山一样。

幼2：我们拼的是一座迷宫。

幼3：这是像一条弯弯曲曲的小路一样的房子。

……

拼房子对幼儿来说已不是问题，关键是在此过程中，幼儿一起合作、商量，一起动手建构，从中得到乐趣。

师：刚刚你们拼出了不同形状的房子，现在你们在自己拼的房子里玩一玩，可以自己找朋友共同商量游戏的玩法和规则。

5. 幼儿在自己拼的房子里尝试玩儿跳房子游戏

师：你们在跳自己拼的房子时遇到困难了吗？

幼1：用绳子拼的房子一踢就变形了。

幼2：竹筒拼的房子很容易倒，而且竹筒的数量太少了。

幼3：用泡沫垫拼的房子是最好用的。

幼儿游戏时发现了一些问题，例如竹筒拼的房子一碰就倒，而绳子、PVC管拼的房子只要脚抬不高就很容易踢到一边去。幼儿们使用这些生活中常见的材料拼房子后发现，有些容易移动的材料是不适合用在跳房子游戏中的，这样会影响到游戏的顺利进行。经过讨论，最终我们共同决定使用泡沫垫拼的房子进行游戏。

6. 加入各种辅助材料，在多种形状的泡沫垫上再次玩游戏

因为幼儿在第一阶段创新并学习了多种跳法，于是自然而然地加入了已有的经验，使用了多种跳法和辅助材料去玩儿，我们通过观察发现幼儿的兴趣很浓厚。可是游戏还是出现了一些问题，因为格子中只有数字，加入多种跳法和辅助材料后，会难以区分每个格子应该怎么跳。

师：刚才你们是怎么玩儿的？

幼1：我们是用颜色来区分不同的跳法，这样更好玩了！但是有时候记不住什么颜色要用什么方法跳。

幼2：我们也是用这种方法，但是玩儿的时候发现每种泡沫垫颜色比较少，没有这么多的颜色区分。

师：那你们有什么好办法没有？

幼1：要事先商量好。

幼2：那要是记不住怎么办？

幼3：可以画上标记。

师：这是个好主意！

幼儿的思维和解决问题的能力在老师搭建的支架上慢慢提升，由此衍生出一个新的构想——设计玩法标记。

7. 分组设计玩法标记

师：应该怎样设计标记？

幼1：用粉笔画在垫子上。

幼2：可以在垫子上写字。

幼3：既可以写字又可以画标记。

……

幼儿通过游戏，发现了一系列的问题，单单通过泡沫垫的颜色来区分是不可行的，于是幼儿想到了用笔来做记号。此环节，教师作为支持者，幼儿分组在垫子上设计标记和文字，例如：单脚跳时在泡沫垫上画出一只脚，老师帮助幼儿写上"单"字，在夹沙包跳时画上两只脚，脚中间画上一个圆，等等。幼儿的想象力很丰富，很快就完成了，玩儿游戏时，从起点开始按照标记进行游戏，例如：单脚跳至第几格，再按照这一格的标识进行游戏，由于有了明显的区分标记，再次游戏进行得很顺利。

8. 引导幼儿设计游戏情节，自主游戏

师：刚刚我们利用玩儿飞行棋的方法，扮演了飞行员的角色，运用了很多跳法玩儿游戏，那么还可以扮演什么角色来玩儿游戏？

幼1：可以扮演熊出没里面的角色，我想扮演光头强。

幼2：我想扮演聪明的喜洋洋。

幼3：我想玩儿植物大战僵尸里的角色。

师：那我们怎么玩儿呢？

幼1：可以分两组比赛。

幼2：熊大和熊二去森林探险。

幼3：羊村召开运动会。

……

师：嗯，这样玩儿肯定会遇到一些困难，但说不定还会发生一些奇妙的事，你们来想想如何玩儿游戏。

幼儿分组讨论游戏的玩法和规则，教师观察并适时启发幼儿增加新的游戏创意。例如：除了按照指定的标记跳格子之外，可以在格子里设计一些"奖励"，增添一些惊喜，游戏会更有趣。

师：说说你们刚才商量的玩法和规则。

幼1：像玩儿迷宫游戏一样，遇到"紧急情况"就停玩儿一次。

幼2：还可以倒退几步。

幼3：可以在中间放些"小礼物"，得到奖励的可以多跳几次。

幼4：设计陷阱，遇到陷阱就躲到旁边不跳。

幼5：可以分两组，一组是熊大组，一组是光头强组。

幼6：两组比赛，哪一组先走完就算胜利，可以得到"宝藏"。

幼7：如果犯规了就要从头开始。

师：好，那现在你们把刚刚设计的这些新玩法加到游戏中，试着来玩儿一次。（教师观察指导）

此环节重点是引导幼儿自主创新游戏玩法，设计游戏情节，老师只作为观察、引导者，此时老师几乎已经退出游戏，主要由幼儿设计游戏玩法、制定游戏规则，如：停玩一次、连续多跳、得到奖励、倒退几步等。每个幼儿都非常乐意参与游戏，这不仅提高了幼儿对游戏活动的兴趣，还培养了幼儿的自主能力、创新思维，他们在游戏中发现问题并主动解决问题，体验了合作与成功。

三、民间游戏"跳房子"融入课程中的"重构"策略

（一）保留民间游戏的精华、激活民间游戏的"生成力"

伟大的科学家爱因斯坦说过："兴趣是最好的老师。"这就是说一个人一旦对某事物有了浓厚的兴趣，就会主动去求知、去探索、去实践，并在求知、探索、实践中产生愉快的情绪和体验。趣味性是民间游戏具有生命力的重要因素，是幼儿参与民间游戏的动力。幼儿越投入，玩儿得越尽兴，则幼儿的收获越大。因此，我们通过改变民间游戏结构的各个成分，如通过游戏内容和方式、材料的多变以及游戏情节、规则与玩法等方面的创新，激发幼儿玩游戏的兴趣，给游戏增添新的活力，提升民间游戏的功能价值。

1. 迁移学习经验，创编"多元"玩法

陶行知先生告诉我们："创造"并不是高深莫测的东西，它其实存在于我们生活中的每一个细小的情节之中。幼儿天生有着丰富的想象力。只要我们看重游戏的过程而非结果，幼儿的学习天性就能被调动起来，幼儿就能真正变成学习的主人。

游戏的规则与玩法有很大的灵活性，它对游戏活动具有组织和保证作用。一种游戏只有一种玩法，很难说它是好的游戏。"跳房子"游戏之所以广为流传，是因为它玩法有趣、游戏材料简单，不受环境、材料的限制。但是，在传统的"跳房子"游戏中，只有双脚跳、单脚跳、单双脚交替跳等跳法。于是，我们从拓展游戏的规则与玩法入手，推动幼儿积极思考、迁移运用已有经验，启发幼儿尝试多种跳法，如：转身跳、隔空跳等，前提是不改变以跳跃为主的游戏形式；接着提供多种材料，如响铃球、沙包等，引导幼儿创编多种玩法，幼儿们又发明了"夹包跳""单脚踢瓶盖串"等玩法。

在第二阶段加入情节玩游戏时，为了区分何时改变跳法，幼儿设计出了玩法标识，而这种方法在之后幼儿自己创设的有《熊出没》《喜羊羊与灰太狼》等情节的游戏中得到了充分的利用，幼儿在原来设计的基础上，又为游戏增添了"掉入光头强的陷阱"（停玩一次）、"熊二摘到了蜂蜜"（得到"小礼物"

一个)、"乘坐羊村长的飞行器"（连跳三步）等新的规则。

在此过程中，我们尽可能多地让幼儿留有多种方法的选择余地，除了教师提示或提出的方法外，鼓励幼儿大胆想象，引导其在规则与玩法上进行创新，不断地激发幼儿的游戏兴趣，培养幼儿的想象力和创造力，给游戏增添新的活力。这样的方式不但使游戏的精华得以保留，而且使游戏的玩法更加丰富和多元化，幼儿们更感兴趣了。

2. 创设新颖游戏情境，激发幼儿"好玩"动机

游戏情节是游戏中的活跃成分，是激发幼儿参加游戏活动兴趣的动力，并直接影响游戏活动方式，通过对游戏的改编、创新，即便是经常玩儿同一种游戏，幼儿也觉得常玩常新，越玩儿越有趣。

一开始，不是所有幼儿都很喜欢玩儿"跳房子"游戏，大多数女孩要比男孩更感兴趣，因为此游戏相对安静，而且需要耐心，男孩们更偏爱打陀螺、滚铁环等诸如此类激烈、刺激的游戏。有的幼儿玩儿一会儿就失去耐心，转而玩儿别的游戏去了。要使游戏注入新的活力，就需要增添新的游戏情节，以使幼儿保持对游戏的兴趣。因此，我们运用"飞行棋"玩法的元素玩儿游戏，幼儿们的兴趣被再一次"点燃"了！

接着，我们"抛砖引玉"，引发幼儿更积极地思考，鼓励幼儿运用生活经验，发挥其主动性和创造力，引入有趣的情节，例如，将《熊出没》《喜羊羊与灰太狼》等动画片的素材以及生活经验里的各种情境创设到游戏中，如"熊大与熊二探险""羊村运动会"等，使游戏的趣味性与当代幼儿生活融合在一起，游戏变得越来越好玩儿！我们发现，以前一些对"跳房子"不太感兴趣的幼儿（特别是男幼儿）也能主动积极地加入"跳房子"的行列中来，并且能出谋划策，充当组织者的角色。

幼儿是具有自主性、能动性、创造性且具有生命活力的人，他们的学习过程是自我建构的过程，是认知与情感两条主线相互作用、相互交替的过程。在游戏过程中，教师的主导作用表现为引导、支持、帮助，运用多种手段创设多维度、多层次的情境，激发幼儿好玩的动机，从而让幼儿的兴趣一直保持在这个情境当中，挑战自我、体验成功。

（二）搭建经验支架，层层递进游戏进程

支架式教学中的"支架"是指为幼儿建构知识提供一种支持和帮助，而这种支持和帮助是动态的，将随幼儿能力的提高而逐步减少，最终消失，使幼儿成为一个独立的学习者。

在研究过程中，我们考虑到了游戏内容与形式、幼儿的认知与兴趣，活动具有了丰富性、趣味性，幼儿产生了新奇感，也从某种程度上调动了幼儿的学习积极性。但其实，我们在设计游戏时并不是任意组合的，而是有着清晰的组织线索，从易到难，层层推进。这种有层次的逐步推进，能考虑到幼儿的全体参与性与主动性、启发性，不是简单的活动叠加，而是建立在观察了解幼儿的发展水平的基础上进行的，同时提供适宜的活动材料，在知识与技能上给予必要协助，并鼓励幼儿独立解决问题。

1. 提供经验支持，逐渐增加游戏难度

游戏中我们为幼儿提供机会，让幼儿主动探索，进行发现学习，自主建构生活和学习经验。当幼儿在发现、探索中遇到困难，我们就应该作为一个支持者和引导者，在适当的时候帮助幼儿一起解决困难，这将对幼儿后期的活动起到支架作用。

例如，在第一阶段，我们引导幼儿用最简单的传统玩法玩游戏，建立幼儿初步的规则意识和合作意识，根据幼儿的水平加入各种跳法，然后发散幼儿的思维，提供各种材料拓展玩法，当幼儿在单脚踢物这一跳法上遇到困难时，我们就设计了"田字格踢物接力"的游戏，玩法简便，不受场地限制，在走廊上就可进行。幼儿在方格子里接力踢物，可以两人玩儿，也可多人玩儿、分组竞赛。这时我们发现，一些平衡能力强的幼儿能很快掌握单脚踢物的方法，并和同伴协商拓展玩法，在田字格上做加法，逐步变成九宫格、十六宫格，一旦格子增加，就要连续在几个格子里单脚踢物，游戏难度随之增强，对幼儿来说是一种挑战。

在游戏过程中，我们注意兼顾不同能力层次的幼儿，对平衡能力较弱的幼儿来说，在低难度上获得了成功，他才会有向新的难度冲击的信心。因此我们留给他们充分发挥自我的余地，当幼儿每次顺利完成动作或在游戏比赛中获得胜利时，都及时加以肯定和表扬，他们才会感到自己能行，从而增强自信心，体验成功的快乐。可喜的是，我们还发现那些平衡能力强的幼儿能带动平衡能力弱的幼儿一起玩儿，有时在一旁做起了"小教练"，有时牵着手带动他们跳。可见，幼儿们在活动中都得到了最大的发展空间，发展水平相对较好的幼儿成为其他幼儿的"支架"，双方得到共同发展。

2. 鼓励自主探索，逐步完善游戏规则

游戏是一种符合幼儿身心发展要求的快乐而自主的实践活动，它具有自主、自愿的特点。根据游戏的需要，游戏的形式、材料以及游戏的玩法、规则都应由幼儿自己掌握，按照自己的意愿、体力、智力进行，游戏中出现的矛盾、纠纷以幼儿的方式解决，所以，只有充分尊重幼儿的心愿，发挥其主动性，才是真正的游戏。在游戏过程中，我们引导幼儿自己去发现问题、提出问题，从而共同建立、完善游戏的规则。

第二个阶段，我们在逐渐撤去"支架"的过程中引导幼儿自主游戏，利用棋类游戏的资源为跳房子增添了有趣的情节，并通过引导，启发幼儿设计出"熊大与熊二探险""拯救美羊羊"等多种情节，加入了多种跳法和辅助材料去玩儿，可是幼儿们自己发现了一些问题，因为格子中只有数字，加入多种跳法和辅助材料后，会难以区分每个格子应该怎么跳，于是他们根据游戏的变化和发展衍生出新的构想——设计与之相应的游戏标识。在新的游戏中，他们依然能将以往的各种游戏经验迁移进来，合作商定新的玩法与规则，如：多跳一格就算犯规、捡到"礼物"可以多跳几格……当然，幼儿同时也遇到了一些问题，如：人数多或少了；大家对游戏规则的理解不一致；有的规则是大家认可的，有的规则可能随玩法、材料、场地等变动而有新的变动等。通过师生或者生生共建规则，进一步体验、学习如何与同伴协商、合作，幼儿慢慢地学会了在游戏中完善规则、自我控制、解决矛盾，渐渐能自觉遵守游戏规则，其交往、合作能力、规则意识等得到了进一步的发展和增强，幼儿逐渐成为独立的学习者。

3. 创造挑战机会，鼓励独立解决问题

支架教学为幼儿提供支持和帮助是一个动态的过程，当幼儿的认知水平逐渐提高，我们为幼儿提供的支持和帮助就应该逐步减少，要提供适宜的材料、创造各种机会，支持幼儿的游戏和各种探索活动，鼓励幼儿独立解决问题。

例如，在踢物玩游戏的过程中，我们提供了沙包、瓶盖串、小石子等辅助材料，幼儿在玩儿的时候发现，沙包并不是最好踢的，因为它的摩擦力较大，容易踩到；瓶盖串是最好踢的，它的摩擦力较小，容易踢。在反复多次尝试之后，幼儿的经验逐渐丰富，他们还发现，用脚的侧面比用脚尖踢要好踢，这样能更好地掌握踢的力度。再如：我们提供了各种材料让幼儿尝试自主拼房子，他们发现用粉笔画房子不但时间长，而且画得歪歪扭扭；用跳绳、PVC管、积塑等材料拼的房子容易被踢到而变形，不小心就会踩到房子边缘，易摔跤……通过反复尝试，幼儿们觉得还是用各种形状的泡沫垫最合适，因为用它快捷、简便，且可以任意改变房子的形状。可见，在玩游戏的过程中，教师要适当放手、善于引导，给幼儿自主探索的机会，把游戏的权利交给幼儿，鼓励幼儿自己去发现问题并试着找出解决办法。这样，他们就能用自己的方式寻求简便、合适的各种学习方法。

这种层层递进的支架式引导策略，为幼儿的游戏活动搭建可攀爬的"支架"，鼓励幼儿突破以往的游戏模式，使幼儿的自主性在活动中得到更充分的发挥，创造性思维被层层激活。"建立支架——撤去支架"的过程，就像建立和拆除建筑上用的"脚手架"一样，把幼儿的能力从一个水平提升到一个更高水平，幼儿的游戏技能自然而然地在我们搭建的"支架"上逐步得到提升。

民间游戏"跳房子"融入幼儿园课程的"重构"过程充分表明，民间儿童游戏是幼儿快乐的源泉。这个过程中，幼儿们始终处于积极主动状态，充分发挥自主精神、自选游戏、自备材料、协商角色、构思情节、调控情境，真正实现了在游戏中探索，在游戏中成长。

专题研究 1

乡村幼儿园民间游戏的现实困境及其对策
——来自浏阳市 A 园的跟踪考察

一、问题的提出

游戏是幼儿的生活方式。"儿童是一个玩耍的精灵，而不是别的什么。要问儿童为什么玩耍就如同问儿童为什么是儿童一样。"[1]

民间游戏是一种富有文化底蕴的游戏，富有浓厚的生活气息和地方特色，材料简便，趣味性强，简单易学。民间游戏扎根于大自然的土地，在当地富饶的文化土壤中生长出来。民间游戏既是游戏又是传统文化，具有教育和文化双重属性。乡村幼儿园是开展民间游戏的基地，有着得天独厚的优势。随着现代化进程的加快，乡土文化流失，民间游戏逐渐消逝，乡村儿童快乐成长的"精神营养"失去了源泉。

在"增强文化自信"和"弘扬传统文化"的当下，民间游戏的文化教育价值越来越受到关注，民间游戏在幼儿园的开展也越来越普遍。本研究利用乡村特色，扎根时代，突破民间游戏发展的困境，实现乡村幼儿园品牌发展战略，旨在为乡村幼儿园民间游戏发展寻找对策。

（一）民间游戏是宝贵的教育资源

民间游戏蕴含着深厚的传统文化，具有丰富的教育价值。民间游戏利用自然资源为幼儿创造充满"野趣"的游戏环境，幼儿在无拘无束的真游戏中，自主选择，大胆尝试，在游戏中释放"野性"，塑造健康的民族性格。民间游戏的健身与健心功能有助于幼儿身心和谐发展。

民间游戏简单易学，幼儿根据自己的兴趣和需要不断调整游戏的玩法。"跳房子"的场地从最初的几个方格，到方格中添上箭头，添加单双数，游戏材料也从最初的徒手游戏，到头顶沙包或踢沙包等，游戏场地和游戏材料的变化是

---

[1] 内罗杜. 古罗马的儿童 [M]. 张鸿，向征，译. 桂林：广西师范大学出版社，2005：254.

幼儿一次次体验后的自主创新。民间传统游戏使儿童三五成群地一起游戏，通过互相协调、模仿，学会与别人友好相处，使儿童助人、合作的心理品质得到发展，并学会自己解决人际矛盾，学会控制自己的情绪和行为。①

民间游戏携带着民族文化的"基因"，蕴含着丰富的传统文化，而民间游戏既是方言的载体，也是方言得以传承的媒介。民间游戏本身对于促进文化间的接触、创造、塑造正常的人际关系，有着不可估量的作用。② 我国是一个多民族国家，有着许多优秀的民族文化，而民间游戏既是民族文化的载体，也是民族文化传播的媒介。民间游戏起源于民间，受时代和研发主体的影响，其中难免有些低俗文化，但经过多年的积淀与发展，不断接受新的文化刺激，去粗取精，使其蕴含的文化与时俱进，更具时代价值。

民间游戏是乡村幼儿发展之本，是民族文化之根，是幼儿健康成长不可缺少的身心"营养素"。

（二）城市化进程中民间游戏不断消逝

民间游戏是中国广大劳动人民在日常生活劳作中创编而成的，在民间广为流传，是当地社会风俗的反映。

城市化进程的加快，广阔的游戏空地被一座座高楼所取代，农村由原来的"熟人"社会变成"半熟人"社会，民间游戏的空间受到限制，原来一声吆喝便能见面的游戏玩伴变成网上结队而战的电子游戏伙伴。在城镇化进程中，家长为了让孩子"不输在起跑线上"，各种兴趣班塞满了孩子的闲暇时间。家长在繁忙的工作之后，无暇顾及孩子，为保证安全，便剥夺了孩子活动的自由，从以前的"放任在泥地里摸爬滚打"到"一放学就关在家里"，孩子们昔日活跃的玩伴成了如今冷冰冰的电子产品。

幼儿园为了符合"现代化标准"，开始执行制度化的一日生活安排，将游戏时间压缩，在追赶"时代共性"中，民间游戏的个性特色逐渐消逝，乡村幼儿园民间游戏日渐衰落。

（三）乡村幼儿园民间游戏面临"双重困境"

随着社会发展，文化软实力成为综合国力的一项重要评价指标。实施中华优秀传统文化传承发展工程是建设社会主义文化强国的重大战略任务，对于传

---

① 曹中平. 儿童游戏论——文化学、心理学与教育学的三维视野 [M]. 银川：宁夏人民出版社, 1999：12.

② SKETCHES M. The Role of Folk Games in Education [J]. Practice and Theory in Systems of Education, 2013（1）：19-24.

承中华文脉、全面提升人民群众文化素养、维护国家文化安全、增强国家文化软实力、推进国家治理体系和治理能力现代化，具有重要意义。

民间游戏是中国传统文化的重要组成部分，与地区文化有着密不可分的关联，积淀着各民族各地区的风俗文化，体现着深深的乡土情怀。民间游戏的文化困境是传统文化在现代教育中的困境，走出民间游戏困境，是探寻我国传统文化传承困境的关键。

在现代社会冲击之下，民间游戏的发展陷入困境。新形势下，民间游戏如何顺势而生，寻找自己的生存空间，关系到游戏实践问题的解决，关系到我国传统文化的传承与发展。

当下，乡村幼儿园游戏处在教育与文化的双重困境之中，乡村幼儿园走出民间游戏的现实困境有助于实现民间游戏在教育中的传承，激活民间游戏的自我创新机制，也有利于乡村幼儿园教育开发文化资源、提升幼儿园教育的文化品质。

基于此，本研究通过案例追踪，了解乡村A幼儿园民间游戏开展的现实困境，分析困境的主要成因和突破困境所采取的措施，从中总结民间游戏在幼儿园发展的成功经验，提炼民间游戏在幼儿园的发展性对策。

基于教育理论和实践层面考虑，本研究主要解决以下几个问题：

1. A幼儿园民间游戏的现实困境及其主要成因。
2. 分析A幼儿园突破民间游戏现实困境采取的对策。
3. 总结A幼儿园开展民间游戏的困境与对策的一般性与独特性。

二、文献综述

本研究的目的是了解乡村中民间游戏的现实困境及其对策，而民间游戏同时具有教育和文化双重属性。故而，本研究涉及三个核心概念。

第一，乡村幼儿园。一般情况下，"乡村"是指县以下的农村地区，以自然经济为主，人口相对分散，生活水平相对较低。乡村幼儿园是指位于县以下农村地区，实施保教结合，为幼儿健康成长提供活动的公共教育场所。

第二，民间游戏。民间游戏泛指在幼儿园开展的，以嬉戏、娱乐为主，传承文化传统的游戏。

第三，现实困境。现实困境是指实践中的困难。幼儿园教育中民间游戏的现实困境是指游戏实践层面的问题。民间游戏既是游戏活动又是传统文化，故而，幼儿园教育中民间游戏面临教育实践和文化传承双重困境。

围绕核心概念，本研究从幼儿园教育中游戏的现实困境和幼儿园教育民间游戏的现实困境两个层面进行文献综述。

(一) 幼儿园教育中游戏的现实困境

如鱼离不开水一般，儿童的健康成长离不开游戏。在游戏中，儿童用自己的方式探索和感受未知的世界，进而满足需要，发展自我。儿童的生活立足于游戏活动，游戏不只是"玩"，也是儿童探索身边事物的途径。事实上，它既是儿童生存的重要形式，也是儿童特有的一种状态。[1] 理论上一直强调"幼儿园以游戏为基本活动方式"，但在实践中却只是形式上的"伪游戏"。游戏在幼儿园的困境实质是一种教育实践困境。

1. 幼儿园教育中游戏现实困境的表现

幼儿园游戏的现实困境最为突出的表现是，幼儿园中的游戏在教师的导演和控制下进行，丧失了它的内在精神，幼儿游戏的自主性、创造性被教师的控制所挤压，体验性、愉悦性被外在要求所遮蔽，游戏成了一种强加给幼儿的任务。[2]

幼儿园是落实"儿童游戏权"的主要场所。丁海东[3]、谢高明[4]、仝梦冉、郑佳、汪露露[5]共同阐述了儿童游戏权在幼儿园主要面临的时间、空间和观念困境——游戏时间和游戏空间被不断压缩，在教师的高控制下进行的游戏不知是"儿童游戏还是游戏儿童"[6]。此外，仝梦冉等人还提出幼儿园游戏面临的心理困境主要表现为教师所创设的游戏心理氛围，具体体现为教师组织和指导游戏时所扮演的角色，教师的高控制和不当评价会让幼儿处于紧张的心理环境下。

唐俊如从儿童游戏权的视角指出幼儿园游戏困境的表现：在教育实践方面，存在课程实践的"小学化倾向"严重、缺乏游戏实质的"伪游戏"现象泛滥、游戏组织与指导能力欠缺等问题。[7]

李静静指出，游戏在融入幼儿园教育过程中普遍存在"理论上重视，行动上轻视"困境：重上课，轻游戏；游戏多是教师预先设定的内容形式，直接服

---

[1] 边霞. 儿童的艺术与艺术教育 [M]. 南京：江苏教育出版社，2006：22.
[2] 高洁. 追寻幼儿教育的游戏精神 [M]. 北京：教育科学出版社，2013：3.
[3] 丁海东. 儿童游戏权的价值及其在我国的现实困境 [J]. 东北师范大学学报（哲学社会科学版），2010（5）：178-182.
[4] 谢高明. 儿童游戏权利的教育价值及其保障策略 [J]. 陕西学前师范学院学报，2018（5）：43-44.
[5] 仝梦冉，郑佳，汪露露. 儿童游戏权的现实困境及其保障策略 [J]. 长春教育学院学报，2016（7）：78-80.
[6] 刘焱. 究竟是儿童游戏还是游戏儿童 [N]. 中国教育报，2013-01-27（001）.
[7] 唐俊如. 我国儿童游戏权利的现状、困境及出路 [D]. 福州：福建师范大学，2016：2.

务于教学目标；游戏教学目标预设性较强。①

亓兰真提出，在实践操作层面，幼儿园其实缺乏真正的游戏，教师们更多的是利用游戏的工具价值，而忽视了游戏的本体价值，换言之，教师们是为了完成某项教学任务，或者是将游戏作为达成目的的一种手段来看待。②

综上所述，从儿童游戏权的角度讨论幼儿园游戏的现实困境有助于揭示幼儿园游戏现实困境的本质。在幼儿园教育情境中，儿童游戏权面临着时间、空间、观念和心理四个方面的困境。

2. 幼儿园教育中游戏现实困境的对策

幼儿园游戏的现实困境主要表现为儿童游戏权的困境。为此，一些学者主张：立法机关要借鉴立法经验，提升立法层次；政府部门需宣传正确观念，普及游戏教育的理念和方法，形成重视儿童游戏权利的社会氛围。增大物力、财力的投入，增加游戏材料与设备，创设适宜的游戏空间。加强安全监管力度，对游戏活动场地进行定点摸查、实地考察；幼儿园提供充足的游戏时间、适度的游戏空间、完备的游戏材料以及游戏的身心安全的保障；幼儿教师提升专业素养，科学布局游戏场地，设计游戏活动，关注幼儿游戏的具体情况，关注个体差异；家庭改变"唯学习论"的观念，正视游戏对儿童的作用，实行家园共育，加强亲子沟通。③

另一些学者立足幼儿园教育实践，从幼儿园和教师两方面提出解决困境的对策：幼儿园需要保证儿童的游戏时间，合理布局游戏空间并加大投放低结构材料；教师从树立正确的游戏观、创设宽松的心理环境、准确把握介入的时机、选择恰当的介入方法四个方面突破困境。④

显然，幼儿园游戏现实困境的突破实质上是儿童游戏权在幼儿园的保障，需要立法机关、政府部门、幼儿园、幼儿教师和家庭共同努力，形成合力确保幼儿游戏权的实现。

(二) 幼儿园教育中民间游戏的现实困境

民间游戏具有文化和教育双重属性，民间游戏的现实困境是游戏在幼儿园

---

① 李静静. "教学做合一"视角下儿童游戏质量提升研究 [D]. 淮北：淮北师范大学，2018：1.
② 亓兰真. 杜威儿童游戏思想研究 [D]. 重庆：西南大学，2016：3.
③ 谢高明. 儿童游戏权利的教育价值及其保障策略 [J]. 陕西学前师范学院学报，2018 (5)：44-45.
④ 仝梦冉，郑佳，汪露露. 儿童游戏权的现实困境及其保障策略 [J]. 长春教育学院学报，2016 (7)：79-80.

的困境，也是传统文化在现代教育中的困境。对于民间游戏的困境，学者们从不同的维度进行了论述。

1. 幼儿园民间游戏现实困境的表现

巩玉娜分析了传统民间游戏在幼儿教育中的现实困境，主要表现为传统民间游戏在现代社会文明中的文化失落、传统民间游戏在现代童年生活中的时空压缩和传统民间游戏在现代幼儿教育中的缺失三个方面。①

胡芳强通过调查发现，幼儿园民间游戏开展中缺乏儿童视角、游戏的环境与条件欠缺、与幼儿园现有课程未有机融合、幼儿教师对游戏的引导不到位，这些问题影响民间游戏在幼儿园的开展。②

班仕义、陈贵平从幼儿教师对民间游戏的认识不够；民间游戏内容和玩法单一，缺乏一定的创新；民间游戏材料和配套设施不足三个方面，阐述了民间游戏引入户外活动存在的困境。③

罗红辉就当前幼儿园民间体育游戏存在的问题进行了分析，总结为以下五个方面：素材挖掘不深，简单继承多，创造性运用少；活动计划性不强，随意性与盲目性较大；运动技能发展受制约，运动量难以调控；材料提供不力，游戏难以常态化开展；安全存在隐患，容易发生伤害事故。④

夏梦认为幼儿园开发利用民间游戏过程中存在以下四个问题：内容选择不够丰富，多集中在民间体育游戏；实施的方式分散，游戏失去本来意义；开发和创新的力度不够，很少进行适当改编；游戏材料制作过于"成人化"，幼儿参与度较低。⑤

综上所述，民间游戏面临的困境主要来自游戏本身、游戏开展的条件、教师三个方面，主要表现为：民间游戏所蕴含的传统文化面临现代文明的冲击、游戏内容、玩法单一、缺乏创新；民间游戏开展的时空条件压缩、游戏材料难以满足幼儿的需要；教师对民间游戏的认识不够、指导欠缺。

---

① 巩玉娜. 传统民间游戏与幼儿园课程构建[D]. 济南：山东师范大学. 2012：9-13.
② 胡芳强. 幼儿园传统民间游戏开展的现状与策略研究——以山东省两地市幼儿园为例[D]. 济南：山东师范大学，2017：35-39.
③ 班仕义，陈贵平. 民间游戏进入幼儿园户外活动的困境与路径探析[J]. 科教文汇（中旬刊），2018（425）：81-82.
④ 罗红辉. 幼儿园民间体育游戏存在的问题及解决对策[J]. 学前教育研究，2012（6）：70-72.
⑤ 夏梦. 幼儿园开发利用民间游戏时存在的问题及策略[J]. 陕西学前师范学院学报，2018（4）：72-76.

2. 幼儿园民间游戏现实困境的成因

为了突破民间游戏困境，研究者们积极寻找困境的成因。

胡芳强研究发现，幼儿园教育活动价值选择的功利性取向、幼儿教师的游戏支持与引导能力不足、幼儿教师缺乏课程的资源整合意识与能力和传统民间游戏自身因素的限制是形成民间游戏困境的主要原因。①

牛桂红从功利价值的推崇抢占了儿童游戏的时间、城市化的快速发展侵占了儿童游戏的空间和现代科技的发展吸引了儿童大部分的注意力三个方面阐述了民间游戏衰落的原因。②

甘锦豪探究发现，电子娱乐产品、安全至上、学业至上、唯分数论、自然场地的变化、生活方式的改变、计划生育、地方性行政法规、教育体制和西方体育等一系列原因导致少儿民间体育游戏衰落。③

综上，造成民间游戏困境的原因主要包括内因和外因两个部分。内因主要是幼儿自身对游戏的选择、教师民间游戏素养的欠缺和幼儿园对教育活动功利化的选择。外因主要包括城市化进程的影响、现代科学技术和电子产品的冲击。

3. 幼儿园民间游戏现实困境的对策

民间游戏是一种重要的非物质文化遗产。随着社会的高速发展和时代的变迁，民间游戏面临着即将"消逝"的危险。为了促进民间游戏在幼儿园的发展，研究者们围绕"民间游戏融入幼儿园课程活动"和"民间游戏传承与创新策略"两个方面，从不同的角度提出了自己的见解。

巩玉娜④、刘丽娜⑤、冯林林⑥、李容香⑦提倡将民间游戏资源进行收集与整理，建构民间游戏课程体系。

李炳珍⑧提出从游戏内容、玩法、器械和材料以及开展途径与空间上进行创

---

① 胡芳强. 幼儿园传统民间游戏开展的现状与策略研究——以山东省两地市幼儿园为例 [D]. 济南：山东师范大学，2017：41-44.
② 牛桂红. 农村民间游戏的衰落及原因探析 [J]. 甘肃高师学报，2014（4）：99-100.
③ 甘锦豪. 少儿民间体育游戏衰落的原因探析——基于萍乡市的调查研究 [D]. 桂林：广西师范大学，2008：6-26.
④ 巩玉娜. 传统民间游戏与幼儿园课程构建 [D]. 济南：山东师范大学. 2012.
⑤ 刘丽娜. 传统民间游戏与园本课程建设研究 [J]. 陕西学前师范学院学报，2014（6）：15-18.
⑥ 冯林林. 幼儿园民间游戏课程的构建 [J]. 学前教育研究，2010（3）：70-72.
⑦ 李容香. 超越传统：幼儿园民间游戏课程的重构 [J]. 遵义师范学院学报，2019（2）：145-149.
⑧ 李炳珍. 传承与创新：让吴地民间游戏重放光彩 [J]. 江苏教育研究，2014（2）：66-67.

新，使民间游戏更加符合儿童的喜好。罗红辉[1]通过分析原始素材，对民间游戏进行合理的取舍和改造；科学合理地安排民间体育游戏的内容、形式和时间；优化民间体育游戏的内容体系和活动过程；多种渠道拓展民间体育游戏的资源；做好民间体育游戏的组织工作，确保幼儿活动安全等途径传承与创新民间传统游戏。

总之，关于民间游戏的困境、成因和对策已有初步的研究，学者们从幼儿游戏权利和民间游戏课程资源开发与整理方面对上述问题进行了广泛的探讨。但是，关于民间游戏在农村幼儿园的实施情况研究较少，关于幼儿园中民间游戏的现实困境及其原因的研究更少，而只有发现困境并找到原因，才能使民间游戏得到更好的传承与保护，进而发扬优秀的传统文化。这种研究的欠缺及其重要性进一步证实了幼儿园中民间游戏的现实困境及其对策研究的必要性与可行性。

三、研究设计

（一）案例的选取

质的研究并不强调样本的代表性和普适性，因此一般不进行概率抽样，而是使用"非概率抽样"中的"目的性抽样"，即抽取那些能够为本研究问题提供最大信息量的样本。[2]据此，本研究以 A 幼儿园作为研究个案，主要有以下原因：

第一，A 幼儿园是一所典型的乡村幼儿园，拥有适合开展民间游戏的自然环境，其户外活动以民间游戏为特色，能够为本研究提供典型的研究个案。

第二，A 幼儿园为评选普惠性幼儿园，改建活动场地，将原来的部分户外游戏时间改为室内的集体教学活动。因此，该园民间游戏的发展环境发生变化，自由化的游戏时间变为制度化的一日生活安排，民间游戏的发展进退两难，将为本研究提供丰富的材料。

第三，A 幼儿园的发展处于转型期，原来以民间游戏为特色的户外活动面临新的挑战。两年前研究者随导师一起到该园做过调研，之后每年都会到该园进行一天的观察，并与该园的园长和教师建立了良好的合作关系，这为研究者

---

[1] 罗红辉. 幼儿园民间体育游戏存在的问题与解决对策［J］. 学前教育研究，2012（6）：71-72.

[2] PATTON M Q. Qualitative Evaluation and Research Methods［M］. London：Sage Publication，1990：169.

顺利进入研究场景、获取丰富有效的信息提供了保障。

A园基本情况介绍：A园是一所家庭式的乡村幼儿园，共有206个孩子，班级配备一教一保，W园长主管接待和对外交流学习，其妹妹是后勤园长，保安是W园长的父亲，两位园车师傅是园长的亲戚，再加上一名厨师共20位工作人员。

（二）研究方法

本研究采用案例研究法，在一年内连续跟踪研究A园民间游戏的发展状况，收集各种资料，揭示其发展变化的情况和趋势，揭示A园民间游戏发展的现实困境及其采取的对策。

1. 收集资料的方法

本研究从2017年9月到2019年10月连续跟踪研究民间游戏在A幼儿园的现实困境、形成困境的原因及应对困境的策略。2017年9月到2018年12月每两个月到幼儿园观察一次，了解幼儿园园所文化，观察民间游戏的开展情况，与园长、教师、幼儿建立良好的信任关系。2019年3月到2019年10月，每半个月到幼儿园观察一天，了解幼儿园民间游戏开展的常态，对教师和园长进行访谈，对2017年至2019年民间游戏在A幼儿园开展中的现实困境的变化及园长应对困境采取的对策的效果进行分析。

（1）问卷调查法

依据学前游戏的相关理论，在参考其他类型游戏的调查问卷的基础上，编制"乡村幼儿园民间游戏现实困境调查问卷"，拟定了"游戏角色困境"与"传统文化困境"两个维度，编制了23个具体问题。问卷共分为四个部分：

第一部分：1—6题，有关调查对象的基本情况，包括教师所在班级、年龄、教龄、学历和专业背景。

第二部分：7—10题，民间游戏作为一种传统文化在现代教育中的困境，主要包括教师对民间游戏的认识、民间游戏的课程设置和民间游戏的改编与创编等问题。

第三部分：11—22题，游戏在幼儿园开展的现状，从游戏环境与条件的创设、游戏活动的实施与指导方面设置问题。

第四个部分：23题，通过开放式题目了解教师在开展民间游戏方面的建议。

（2）现场访谈法

为了解民间游戏在幼儿园的开展情况，主要从对民间游戏的态度和认识、游戏资源的选择与收集、民间游戏开展的环境与条件及民间游戏的组织和实施几个方面拟定访谈提纲,对园长进行访谈,深入了解民间游戏在开展过程中遇到的困难和解决困境所采取的对策。同时,对园长、家长和幼儿进行非正式访谈,了解幼儿园开展民间游戏的具体情况。

(3) 自然观察法

A幼儿园民间游戏的现实困境是本研究的重点,观察法是研究者收集资料的主要方法。研究者采用非参与式观察,将自身置于研究的活动之外,不参与幼儿园的日常生活,以获得比较客观的观察资料。观察初期,研究者对幼儿园民间游戏的开展时间、整体布局和教师对游戏活动的组织与实施的大概情况进行初步了解。随着观察的深入,观察的问题逐渐聚焦,将观察的重点放在游戏内容、组织和玩法上。在观察中,研究者主要采用录像和图片相结合的形式,以确保研究资料的真实性与情境性。

(4) 作品分析法

本研究在资料收集阶段还采用了作品分析的方法。作品包括所有与研究问题有关的文字、图片、音像、物品等,实物可以为我们提供一些新的概念、隐喻、形象和联想,使我们的视野更加开阔。[1]

本研究旨在了解A幼儿园民间游戏的发展问题。围绕此问题,研究者通过多种途径获得了A幼儿园民间游戏场地的变化、民间游戏的种类及玩法的变化等相关资料,还包括幼儿园前期幼儿开展活动和研究者拍摄的视频、图片等资料。通过对这些实物材料的分析,丰富并验证了访谈和观察所得的资料。

2. 分析资料的方法

"整理和分析资料"指的是根据研究的目的将所获得的原始资料系统化、条理化,然后用逐步集中和浓缩的方式将资料反映出来,其最终目的是对资料进行意义解释。[2] 首先,将访谈的文字、录音和观察中的视频、图片资料进行整理,以确保资料的完整和真实性,对实物资料进行整理与归类。其次,对实物资料进行编码分析,将民间游戏的困境和成因进行分类,使资料条理化,形成论文的初步框架。

3. 研究的伦理

由于质的研究关注研究者与被研究者之间的关系对研究的影响,从事研究工作的伦理规范及研究者个人的道德品质在质的研究中便成了一个不可回避的

---

[1] 陈向明. 质的研究方法与社会科学研究 [M]. 北京:教育科学出版社,2000:257-265.
[2] 陈向明. 质的研究方法与社会科学研究 [M]. 北京:教育科学出版社,2000:269.

问题。① 因此,在本研究中,研究者充分考虑伦理道德规范,尊重个人隐私,遵循以下原则:

第一,自愿原则。在进行实地研究前,研究者主动联系幼儿园园长,向被研究者介绍自己的身份和研究意图,在得到被研究者的同意后,进行相关的访谈和观察,访谈中的录音也是经过被研究者的同意才进行的。整个研究都是园长和教师自愿参与,研究处于一种和谐融洽的氛围中。

第二,保密原则。在研究之前,研究者会告知被研究者所获取的资料仅用于研究,不会外泄,绝对保密。研究中,研究者会向研究对象重申保密原则。访谈中的录音、观察中的视频资料仅供研究者本人用于论文研究。以 A 幼儿园指代研究对象,园长、教师、幼儿的名称也使用代码的形式,避免泄露研究对象的身份。

第三,公正合理原则。在对所收集到的资料进行分析时,去除个人的偏好和研究前根据相关文献对民间游戏开展困境及成因的假设,以客观中立的态度对调查的资料进行阐述,真实客观地反映研究的情况。

四、研究结果与分析

A 幼儿园位于浏阳市一个古镇的幽深巷道中,幼儿园虽然位置比较偏僻,但是其民间游戏特色却远近闻名。在对 A 幼儿园民间游戏不断观察、访谈、进行实物资料收集分析的基础上,查阅相关的文献资料,研究者发现 A 幼儿园民间游戏面临文化和游戏双重困境。

(一) A 园民间游戏的现实困境及其表现

1. A 园民间游戏的外部现实困境

民间游戏是传统文化的重要组成部分,具有游戏与文化双重属性。民间游戏既要有游戏塑形,也要有文化铸魂。民间游戏是乡村文化传承的重要载体,乡村文化是民间游戏赖以生存和发展的根源。随着城市化进程的加快,乡村社会结构发生变化,乡村的土地和人口流失,乡村文化呈现不同程度的断裂。全球化、信息化的快速发展,伴随城镇化而来的新思想、新观念冲击着原有的乡村文化。

(1) 乡村文化的传承主体减少

随着经济的快速发展,农村人口大量迁往城市,熟知乡村文化的人口逐渐

---

① 陈向明.质的研究方法与社会科学研究 [M].北京:教育科学出版社,2000:426.

减少。乡村文化具有很强的地域性，民间游戏伴随着童谣，往往在大家的口耳相授中得以传承。20世纪以来，中国经济迅速发展，互联网逐渐普及，"宅文化"逐渐蔓延到了乡村，儿童的娱乐方式也由原来三五成群地玩儿民间游戏，变成了与冰冷的电子产品为伴。农村人口中了解乡村文化的人也在骤减。

笔者第一次去幼儿园观察民间游戏时，小班的孩子们在玩儿"老鹰捉小鸡"的游戏。W园长讲到，小时候玩儿这个游戏时很有意思，游戏中有一首儿歌，但是忘记了，也找不到。后来笔者通过一个专门做浏阳民谣收集的老师那里找到了W园长口中所说的儿歌："牵羊卖羊，卖到浏阳，浏阳世界好，羊仔肯吃草。羊家婆婆买羊啵。"这首儿歌只有用当地的方言念出来才别有一番韵味，但随着时代变迁，知道这首童谣的人越来越少。A幼儿园的"老鹰捉小鸡"游戏还在继续，但已是大众化的、没有童谣相伴的嬉戏追逐游戏。

（2）承载乡村文化的土壤在流失

任何一种文化都必须有可以承载文化活动的空间和场所。"乡土"是民间游戏生长的原生土壤。以前在农村随手可得的泥土，现如今在农村也逐渐珍贵起来。充满"野趣"的"自然游戏场"被一座座高楼所取代，水泥地代替了泥巴地，原来一把小刀便可进行的分田地游戏，现如今找这样合适的游戏场地也变得有些困难。

（3）乡村文化的价值认同在减弱

传承与发展民间游戏，其前提是文化自信，才能让民间游戏文化自强。信息化的快速发展，现代文化、观念进入乡村，一方面是新颖的、未曾接触过的"新文化"；另一方面是长年累月、耳熟能详的"旧文化"，两种文化相互杂糅，人们根据自身的需求进行文化选择。"城里人"的风气走向乡村，农民也不再放任孩子在泥地里摸爬滚打。[①] 为了让孩子不输在起跑线上，农村的家长让孩子参加"小主持人""绘画""舞蹈"等特长班，从小让孩子说普通话，摆脱"乡土气息"，像城里孩子一般"样样精通"，乡土文化的价值认同出现危机。

2. A园民间游戏的内部现实困境

（1）民间游戏资源匮乏

民间游戏种类丰富，学者们纷纷著书将民间游戏资源进行了分类整理。乡村是民间游戏的发源地，乡村幼儿园是开展民间游戏的主要教育场所。A园在民间游戏资源上面临以下困境：

[①] 刘大维，曾小玲，胡向红. 城镇化进程对儿童传统民间体育游戏传承的影响[J]. 学前教育研究，2014（12）：61-63.

①民间游戏资源零散

2017年9月第一次造访A园时,正值幼儿园民间游戏集中展示的时段。W园长考虑到小班幼儿年龄太小,于是让小班幼儿主要在园门口的一片户外活动场地游戏,中、大班幼儿主要在靠近教室的户外场地开展混龄游戏。游戏在室内和户外两个场地同时开展。

2018年7月造访A园观察民间游戏时,幼儿园开展民间游戏初步进入常态化。游戏主要集中在户外的攀爬和平衡类游戏中,其他游戏材料安静地躺在角落里,没有孩子使用。

通过现场观察和园长访谈得知,从2013年至2019年,A园开展过的民间游戏没有分类整理,也没有文字方面的记录,只有少量的图片和视频。当W园长了解到一种新的民间游戏时,便会开始在幼儿园尝试,2019年4月,幼儿园开展了跳竹竿的游戏,但玩儿了不到一个月后,孩子们便不再玩起,竹竿也就被搁置在一旁了。2019年6月,幼儿园又新增了滑索游戏,每当一个新游戏出现时,孩子们总是乐于不断尝试,直到2019年10月,孩子们依然在滑索上玩得不亦乐乎。

民间游戏本来以口耳相授的方式流传,在A园却成了依据孩子的兴趣进行的传承。A园民间游戏零散和无规划的呈现,使民间游戏的传承和发展面临挑战。

②民间游戏类型单一

民间游戏的种类繁多,划分的标准也存在差异,为了更好地了解A园开展民间游戏的情况。笔者根据幼儿园开展民间游戏的手段和目的,将民间游戏划分为以下三种类型。

运动类民间游戏:主要是运用身体进行走、跑、跳、爬、追逐、躲闪等活动,以及运用身体各器官的协调运动做出配合性动作的游戏,例如丢沙包、爬树等游戏。

益智类民间游戏:游戏时需要调动游戏者的观察力、创造力、想象力和思维能力来完成的游戏,比如棋类游戏、翻花绳和建构游戏等。

语言类民间游戏:发展游戏者的语言表达能力,以儿歌为主,游戏中往往伴随着一些基本的动作。

三年来,笔者通过观察A园民间游戏常态开展情况,以及对教师、园长的访谈得知,A园开展的游戏具体情况如表1。

表1　A幼儿园游戏一览表

游戏类型	游戏名称
运动类民间游戏	老鹰捉小鸡、石头剪刀布、老狼老狼几点了、水果蹲、跳竹竿、丢沙包、跳皮筋、拔河、拍球、两人三足、骑脚踏车、梯子组合攀爬游戏、跳房子、玩滑梯、滚油桶、翻跟头、爬树、滑索、系红领巾、踢毽子
益智类民间游戏	六子棋、翻花绳、建构游戏
语言类民间游戏	丢手绢、炒豆豆

从表1可知，A园的运动类民间游戏20个，益智民间游戏3个，语言类民间游戏2个。显然，A园民间游戏主要集中在运动类游戏。

在访谈中，W园长讲道："一个开展体能活动的培训机构要幼儿园开展体能活动，我要教练先看，看了后再说。教练到幼儿园看了孩子们的户外活动后，震惊了，说孩子们的体能可以了，比他想象得强多了，幼儿园的体能课不用开了。"笔者在A园的12次观察中发现，小班幼儿集中在平衡类的组合器械区，中、大班的孩子以滚油桶、爬树、骑脚踏车和平衡车为主，这些运动类游戏每次都会开展，但六子棋和翻花绳的游戏仅开展了两次。运动类游戏释放了农村幼儿的野性，但是益智类和语言类游戏开展的频率相对较少。W园长说："孩子们放得开，可是有些收不住。"

③可直接运用的民间游戏资源匮乏

民间游戏是一座丰富的资源宝库，从古至今人们玩过的民间游戏数不胜数，但民间游戏的天然土壤是大自然，民间游戏对活动空间有一定的要求，能直接运用于幼儿园教育活动中的民间游戏并不多，也没有可直接运用于幼儿园的民间游戏相关文本资料。

A园7位教师的问卷调查中，有6位教师通过网络和书籍获取民间游戏资源，1位教师只通过网络获取，教师获取民间游戏资源的方式比较单一。从过去的在街头巷尾、田间河边做游戏，到在幼儿园做游戏，这里面确实存在一个微妙的变化。这是两种不同的"游戏场"。"自然游戏场"（前者）是由幼儿自己创设的，他们设置游戏活动的边界和区域，营造游戏的情感氛围，并将自己投入游戏；"教育游戏场"（后者）更多是由教师设置，幼儿在这个场内再去创设自己的个人游戏场，个人受整个大场的牵制。[①] 将民间游戏移植到幼儿园，需要考虑是否有利于幼儿的健康发展，是否有适宜的场地开展，然后根据幼儿园的

---

① 黄进. 论儿童游戏中游戏精神的衰落 [J]. 中国教育学刊，2003（9）：31-34.

实际情况进行适当的转换。

研究者：幼儿园的民间游戏是通过什么途径获取的，选择民间游戏的原则是什么？

W园长：幼儿园开展的民间游戏主要是从网上搜的或自身玩儿过的。选择的民间游戏要求是安全的、幼儿能力能够达到的、具有趣味性并符合幼儿年龄特点的。

由此可知，幼儿园作为教育场所，"安全性"是幼儿园在选择民间游戏时考虑的第一要素，也正因为这一原则，很多民间游戏被阻隔在幼儿园的大门之外。

(2) 教师游戏素养相对薄弱

幼儿教师的素质对幼儿园活动开展的质量起着至关重要的作用。教师在游戏中扮演的角色影响着游戏的进程，幼儿园教师与幼儿的互动或相互影响具有幼儿与伙伴互动不能替代的发展功能。[①]

A园地理位置偏僻。第一次到该园时，从未想过在幽深的巷道中还会有一所有民间游戏特色的幼儿园。A园虽远近闻名，但地理位置的局限性，也使得A园在招聘教师时面临困难。在与W园长的非正式访谈中得知，乡镇招幼儿教师比较困难，教师大多是周边的人，A园的教师基本上都是靠熟人介绍来的。在开展民间游戏时，A园教师在专业素养、游戏精神和能力方面有所欠缺。

①能熟练组织民间游戏的教师少

A园的民间游戏组织形式在实践的过程中不断地进行调整。在与园长的访谈中得知，游戏组织形式的调整主要是园长在实践中发现了问题再进行调整，教师更多的是充当执行者的角色。

第一次到A园观察民间游戏集中展示的时候，民间游戏以分区的形式进行，区域间的界线不明显，教师在游戏中更多的是充当安全的看护者，偶尔参与游戏，对幼儿的指导很少。在后来的常态观察中，A园为避免混乱，民间游戏开始以分班定游戏的形式开展，在活动开始前教师要求孩子注意安全问题，如果有谁受伤，记得告诉老师，在幼儿游戏的过程中教师站在一旁，更多的是充当观察者。

为了打破限制，园长将游戏变成了幼儿自选游戏，一到上午9：30左右，孩子们纷纷来到户外活动场地，选择自己喜欢的游戏。玩平衡车、滚油桶、踩脚踏车和跳绳，在一个场地中，在长期的这种"混乱"中，正如W园长说的，"孩子们好像学会了如何避免碰撞，躲避危险"，但也有孩子没有注意到"危

---

① 丁海东. 幼儿园游戏组织与指导 [M]. 长沙：湖南大学出版社，2015：83.

险"而发生碰撞。

在问卷中调查到教师在游戏中扮演的角色频率最高的是"安全保护者"和"纪律维护者"。在与教师的非正式访谈中，中班L教师讲道："教师在游戏中主要充当观察者，在游戏中会提醒孩子注意安全，有时候会参与，有时候会对孩子进行一些指导，对孩子的不当行为进行制止，例如，孩子将水龙头堵住，教师会制止。孩子问教师，水龙头堵住了怎么办，教师会指导孩子解决问题，当孩子爬树爬不上去时，老师会鼓励孩子自己想办法，当孩子爬上去后，会表扬孩子，游戏中很少干涉孩子怎么玩儿。"

关于民间游戏中教师对幼儿游戏中的经验进行分享以及在班级进行讨论的频率问题，中、大班的教师都选择了"经常"，小班教师则选择了"很少"。在非正式访谈中，大班的H教师表示："主要大班分享和讨论的是孩子在面对困难时，是怎么做的，是不是成功了。例如，有的孩子滑索上的绳子够不着，会自己想办法，会把自己的办法和其他的孩子分享，有的孩子跳起来去抓绳子，有的孩子用轮胎垫着，一个个垒高，直到让自己够着滑索上的绳子。"

教师缺乏专业系统的游戏知识，对民间游戏的玩法也停留在自身经验上。教师在游戏中更多的是充当幼儿的激励者和幼儿游戏成果的欣赏者。

②教师片面理解游戏的自由和自主精神

游戏精神是自由的、自主的、愉悦的、创造的，[①] 脱离了游戏精神的游戏活动成为一个僵硬的外壳，没有具体的游戏活动作为载体的游戏精神也无法表达。[②] 游戏精神是一种境界、一种生活态度和生活方式，是游戏发展的"助推器"。

作为教师也应当有游戏精神，教师的游戏精神比游戏能力更为重要。教师"好玩"比"会玩"更能激发幼儿的游戏热情与愿望。"好玩"的教师富有游戏精神，善于在平淡的场景中发现有趣的元素，并且生成游戏线索，进而转化为游戏情境，带动幼儿游戏，实现幼儿的真发展。

自由是游戏精神的核心体现，自主是幼儿主体性和生命力的体现。游戏中的自由精神包括游戏选择权和游戏方式的自由，但同时也要遵守一定的规则，进行一定的行为约束。幼儿是游戏的主人，能自主选择"我要玩儿什么"而不是教师"要我玩儿什么"。自由是人类的追求与向往，也是幼儿实现自主发展的前提。

---

① 虞永平. 课程游戏化的意义和实施路径 [J]. 早期教育（教师版），2015（3）：4-7.
② 王金娜. 论教育的游戏精神 [D]. 南京：南京师范大学，2007：12.

在与园长的谈话中得知，A 园原是一所乡镇小学，2006 年改建成幼儿园。2013 年 W 园长参加了"安吉游戏"的培训活动后，发现"安吉游戏"的很多做法可以在 A 幼儿园实施，回到幼儿园后，园长将自己的所见所闻与幼儿园的老师分享。在访谈中园长讲道："2014 年开始实施民间游戏，实施之初老师们束手束脚，这也不准孩子们玩儿，那也不准孩子们玩儿，孩子只能在教师指定的区域里玩儿，在开展游戏前进行安全教育，生怕孩子们受伤。"但是后来 W 园长发现，总是这样小心翼翼，游戏开展不起来，于是要老师真正地放开，让孩子自己选择自己喜欢的游戏，教师不要限制孩子。而这一次的放开就真的是彻底地放开了，游戏区之间的界线不明显，游戏中的规则完全由孩子自主讨论协商，但由于游戏区中的"混战"，也随之产生了安全问题，教师的这一次放手成了一种消极游戏。

观察记录：上午 9：30 早操结束后，孩子们自由选择游戏，幼儿园的自然坡是孩子们滚油桶、骑平衡车和脚踏车最喜欢的场所，从坡上顺势而下，孩子们张开手臂，口中呼喊着，脸上都洋溢着快乐。小明在前坪滚油桶，这时从小王从背后骑平衡车顺坡而下，两人快要相撞时，小王大叫了一声，小明从油桶上跳了下来，小王及时停住了车子。站在一旁的 X 老师说要注意安全，不要和其他的小朋友撞到一起。

自由应该建立在规则之上，规则是确保游戏顺利开展的前提条件。表现的自由不是任意妄为，而是规则约束下的自由。游戏的顺利进行需要游戏者自始至终对规则自愿接受、遵守，谁要是破坏规则，谁就会被集体放逐或导致游戏的终结。如若这样，表现就失去了可能与意义，更谈不上自由。①

教师放手并不意味着不管不问，应该为幼儿提供丰富的材料和有准备的环境，认真观察，详细记录，活动后进行经验分享，帮助孩子提升游戏水平。

从与 W 园长的访谈和笔者的观察来看，A 园从控制剥夺孩子的自由自主精神，到无规则约束下的夸大自由自主精神，教师对游戏中的自由自主精神的理解存在着偏差。

③教师缺乏将民间游戏融入课程的能力

幼儿园以游戏为基本活动方式，游戏是幼儿园课程实施的基本途径。在我国，"幼儿园课程"一词早在 19 世纪就已经被使用，它是实现幼儿园教育目的的手段，是帮助幼儿获得有益学习经验、促进幼儿身心全面发展的各种活动的

---

① 侯会美. 游戏精神与创造性教学关系探论［J］. 现代中小学教育，2004（4）：11-13.

总和。①

游戏与教学的结合大致可以分为分离式、插入式和整合式三种类型。分离式是指在幼儿园活动的某段时间内安排纯游戏活动，而在另一段时间内安排纯教学活动。在教学中插入游戏，或在游戏中插入教学，这种结合方式便是插入式。整合式是实现游戏与教学相结合的一种高级形式，它使两种性质不同的活动融合成一体，有时难以区分什么是游戏，什么是教学了。②

"童年早期儿童是按照自己的大纲学习的，学龄前儿童按照教师的大纲学习，而学前儿童的学习则是按照教师的大纲变成儿童自己的大纲的过程而定的。"③ 民间游戏融入课程，在这里是指由游戏生发成课程，游戏课程化。丁海东指出，游戏课程化的实质就是将儿童自己的游戏，或者说是自发或自由状态下的游戏转化为幼儿园的课程。④

A园开展民间游戏主要在晨间活动和户外活动（问卷中）。在与老师的非正式访谈中问到是否会将民间游戏融入课程中，Z教师讲道："在户外活动结束后，我们会组织孩子对游戏中的经验进行分享，我们也不知道游戏怎么和课程融合，后面还要开展五大领域的教学活动，我们每天有具体的教学任务。"W园长在访谈中讲道："开展民间游戏最大的困难是老师如何实施民间游戏，如何真正地将游戏融入一日生活之中，融入课程中。"

由上述可知，A园的民间游戏与课程基本处于分离的状态，将游戏融入课程，作为课程的内容，是幼儿园努力的方向。

（3）游戏环境的适宜性比较差

"自然游戏场"是开展民间游戏的天然场所。大自然中的泥、沙、水都是孩子们喜欢的材料，民间游戏迁移到幼儿园，"自然游戏场"变成"教育游戏场"，游戏环境发生了变化。农村幼儿园接近民间游戏发源地，虽然在游戏环境上与自然游戏场有着相似之处，但由于新建高楼、游戏场地、设备现代化，适宜民间游戏生存的原生态土壤遭到了破坏。

①适宜民间游戏的原生态场地小

A园是在2006年由小学改建而成的，全园建筑面积1500平方米，户外场地

---

① 冯晓霞. 幼儿园课程[M]. 北京：高等教育出版社，2000：12.
② 朱家雄. 幼儿园课程（第二版）[M]. 上海：华东师范大学出版社，2011：59.
③ 维果茨基.《维果茨基教育论著选》[M]. 余震球，译. 北京：人民教育出版社，1994：379.
④ 丁海东. 游戏的教育价值及其在幼儿园课程中的实现路径[J]. 学前教育研究，2006（12）：32-34.

800平方米，场地上铺了塑胶地垫，2012年改成了塑胶地面。2012年W园长将幼儿园正门口旁边300平方米的老年活动中心改建成幼儿户外活动场地，为了让孩子下雨天也有户外活动场所，W园长在建这一场地时还特意盖上了雨棚。

2017年9月笔者到A园时，幼儿园前坪场地的后面是一块没有开发的自然场地，同时还有一间土砖房，W园长为避免孩子到后面的场地玩儿时发生危险，用围墙将后面的场地围起来了。2018年7月，前坪后面的场地正在改建，2018年10月，场地已经改建完成，后面的场地新建一个沙池和一层的楼房，共400平方米，楼房里面是一个会议室和一间幼儿的室内活动场地。

在访谈中，W园长讲道："当时后面的房子比较旧，是土木结构危房，幼儿园想评普惠性二级幼儿园，要有一个会议室，也想为孩子们建一个沙池，在下雨天也可以为民间游戏的开展提供室内活动场地，想把这个室内的活动场地用来开展像日本幼儿园那种玩儿感统游戏的专门场所，但是要怎么做现在还没想好。室内的活动场地现在主要用于开展一些大型活动，比如家长会和老师的一些礼仪教育活动培训，有时候也作为孩子特长培训活动场地，因为幼儿园有一些舞蹈、小主持人和珠心算的特长班。"

2019年3月，在非正式访谈中，W园长讲道："小时候玩儿泥巴可以玩儿上一整天都不腻，今年想租一块田地，让孩子们玩儿泥巴，但是在附近都没有找到合适的场地。"

从2006年建园开始，A园的活动场地面积在逐渐扩展，塑胶地面替代了泥巴草地，活动场地逐渐现代化，适宜民间游戏的原生态"泥土"面积在逐渐减少。

②游戏时间被集体教学活动挤压

《幼儿园工作规程》指出，在正常的情况下，幼儿户外活动时间（包括户外体育活动时间）每天不得少于2小时。[①] 幼儿园在一日生活安排中虽有2小时的户外活动时间安排，但在实际活动中，户外游戏时间有时会被集体教学活动侵占。A园共有7个教学班，2个大班、2个中班、2个小班和1个托班。在A园的一日生活日程安排中，上午9：30左右孩子们在户外做早操，早操后是孩子们的户外活动时间。在笔者的观察中，两次早操后中班的老师带领孩子回到自己的班级，让孩子继续完成上一个活动的画。大班的孩子回到了自己的班级，开展集体教学活动。W园长讲道："大班的孩子一般会晚一会儿出来，让中班的

---

① 中华人民共和国教育部.2016版幼儿园工作规程——附《3~6岁儿童学习与发展指南》[M].北京：首都师范大学出版社，2016：7.

孩子先玩儿一会，场地有限，大班的孩子喜欢玩儿平衡车，容易和中班的孩子碰撞。我们是农村幼儿园，也要开展一些集体教学活动，进行五大领域的教学。"到上午10：30左右，小班和中班的孩子会回到教室，继续开展下一个教学活动，大班的孩子陆续出来开展户外活动。

③游戏材料的投放缺乏层次性

民间游戏材料简便，以低结构材料为主，在操作方法上并不固定，可以一物多玩。户外游戏材料的投放方式影响孩子参与游戏的兴趣，在游戏材料的投放中应该遵循由易到难，循序渐进，逐步提高游戏的难度，让孩子在游戏开始阶段获得自信心，同时激发孩子参与挑战，满足孩子的多样化需求。

从2017年9月第一次到A园开始直到2019年10月底，小班游戏区的平衡类器械材料没有变化，在园观察的12次中，用于小班孩子爬行的器械组合方式基本一样。

在中、大班的活动场地中，第一次见到孩子们，他们正兴致勃勃地在玩儿铁环和风火轮。第二次见他们时，这些材料"无童问津"。第三次时，笔者发现放在幼儿园班级走廊上的铁环和风火轮材料已经不见了。在与园长的访谈中得知"孩子们觉得滚铁环太难了，就没有人玩儿，加上放在外面天天曝晒，风火轮是塑料材质的，有的都坏了，干脆就放到班上去了"。笔者后面到A园时都未见到过这些游戏材料了。风火轮在操作上比铁环更为简便、更易掌握，A园在购买材料后是同时投放的，但孩子玩儿了几次后发现有难度就不玩儿了。

幼儿园的平衡类材料较多，有油桶和塑料的滚筒。从2017年9月到2018年7月，孩子们用脚踩油桶向前滚动的能力还比较强，2018年9月到2019年6月，滚油桶的孩子减少了，在和孩子的交谈中，孩子说道"我不会，我怕"。园长讲道："上一届幼儿的能力比较强，能滚油桶的孩子多一些，这一届孩子的能力没那么强。"笔者从园长提供的建园以来的户外活动资料得知，从2013年开始，幼儿园的户外活动就有滚油桶，在视频资料中，孩子们能在油桶上跳绳，能在有一定间隔距离的滚动的轮胎间跳跃。在访谈中W园长说："幼儿园主要提供油桶让孩子自己去玩儿，能力强、胆子大一些的孩子就玩儿得比较好，有些孩子就不敢玩儿。"

A园在游戏材料的投放上，以低结构材料为主，有的材料几年保持不变，在呈现和组合方式上也比较单一，在材料投放上未遵循由易到难原则，没有根据孩子的现有发展水平提供，缺乏层次性。

(4) 民间游戏的家长认可度低

家长是幼儿园的重要合作伙伴，家长的支持是幼儿园开展活动的重要支柱。

为了解家长对A园开展民间游戏的态度和认识，笔者编制了问卷，共发放问卷206份，剔除无效问卷，共收回169份，问卷回收率为82.0%，具有统计学意义。问卷78.1%由父亲或母亲填写，其中80后母亲占37.3%。在非正式访谈中，W园长讲道："父母接送占了绝大部分，因为镇上有一些工厂，很多孩子的父母就在附近工厂上班，方便接送孩子。"

研究者：家长对幼儿园开展民间游戏的态度是怎样的，实施民间游戏之初和现在有什么变化？

W园长：刚开始开展民间游戏的时候，家长不大接受。幼儿容易在游戏中受伤，家长认为幼儿园不应该开展这些有危险的活动，孩子在幼儿园应该学习知识。但是后来家长发现孩子在幼儿园过得很开心，发现了孩子的变化，就慢慢接受了。现在家长基本都比较认可我们幼儿园的游戏，家长基本是80后、90后，观念也不一样了，孩子即便受伤了我们和家长沟通起来也比较方便，也能够理解。

从2019年10月的问卷中得知，87.6%的家长对幼儿园开展民间游戏持支持态度，12.4%的家长持中立态度，从民间游戏实施到现在，家长对民间游戏的认可度在提高。

(5) 幼儿园游戏管理滞后

A园是一所家族幼儿园，W园长任A园的园长，主要负责幼儿园的接待任务和制作资料。W园长的妹妹任后勤园长，主要负责幼儿园的饮食和孩子的接送。W园长出生于70后，大专学历，会计专业毕业，在银行工作了9年，从未有过教育相关的工作经验。为办好幼儿园，园长从2006年到2012年一直在模仿大型幼儿园的做法，大型幼儿园的做法中能在A园实施的，园长都会去做。但是园长从未想过自己到底想做什么样的教育。直到2013年接触"安吉游戏"，幼儿园开始实施民间游戏。在访谈中W园长多次讲到的是"想怎样培养自己的孩子就怎样培养幼儿园的孩子，把别人的孩子当自己的孩子带"。

①民间游戏的组织与实施缺乏整体规划性

W园长居住在乡村，常去农家乐，希望能够亲近大自然，认为人的本性是要回归大自然。园长接触到"安吉游戏"时，触动了自己童年关于民间游戏的美好回忆，所以想结合乡村特色，办一所美丽、有乡村特色的幼儿园，让孩子回归自然。关于幼儿园发展的方向，W园长有一个大的蓝图，但是却没有具体明确的实施步骤，边实践边思考，一步步积累。"每年都会有一些新的尝试，教育局领导来检查说幼儿园每年都不一样，我也希望幼儿园每年都有新的变化。"W园长在非正式访谈中说道。园长甚至把下一个十年的规划都想到了，如果有足够的资金的话,要将后面新建的楼房升层,在二楼建个露天式的足球场地,将两栋楼之间用空中楼梯的形式连接起来。W园长对于幼儿园的发展规划主要是从硬件设施层面思考的,而关于游戏、课程的发展方向,园长更多的是在实践中不断尝试、摸索。

②游戏组织与实施中人员分配不够合理

幼儿园班级教师配备一教一保。在笔者的12次观察中,在组织户外游戏环节,大班的保育老师在做餐前准备,教师在做上一个活动的整理或者在做下一个活动的准备,基本都在教室里面,两位园长在户外帮忙看管大班的孩子。"大班人数比较多,在识字方面家长还有一些要求,大班的老师经常忙不过来,户外活动的时候,我们一般会在外面帮忙照看一下,大班的孩子在幼儿园待了三年了,户外游戏的时候也基本上不要老师管了。"园长在一次户外游戏中说道。

在组织游戏时,两位园长往往会分担一部分教师的任务减轻教师的负担,但是教师在任务的安排上存在不当之处,在户外活动时间做其他活动的准备,而缺席幼儿的户外活动,实属不合理,园长对活动组织中人员的安排缺乏合理性,从某种程度上说也剥夺了教师在组织与实施游戏中的成长机会。

可见,民间游戏在A园的现实困境是一种实践困境。有的困境是暂时的,例如,开始家长的认可度比较低,但随着游戏组织与开展,幼儿发生了变化,家长对民间游戏的认可度提高了。有的困境从办园开始到现在一直都未解决,如师资方面的问题一直都是幼儿园面临的一大困境。

(二) A园民间游戏现实困境的成因

民间游戏在A园的困境很明显,找到民间游戏困境产生的原因,是为民间游戏在A园健康持续发展奠定基础。本研究主要从客观原因和主观原因两方面进行分析。

1. 客观原因

(1) 民间游戏的时代局限性

民间游戏产生于农耕文明,当时生产力水平较低,物质匮乏,民间游戏的材料以低结构的自然材料为主。这种低结构材料与当前幼儿园提倡的游戏材料投放方式相契合。但由于产生的时代背景比较久远,一些民间游戏在名称、玩法上与幼儿的生活实际相脱离,游戏中有些童谣的表达方式与当时的社会环境有关,表达内容不文雅,不符合现代教育的要求。

以"太平天国"游戏为例,两位游戏者需每人在泥巴地里用小树枝画一个田字格(也可以用泥巴在地上画田字格),以猜拳的方式决定胜负,赢的人在田字格的第一个小方格中写一笔，然后继续猜拳，一直到有一位游戏者写完"太平天国"四个字为止，先写完的游戏者获胜。据传该游戏与当时的太平天国运动有关，同时也寄托了人民对和平盛世的美好愿景。当前社会安定、经济发达，"太平天国"的这一游戏名称远离了幼儿的实际生活经验，他们无法理解游戏中人们对美好生活的向往之情。

"吊吊咕咕"的游戏是成人用来哄哭闹的孩子或者用来逗趣孩子的游戏。成人的一只腿搭在另一只腿上，孩子脚扒开，坐在成人翘起的腿上，成人抓住孩子的两只手，翘起的一只脚上下前后左右摆动，带着孩子的身体运动。"吊吊咕咕，油煎豆腐，你吃牛屎，我吃豆腐。"这是A园所处的镇上关于这一民间游戏的童谣，但"吃牛屎"这样的表述不符合现代教育中对语言表述的要求。

浏阳方言复杂，"十里有三音"便是对浏阳话的最好描述。浏阳童谣《月亮光光》中"月亮光光，里面坐个姑娘，姑娘出来绣花，巧手绣个糍粑，糍粑跌哒井里，变成一只蛤蟆，蛤蟆伸伸脚，变个喜鹊，喜鹊飞上树，变只斑鸠，斑鸠吵咕咕，变块豆腐，和尚捡豆腐，豆腐变麻花，麻花一块壳，壳子变菱角，菱角溜溜尖，和尚上了天，心念姑娘朝他笑，天上落下四把刀，吓哒和尚飚只咯飚"中的"四把刀"在这里是"不准结婚"的意思，这一表达方式和现代完全不同，人们难以理解。

有些民间游戏可能带有时代的印记，具有一定的保守性和落后性，[①] 存在较大的安全隐患，例如，"挤油渣"是冬天大家聚集在一个角落里推挤，相互取暖的方式。但随着经济的发展，幼儿园的教室里基本都装上了空调，这一游戏的原动力便没有了。幼儿与同伴间的拥挤也易发生危险。W园长在访谈中提到，幼儿园在选择民间游戏的时候也会考虑安全性，比如"跳鞍马"这种游戏就不适合给幼儿玩，怕扭到孩子的腰。

（2）科技发展对民间游戏的冲击

随着科技发展，信息社会的到来，人与人之间的关系逐渐疏远，手机成了人们最亲密和最依赖的伙伴。世界上最遥远的距离成了"我坐在你面前，你却在玩手机"。美国媒体文化研究学者尼尔·波兹曼在其《童年的消逝》一书中认为："我们的电子信息环境正在让儿童'消逝'。""最显著的症状表现在儿童的游戏方面，也就是说，儿童游戏正在消失。"[②] 电子竞技游戏迅速发展，改变了

[①] 陈小琴. 民间游戏在幼儿教育中的实践策略研究［J］. 宁夏大学学报（人文社会科学版），2013（6）：153-156.

[②] 波兹曼. 童年的消逝［M］. 吴燕莛，译. 桂林：广西师范大学出版社，2004：181.

人们在现实中面对面的游戏方式，在一个虚拟的游戏环境中，形成"人机互动"模式，分化了民间游戏的参与群体。

电子游戏中的刺激性和分层级的挑战性，使游戏者一旦陷入其中便难以自拔，甚至"上瘾"。同时，科技融入玩具中吸引了幼儿的眼球，使得民间游戏的一些游戏材料难以激起幼儿参与游戏的兴趣。幼儿对遥控飞机的兴趣远远超过了由一个树杈和一根皮筋组合而成的"弹弓"。电动玩具的发展剥夺了幼儿动手、动脑和对游戏材料的再造想象过程。

科技的发展、电子游戏和电动玩具的出现削弱了人们对民间游戏的兴趣，对民间游戏的传承与发展造成冲击。

(3) 城镇化加速民间游戏的消逝

近年来，学前教育迅速发展，幼儿园如雨后春笋般不断涌现。城镇化进程使得一些幼儿园开始走向大众化，农村幼儿园走"高大上"的路线，新建现代化的塑胶游戏场地，购买最新的玩具，抛弃自然资源优势和民间游戏特色，出现了"农村幼儿园城市化"的景象。

最近两年 A 园附近的"城市化"乡村幼儿园兴建，对 A 园的发展造成压力。W 园长讲道："家长在选择幼儿园的时候，最先看到的都是外面的活动场地和设备，新建的幼儿园在这一方面有优势。只有时间长了家长才能发现哪种幼儿园的教育方式更加适合孩子的发展。"W 园长为应对这种挑战，购买平衡车、更新现代化的玩具、兴建楼房和室内活动场地，希望以此提升幼儿园的评定等级和发展平台。W 园长在访谈中说道："孩子们都想玩儿新玩具，看到很多幼儿园都买了平衡车，所以我也买了几台给孩子们来玩儿。新建后面的楼房是为评选普惠二级幼儿园做准备。"

2. 主观原因

民间游戏困境的主观原因主要从幼儿园管理、教师素养和家长观念三个方面进行分析。

(1) 幼儿园教育管理不够规范

幼儿园以游戏为基本教学活动，幼儿园的教育管理人员应对教育、游戏相关理论有一定了解，或者有丰富的相关工作经验，才能对幼儿园发展的整体方向有所把握，促进幼儿园教学的发展。

A 园幼儿园缺少专业的教学管理人员。W 园长和妹妹都不是教育专业出身，之前也未从事过教育相关的工作，凭着对教育的热情和喜爱开始了幼教工作。在非正式访谈中 W 园长谈道："我一直想请一个管教学的园长，但是幼儿园比较偏，没有找到合适的人。"当笔者问 W 园长关于幼儿园民间游戏的发展规划时，园长说"在实践中慢慢摸索吧"。

由于教师缺乏专业的游戏素养，民间游戏在实践中的困境长期没有得到解决，使得 A 园民间游戏的发展速度缓慢，难以提升。

研讨是教师聚集在一起，献计献策，共同探讨的一种形式。研讨有助于解决实践中出现的问题，总结经验，避免类似问题的产生。民间游戏研讨是提升民间游戏发展水平的一种有效策略。

尽管 A 园经常开展民间游戏研讨，但是研讨的主题却集中在民间游戏中幼儿解决问题的策略。

W 园长在访谈中说道："幼儿园会一起讨论每个年龄阶段的孩子可以玩儿一些什么游戏。教师之间会相互分享经验，孩子是如何解决遇到的困难的，哪些经验是其他班级的孩子可以借鉴的。"教师关于民间游戏的研讨更多的是集中在幼儿解决问题的策略，在这些经验中哪些是可以推广的，而关于幼儿在游戏中面临困境以及教师可以提供的指导和帮助却鲜少提及。

（2）幼儿教师专业素养普遍偏低

农村幼儿教师的专业素养是决定农村幼儿教育质量的关键因素。农村幼儿园地理位置相对比较偏僻，教师待遇不高，难以招到有正规学前教育专业学习背景的教师。农村幼儿教师的培训缺少针对性和科学性，专业发展缺少"引路人"。

当前农村幼儿教师存在整体学历偏低、教育观念比较落后、没有学前教育专业学习背景或相关的岗前培训、教师资格不达标等问题。A 园教师大部分缺少学前教育专业学习背景，且工作经验比较欠缺。A 园教师的基本情况如表 2。

表 2　A 园教师情况一览表

研究对象	职务	所在年龄班	工作年限	学历水平	所学专业	有无教师资格证
H 教师	班长	大班	4 年	中专	学前教育	有
S 教师	班长	大班	5 年	中专	学前教育	有
Z 教师	班长	中班	10 年	大专	学前教育	有
L 教师	班长	中班	2 年	大专	非学前教育	无（在考）
X 教师	班长	小班	3 年	中专	非学前教育	无（在考）
Y 教师	班长	小班	2 年	中专	非学前教育	无（在考）
M 教师	班长	托班	7 年	中专	非学前教育	无

从表 2 可知，A 园教师以中专学历为主，有 5 年以上工作经历的教师只有 3

位，有学前教育专业学习背景的教师不到1/2，无教师资格证上岗的教师占了总教师人数的一半以上，教师的总体情况不乐观。A园教师的综合素养整体偏低，影响幼儿园民间游戏开展的质量。

教师的在职培训是提高教师专业能力的一种有效途径。幼儿园的培训主要通过"引进来"和"走出去"两种形式。"引进来"主要是聘请专家、园长入园讲座，针对当前幼儿园在教育教学、游戏活动组织、区域环境创设中普遍存在的问题，或者该园迫切想了解的问题进行分析。但这种形式主要从理论层面进行指导，缺少后续的实践指导，培训后教师感触颇多，但不知如何行动。"走出去"主要是通过教育局或相关机构组织的集体培训、专家讲座、园所经验分享和观摩、体验，更多的是思想的触动，由于"水土不同"，难以"移植"。

A园教师培训机会较少，针对性不强。W园长主要通过请其他园所的园长到园培训，主要对师德、业务和技能方面对教师进行培训。通过"以老带新"的方式提高教师的专业能力，但由于老教师专业素养偏低，这种"帮带"的方式难以起到实质性的作用。

目前，农村幼儿教师的在职培训基本遵循城市幼儿园的模式，希望能将一名新手教师快速培养成专家型教师。但农村幼儿教师普遍缺乏学前专业背景，对教师的职业规范和基本技能都不了解，教师入门的基本功都未掌握，就期待他们能够快速打怪升级，这种培训方式不符合农村教师的特殊性，针对性不强。

（3）家长教育观念相对保守

家长是孩子的第一任老师，是幼儿教师的重要盟友，是幼儿园游戏活动顺利开展的外部保障。

首先，大多数家长过分关注游戏的功利性价值。

民间游戏是一种丰富的文化资源，同时也是乡村幼儿园的一种特色教育资源，兼具文化和教育属性。在A园问卷关于"您认为民间游戏有哪些价值"的题目中，只有25.4%的家长看到了民间游戏的文化和教育双重价值，61.5%的家长只看到了民间游戏的教育价值，13.06%的家长只看到了文化价值。家长在开放选项中选择的民间游戏价值也主要是民间游戏对幼儿发展的作用，"孩子的记忆得到了锻炼；促进了孩子团结合作精神和肢体协调能力；增强了幼儿的社交能力；培养了独立思考和创造力"。大多数家长无法领会教育的本质就是传播文化，只关注民间游戏对幼儿的身心发展的价值，而忽视了民间游戏的文化价值。

其次，部分家长固守"知识至上"的学习观。

农村幼儿园家长"望子成龙，望女成凤"的观念比较严重，把自己的希望寄托在孩子身上，迫切地希望孩子上幼儿园后行为习惯有所改善，而行为习惯是长时间积累的过程，因此家长把期待放在短时间见效的知识上，看孩子会多少算术，学会了多少拼音与汉字。

A园家长的文化水平普遍偏低，父母的学历以"高中或中专及以下"为主，家长对幼儿教育的认知水平比较浅显，部分家长认为孩子上幼儿园的最主要任务是"学习知识"。在非正式访谈中W园长提道："幼儿园的孩子到大班后会流失一大部分，家长虽然认为我们幼儿园比较好，但是只有去读镇上的中心幼儿园才能进入中心小学。"家长的观念影响着幼儿园的教育教学工作，W园长应家长的需求，在大班的集体教学活动中会以教孩子认读拼音、汉字和算术运算为主，难以将民间游戏融入幼儿园的课程中。

（三）A园民间游戏现实困境的对策

1. 幼儿园游戏管理逐步满足民间游戏的需求

（1）根据幼儿的兴趣、需要及时调整游戏组织形式和材料

游戏是幼儿的游戏。幼儿的兴趣和需要是推动游戏不断发展的动力。A园开展民间游戏，开始以班级为单位开展统一的游戏，当幼儿玩儿的游戏种类越来越多样化时，班级在统一的区域里玩儿一种游戏。在组织游戏的过程中，W园长发现孩子想尝试多种游戏，认为不应该约束幼儿，幼儿园的户外活动组织形式逐渐从教师统一组织的"要我玩儿"，变成了以幼儿为中心的"我要玩儿"。调整游戏的组织形式后，幼儿参与游戏的积极性更高了。W园长在非正式访谈中说道："在户外游戏时，小明对我说，老师今天我玩儿够了，玩儿累了，太开心了。"孩子在广阔的游戏天地里，身心得到了释放，获得了发自内心的愉悦。

（2）亲近自然，注重饮食，提高家长对民间游戏的认可度

W园长自己居住在乡村，常去农家乐，希望儿童亲近大自然。为此，她试图办一所美丽的、有乡村特色的幼儿园，在幼儿园中一直践行"笑着玩乐，笑着成长，笑着学习"的办园理念，让每一个走进幼儿园的孩子都能开心快乐成长。

A园每年都会开展丰富的活动，让幼儿徜徉于大自然中，如每年的春秋游活动；清明节时园长也会带领大班的孩子徒步去附近2千米的公园扫墓，路途虽然比较远，但是在路上停歇几次，孩子们一般还是能够坚持下来。W园长在访谈中说道："刚开始组织园外的活动，会请家长一起参加，但是发现效果不好，孩子走了一段路累了就要家长抱，孩子坚持不下来，没有家长的参与，孩

子反而能够自己走完全程。"为了锻炼孩子的胆量，园长和老师一起带领中大班的孩子们到街上"卖报纸""卖菜"，然后用赚的钱买礼物送给敬老院的老人们。大班的毕业晚会每年都会在镇上租一个专门用来表演的舞台，请家长们一起观看节目，附近的居民也会来参加。2019年10月笔者有幸参加了幼儿园的"挖地瓜"活动，小班的孩子由家长带领，中大班的孩子和老师一起徒步去附近1千米的田地里"挖地瓜"，孩子们玩儿得不亦乐乎。活动开展到后面孩子们开始玩泥巴，老师说"玩泥巴也是一种乐趣呀"。活动结束后孩子们由衷地感慨"好玩儿"。笔者在活动中和家长进行随机访谈，家长表示孩子们玩儿得开心最重要，在幼儿园主要是培养好的习惯，幼儿园这个阶段能学的知识也很少。

活动中的亲身体验、感受，让家长体会到了活动对幼儿发展的价值。附近村民对A园开展的活动口耳相传，使A园在社会上有了比较好的口碑，吸引了一大批孩子来幼儿园。正如W园长在非正式访谈中一直提道的那样："想怎样培养自己的孩子就怎样培养幼儿园的孩子，把幼儿园的孩子当作自己的孩子一样对待。"

在幼儿园内，W园长也会创造条件让孩子们亲近自然。园长在新建的水池内投放了鱼，孩子们在园内抓鱼、戏水。在幼儿园开展野炊活动，孩子们玩得开心，自己参与午饭的制作，在太阳底下吃着自己捕捉的鱼，孩子们说："今天的饭特别香，太美味了。"

夏天孩子们喜欢戏水、想游泳，园长把"游泳池"请进了幼儿园。孩子们在夏天的午后驰骋在水的海洋里，消除炎热，感受凉爽。

W园长的父母原来是做饮食店的，在开办幼儿园后，W园长和她的妈妈还专门在一个早餐店师傅那里学过几天如何和面、做面食。后来W园长和她妈妈从网上学习了各种点心的做法，自制卡通包、寿司、止咳棒棒糖、果蔬片，丰富幼儿园的早餐和点心形式。有时早上家长送孩子来幼儿园时，也会请家长进行品尝，让家长了解孩子在园的饮食情况。A园制作的面食和点心也是远近闻名，有的家长还想从幼儿园购买一些带回家给孩子吃。应家长需求，A园偶尔在周五的时候会售卖一些幼儿平时在幼儿园吃的自制早餐和点心。

A园孩子中餐的食物都由W园长的妹妹——后勤园长购买，在附近的集镇上选择新鲜的、菜农自己种的菜购买。W园长说："每次我去买菜，有人要我买他的菜，如果菜不好的话，其他的菜农会说，A园是不会买你这个菜的，他们幼儿园给孩子吃的东西都是好的。"在问卷的开放题目"您为孩子选择该园的原因"中，家长写道："幼儿园环境好，吃饭卫生伙食丰富多样；从一些邻居口中得知幼儿园小朋友吃的食物营养、质量好；幼儿园可以给孩子好的生活环境，让孩子更加活泼、可爱；饮食比较安全放心。"经菜农的口口相传，大家都知道A园在饮食上非常注重品质，家长也放心将自己的孩子送到幼儿园来。

孩子们在A园吃得好，玩得好，身心发展健康。W园长提道："幼儿园的孩子身体素质都还比较好，孩子们很少生病。有的孩子刚开始来幼儿园的时候胆子比较小，不愿意跟其他的孩子交流，在幼儿园待了一两个月后，每天和其他孩子一起在户外玩游戏，渐渐变得开朗了。"

W园长用心做教育，让家长感受到了幼儿园的温度，得到了家长的认可，为幼儿园开展民间游戏奠定了良好的基础。

(3) 合理解决民间游戏中的安全问题

游戏中的安全问题一直是幼儿园重点关注和讨论的问题。幼儿园以游戏为基本活动形式，很多幼儿园不敢开展大型的户外游戏活动也是因为安全问题。A园在组织民间游戏之初，也十分担心孩子的安全问题，生怕孩子磕着碰着，家长找麻烦。教师在组织游戏的时候束手束脚，很多游戏不准孩子玩儿。

W园长在访谈中说道："开始时总是小心翼翼地与家长沟通，怕家长找麻烦，后来发现这样太累了，一个很正常的事情，弄得自己没有底气，要淡化安全问题，先给家长打好预防针。告诉家长孩子在活动的过程中挺开心的，可能会受伤，不要紧，只要孩子开心。有时候孩子相互间碰到也不要太在意，只有这样才能放松，放开来玩儿，如果孩子又受伤了，家长太在意，幼儿园也难以放开了让孩子玩儿，孩子玩儿得不尽兴，就不会愿意上幼儿园。"园长在家长会上也会多次和家长沟通，对孩子在游戏中可能受伤"打好预防针"，渐渐地让家长把孩子在游戏中的"受伤"当作一件平常的事情对待。

孩子受伤，分情况处理，若是在游戏中受伤，园长会做好孩子的工作，让孩子与自己的父母说明事情的原委，这样教师和家长沟通起来更有效。

"老师如果总是因为孩子安全的问题太紧张，在幼儿园就无法安心工作。出了安全问题，积极和家长沟通，承认照顾不周，请求家长原谅，但是不能失去自己的原则，讲话要有艺术。老师觉得不好和家长沟通的，可以找园长，园长会帮助教师与家长沟通。"W园长在访谈中说道。敢于承担，但同时也坚持自己的原则，W园长为幼儿园教师开展民间游戏创造了一个轻松的氛围。

(4) 加强与社区合作，拓展民间游戏的"生存空间"

社区与幼儿园关系密切，是幼儿园开展户外活动的重要场所。A园作为乡村幼儿园，其所在社区有着丰富的自然资源。

2019年10月，W园长带领孩子在社区农户家的种植地里开展"挖地瓜"的活动，并将这一块地租了下来，用于今后孩子们的种植活动，同时也能留一块地给孩子们"玩儿泥巴",园长提到自己小时候喜欢玩儿泥巴,可以玩儿一整天。现在幼儿园没有这样的场地,那就创造条件让孩子们玩儿。为了让孩子们亲近大自然,W园长利用社区资源,为孩子们开展民间游戏提供适宜的天然土壤。

2. 民间游戏逐步融入幼儿园课程

(1) 提供低结构化材料,注重发挥幼儿的主体性

低结构材料有利于提高孩子的动手能力,发挥孩子的创造性。A园的民间游戏中以低结构材料为主。在下列几个游戏中体现得特别明显。

①滚筒游戏

幼儿园给孩子们提供废旧的油桶和塑料滚筒,让孩子们自主探索,相互学习。W园长在微信朋友圈记录着孩子们开始玩儿民间游戏的过程:"大三班离园活动时间,走到操场,看到孩子们自主跳滚桶游戏。首先看到三个小朋友在搬滚筒,然后调整好他们认为足够的宽度,最后三个小朋友以小跑的形式跨过滚筒,跳下来。后来越来越多的小朋友加入游戏,孩子们开始交流跳跃经验,比谁跳得快、跳得远。孩子们很有秩序,偶尔有个小朋友想插队都被同伴及时制止,回到了原来的位置继续等待。哦,忘了说班上老师在哪儿?她远远站在教室门口。"滚筒上行走、拍球、跳绳,孩子们大胆地尝试,不断挑战自己。孩子们根据自己的需求,利用材料自主探索游戏的玩法,协商解决游戏中出现的问题,共同分享经验。

②爬树游戏

树是大自然的宝贵资源,在幼儿园也成了孩子们上蹿下跳的工具。孩子们先从低矮的树爬起,男孩和女孩都争先恐后地往上爬。当孩子们不想爬树了,园长提议到别处看看还有什么可以爬的。孩子们开始快速找准下一个目标——铁柱子开始尝试,之后飞速地爬到铁柱子的上端。孩子们在玩球的过程中偶然将球投到了树上,这一偶然行为激发了孩子们的兴趣,孩子们开始有意将球抛到树上,然后爬上树取球。孩子们偶发的游戏行为使他们敢于自主尝试,不断挑战新难度。

③滑索游戏

在一棵大树和一根铁柱间,一个滑动的轮子加上两个抓手便是幼儿园提供的滑索游戏材料。刚开始孩子们发现抓不到滑索的抓手,孩子们便找来了轮胎,一个轮胎够不着就接着一个个往上堆,直到四个轮胎叠加在一起后,孩子们终于可以够到抓手了。有的孩子两只手紧紧地抓住两个抓手,有的孩子尝试两只手抓住一个抓手,渐渐地孩子们两个人各抓一个抓手开始一起玩滑索。在游戏

中孩子们将材料进行组合,根据不同需要以自己喜欢的形式玩游戏。

④落叶游戏

冬天,树叶落了一地,孩子们看着满地厚厚的树叶兴奋不已。W园长见孩子们非常喜欢树叶,当天上午就没有开展教学活动,让孩子们一上午都在树叶的海洋中欢呼雀跃,有的孩子抓起一把树叶兴奋地往上抛,有的孩子抱着树叶追逐打闹,有的孩子用小推车装树叶,当起了搬运工,有的孩子用树叶玩过家家的游戏,有的孩子在树叶上打滚听树叶的声音……

(2) 借鉴童年经验,调动家长资源,丰富民间游戏

A园民间游戏一部分来源于教师童年玩过的,一部分是家长童年玩过的。家长与教师在幼儿园会议上共同讨论童年玩过的民间游戏,讨论每个年龄阶段的孩子适合玩儿哪些游戏。开展民间游戏之初,家长自制或自备游戏材料,先在家和孩子一起玩儿,然后孩子在幼儿园展示在家里学会的游戏玩法。幼儿园让家长教孩子的第一个民间游戏是跳绳,家长自备跳绳,在家里教孩子跳绳的玩法,然后第二天幼儿园开展跳绳游戏,孩子们用自己在家学会的玩法进行游戏,孩子间相互学习。

3. 幼儿园不断提升教师队伍的专业水平

(1) 以老带新,注重教师品格

A园在教师专业成长方面,不像城市幼儿园教师在工作前和工作后都会有相关的培训,A园主要是老教师传授经验给新教师,帮助新教师成长。A园在工作之余会开展一些教职员工的娱乐活动,增进彼此间的了解,加强情感沟通,教师间的氛围轻松而又和谐。

W园长在招聘教师方面也有自己的"特殊"要求,注重教师的家庭氛围。

研究者:幼儿园招聘教师的要求有哪些?

W园长:至少高中学历,性格好,有耐心,品格好,家庭和睦。不和睦的家庭没心思、没精力带好孩子,心态不好,会将怨气撒在孩子身上。不爱卫生,生活上马虎的人,也难以做好自己的工作。我更愿意自己培养新教师,自己培养的教师比在众多幼儿园工作过的教师更好带一些,受原来幼儿园的影响,很多教师无法适应或调整到现在所在幼儿园的工作状态。乡镇招幼儿教师比较困难,待遇不高,很多人不愿意从事这个行业。最好有教师资格证,但是乡村难以招到这样的老师,没有教师资格证的教师参加教师资格考试,考试费用幼儿园会给教师报销一部分。

在非正式访谈中,W园长说到自己的家庭很和睦,父母给予了她一个宽松的成长环境,使她在工作中遇到很多问题都能积极地应对,她也意识到了原生

家庭对教师的影响,因此在招聘教师时,有着"家庭和睦"这样独特的要求。

(2)充当观察者,用欣赏的眼光看待幼儿

A园教师专业素养偏低,在游戏中能给予幼儿的指导比较少。W园长经常跟教师讲的就是"不要限制孩子,孩子充满创造力,孩子比成人更会玩儿,要多鼓励和表扬孩子"。当孩子在游戏中探索了新的玩法时,老师会让他展示一遍,帮孩子拍照,每当手机对着孩子时,孩子就十分高兴,好似获得了一种肯定。玩儿是孩子的天性。游戏中孩子更像是"老师",能教会教师怎么玩儿。教师在游戏中学会尊重孩子,给予孩子成长的空间与时间,善于发现孩子的游戏潜能。教学相长,教师与幼儿之间可以相互学习,共同进步。

五、问题与讨论

民间游戏是中国非物质文化遗产,蕴含着优秀的传统文化。乡村幼儿园是最适宜开展民间游戏的教育场所,传统文化是民间游戏的灵魂,教育的本质是传播文化,我们的传统文化要如何教给下一代,让他们找回灵魂,更好地融入未来世界中,以下几个问题值得讨论。

(一)如何将民间游戏融入幼儿园课程

民间游戏作为一种丰富的课程资源,目前在幼儿园当中主要作为一种特色在户外活动中开展,并未有机地融入一日生活之中。

传承与发展民间游戏是当代教育的责任与义务。民间游戏不应只是作为乡村幼儿园的"辅食",而应该作为"主食",渗透在一日生活中,融入幼儿园课程,做到游戏课程化。游戏前,教师为幼儿提供丰富的材料和有准备的环境。游戏中,幼儿充分发挥自主性,教师应该仔细观察,认真记录,给予幼儿适当的指导。游戏结束后,教师以幼儿在游戏中的问题情境为出发点,引导幼儿讨论,根据活动中的观察与记录进行分析与评价,总结提升,通过开展一系列活动,生成幼儿园课程,使幼儿的游戏水平向最近发展区靠近。

民间游戏渗透在幼儿园一日生活的各个环节中,让幼儿浸润在传统文化之美中,成为传承民间游戏的小使者。

(二)如何发挥幼儿的主体性和教师的指导作用

教师"导演式"游戏与"放养式"游戏是幼儿园游戏中两种常见的误区。"导演式"游戏是教师规定玩儿什么,完全根据教师开展教学活动的计划进行,不考虑幼儿的兴趣和需要。"放养式"游戏是开展游戏的另一个极端,完全由幼儿自主选择,教师在游戏中不观察、不指导、不评价,让幼儿在游戏的天地里尽情玩耍，自我成长。这两种游戏的方式都不是真正意义上的游戏，而是丧失了游戏精神的假游戏。

幼儿园作为教育场所，应当发挥其应有的教育价值。幼儿园游戏必须具备精神品位。教师要把游戏的权利归还给幼儿，发挥自身的"鹰架"作用和应有的游戏精神，促进幼儿的"真发展"。

（三）如何平衡民间游戏中传统与现代的关系

传统是现代的童年。在民间游戏的文化宝藏中，充满了当代教育智慧。传统文化与现代文化并不冲突，我们要看到两种文化中好的部分，取其精华，让两种文化可以相互依存，和谐共生。当我们面对未来的时候，传统成了我们的智慧来源，现代是滋养传统的养料，两者携手向前。

科技的发展一方面对民间游戏造成了冲击，但同时也为民间游戏的发展注入了新的力量。结合时代特点让现代文化注入民间游戏，逝去的民间游戏才能有效复活。民间游戏"跳房子"承载了一代代人的童年回忆，在当代幼儿园却往往被幼儿忽视。有的幼儿园大厅有灯光投射的图案在地上，将"跳房子"的场地设置在了灯光投射区域，幼儿随着灯光的变化跳房子。孩子的兴趣好像一下子就被激活了。只要不断地创造与发现，让传统与现代相结合，传统永远是鲜活的。

（四）如何提升乡村幼儿教师专业素养

乡村幼儿教师的专业素养是乡村幼儿园发展的根基，决定着活动的质量。乡村幼儿教师面临培训资金短缺、机会少、系统性不强和培训效果不佳等困境。

促进乡村幼儿教师专业素养提升，可采取以下策略：

第一，提高政策支持力度，在教育经费上向乡村幼儿园倾斜，增加教师培训的专项经费。在教育部门组织的教师培训方面，培训人员名额向乡村幼儿园倾斜。

第二，综合利用城市幼儿园教师、高校学前教育专业和幼儿教师名师工作室资源形成系统的培训。城市幼儿园教师在学历、教学经验和专业素养上普遍高于农村教师，可发挥其优势，与农村幼儿教师"师徒结对"，"一带一"精准帮扶，对农村幼儿教师有针对性地加以指导。高校学前教育专业教师掌握学前理论前沿，可为乡村教师提供职前培训或在职继续教育培训。幼儿教师名师工作室整合了各种优势资源，可开展丰富的活动形式，发挥名师的辐射带动作用。组建专门的农村幼儿教师工作室，先带动一批农村教师发展起来，以点带面，带动农村幼儿教师的整体发展。

六、结论

（一）A 园民间游戏现实困境在幼儿园中的共性

A 园民间游戏的发展，是乡村幼儿园中的典型。民间游戏在 A 园中的部分现实困境是幼儿园的一般性困境，现将从困境表现的普遍性、困境成因的典型性和困境对策的普适性进行总结。

1. 民间游戏现实困境表现的普遍性

（1）游戏时间不充足

A 园民间游戏活动主要集中在户外活动时间，常因集体教学活动压缩民间游戏时间。胡芳强调查发现幼儿园传统民间游戏开展的环境与条件，没有充足的游戏时间是其主要表现。

传统民间游戏在幼儿教育中的现实困境表现为民间儿童游戏的时间被掠夺。真正落实民间游戏活动的时间是十分有限的，没有被当成常规的游戏活动。在民间游戏实施过程中幼儿参与民间游戏的时间相对不足。由此可见，民间游戏的时间被压缩是民间游戏在幼儿园的普遍问题。

（2）幼儿园教师游戏能力薄弱

A 园教师在民间游戏活动中的组织与指导能力较弱，甚至有时缺位。调查研究显示，幼儿园传统民间游戏的开展中存在教师对游戏的引导不到位的问题，表现为教师的引导不恰当和教师的引导不及时。教师对民间游戏活动设计能力不足是开展民间游戏存在的主要问题，因为教师培训机会少，专业素养不足。显然，教师的游戏素养不高是导致幼儿园民间游戏现实困境的主要成因。

（3）家长对民间游戏的认同感不高

家长的态度是民间游戏能否顺利开展的条件。A 园实施民间游戏之初，家长不认可，之后，认可度有所提升，但还是不高。家长的教育观念落后，反对儿童在校游戏，认为送孩子上幼儿园的主要目的是学知识，而不只是玩儿，农村幼儿园为了生存，必须迎合家长的心理，很难将民间游戏融入幼儿园课程。部分家长对民间游戏的不理解与不支持是民间游戏在课程实施过程中存在的问题。毫无疑问，家长对民间游戏持否定态度是民间游戏在幼儿园中的困境。

（4）幼儿园民间游戏内容和开展形式单一

A 园民间游戏主要以体育游戏为主，且集中在户外活动开展。经过调查发现，民间游戏的开展基本以户外活动为主，在室内或其他活动时间开展的民间游戏较少，导致民间游戏活动形式单一。

幼儿园开发利用民间游戏过程中存在内容选择不够丰富，多集中在民间体育游戏的问题。教师们对于游戏活动设计和组织都是简单的户外游戏活动的形式，也没有再进行其他的融入方式的尝试。民间游戏的内容没有得到充分的开发，没有真正融合到幼儿园的一日生活中，是民间游戏在幼儿园中的困境。

2. 民间游戏现实困境对策的普适性

(1) 注重家园沟通，调动家长参与民间游戏

A园在接送孩子的时间主动邀请家长参与民间游戏活动，让家长体会到民间游戏的乐趣。通过亲子游戏让家长感受到孩子从民间游戏中获得的愉悦和在幼儿园度过的幸福快乐时光。

家园合作是解决民间游戏困境的普适性对策。加强家园合作，努力改变家长教育观和游戏观，鼓励家长参与民间游戏课程的建构是幼儿园突破民间游戏现实困境的普适性策略。同时，收集民间游戏材料和完善游戏配套设施是民间游戏进入幼儿园户外活动的有效路径。

(2) 适当改编民间游戏，赋予时代特征

A园教师对民间游戏偶尔进行改编，以使民间游戏更加符合现代教育发展的特点，吸引孩子的兴趣。对民间游戏的内涵进行再认识，增强游戏改编力度是幼儿园开发利用民间游戏的对策。

对民间游戏进行适当扬弃和改编是幼儿园开发利用民间游戏的对策。结合幼儿的年龄特点和发展需要，对民间游戏内容和玩法适当地改编创编，是解决民间游戏进入幼儿园户外活动困境的有效路径。

(二) A园民间游戏现实困境的特殊性

1. A园民间游戏现实困境表现的独特性

(1) 教师在游戏中放大了幼儿游戏的自主性

A园在开展户外活动时教师完全放手，甚至有些"不管不问"，孩子在活动中自主形成了一种不受任何规则约束的游戏。这种不受任何"束缚"的自主游戏，影响着民间游戏的有序开展，容易引发一些"危险的碰撞"。幼儿受同伴的影响往往容易"跟风"，集中在一到两种游戏。

(2) 户外游戏时教师缺位，园长充当看管者

户外活动时，大班教师常在班级教室里忙自己的事情，园长在户外活动中充当"安全员"。教师对幼儿的情况不了解，也缺乏指导。当幼儿发现游戏太难时，往往容易放弃，游戏的形式和玩法也相对单一。在户外游戏时园长的包办代替也使教师失去了提升游戏组织与指导能力的机会。

2. A园民间游戏现实困境对策的创新性

(1) 园长深入幼儿游戏活动,加强与家长的沟通

幼儿开展户外游戏时,只要W园长和后勤园长在幼儿园,都会出来参与孩子的游戏,观察孩子的游戏行为,一段时间下来,两位园长对幼儿园90%的幼儿的性格特征和家庭基本情况都十分了解。在家长接送孩子时,园长经常会与家长沟通孩子在园的情况,家长与园长之间建立了情感,相互信赖,W园长在非正式访谈中讲道:"我们了解每一个孩子,家长对幼儿园很放心,即便有老师离职,也不会带走班上的一个孩子。"家长在问卷中回答选择该园的原因有:园长对孩子喜爱有加,园长和老师的亲和度高;园长及其团队精神面貌好;园长妈妈对待每一个小朋友,就像自己的孩子,对孩子关爱有加,让孩子们有一个好的童年;认同幼儿园的办学理念,真诚待人,富有人情味。家长对幼儿园活动的认同源于家长对幼儿园的认同,A园园长深入了解幼儿,获得家长的理解与支持,为幼儿园开展民间游戏奠定了基础。

(2) 园长勇于担责,为教师开展游戏创造宽松的氛围

W园长在访谈中提到,很多幼儿园来A园参观时,都会感叹W园长的大胆,说在自己的幼儿园是不可能实施民间游戏的,在游戏中只要出了安全问题,家长就会找麻烦。在A园开展民间游戏之初,也遇到了这种情况,但W园长认为,长此以往,会给老师带来紧张的情绪,活动难以开展。园长积极与家长沟通,并且告诉老师,幼儿在游戏中出现一些小伤是正常的。万一孩子受伤,老师觉得难以和家长沟通的,可以让园长出面解决。"教师的工资待遇与孩子在游戏中的受伤情况不相关,如果孩子在游戏中出现了受伤问题,我会主动承担责任。"W园长在非正式访谈中提道。园长从根本上为老师解决了开展游戏中的安全顾虑,让幼儿在一个宽松愉悦的氛围中尽情地释放天性。

民间游戏是乡村幼儿园的游戏瑰宝,也是文化宝藏。在5G的高速时代,"文化铸魂"的趋势不会改变,乡村文化及其载体民间游戏会随着新技术、新需求的支撑而产生巨大的价值。我们应当了解乡村幼儿园民间游戏发展的困境,积极寻找对策,在乡村建设"民间游戏场",高度重视民间游戏的开展与传承,实现乡村文化自强。

附录一:
乡村幼儿园民间游戏现实困境调查问卷
1. 您所在班级
A. 大班　　　　　B. 中班　　　　　C. 小班

2. 您的年龄

A. 19 岁及以下　　　B. 20—29 岁　　　C. 30—39 岁　　　D. 40 岁以上

3. 您从事幼儿园工作的时间

A. 0—5 年　　　B. 6—10 年　　　C. 11—15 年　　　D. 15 年以上

4. 您目前的学历

A. 初中及以下　　　B. 高中或中专　　　C. 专科　　　D. 本科及以上

5. 您所学专业

A. 学前教育　　　B. 教育类　　　C. 其他

6. 您所具有的教师资格证种类

A. 幼儿教师资格证　　　　　　　B. 小学教师资格证

C. 初级中学教师资格证　　　　　D. 高级中学教师资格证

E. 无

7.（单选）您是否喜欢民间游戏

A. 喜欢　　　B. 一般　　　C. 不喜欢

8.（单选）您认为民间游戏最重要的价值是

A. 丰富幼儿园的活动特色　　　　B. 传承中华传统文化

C. 促进幼儿身心发展　　　　　　D. 其他：（若有，请具体写出）

9. 民间游戏是否纳入了教学计划或课程实施方案中

A. 是　　　B. 否

10.（单选）幼儿园开展的民间游戏，您是否进行改编

A. 从不改编　　　B. 偶尔改编　　　C. 经常改编

11. 您所在班级开展了哪些民间游戏，请列举在下面的横线上

_____

12.（单选）您开展民间游戏的材料通常是

A. 废旧材料自制而成　　　　　　B. 自然材料

C. 购买的成品材料　　　　　　　D. 其他

13.（可多选）您组织民间游戏的场所

A. 班级活动室　　　　　　　　　B. 户外活动场地

C. 专门设置的活动室　　　　　　D. 其他

14.（可多选）在开展民间游戏时，您的做法通常是

A. 认真观察，适时给予幼儿指导　　B. 不指导，放手让幼儿自己玩

C. 以游戏者的身份与幼儿一起玩

15.【排序】您在开展传统民间游戏时通常会扮演哪些角色？请依据您所扮

演角色的频率从高到低排序：

①组织示范者　②支持引导者　③参与合作者　④纪律维持者　⑤安全保护者

16．（可多选）您所开展的传统民间游戏一般通过什么途径获取

A. 网络搜集　　　　　　　　B. 书籍

C. 家长搜集　　　　　　　　D. 园长统一组织学习

E. 其他：（若有，请将具体方式写出）

17．游戏结束后，您是否会组织幼儿对游戏中的经验或收获进行分享

A. 从不　　　　B. 很少　　　　C. 经常

18．游戏结束后，您是否会对幼儿游戏中遇到的问题在班级进行讨论

A. 从不　　　　B. 很少　　　　C. 经常

19．（单选）您所在园所是否开展过民间游戏的研讨活动

A. 经常开展　　　B. 很少参加　　　C. 从不开展

20．（单选）您所在班级民间游戏开展的频率

A. 每天都有　　　B. 每周 1~3 次　　C. 每月 1~3 次

D. 其他：（若有，请具体写出）

21. 您所在班级主要在一日活动的哪些环节开展民间游戏

A. 晨间活动　　　B. 教学活动　　　C. 户外活动　　　D. 区域活动

22．（可多选）您认为哪些因素影响民间游戏的开展

A. 游戏时间不充足　　　　　　B. 场地材料限制

C. 传统民间游戏资源欠缺　　　D. 幼儿不感兴趣

E. 教师不熟悉　　　　　　　　F. 家长不理解、不支持

G. 民间游戏难以适应现代幼儿教育

H. 民间游戏特色发展与幼儿园评选标准面临冲突

I. 其他：（若有，请具体写出）

23. 乡村幼儿园开展民间游戏，您有什么看法或建议

附录二：
幼儿园民间游戏开展情况访谈提纲

一、对民间游戏的认识和态度

1. 幼儿园从什么时候开始开展民间游戏的，实施以民间游戏为特色的活动的初衷是什么？

2. 民间游戏对幼儿的发展有哪些价值，幼儿园开展民间游戏后孩子有哪些变化？

二、民间游戏资源的收集与选择

1. 幼儿园开展了哪些民间游戏，这些游戏是通过什么途径获取的，选择民间游戏的要求是什么？

2. 幼儿园开展民间游戏是否会进行改编，改编的原则是什么？

三、民间游戏开展的环境与条件

1. 家长对幼儿园开展民间游戏的态度是怎样的，实施民间游戏之初和现在有什么变化？

2. 每天开展民间游戏的时间是多长，开展游戏的主要场所在哪里？

3. 建新房子的目的是什么，会对民间游戏产生什么影响？

4. 幼儿园招聘教师的要求有哪些，对教师会进行哪方面的在职培训，是否会对民间游戏的相关问题进行研讨？

5. 教育行政部门对幼儿园开展民间游戏的态度，民间游戏特色活动的实施与普惠园的评选之间是否有冲突，如果有，主要表现在哪些方面？

四、民间游戏活动的组织与实施

1. 教师在民间游戏的组织与实施中充当什么角色？

2. 幼儿园民间游戏开展的主要形式有哪些，是否与教学活动相衔接，民间游戏是否可以融入五大领域的教学活动中？

3. 开展民间游戏的过程中有哪些困难，是否解决了，怎样解决的？

附录三：
家长对乡村幼儿园开展民间游戏的态度和认识调查问卷

1. 您是孩子的
A. 父亲　　　　B. 母亲　　　　C. 爷爷
D. 奶奶　　　　E. 其他：（请具体写出）

2. 您出生的年代

A. 90 后　　　　　B. 80 后　　　　　C. 70 后
D. 60 后　　　　　E. 50 后　　　　　F. 其他：（请具体写出）

3. 您目前的学历

　A. 初中及以下　　B. 高中或中专　　C. 专科　　　　D. 本科及以上

4. （单选）您认为孩子上幼儿园最主要任务是

　A. 学习知识　　　B. 养成良好的行为习惯

　C. 玩　　　　　　D. 其他（请具体写出）

5. （单选）您是否喜欢玩民间游戏

　A. 是　　　　　　B. 否

6. 您玩过哪些民间游戏，请在下列横线中具体列出来

　_____

7. （单选）您对幼儿园开展民间游戏的态度

　A. 支持　　　　　B. 中立　　　　　C. 反对

8. 您是否教过（或愿意教）孩子玩民间游戏

　A. 是　　　　　　B. 否

9. （可多选）您认为民间游戏有哪些价值

　A. 丰富幼儿园的活动特色　　　　B. 传承中华传统文化

　C. 促进幼儿身心发展　　　　　　D. 其他：（若有，请具体写出）

10. 您为孩子选择该园的原因有哪些？

11. 您的孩子玩民间游戏后，有哪些变化？（若有，请具体写出）

专题研究 2

民间棋类游戏对幼儿数学能力影响的实验研究

一、绪论

(一) 问题提出

1. 幼儿数学能力发展的重要性

数学是一门研究现实世界空间形式和数量关系的学科,对塑造人类理性思维有着至关重要的现实意义,其不仅来源于生活,也将应用于生活,可有助于人类文明的快速发展。[1] 在现实生活中,数学如同柴米油盐般不可或缺,数学能力更是幼儿所要具备的重要素质。数学能力的良好发展不仅能帮助幼儿全面认识世界,还能使其亲身感知客观世界中的数量关系及空间形式,激发其探索的欲望,进而初步建构起表象水平上的数的概念,掌握基本的数学知识技能,进而促进逻辑思维能力的发展。[2]

幼儿的数学能力作为人类基本的认知能力,近年来受到学者们的广泛关注。国外已有较多研究表明,幼儿的数学能力可在一定程度上预测出其进入小学阶段后可能面临的数学困难,甚至可以基于此来评估其今后的学业水平、学校适应能力以及就业待遇等。

国内也有学者研究发现,对幼儿实行初步的数学启蒙,可使其在十三四岁时的数学成绩优于未接受学前期数学启蒙的同龄人。[3] 在康丹、刘娟的研究中也表明,数感差、数学能力弱会使幼儿数学学习出现困难,对幼儿未来的学业成绩具有重要影响。可见学前期幼儿拥有良好的数学能力能够帮助幼儿有效衔接小学的数学学习,为日后持续性的数学能力奠基。显然,提高幼儿的数学能力

---

[1] 夏力. 学前儿童科学教育活动指导 [M]. 上海: 复旦大学出版社, 2005: 7, 89.
[2] 黄瑾. 幼儿园数学教育与活动设计 [M]. 北京: 高等教育出版社, 2010: 2, 9, 125.
[3] 倪敏. 幼儿园课程与教育活动设计 [M]. 北京: 中国劳动社会保障出版社, 2000: 153-154.

并不仅仅是幼儿数学学习的目标，还是幼儿学习数学的出发点。

为促进幼儿数学能力的良好发展，《美国学校数学课程与评价标准》中明确指出，幼儿学习数学除了要充分掌握数学知识，还要在学习期间培养并发展与之相关的数学能力，比如解决问题、推理、讨论、联系以及表征等能力。2006年美国各州出台的早期教育政策也强调，数学教育对幼儿解决问题、推理以及运算等多种能力具有无形影响。

我国有关教育文件对幼儿数学能力的发展提出了新要求，如《幼儿园教育指导纲要（试行）》（以下简称《纲要》）科学领域目标中指出幼儿要"能从生活和游戏中感受事物的数量关系并体验到数学的重要和有趣"。《3—6岁儿童学习与发展指南》（以下简称《指南》）将"数学认知"进一步细分为以下三个部分：一是初步感知生活中数学的实用性和趣味性；二是感知和理解数、量及数量关系；三是感知形状与空间关系。由此可见，幼儿数学能力培养与发展已受到高度关注，幼儿数学能力的重要性不言而喻。

2. 幼儿数学教育发展的现状与需要

幼儿数学教育的发展与幼儿数学能力的发展紧密相连，它是影响幼儿数学能力的重要因素。随着时代的进步与发展，我国幼儿园数学教育的理念、目标、结构内容和组织形式等各方面都在不断的改革中往更加科学的方向迈进。当前，在幼儿数学教育中数学教育生活化、游戏化得到了广泛的传播与应用。第二届全国幼儿科学教育研讨会强调数学教育应融入幼儿的日常生活，将幼儿的年龄、学习水平等纳入考虑范畴，通过幼儿与物质材料之间的相互作用来帮助幼儿树立初步的数的概念，并培养其数学思维，能够用所学的数学知识解决实际问题，在学数学的同时应用数学。[1]

幼儿园数学教育目标、内容和形式都应实现生活化，实现数学教育与幼儿生活的有机结合，让幼儿在轻松的学习氛围中感知数学，从而积累一定的数学经验。

数学教育游戏化是以游戏化教学为主的适合幼儿兴趣的教学方式，它不仅是教学方式的一种创新，也能培养幼儿的良性竞争意识，应该加强游戏化课程资源的开发利用。[2] 数学教育游戏化的关键在于精心设计游戏、挖掘数学游戏元素、完善游戏环境。这种教学模式既有助于幼儿学习生活的丰富、拓展，又能为其提供更多亲身操作的机会，帮助其积累更丰富、愉快的学习经验，为之后

---

[1] 徐杰. 第二届全国幼儿科学教育研讨会综述[J]. 幼儿教育，2006（9）：7.
[2] 稍丽丽. 论幼儿园游戏化课程资源的开发与利用方法[J]. 课程教育研究，2020（20）：8-9.

的数学学习奠定良好基础。①

我国幼儿园数学教育仍存在较多问题，如教学目标和内容不全面、教学方法和手段单一传统、教师占主导地位并控制着教学过程等。现阶段的大班数学教育存在目标结构失调、内容超纲、教学实施重知识传授而轻能力培养、评价缺乏个别差异化等问题。②

现阶段幼儿园数学教育活动除教育目标单一、教育评价狭隘外，还存在教育材料乏味、教育活动枯燥的问题。幼儿园数学教育的内容虽包含了对数的认识、几何图形、大小、空间、时间、排序等，然而，在实际教学中，教师却过度强调计算部分，反而忽视了其他方面的教学，比如空间、排序以及测量等。

此外，由于我国幼儿园教师队伍的学历层次普遍较低、专业知识和能力不足等，课程资源开发和教育方案编制的工作严重滞后。

因此，现阶段我国的幼儿园数学教育多是依据《纲要》和《指南》编写的幼儿园教材开展数学教育活动，导致教师时常不能很好地把握幼儿数学学习特点，且难将教材中抽象的数学概念转换为幼儿的数学学习经验。③ 幼儿在 4.5—6 岁正值数学敏感期，也是激发幼儿对数学兴趣的关键时期。教育者应抓住幼儿的数学敏感期，对幼儿实施科学的数学教育。国外许多学者尝试从游戏入手，通过设计数学游戏活动方案，探索数学教育的新出路，并取得了一定的成效。如克莱门茨等人设计的积木建构数学课程、格里芬等设计的"数字世界"项目证实了游戏对幼儿的数学能力产生了积极的影响。因此，本研究根据现阶段我国幼儿园数学教育的现状，以及数学游戏活动方案的优势，将从游戏入手，设计游戏干预方案，探索幼儿数学教育的新途径，以提升数学教育的文化品质，促进幼儿数学能力的发展。

3. 民间棋类游戏的数学教育价值

《指南》指出，游戏是幼儿园最基本的教育活动，是幼儿回归自然本真、满足自我需要的重要活动。游戏内容丰富且充满趣味性，可有效激发出儿童的参与兴趣，使其在游戏过程中学会合作与独立探索。④ 民间游戏同样属于游戏的范畴，深深根植于民间文化的土壤之中，它产生于民间普通社会生活，蕴含着多种多样的生活元素，通俗但不失实用性，简单易上手，不仅与幼儿的实际生活

---

① 任碧仪. 幼儿园数学教学游戏化的实现路径探究 [J]. 新课程，2020（17）：188.
② 朱倩倩. 大班数学教学中存在问题的研究 [J]. 课程教育研究，2018（9）：98.
③ 陈薇. 山东省幼儿园教材中数学活动方案的实践研究 [D]. 济南：山东师范大学，2020：2.
④ 江燊. 幼儿园数学教育的游戏化 [J]. 教育评论，2007（5）：140.

情境相匹配，也很好地迎合了幼儿的身心发育特征，将传统的民间游戏与幼儿园课程进行结合，一方面能够切实优化幼儿园园本课程教学的内容，另一方面又能充分挖掘出幼儿的智力和潜力。①

民间游戏随着社会生活的变迁与发展，经历了历史的沉淀，不仅是千百年来人们的智慧结晶，更是我国传统优秀文化中的精华，其兼具教育价值、文化价值、社会价值、经济价值等。让民间传统游戏回归幼儿的生活与教育是幼儿成长的内在之需，也是提升幼儿发展品质和幼儿园教育质量的重要举措。然而，民间游戏种类繁多，并非所有的民间游戏都适合用于幼儿园数学教育，还须进一步健全幼儿园民间游戏课程体系。

民间棋类游戏在具有民间游戏特性与价值的同时还具有棋类游戏的特性与价值，其中涉及多种数学逻辑关系，比如分类、数量、顺序、时间、形状以及空间等，与数学教育更为贴合，但其规则更简易、趣味性更强、更适合幼儿的发展。②

民间棋类游戏中蕴含着中国传统的竞技精神和文化思想，深受幼儿的喜爱。同时，它们的玩法和规则里蕴含大量的数学思想和数学核心素养，如分类、时间、空间、大小、形状等数学逻辑关系。③可见用棋类游戏作为数学教育内容是有实践依据的。因此，在众多民间游戏中，本研究选择贴近幼儿日常生活、简单易学、趣味性强、内容形式多样化、材料投放多元化、群体娱乐性强，且符合大班幼儿认知发展水平的民间棋类游戏作为数学教育内容，以促进数学教育生活化、游戏化发展。

综上所述，本研究基于幼儿数学教育发展的现状和需要，以及民间棋类游戏的数学教育价值，将在已有研究的基础上，以民间棋类游戏活动为数学教育内容，设计教育干预方案，并通过干预实验，探索民间棋类游戏对幼儿数学能力的影响，同时对影响民间棋类游戏干预幼儿数学能力的因素进行探讨。

（二）研究意义

1. 理论意义

教育学家杜威曾经指出，幼儿阶段的生活就是游戏，游戏也是生活。④幼儿

---

① 刘丽娜. 传统民间游戏与园本课程建设研究［J］. 陕西学前师范学院学报，2014（6）：15-18.

② 张瑞. 浅谈幼儿园棋类游戏与数学的关系［J］. 课程教育研究，2013（16）：160-161.

③ 黄家珍，高静. 民间棋类游戏有效融入幼儿园数学区角活动的策略探析［J］. 河南教育（幼教），2020（9）：49-52.

④ 杜威. 我们怎样思维·经验与教育［M］. 姜文闵，译. 北京：人民教育出版社，1991：295

是在愉悦的游戏中感知并提升数学能力的。本研究通过设计民间棋类游戏教育干预方案，以民间棋类游戏活动开展数学教育，这极大程度上丰富了民间棋类游戏理论，有利于民间棋类游戏的现代化转换；丰富了游戏化学习理论，有助于民间棋类游戏在幼儿园教育中深植扎根；同时有利于数学教育活动方案设计研究的理论成果的进一步发展，弥补了民间棋类游戏转化为幼儿园课程的实践研究的不足。

此外，现阶段国内有关民间棋类游戏与幼儿数学能力关系的研究较为缺乏或多为描述性、经验性研究，而实验干预控制性研究较少。本研究采用前、后测准实验设计，试图在分析已有相关研究的基础上，通过民间棋类游戏活动干预，编制大班幼儿数学能力检核表，采取情景测量的方法，探讨民间棋类游戏与幼儿数学能力的因果关系，为测量幼儿数学能力提供新思路；丰富民间棋类游戏对幼儿数学能力影响的行为研究理论；为游戏是转化为课程的一种机制提供实证支持；也为后续研究提供经验。

2. 实践意义

从实践角度考量，由于市场经济及全球化的不断发展，民间棋类游戏被层出不穷的玩具和电子游戏冲击，同时在已有将民间传统游戏应用于幼儿园教育教学的实践活动当中，出现了对民间传统游戏研究不系统、理解不深刻、运用不科学、开展不充分等问题，导致民间传统游戏的功能出现异化。①

而本研究试图通过探讨民间棋类游戏与幼儿数学能力之间的因果关系，为幼儿园数学教育提供新思路，丰富幼儿园数学教育资源；增加幼儿园的游戏形式，提升幼儿品位；深度发现民间棋类游戏的教育价值，探索游戏课程化的可行性，为数学教育生活化、数学经验生活化搭建桥梁；此外，为教师指导民间棋类游戏提供实践经验；提高教师对民间棋类游戏和幼儿数学能力两者之间关系的理解；同时对民间棋类游戏的传承与发展具有一定的积极意义。

二、文献综述

（一）核心概念界定

1. 民间棋类游戏

乌丙安将民间游戏解释为深受广大人民群众喜欢的娱乐活动，是人民日常

---

① 罗红辉. 幼儿园民间传统游戏资源建设与组织实施［J］. 学前教育研究，2021（1）：85-88.

生活中最为常见也最有趣的一种休闲方式，具有娱乐性和趣味性，俗称"玩耍"。① 陈连山认为，民间游戏具有传承性与大众性，它是产生于民众，也在民众之间广为流传的游戏活动，再加之其种类繁多，具有较强的可塑性，故而，各个年龄段的游戏皆有其对应的规则。②

棋类游戏，也被称为棋盘游戏、棋类活动，是一种基于棋类玩具而进行的棋类运动。在幼儿教育词典中，棋类游戏指的是参照既定的游戏规则在棋盘上放置或移动棋子，以此来评判谁输谁赢。周伟中研究指出，棋类游戏注重"规则"，是一种规则性游戏，同时也是一种利用棋子和棋盘，根据棋规开展的智力游戏。③ 由于棋类游戏在传承中的不断进步与发展，为了增加游戏的多样性，多种棋类游戏开始出现，在棋盘、棋子和棋规的基础上加上了骰子和功能牌等辅助性工具。因此，白洁琼将其解释如下："幼儿以若干棋子、一个棋盘以及其他辅助棋具，按规则摆放或移动的比输赢游戏。"④ 除此之外，棋类游戏在具有强规则性的同时其本身就蕴含丰富的数学核心经验，如飞行棋中就包含了分类、顺序、数量、形状、时间、空间等数学核心经验。⑤ 张婉莹通过表现性评价研究也发现民间棋类游戏中包含了事物关系、空间意识、序列、数字和计数等数学核心经验。⑥

本研究中，民间棋类游戏兼具民间游戏和棋类游戏的特征，一方面，它作为一种民间游戏，在民间产生并传承，⑦ 具有民间传统游戏趣味性、生活性、简易性、地域性、民族性等特征；另一方面，它作为棋类游戏的一种，具有强规则性的同时其本身就蕴含丰富的数学核心经验。⑧ 此外，民间棋类游戏的种类极其丰富。如周亚明所研究的民间土棋游戏，指的是由民间创编并广为流传的棋类游戏，比如时钟棋、百格棋、城堡棋以及猫捉老鼠棋等。⑨ 根据民间棋类游戏

---

① 乌丙安. 中国民俗学 [M]. 沈阳：辽宁大学出版社，1985：343.
② 陈连山. 游戏 [M]. 北京：中央民族大学出版社，2000：6.
③ 周伟中. 棋类游戏100种 [M]. 北京：人民体育出版社，2009：3.
④ 白洁琼. 合作性棋类游戏中幼儿社会性行为的研究 [D]. 上海：华东师范大学，2016：21.
⑤ 张瑞. 浅谈幼儿园棋类游戏与数学的关系 [J]. 课程教学研究，2013（16）：160-161.
⑥ 张婉莹. 民间棋类游戏中幼儿关键经验的表现性评价 [D]. 长沙：湖南师范大学，2019：26-27.
⑦ 周亚明. 民间土棋游戏园本课程开发的意义与途径 [J]. 学前教育研究，2016（10）：67-69.
⑧ 张瑞. 浅谈幼儿园棋类游戏与数学的关系 [J]. 课程教学研究，2013（16）：160-161.
⑨ 周亚明. 民间土棋游戏园本课程开发的意义与途径 [J]. 学前教育研究，2016（10）：67-69.

的"取胜"方式进行分类,到达类主要包括跳棋、飞行棋、三向棋等;封锁类指憋死牛、大斜方棋、西瓜棋等;占地类有围棋、黑白棋、十分棋等;成形类有五子棋、倒序棋、九连棋等;灭子类有蛛网棋、走翻、歼敌棋等;取子类有象棋、金字塔棋、石头剪刀布棋等;争子类有黑白棋、困锅底、占角棋等。

因此,本研究将民间棋类游戏限定为幼儿在幼儿园参与的一种游戏活动,它具有其特有的传承发展性和趣味娱乐性且本身就蕴含丰富的数学核心经验,是幼儿以棋子、棋盘、棋规及其他辅助工具开展并可根据需求自定规则、创新玩法的游戏。

2. 幼儿数学能力

数学能力指的是个体完成数学活动、解决数学问题所应具备的心理特征,这种能力的形成与发展贯穿幼儿成长全程。[1]

幼儿数学能力是数学教育中不可或缺的部分。现阶段学术界尚未对该概念给出明确且统一的界定。有人将幼儿数学能力解释为幼儿在0—6岁对数学的学习,包括数概念、运算、时间、空间、分类、排序、集合、模式、统计等方面的内容。[2] 也有学者以个别测查、验证性因素分析等研究方法,将幼儿数学能力划分为以下五个维度:一是数;二是计算;三是测量;四是空间几何;五是模式。[3]

数学能力包含基本能力,即空间想象力、逻辑思维能力和基本运算能力。[4] 国外一些学者将早期的数学能力分为多个构成要素,即数字和运算、推理、测量、几何、概率统计以及模式能力等,其中最重要的能力是数字和计算。[5] 数学能力可分为内容性和过程性这两种不同的数学能力。[6] 前者指的是幼儿在学习数学内容时所表现出来的能力,后者则是指幼儿怎样学习理解并应用数学的

---

[1] 康丹. 对5—6岁数学学习困难儿童教育干预的研究 [D]. 上海:华东师范大学,2014:8-9.
[2] 黄瑾. 幼儿园数学教育与活动设计 [M]. 北京:高等教育出版社,2010:21-25.
[3] 张华,庞丽娟,陶沙,等. 儿童早期数学认知能力的结构及其特点 [J]. 心理学报,2003(6):810-817.
[4] 林崇德. 学习与发展:中小学生心理能力发展与培养 [M]. 北京师范大学出版社,2003:132.
[5] BREWER J A. Introduction to Early Childhood Education: Preschool Through Primary Grades [J]. Boston: Allyn & Bacon, 1990: 8.
[6] 全美数学教师理事会. 美国学校数学教育的原则和标准 [M]. 蔡金法,等译. 北京:人民教育出版社,2004:58.

能力。①

综上所述，幼儿数学能力是由群因素而并非单一的要素构成的。因此，本研究将幼儿数学能力界定为幼儿可理解并掌握初步的数概念与基本运算、对比与测量、集合与模式以及空间几何等能力，具体表现为大班幼儿在大班幼儿数学能力检核表中的得分。

（二）文献综述

1. 幼儿数学能力的发展及其影响因素

（1）幼儿数学能力的发展研究

近年来，由于学前教育的发展及幼儿数学能力本身的复杂性，国内外研究者对幼儿数学能力的发展深入研究探讨。有学者围绕幼儿数量关系的认知水平发展顺序展开研究，并认为其顺序如下：首先是实物水平，其次是图形水平，最后才是数字水平。②

认知数概念的前提是数数，而非分类和排序，数数是幼儿早期能够获取的一种数学能力。因为2—3岁儿童还没有掌握基数和对应的概念。4—5岁的幼儿对基数概念的认知有所进步，能够在没有感知线索的情况下对基数概念产生自己的理解。③

我国幼儿数概念研究协作小组将3—7岁的幼儿数学发展划分为以下三个阶段：一是数量的感知动作阶段，年龄普遍在3岁左右，该阶段的幼儿能够较为笼统地感知大小和多少；会唱数，但一般在3—5岁；慢慢掌握口手协调的小范围点数，但不能说出物体的实际总数。二是数词和物体数量之间建立联系的阶段（3—5岁），该阶段的幼儿在对物体点数后可以说出物体的总数量，形成了初步的数群概念；可以区分大小、多少以及一样大，同样也能明白第几和前后顺序的含义；能够慢慢理解数字之间的关系，形成数序观念，可以比较数的大小、合成或分解数以及简单的非符号运算。三是数的运算初期（5—7岁），该阶段幼儿的计算能力发展速度明显加快，处于从表现运算过渡到抽象运算的阶段；同时对基数、序数的认知也有所加强，符号运算能力获得一定的提升。

研究表明，幼儿形状认知能力的发展呈线性增长，6岁时已基本发展完善，

---

① GRAF E A. Defining Mathematics Competency in the Service of Cognitively Based Assessment for Grades 6 Through 8 [J]. ETS Research Report Series, 2009 (2).
② 郑琳娜. 2—6岁儿童数量关系认知能力的发生与发展研究. [D]. 大连：辽宁师范大学, 2004：1-6.
③ 陈佳欢. 大班幼儿音乐能力与数学能力的关系研究 [D]. 南京：南京师范大学, 2019：8.

4—5岁幼儿的空间认知能力发展相对平稳,而5—6岁的幼儿发展十分突出。① 通过图形命名和指认任务进一步研究幼儿对几何图形的认知及其特点,发现4岁左右的幼儿对图形认知最为敏感,能够轻易地认出圆形、正方形以及三角形。② 而空间思维的发展对于发展视觉数感以及更高级的数数策略具有非常重要的影响。③ 由此可见,现有研究文献基本都是围绕幼儿数学能力某一方面来展开的。

(2) 影响幼儿数学能力发展的因素

研究者通过梳理文献发现,幼儿数学能力的发展除了可能受幼儿自身的一般认知能力和数感能力的影响外,④ 还可能受到幼儿性别、家庭文化资本以及教师的指导等方面的影响。

第一,性别。由于研究的侧重点不同,对于幼儿数学能力的发展是否存在性别差异,国内外学者并无统一的研究结果。国外学者Jones则重点研究了幼儿家庭积木游戏经验与其空间能力测试之间的关系,发现性别对空间能力测试具有显著的影响。⑤ 研究发现3—8岁的幼儿中,女生的数学能力有胜过男生的趋势。⑥ 乔丹等人通过跟踪研究,发现学前班(5—6岁)阶段的幼儿数学发展已然显现出性别差异,男孩的数学能力较之女孩更为出色。⑦

但也有研究认为幼儿数学能力的发展并不存在性别差异,男生和女生早期数学认知能力的结构模型相一致。⑧ 大班末的幼儿数学认知发展与性别之间不存

---

① 侯岩,叶平枝.学前儿童空间认识能力发展的实验研究 [J].心理发展与教育,1992 (2):5.
② 李文馥,赵淑文.3—4岁初入园小班儿童几何图形认知特点的研究 [J].心理科学,1991 (3):19-23,66.
③ 美国埃里克森儿童发展研究生院早期数学教育项目.幼儿数学核心概念:教什么?怎么教? [M].张银娜,侯宇岚,田方,译.南京:南京师范大学出版社,2015:159.
④ 郑柯君.3~5岁幼儿数学能力的发展及其影响因素研究 [D].重庆:西南大学,2018:2-4.
⑤ JONES A T. The Relationship between Kindergarten Student's Home Block Play and Their Spatial Ability Test Score [D]. Texas:University of Houston, 2010:8-24.
⑥ R. E. 梅耶.应用学习科学——心理学大师给教师的建议 [M].盛群力,等译.北京:中国轻工业出版社出版,2016:132.
⑦ 周欣,康丹.儿童早期数学学习困难:成因与干预 [M].上海:华东师范大学出版社,2015:12,73.
⑧ 张华,庞丽娟,陶沙,等.儿童早期数学认知能力的结构及其特点 [J].心理学报,2003 (6):810-817.

在显著的相关性。① 不包括顺数任务，2—3岁婴幼儿的数概念总分及其他任务都没有明显的性别差异。② 也有研究表示，大班幼儿在数量和计数、排序（长短、薄厚）方面有性别差异，但在其他方面并没有这种区别，比如分类、空间、时间以及等量守恒。③

显然，性别是否会影响幼儿数学能力的发展并无定论，因而本研究将进一步探讨性别是否会影响民间棋类游戏干预幼儿数学能力的效果。

第二，家庭文化资本。关于家庭文化资本对幼儿数学能力的影响也是国内外学者关注的热点话题。生态学系统理论认为影响幼儿心理发展的生态环境可分为以下五个系统：一是微系统；二是中系统；三是外系统；四是宏系统；五是动态系统，其中微系统包含了影响幼儿成长的因素，有游戏、家庭、学校、教堂等。由此可见，游戏与家庭是构成幼儿成长环境生态系统的重要组成部分。家庭作为幼儿的又一重要学习场所，在家中经历的日常生活、教育学习及游戏情境等方面的数学学习经验，与幼儿数学能力的发展密切相关。研究证明，幼儿的数学家庭经验对幼儿数学能力发展具有重要影响，他们在研究中指出，不同的家庭会为幼儿开展不同的活动与游戏，以促进幼儿数学认知与能力的发展，且这些早期活动所积累的经验与幼儿今后所取得的数学成就有着密切的关系。④ 跟踪调查研究发现，父母对14—30月龄的婴幼儿讲数字、做游戏，能够预测出幼儿在46个月大时的数字理解和使用能力。⑤ 也有研究表明，早期家庭中玩积木的幼儿在几何任务上的表现更好，玩积木的频率同样是带动幼儿几何空间能力得以发展的重要原因。⑥

幼儿在早期数学认知能力的发展过程中，受家庭的影响最大，比如家长的

---

① 周欣，黄瑾，赵振国，等．大班儿童数学认知的发展［J］．幼儿教育，2009（33）：35-39．
② 高黎亚．2-3岁婴幼儿数概念发展及其家庭亲子数学互动的研究［D］．上海：华东师范大学，2010：51．
③ 刘佳杰，史明洁．幼儿数学能力性别差异的调查研究——以北京市延庆区某幼儿园大班为例［J］．中华女子学院学报，2016（4）：96-104．
④ 程祁．家庭文化资本及其对幼儿数学学习的影响研究［D］．上海：华东师范大学，2009：99-111．
⑤ LEVINE S C, SURIYAKHAM L W, ROWE M L, et al. What Counts in the Development of Young Children's Number Knowledge? [J]. Developmental Psychology, 2010 (5): 1309-1319.
⑥ LEVINE S C, RATLIFF K R, HUTTENLOCHER J, et al. Early Puzzle Play: A Predictor of Preschoolers' Spatial Transformation Skill [J]. Developmental Psychology, 2012 (2): 530-542.

教育观念和方式、物质环境、亲子互动及评价等，这些都会在不同程度上影响孩子的数学认知能力。有学者尝试探究家庭的教育背景在幼儿数学认知能力发展中所起到的作用。如以问卷调查的形式，统计并分析了两组幼儿的数认知水平，总的来说，父母的受教育水平会影响孩子的数认知水平，研究显示，高学历父母所占比例并无区别，但在数认知水平低的样本中，低学历父母占比远远大于高学历父母。[①]

尽管以往研究均已认识到了家庭对幼儿数学能力发展的重要性，但家庭中的作用因素繁多且复杂。有研究者认为，家庭文化资本包含了家庭中的各个作用因素，如父母的受教育程度、父母的文化参与、父母的教育期望、家庭中拥有的文化耐用品等。[②] 也有研究认为，这种家庭成员之间的交流和实践所获得的社会资源统称为家庭文化资本。[③] 而据社会学家布尔迪厄的文化资本理论来看，家庭文化资本有制度化、客体化、身体化三种存在形式。

根据文化资本理论，本研究将家庭文化资本限定为制度化层面的家庭教育背景、客体化层面的家庭文化背景、身体化层面的家长数学教导信念三部分，主要通过《幼儿家庭数学教育调查问卷》进行测量分析。已有研究表明，家庭文化资本会以直接或间接的形式影响幼儿的数学学习经验，其中会产生直接影响的因素包括家庭文化环境和幼儿家长的数学教导信念，而间接影响的因素主要是指家庭受教育背景。[④] 由此可见，幼儿的数学学习是一个主动建构和在成人引导下再创造的过程，在这一过程中，父母和家庭扮演了重要的角色，其对幼儿的家庭数学学习经验有着不容忽视的影响，因此本研究将基于家庭文化资本的视角全方位地分析幼儿的家庭数学学习经验是否会对民间棋类游戏干预幼儿数学能力产生影响。

第三，教师指导。本研究是通过民间棋类游戏干预幼儿数学能力发展的实验研究，因而教师必须对幼儿提供正确的游戏指导。早在20世纪60年代，因精神分析学派影响深远，西方学者大多主张幼儿游戏无须指导，认为指导代表排斥、否定或试图改变幼儿的某种行为，应无条件接纳幼儿的各种行为；也有

---

① 刘诚. 家庭嘈杂度对留守和非留守幼儿早期数学能力的影响 [D]. 开封：河南大学. 2015：19.
② 王艳霞. 家庭文化资本对子女学业成就的影响 [J]. 当代教育论坛（学科教育研究），2007（8）：37-38.
③ 孙银莲. 论家庭文化资本对学生成长的影响 [J]. 湖南师范大学教育科学学报，2006（4）：44.
④ 程祁. 家庭文化资本及其对幼儿数学学习的影响研究 [D]. 上海：华东师范大学，2009：97-98.

不少学者认为,开展游戏是幼儿的天性,游戏是幼儿自发、自然的活动,而教师指导并不会影响幼儿进行游戏的这一天性。但近年来,随着游戏研究的越发深入,更多的专家学者开始意识到教师或成人对幼儿游戏的指导意义,其不仅能够帮助幼儿顺利完成游戏,还能显著强化幼儿的认知,提高其社会性。

幼儿的游戏和自主选择的活动其实是极具价值的学习经验,但若缺乏科学的计划、浓厚的兴趣或教师与家长的大力支持,那么游戏对幼儿学习与发展的作用就会明显削弱。幼儿园游戏是以教育为目的的游戏,即便是幼儿自发地参与游戏,依旧离不开教师的指导。

游戏活动的质量高低与教师所发挥的作用密切相关。同时《纲要》中的"组织与实施"部分强调,教师应扮演好幼儿学习活动的支持者、合作者以及引导者等角色。

在低结构活动中,教师不仅要为幼儿创设活动环境,提供必要的活动材料,还要密切观察并如实记录幼儿的活动表现。可见教师在幼儿活动经验的获取中有着至关重要的作用。与此同时,教师的介入与引导能够有效触发幼儿核心经验的表征,使其掌握一定的核心经验。因此,教师指导幼儿游戏具有必要性。

在幼儿园中,出现频率最高的游戏是规则游戏,这种游戏注重游戏的规则性,要求幼儿在参与过程中严格遵守相应规章,旨在培养幼儿的规则意识,使其养成良好的行为习惯。

关于规则游戏的指导,首先,要选择和编制适合幼儿年龄特点的规则游戏;其次,教师要为幼儿开展规则游戏提供玩具、教具等条件;最后,要帮助幼儿理解游戏的规则,还强调指导不同年龄段的幼儿有不同的重点和方法。[1] 规则游戏有多种表现形式,如棋牌类游戏、绕口令、谜语等智力游戏,还有一些体育游戏、民间游戏也是规则游戏。

幼儿智力游戏的指导首先要学会观察了解幼儿,如观察了解幼儿的发展水平,从而设计相关的观察指导方案;其次要运用灵活的指导策略,如尊重幼儿自主探究、尊重幼儿个别差异等;最后教师要善于反思,提升教育观念,提高有效指导的能力。[2] 而棋类游戏是幼儿园智力游戏的一种,不仅可以促进幼儿数学逻辑及推理能力的发展,还能让幼儿学会如何遵守规则,培养其任务意识、合作意识以及竞争意识。[3]

---

[1] 雷湘竹. 学前儿童游戏 [M]. 上海:华东师范大学出版社,2012:230-232.
[2] 米娜. 幼儿园智力游戏开展现状及对策研究——以X市三所幼儿园为例 [D]. 长春:东北师范大学,2014:48-51.
[3] 崔群. 幼儿园棋类游戏指导策略研究 [J]. 山东教育,2012(23):14-16.

教师在指导棋类游戏时，首先应该转变固有观念，在前期准备时就紧紧围绕幼儿的兴趣爱好进行，游戏开始后，更要以幼儿为本，开展针对性指导，游戏过程中要多关注幼儿情感，在游戏延伸阶段可以鼓励幼儿让棋书向外延伸、内容和形式扩展。由此可见，教师指导对棋类游戏的指导具有重要作用，而民间棋类游戏的地域性、文化性和传统性等特点更需要教师的指导。因此本研究将充分考虑教师指导在民间棋类游戏对幼儿数学能力影响中的作用，并对其进行讨论分析。

2. 民间棋类游戏与幼儿数学能力发展的关系研究

民间棋类游戏与幼儿数学能力发展的关系密切。首先，民间棋类游戏作为一种游戏，满足幼儿游戏化学习的要求，以游戏的方式带动幼儿学习数学，能够提高幼儿数学学习的兴趣，激发幼儿正面的数学学习情绪，为幼儿数学能力的发展提供了机会与条件。

游戏是幼儿数学能力发展的基石，将游戏与幼儿数学教育相结合，有助于幼儿在轻松愉快的氛围中学习数学知识，进一步理解抽象的数学概念。[1] 幼儿在游戏中掌握的数学技能、思维能力以及数学方法对其今后学习复杂的数学概念有着不可替代的作用。[2]

研究表明，通过游戏能够促进幼儿数学能力的发展。观察发现，幼儿在积木游戏中能够对物品进行分类、对比物品的大小，还能计算物品的数量、根据图形模式进行空间方位的调整[3]，积木游戏能够促进幼儿数学思维的发展。[4] 将七巧板作为结构游戏中的材料，不仅能够加快幼儿辨别和组合图形的能力发展，还可有效引导幼儿探索图形间的内在关联，使其切身体会到几何图形的概念。[5] 数学游戏和工作记忆游戏的干预研究表明，数学游戏训练可能提高幼儿的数学

---

[1] 黄瑾. 学前儿童数学教育与活动指导[M]. 上海：华东师范大学出版社，2014：72, 259.

[2] FLEER·M & SEGAL·G. Supporting Science Learning Through Imaginative Play[J]//FLEER M. Play Through the Profiles: Profiles Through Play. ACT: Australian Early Childhood Association, 1993: 25-38.

[3] SARMA J, CLEMENTS D H. Building Blocks and Cognitive Building Blocks: Playing to Know the World Mathematically[J]. American Journal of Play, 2009: 313-337.

[4] HEWITT K. Blocks as a tool for Learning: Historical and Contemporary Perspectives[J]. Young Children, 2001 (1): 6-10.

[5] BOHNING. G & ALTHOUSE, J. K. Using Tangrams to Teach Geometry to Young Children[J]. Early Childhood Education Journal, 1997 (04): 24.

能力。① 在积木游戏中，若没有合理的数学干预，那么幼儿的数学水平将难以提升，而教师可充分发挥积木游戏在数学教育中的作用。②

积木游戏有助于幼儿对几何形体的认知。为期8周的主题积木游戏干预实验表明，积木游戏可同时提高幼儿的数学能力和空间技能水平。③ 幼儿以自身已有知识与经验背景为前提参与游戏，有助于促进他们的数理逻辑与推理能力。④ 由此看来，游戏是一种有效促进幼儿数学能力发展的途径。

其次，民间棋类游戏不仅以游戏为载体，它还兼具民间游戏和棋类游戏的特点和功能，具有其独特魅力。民间棋类游戏具有民间游戏所具有的民俗性、生活性、趣味性、教育性等特质，它来源于生活且经过历史的沉淀，具有深厚的历史文化底蕴，将民间棋类游戏应用于幼儿园数学教育中，有利于幼儿数学教育生活化，激发幼儿对数学学习的兴趣。

要想用数学解决现实问题，就应该在现实生活中学习数学，基于社会背景和生活情境学习数学知识，掌握数学技能。⑤ 对数学知识的教育需要结合真实的个体社会、生活情境，需要培养学习者在生活中、客观现象中探究与发现数学相关问题的能力。

幼儿园数学教学不仅要帮助幼儿在生活和游戏中感知事物之间的数量关系，还要培养其应用数的相关经验解决实际问题的能力，激发其对数、形、量等方面的学习兴趣。⑥ 因而幼儿教育工作者在组织并开展教学活动期间应根据所在园的实际条件与幼儿的发展特点与需求，为之制定更切合实际的教学游戏。⑦

对于幼儿来说，民间棋类游戏不仅符合其自身发展的特点，还与幼儿生活紧密相关，幼儿在游戏中可以获得愉悦体验以及身心发展的需要，这对幼儿的童年生活具有重要作用。此外，民间棋类游戏具有棋类游戏的益智性、变化性、竞争性等特点。与抽象性极强的一般棋类游戏不同，民间棋类游戏不仅玩法简

---

① 康丹，李飞燕，文鑫，等. 5~6岁潜在数学学习困难儿童数学和工作记忆的4周游戏训练效果［J］. 中国心理卫生杂志，2018（6）：495-501.

② 傅帆. 积木游戏中幼儿数学行为及教师干预研究［D］. 上海：华东师范大学，2012：79-81.

③ 胡姿. 积木游戏对大班幼儿数学能力和空间技能发展的影响［D］. 长沙：湖南师范大学，2018：37.

④ 崔群. 幼儿园开展棋类游戏活动的指导策略［J］. 教育导刊（幼儿教育），2009（4）：18-20.

⑤ 乔爱萍. 论弗赖登塔尔数学教育思想的现实意义［J］. 江苏教育研究，2014（4）：51-55.

⑥ 邢运兴. 幼儿园大班数学集体教学生活化研究［D］. 济南：山东师范大学，2018：8.

⑦ 杨清平. 幼儿园民间游戏选材与运用［D］. 重庆：重庆师范大学，2016：30-34.

单，而且具有很强的趣味性，对材料的要求也不高，可与幼儿园数学教育更好地结合，促进幼儿数学能力的发展。①

民间棋类游戏与其他棋类游戏一样，其本身含有大量的数学核心经验，如排序、计数、分类等②，与幼儿所需的数学能力高度相关。研究发现，棋类游戏能够促进幼儿数学能力的发展。国外学者曾设计包括一系列的数字童谣、数数游戏、关于钱的游戏、棋类游戏的"数字世界"项目（Number Worlds Program），通过干预儿童的游戏参与可以进一步提高其数学感知能力。首先，在实物的辅助下，让儿童理解数学的运算方法及距离，其次，帮助儿童理解抽象的数字表征。每天儿童参与将近 20 分钟的数学活动。后测结果证明，数感干预组儿童的数学得分优于控制组。③

西格勒（Siegler R. S.）等人设计的棋类游戏干预项目，主要针对来自低收入家庭的儿童。干预时间在 15—20 分钟，在完成 4 个学习系列之后，儿童对 1—10 的数数、认读、大小比较以及记忆的综合能力均明显提升。充满趣味的游戏不仅可以让幼儿获得快感从而在积极的情绪体验中提高儿童基本数学知识和技能，还能激发幼儿学习数学的动机。④

一项实验选取 114 名 5 岁的学龄前儿童作为研究对象，通过数字棋盘游戏（线性棋盘游戏、圆形棋盘游戏、非线性数值活动）发现这些儿童对数字知识、基础算法的掌握受游戏的影响，其中线性数字棋盘游戏所表现出来的正面影响有力地验证了表征映射假说，可在很大程度上增强幼儿的计算能力。⑤ 国内研究同样表明棋类游戏所涉及的数学逻辑关系极为丰富，棋类游戏是最能促进幼儿数学逻辑思维能力发展的游戏之一，教师应最大限度地激发出幼儿的学习兴趣，为之设计出更有意思的棋类游戏，帮助幼儿发展数学逻辑思维能力，从而提升其数学综合能力。⑥

---

① 王建霞．传统民间游戏融入幼儿园日常活动的策略分析［J］．学周刊，2016（25）：232-233.
② Siegler R S, Ramani G B. Playing linear numerical board games promotes low–income children's numerical development［J］. Developmental Science, 2008（5）：655-661.
③ Griffin S. Building number sense with number worlds: a mathematics program for young children［J］. Early Childhood Research Quarterly, 2004（1）：173-180.
④ Siegler R S. Ramani G B, Playing linear numerical board games promotes low–income children's numerical development［J］. Developmental Science, 2008（5）：655-661.
⑤ Elofsson, Jessical. The Journal of Mathematical Behavior Department of Behavioral Sciences and Learning（IBL）［J］. The Journal of Mathematical Behavior, 2016：147.
⑥ 张瑞．浅谈幼儿园棋类游戏与数学的关系［J］．课程教育研究．2013（16）：160-161.

因此，本研究将以民间棋类游戏活动为干预内容，设计民间棋类游戏活动教育干预方案，对大班幼儿开展数学教育，并通过干预实验对方案进行可行性验证。

3. 以民间棋类游戏为干预内容的方案设计

关于教育活动方案设计及课程方案设计的研究较多。如，立足于课程层面进一步分析了幼儿园数学教育的活动设计，其中主要涉及以下几个部分：一是目标系统；二是内容系统；三是组织途径；四是活动方式；五是方法设计。① 从方案设计的依据、原则以及内容三个方面设计教育活动方案，其中方案设计主要以相关政策、幼儿身心发展特点、游戏活动特点等为依据，同时强调遵守科学合理原则、趣味性原则、安全可行性原则，按照幼儿身心发展特点来选择方案内容。②③

教育活动设计是教育者根据教育内容和目的而进行的设计，应该包括教育目标、内容分析、过程等，且在设计教育目标的时候应重点把握以下三个要素：一是认知；二是情感；三是技能。④

数学区角活动方案的设计应根据幼儿学习的特点，把握主体性的原则；紧扣教育目标，提供多层次的活动；关注幼儿能力的差异，提供层次性的材料；根据幼儿年龄的特点，设计渐进性的活动。⑤

随着幼儿园教育教学改革的发展，以及游戏化学习理论的不断丰富，将游戏转化为课程也成为可能。邱丹燕认为，游戏课程设计应从理论依据、课程理念和目标、课程内容以及课程设计流程等方面入手。⑥

游戏化学习理念下的幼儿园教育活动方案的设计与实施应从以下几个方面入手：一是学习者特征；二是学习目标；三是教育方式（如情境，引发学习需求；任务，激发学习动机；角色互动，推动持续学习）。⑦

---

① 梁慧琳. 幼儿园数学教育活动设计研究 [D]. 重庆：西南大学，2008：34-41.
② 秦重蕊. 5—6岁幼儿移动性动作技能教学游戏化方案设计与实验研究 [D]. 石家庄：河北师范大学，2020：17-28.
③ 侯淳玮. 5—6岁幼儿操控性动作技能教学游戏化方案设计与实验研究 [D]. 石家庄：河北师范大学，2020：24-54.
④ 张玺. 幼儿园音乐游戏设计的个案研究 [D]. 鞍山：鞍山师范学院，2018：27-38.
⑤ 胡秀冰. 数学区角活动的设计与指导 [J]. 幼儿教育研究，2020（4）：33-35.
⑥ 邱丹燕. 幼儿园大班数字化游戏课程的设计与实施 [D]. 上海：华东师范大学，2017：19-32.
⑦ 马文华，罗涛，赵芳芳. 游戏化学习理念下的幼儿园教学活动设计与实施——以《密室闯关》为例 [J]. 陕西学前师范学院学报，2020（6）：30-35.

行动研究先通过游戏活动设计的问题诊断、归因,再从设计理念、目标确定、内容选择、材料投放、组织实施与完善几个方面完成游戏活动方案设计与实施,游戏活动方案最终以包括游戏名称、游戏目标、游戏准备、游戏活动内容(玩法与规则)、游戏指导与建议等方面的规则游戏结构形式呈现。[1] 也有研究从游戏任务、游戏实践、游戏情境、游戏环境、游戏规则与玩法、游戏周期、游戏材料、游戏创新与评价等方面进行游戏方案设计。[2]

基于民间游戏的教育价值及其传承与保护的需要,传统民间游戏被认为是幼儿园教育的重要资源。为此,不少学者致力于民间游戏资源的开发利用研究,其中有些学者基于幼儿园教育活动这一视角设计活动方案,从而开展实际的游戏教育活动;有的则立足于课程层面,将民间游戏资源与幼儿园课程体系进行灵活结合,实现二者的有效建构。[3]

无论是方案设计还是课程设计,从泰勒原理来看都需要解决四个基本问题:首先要明确教育目标;其次要选择教育经验(学习经验);然后是组织教育经验;最后是评价教育经验。如从蒙古族民间游戏课程开发的原则、程序及基本框架方面构建了民间游戏课程。[4] 通过个案研究方法,收集并梳理了民间游戏的相关资料,结合实际情况设定了相应的活动目标,为之创编了科学的活动内容,同时也制作了所需的教学玩具,以此加快实现民间游戏在幼儿园日常生活中的渗透。[5] 通过行动研究,开展了幼儿园民间游戏教育活动方案的设计及组织实施,全面探究了以下四个环节的问题:一是活动方案的目标制定;二是活动内容的选择与创编;三是活动方案的组织与实施;四是活动方案的评价。[6]

由此可见,民间游戏作为幼儿园教育的资源已逐渐走入研究者的视野,有关的教育活动方案设计或课程设计也有一定的理论和实践依据。然而,专门以民间棋类游戏为干预(教育)内容的研究并不多见。民间棋类游戏所具有的数

---

[1] 曹怡. 大班幼儿亲子数学游戏活动设计的行动研究 [D]. 长沙:湖南师范大学,2020:20-77.

[2] 王卓玲. 尼基丁游戏对大班幼儿数学能力影响的研究 [D]. 长沙:湖南师范大学,2020:14-16.

[3] 胡芳强. 幼儿园传统民间游戏开展的现状与策略研究 [D]. 济南:山东师范大学,2017:46-57.

[4] 李素梅. 基于蒙古族儿童民间游戏的幼儿园游戏课程开发 [D]. 呼和浩特:内蒙古师范大学,2005:26-38.

[5] 李颖. 儿童民间游戏融入幼儿园课程的机制研究 [D]. 金华:浙江师范大学,2010:15-42.

[6] 刘婧. 民间游戏在幼儿园教育活动中的应用研究 [D]. 重庆:西南大学,2011:72-83.

学教育价值不可忽视，因而，本研究将以民间棋类游戏为干预（教育）内容，以幼儿数学能力为目标，进行教育干预方案设计。

目前，关于幼儿数学能力及其影响因素的研究已取得一定的成果，幼儿的数学能力是可通过干预预测、提升的，且在已有干预研究中发现游戏是能够促进幼儿数学能力良好发展的有效途径。民间棋类游戏兼具民间游戏和棋类游戏的特质，且自身包含大量的数学核心经验，有其独特的数学教育价值。与幼儿数学能力之间有着密切关系。在我国也已有较多研究者将民间游戏作为一种珍贵的幼儿园教育资源进行方案设计实践。这为本研究的教育方案设计与干预提供理论与实践基础。但从已有研究来看，研究内容应更加充实，研究观念要更新，研究工具需要开发。

第一，以往研究中验证的是棋类游戏对幼儿数学能力的影响，而综合考虑民间棋类游戏这一地域性、文化性、本土性的实证性研究比较缺乏。

第二，关于幼儿数学能力的研究主要围绕在幼儿数学能力发展的现状、规律及其影响因素等方面，国内有关游戏干预幼儿数学能力的研究缺乏，使得幼儿数学教育难以摆脱抽象、枯燥的局面。

第三，民间游戏教育方案设计或课程设计研究还不够深入，研究主力大多是一线城市的幼儿教师和学前教育专业的研究生，关于民间棋类游戏教育活动方案设计的研究还有待丰富和发展。

因此，本研究将研究视角聚焦于"民间棋类游戏"和"幼儿数学能力"，将民间棋类游戏作为教育干预内容，以幼儿数学能力为目标，设计教育干预方案，并通过实证研究探究民间棋类游戏对幼儿数学能力发展的影响，从而帮助教师在幼儿园更好地开展民间棋类游戏。

三、干预方案的设计

基于"民间棋类游戏能够促进幼儿数学能力发展"这一实验假设的建构过程，有两个重点内容。第一，通过干预方案的设计来鉴定自变量（民间棋类游戏），并将民间棋类游戏转换为一种幼儿园游戏课程；第二，证明在幼儿园情境下，不是简单地堆砌民间棋类游戏就可以促进幼儿数学能力的发展，而是要通过民间棋类游戏设计才能有效促进幼儿数学能力的发展。因此本研究的干预方案是以民间棋类游戏为干预内容，以大班幼儿数学能力发展为目标，构建的一种微型的数学领域课程，进而丰富幼儿园数学教育的资源和形式。干预方案的设计主要从梳理干预方案的设计依据、设计过程、组织与实施过程三个方面展开。

(一) 干预方案的设计依据

本研究的干预方案在游戏化学习理念下形成，以《纲要》《指南》等教育政策性文件及大班幼儿数学能力发展的规律为依据。

1. 游戏化学习理念

对于幼儿来说，游戏等于学习。游戏对幼儿的发展发挥积极作用，能促进幼儿智力发展。将游戏与学习相结合，以幼儿的兴趣和经验为立足点，以促使幼儿学习的发生的教育模式就是一种游戏化学习。[1] 在游戏化学习理念中，游戏和学习具有相容性，幼儿最佳的学习发生在参与并产生愉悦体验的游戏之中。[2]

游戏化学习理念强调儿童是游戏中的主动学习者。游戏可以激发幼儿的学习兴趣，调动其参与积极性，从中体会到自身的能力，产生学习的需求[3][4]，从而建立自我效能。[5] 有时在游戏化的学习环境中，幼儿甚至没有意识到自己是在学习知识与技能，寓教于乐在这种教学模式下得到了充分的体现。[6] 由此可见，游戏可作为学习方式，通过游戏为幼儿创设良好的学习氛围与环境，使其愿意主动学习，参与教学互动，在游戏过程中发现并解决问题，实现自身综合能力的不断提升。值得一提的是，游戏还能充分挖掘幼儿的潜力，使其学会独立思考。[7] 这种"游戏化学习"模式的提出对消除数学学习的抽象化、概括化特点有显著作用，进而降低幼儿学习数学的难度，而且游戏本身使幼儿感到快乐的机制、可感知操作的体验等特点可以极大改善学习效果。[8] 因此，本研究将在游戏化学习理念下，设计民间棋类游戏活动干预方案。

---

[1] HIRSH-PASEK K, GOLINKOFF R M, et al. A Mandate for Playful Learning in Preschool: Presenting the Evidence [M]. New York: Oxford University Press, 2008: 44.

[2] 张博楠. 游戏化学习理念驱动下的幼儿园教师专业能力发展 [D]. 上海: 华东师范大学, 2019: 8.

[3] VAN OERS B, DUIJKERS D. Teaching in a play-based curriculum: Theory, practice and evidence of developmental education for young children [J]. Journal of Curriculum Studies, 2013 (4): 511-534.

[4] WEISBERG D S, HIRSH-PASEK K, Golinkoff R M. Guided Play: Where Curricular Goals Meet a Playful Pedagogy [J]. Mind, Brain, and Education, 2013 (2): 104-112.

[5] Weisberg D S, HIRSH-PASEK K, Golinkoff R M. Guided Play: Where Curricular Goals Meet a Playful Pedagogy [J]. Mind, Brain, and Education, 2013 (2): 104-112.

[6] PYLE A, DELUCA C, DANNIELS E. A scoping review of research on play-based pedagogies in kindergarten education [J]. Review of Education, 2017, 5 (3): 311-351.

[7] 郭元祥, 杨洋, 张越. 论游戏课程化的游戏观: 游戏的课程本质、边界与层次 [J]. 教育理论与实践, 2020 (4): 60-64.

[8] 吴绮迪. 近三年国内游戏化学习研究现状与分析. [J]. 教育教学论坛, 2019 (46): 232-234.

2. 相关教育政策的支持

幼儿园教育是基础教育的开端。近年来，我国幼儿教育的普及率日益攀升，幼儿教育的公平性也逐渐加强，这同我国财政对幼儿教育事业的大力支持，以及一系列的教育政策的出台密不可分。在本研究中，相关教育政策的支持为干预方案的设计提供了合理性依据。

教育部颁布的《纲要》与《指南》当中明确指出，游戏是幼儿园最为基础性的活动之一。[①][②]《幼儿园教师专业标准（试行）》（2012）中提到，关注游戏与环境对孩子成长的特殊影响，构建具有教育性的环境，以游戏为主，为孩子搭建满足其兴趣要求、年龄特征以及成长目标的游戏环境，指导孩子通过游戏实现身体、认知、语言和社会性等多方面的发展。[③]《幼儿园工作规程》（2016）同样指出，幼儿园应该把游戏视作孩子全方位成长的关键教育方式，幼儿园需结合实际情况创设游戏条件，保证充足的游戏时间，开展多种游戏。[④]由此看来，国家通过相关教育政策充分肯定了幼儿园教育中游戏的基本价值。

除了强调游戏于幼儿园教育中的重要性外，《指南》也提到，孩子的学习主要依赖直接经验，并且是通过平时生活与游戏获取的，所以应当全方位运用游戏与生活当中的真实场景，帮助孩子掌握数的内涵，多鼓励孩子使用不同形状的材料，诸如积木、纸版等开展制作或者游戏活动。[⑤]《纲要》还提到，孩子应当通过游戏和生活体会到事物之间的关系，同时感知到数学的关键意义，需要老师引导孩子对身边的数量、形状以及空间等现象形成好奇感，初步形成对数的认知，同时掌握利用数学方法化解游戏或是生活当中出现的一些问题。[⑥]由此可知，有关文件还突出了幼儿教育应该生活化，幼儿园教育应取自生活、用于生活。而在本研究中，选择民间棋类游戏作为干预内容，满足游戏化和生活化两大要求。

---

① 中华人民共和国教育部.3~6岁儿童学习与发展指南［M］.北京：首都师范大学出版社，2012：2.
② 中华人民共和国教育部.幼儿园教育指导纲要（试行）［M］.北京：北京师范大学出版社，2001：1-2.
③ 教育部教师工作司.幼儿园教师专业标准（试行）解读（第1版）［M］.北京：北京师范大学出版社，2013：3.
④ 中华人民共和国教育部.2016版幼儿园工作规程——附《3~6岁儿童学习与发展指南》［M］.北京：首都师范大学出版社，2016：5.
⑤ 中华人民共和国教育部.2016版幼儿园工作规程——附《3~6岁儿童学习与发展指南》［M］.北京：首都师范大学出版社，2016：38.
⑥ 中华人民共和国教育部.幼儿园教育指导纲要（试行）［M］.北京：北京师范大学出版社，2001：7.

3. 大班幼儿数学能力发展的规律

据皮亚杰认知发展理论，幼儿园大班的幼儿处于前运算阶段。数学知识的习得是一个从具体到表象再到符号理解的多元表征过程，各阶段的幼儿数学能力发展水平具有差异性和规律性。本研究中，民间棋类游戏活动干预方案须遵循的数学认知发展规律主要集中在以下几个领域。

（1）集合与模式。集合与模式包含集合与分类、模式两大数学核心经验。

第一，集合与分类。集合是幼儿思考和学习的基础，是幼儿形成数概念的基础，大班幼儿能对对象所具有的共同属性进行归并。在此经验基础上，大班幼儿在分类能力上实现比较明显的进步，分类标准慢慢从外部特点发展到内在特点，可以结合事物的概念、功能或其他两种以上的特征进行分类。

第二，模式。模式是幼儿数学能力的重要组成部分。它是可发现的、具有预见性的、按照一定规则排成的序列，是对事物当中隐藏的一些抽象化、规律性特点的认识。大班幼儿能够较顺利地完成5个以内元素的模式扩展任务，这种模式的识别和创造是一种预测和归纳概括，是幼儿逻辑思维抽象性水平的反应，能够促进幼儿数学能力的发展。

（2）数概念与运算。数概念与运算包含计数、数符号、数运算三大数学核心经验。

第一，计数。大班幼儿已经掌握计数能力，了解计数是一种对事物数量进行清点的过程，可以开口讲数字，用手点东西，即手口一致点数并能说出总数，能按数取物。

第二，数符号。大班幼儿能运用图画或用表示数学概念、数学关系的符号和记号表示数学逻辑。

第三，数运算。大班幼儿能够在实际操作过程中开展10以内的加减法；可以对数字实施分解与组合。

（3）比较与测量。比较与测量包含量的比较和测量两大数学核心经验。

第一，量的比较。大班幼儿能对两个集合元素数量多少，以及对事物的长短、高低、薄厚、远近等性质特征进行比较，并能依据差异特征给一定数量的物体进行排序。

第二，测量。可以将其他物品当作工具对事物展开长度、高度以及粗细等测量。

（4）几何与空间。几何与空间包含图形和空间方位两大核心经验。

第一，图形。大班幼儿能将生活中简单的二维、三维空间图形组合或分解成另一个图形；能根据图形的形状来命名、识别以及搭配组合。

第二，空间方位。幼儿空间方位发展为上下→前后→左右。大班幼儿能识别客观物体的相互位置关系，能按照指令将物体摆放到相应的位置。

（二）干预方案的设计过程

民间游戏转换为游戏课程主要是通过方案或课程设计得以实现，具体的方案或课程设计主要从目标、内容、实施等方面入手，符合课程设计的原理。因而本研究的干预方案将结合民间棋类游戏的特性，从干预方案目标的确定、内容的确定以及实施等方面进行具体设计。

1. 干预方案目标的确定

本研究中教育干预方案的目标即为大班幼儿数学能力发展的目标。教育干预方案的目标是教育干预方案设计的起始环节，是实施教育干预方案的起点，也是目标，其设定了教育活动可以实现的特定成效，更是筛选教育干预内容的依据。

研究者通过解读《纲要》和《指南》中有关大班幼儿数学教育的目标，发现《纲要》中特别提到大班孩子数学教学的目标是：让孩子可以通过游戏与生活体会到事物的数量关系，同时感受到数学的关键意义及其趣味性。《指南》则从下面三个维度出发对大班孩子的数学教育目标进行分解：一是大体上感受到现实生活当中数学的趣味性与有用性；二是了解数、量以及二者关系；三是体会空间与形状之间的关系。幼儿数学能力发展的重点主要集中于数、数运算、量、几何形体、时间、空间方位、模式与排序（详见表1）。

《纲要》和《指南》中有关大班幼儿数学能力发展的目标确定为本研究教育干预方案目标的确定提供了方向。

表1 《纲要》及《指南》中大班数学能力发展的目标

数学能力	目标
数	（1）可以找出生活当中一些能够借助数学方法来解析的现象与问题，感受解决问题的快乐
	（2）可以使用简单的统计图或是记录表来反映数量关系
数运算	（1）可以利用真实情景与动手操作掌握"加"与"减"的真实含义
	（2）可以利用实物操作或者别的手段开展10以内的加减计算
量	初步理解量的相对性
几何形体	（1）可以使用普通的几何图形进行组合或搭建出事物的造型
	（2）可以依据语言提示或是结合示意图对事物进行正确取放

续表

数学能力	目标
时间	关于时间认知，《指南》中教育建议提出了对钟表、四季、星期的认知要求
空间方位	能辨别自己的左右
模式与排序	可以找出事物摆放规律，同时试图构建全新的摆放规律

在本研究中，干预方案目标的制定以幼儿数学能力的不同内容为分类的出发点，幼儿数学能力发展目标包含集合与模式、数的概念与计算、比较与测量以及空间与图形方面。着眼于幼儿发展，从大班幼儿的年龄特点和已有数学能力发展水平出发，确立具体、可操作的目标（详见表2）。

表2 大班幼儿数学能力发展的目标

数学能力	目标
集合与模式	（1）可以依据特定的标准对了解的事物展开分类
	（2）了解组成模式的基础单元，诸如：展示一组以ABBABBABB为模式进行摆放的物品，可以说出此模式当中的基础单元为ABB
	（3）可以利用各种材料与形式（诸如实物、肢体动作或是图画等）展示与建立具有一定规律的排列模式
数的概念与运算	（1）能不受物体摆放形式的影响，通过点数说出20以内物体的数量
	（2）能够通过实际操作或其他方法进行10以内数的分解与组合
比较与测量	（1）可以在对比的前提下对事物依据量的差别特点（诸如高低、长短等）进行摆放
	（2）可以将现实当中的物体当作工具展开测量。诸如借助绳子、手等当作测量工具对座椅的长度展开测量
空间与图形	（1）能用常见的小几何形体拼成一个大几何图形
	（2）能尝试理解简单的辐射式对称图形
	（3）能用方位语言描述简单的路径。如能辨别自己的左右

2. 干预方案内容的确定

(1) 干预内容的筛选

在本研究中，干预内容为民间棋类游戏。从现有的民间棋类游戏课程资源、已出版的民间棋类游戏书籍、教育资源网站以及周边生活等来源来看，民间棋类游戏种类繁多、形式各异，具有丰富的文化价值。然而并非所有的民间棋类游戏都适用于幼儿园数学教育，也并非所有的民间棋类游戏均适合幼儿发展，如这些丰富的民间棋类游戏资源中也可能存在不符合大班幼儿年龄特征的游戏，也可能存在具有不安全因素的游戏，还有可能存在具有浓厚封建思想的游戏，这些不适合幼儿发展的资源未被深加工，并不能成为幼儿园教育资源。因此如何选择民间棋类游戏引起研究者的思考。

本研究将从以下两个方面对民间棋类游戏进行筛选。

一方面，所选民间棋类游戏要符合大班幼儿的发展适宜性。

首先，要充分了解、分析大班幼儿已有的发展水平。在干预方案设计开始前，研究者在幼儿园进行为期半月的跟班观察，实地参与三个大班的一日活动，通过实际观察、教师谈话和情景测量等形式了解了该幼儿园三个大班幼儿数学能力发展的水平，发现所有幼儿均无数学学习障碍，但幼儿的数学能力发展存在差异，而这种数学能力发展的差异是否是由于性别、家庭文化资本或教师指导导致的还有待研究讨论。研究者通过充分了解和分析幼儿现有的数学能力发展水平，有助于避免以成人的角度妄自揣摩幼儿，确保在干预方案内容选择时做到有的放矢。

其次，要充分了解大班幼儿的身心发展特点，从幼儿的生活经验入手，选择幼儿感兴趣的游戏。5—6岁幼儿的思维认知发展依赖于动作，依赖于具体事物，依赖于社会性互动，是由具体形象思维转向抽象思维的关键期，其身心发展呈现出该阶段独有的特点。① 因此，选择符合幼儿年龄特点、与幼儿生活紧密相关且能让幼儿感兴趣的民间棋类游戏才能使幼儿真正投入游戏活动中，才能使幼儿轻松掌握民间棋类游戏的规则与玩法，从而享受其中的乐趣，得到数学能力的提升。研究者通过对民间棋类游戏的规则玩法进行分析，结合幼儿园大班幼儿的生活经验和身心发展水平，筛选出能够让幼儿实现由新手到熟手的民间棋类游戏有虎鸡虫棒棋、五子棋、西瓜棋、占角棋、飞行棋五个备选民间棋类游戏。

另一方面，所选民间棋类游戏要满足干预方案的目标要求，即所选民间棋

---

① 黄瑾. 学前儿童数学教育与活动指导［M］. 上海：华东师范大学出版社，2014：22.

类游戏要与大班幼儿数学能力高度相关。

　　干预方案的内容是实现干预方案目标的载体,与干预方案的目标紧密相连。因此,干预方案的目标是干预方案内容筛选的一项重要依据,挑选的内容应当和目标相匹配,而这些与干预方案相对应的内容应该是一些可以帮助大班幼儿取得和提升数学能力的内容。

　　研究者以《学前儿童学习与发展核心经验》一书为主要参考,通过表现性评价,以大班数学能力发展目标(详见表2)为表现性评价目标,完善各项数学能力的定义及其与数学核心经验的关系,并将民间棋类游戏中的各项数学能力进行具体表征(详见表3)。通过采用实况详录法,并借助录像编码技术对拍摄的五个备选民间棋类游戏视频进行数学核心经验行为检索分析(检索表详见附录1)。最终从虎鸡虫棒棋、五子棋、西瓜棋、占角棋、飞行棋中挑选出的飞行棋、五子棋、占角棋三种棋类游戏为本方案的干预内容。

表3　大班民间棋类游戏中各项数学能力的定义

数学能力	数学核心经验	定义
集合与模式发展能力	(1) 集合与分类	知道集合是指具有某种属性特征的事物的总体;分类是指将一组事物按照特定的标准加以区分,并进行归纳的过程;能将物体按照不同的维度进行分类
	(2) 模式	对事物中潜在的具有抽象化、规律性的特点性质有一定的认识,能发现并创造简单规律
数概念与运算能力	(1) 计数	知道计数指对事物数量进行统计的过程,能口说数字、手点实物,即能手口一致点数并能说出总数
	(2) 数符号	能用表示数学概念、数学关系的符号和记号表示数学逻辑
	(3) 数运算	能够在现实操作中开展10以内的加减计算;可以对某个数字实施分解与组合
比较与测量能力	(1) 量的比较	能对两个集合元素数量多少,以及对事物的长短、高低、薄厚、远近等性质特征进行比较
	(2) 测量	可以将其他物品当作工具对事物展开长度、高度以及粗细等测量

续表

数学能力	数学核心经验	定义
几何与空间能力	（1）图形	能将生活中简单的二维、三维空间图形组合或分解成另一个图形
	（2）空间方位	对客观物体的相互位置关系进行认识，能按照指令将物体摆放到相应的位置

（2）干预内容的转换

经过筛选的民间棋类游戏有飞行棋、五子棋、占角棋，但简单的"拿来主义"，并不能使民间棋类游戏适应幼儿园情境。民间棋类游戏来源于生活，具有生活性，但其本质上属于棋类游戏，其中牵涉分类、数量、形状、时间、空间等不同逻辑关系，这些数学逻辑关系具有较强的逻辑性，比较抽象化，对于孩子有着比较高的认知要求，而且比较无趣。因此，干预方案的设计要对干预内容进行转换，即对民间棋类游戏的玩法、规则或材料等进行适宜性的转换，使民间棋类游戏与幼儿的生活相贴近，与幼儿的心理特点相符合，实现让幼儿在玩中学、学中玩，从而更好地促进幼儿数学能力的发展。

首先，对民间棋类游戏的玩法和规则进行转换。在对民间棋类游戏玩法和规则的转换过程中充分发挥幼儿的主体性，让幼儿主动地参与，教师辅助引导，师幼共同对游戏的玩法和规则进行创新，使游戏玩法和规则化难为易，更贴近幼儿的生活，具有趣味性，进而促进幼儿主动地学习。如飞行棋的玩法和规则在转换前、后的区别如下。

①转换前的游戏规则

Ⅰ起飞：只有骰子掷得6点之后，才能让一枚棋子从"基地"出发，同时获得再掷一次骰子的机会，明确棋子前行的步数。

Ⅱ连投奖励：掷得6点者可获得再掷一次的机会，直到点数不再为6。

Ⅲ跳跃：当飞机落在与自身颜色相同的方格上时，将直接飞到下个相同颜色的方格中，倘若这个方格与通道相连，那么可直接穿过通道。

Ⅳ撞击规则：飞机在前进期间走到某个已经停放他方飞机的方格时，可让对方飞机直接重返基地。

Ⅴ迭机规则：2架或是更多飞机进入相同方格内叠加起来的情况叫作迭机。同样颜色的飞机或是同一队伍中其他玩家的飞机，在进入相同方格时同样可迭机。如果前方出现敌方飞机发生迭机，可产生下面三种情形。

A：我方飞机恰好处在迭机上方，这种情况下产生撞机，全部飞机均重返停机坪。

B：如果我方掷出6点，同时飞机与前方迭机相距不足6格的情况下，我方飞机会处在迭机上方。之后再掷骰子会优先走迭机上的飞机。

C：如果我方掷出的点数并非6，并且自己飞机和上方迭机之间相距不足6格，这种情况下我方飞机无法通过迭机，要按照剩下步数进行后退。

Ⅵ飞棋：棋子如果恰好到达同样颜色并且使用虚线相连的方格中，可依循箭头指向，经过虚线抵达前方同一颜色的方块中，同时依据规则进行跳跃。倘若棋子在经过虚线的过程中碰到别的棋子停在虚线和终点之间路线的交叉位置，此时分下面两种情形。

A：倘若对方仅为一枚棋子，把此棋子驱赶回基地，我方棋子可飞到对岸。

B：倘若对方拥有两枚棋子，那么棋子不可以穿过虚线，需要绕过行走。

Ⅶ终点：游戏中棋子最终需要抵达的目的地。玩家有棋子抵达目的地并无法再对此棋子进行掌控。玩家需要刚好抵达终点位置才算成功，倘若玩家掷出的点数没有办法与需要的步数相吻合，则需要倒退剩余的步数。

②转换后的游戏规则

Ⅰ按照石头剪刀布的规则决定谁先掷骰子。

Ⅱ轮流掷骰子，并按掷骰子得到的点数走步数。

Ⅲ当自身飞机行进到与棋盘相同颜色的方格位置时，可直接跳入下个相同颜色的方格中，倘若下个相同颜色的方格与通道相连，便能够直接穿过通道。

Ⅳ四架飞机全部率先到达终点为赢。

其次，做好充足的游戏准备，并对民间棋类游戏材料进行创新和转换。充足的游戏准备是有效开展游戏的重要前提，游戏材料是游戏准备的重要组成部分，对游戏材料的创新和转换直接影响游戏的开展。本研究一方面选择充满生活性、环保又安全的材料替代传统的棋类游戏材料，改变以往棋类游戏强抽象性的特性，以便幼儿更快掌握民间棋类游戏；另一方面选用色彩鲜明、趣味性强的材料，集中幼儿的注意力，激发幼儿玩民间棋类游戏的兴趣。如占角棋的游戏准备在转换前、后的区别如下。

转换前的游戏准备：占角棋棋盘与棋子。

转换后的游戏准备：专门的民间棋类游戏活动室；若干自制棋盘（自制棋盘为正方形，以36个交点为主要棋位，25个方格为辅助棋位）；若干黑白两色棋子及棋规介绍图；有五子棋的游戏经验；勋章贴纸。

民间棋类游戏有明确的玩法和规则，它既是一种智力游戏，也是一种规则游戏。而利用规则游戏的形式编制游戏是我们幼儿园教育实践最常用的一种方法，规则游戏的结构具体涉及游戏名称、准备、规则以及玩法等。所以，本研究的棋类游戏结构会通过规则游戏结构形式呈现，转换后的具体民间棋类游戏详见附录2。

(3) 干预内容的编排

筛选和转换后，还需对民间棋类游戏进行编排，使之具有系统性、整体性。对干预内容的编排是影响干预效果的重要因素。在本研究将采取逻辑顺序与心理顺序相结合的方法，对干预内容进行编排。

一方面，根据所选民间棋类游戏中包含的数学核心经验的内在逻辑联系组织编排干预内容。如在分类学习中，先安排幼儿学习根据事物表象与简单特点进行类别划分，然后要求孩子结合事物内在特点加以概括，最后再安排幼儿学习根据本质属性对抽象事物的多种属性进行分类。

另一方面，根据大班幼儿的数学经验、认知能力、兴趣和需要等方面的心理顺序编排干预内容。以大班幼儿的数学经验为基点，按照经验演进的原则逐步扩大数学学习的范围，如先让幼儿掌握集合、分类、模式的单个经验，再到掌握集合与模式的多个整合经验，呈现的是螺旋式上升的过程。遵循幼儿心理顺序编排干预内容，有利于在关照幼儿的身心发展规律和个体差异、兴趣和需要的同时，使干预内容具有较大的灵活性和变通性，从而促进数学能力的发展。

(三) 干预方案的组织与实施过程

组织和实施干预方案便是把干预方案应用在现实中，是实现干预方案目标的途径。在本研究中，干预方案通过民间棋类游戏进行，游戏活动是干预方案组织与实施的基本途径。此外，本研究还将从组织与实施的基本形式、指导方法以及具体的实施过程几个方面进行分析。

1. 组织与实施的基本形式

常见的幼儿园游戏组织与实施的形式有以教师预设目标和内容为主导的集体游戏；有依据幼儿年龄特点、兴趣和认知发展水平进行分组的小组游戏；有教师个别指导的个体游戏等。在本研究中民间棋类游戏的组织与实施形式主要为小组游戏。这种小组游戏以2人对弈的形式开展，即以2人为一小组，10人为一大组的形式（共3大组），在有熟悉的同伴、可引发幼儿兴趣的操作材料、安静的游戏环境、有效的教师指导和友好的氛围下进行游戏。在对弈过程中幼儿可自由结伴练习，也可进行对弈比赛。

2. 组织与实施过程中的指导方法

干预方案的组织与实施是幼儿自主参与游戏与教师指导游戏相结合的过程，

《纲要》中也强调，幼儿园组织和开展教育活动的过程本质上是教师创新实践的过程，可见教师指导在干预方案的组织与实施中占重要地位。民间棋类游戏主要以对弈的形式展开，需要在安静的游戏环境下进行，教师如何在不破坏游戏本质（不干扰游戏进程）的前提下，采取有效方式或策略帮助幼儿克服游戏过程中面临的困难或引导幼儿在游戏过程中学会解决问题尤为重要。在本研究中，教师指导的使命一方面在于让幼儿学会玩民间棋类游戏，另一方面在于让幼儿提升数学能力。这时教师的指导应当注重介入方式、介入程度、介入时机以及介入策略。具体的教师指导从以下三个方面入手：

第一，游戏开始前的教师指导应重在游戏准备（包括时间、空间、材料、经验等），以确保孩子会玩儿、爱玩儿、玩儿成功。

第二，游戏过程中的教师指导要有灵活性与稳定性，要有节奏地推动游戏进程，教师可游离于游戏中并适当启发、诱导，如教师在游戏过程中可对民间棋类游戏中的数学经验进行外化。

第三，游戏结束后的教师指导应对幼儿数学能力发展目标的达成度进行评价。这种指导不仅存在于结果性评价中，还存在于过程性评价中。此时的教师指导应更加注重数学经验学习的广度，即注意数学经验的延展性。

3. 具体的实施过程

本研究中干预方案的具体实施过程即实验过程（详见四、实验研究），在专门的民间棋类游戏活动室中进行为期8周，每周2次，每次干预时间在30分钟左右，共计16次，以"对弈取胜"形式为主的民间棋类游戏干预活动。具体民间棋类游戏干预方案的实施详见表4。

表4 民间棋类游戏具体干预方案实施安排表

时间	游戏	重点领域	重点目标
第一周	（1）飞行棋	量的比较	能比较不相邻的两个或多个数的大小关系
	（2）五子棋	计数	能手口一致点数、口说数字并按物计数
第二周	（1）占角棋	集合与分类	能按颜色将物体分类摆放
	（2）飞行棋	空间方位	能以自己的棋子为中心，在棋盘上从左向右走棋至终点
第三周	（1）五子棋	数符号	能用数字符号表示棋子的数量
	（2）占角棋	数运算	能进行10以内的减法运算

续表

时间	游戏	重点领域	重点目标
第四周	（1）飞行棋	计数	手口一致点数、口说数字并按棋子的步数计数
	（2）五子棋	模式	识别可能会出现的 ABABAB、ABBABBABB 等模式
第五周	（1）占角棋	数符号	将围吃的棋子数量用数字符号表示
	（2）飞行棋	数运算	能进行 10 以内的加法运算
第六周	（1）五子棋	测量	利用棋子作为量具来测量线的长短
	（2）占角棋	量的比较	比较不相邻的两个数的大小关系
第七周	（1）飞行棋	计数	能够进行 10 以内的倒数
	（2）五子棋	空间方位	通过挪正棋子，使得五子续连
第八周	（1）占角棋	图形	能够根据图形的外部形状对图形进行配对、指认
	（2）飞行棋	数符号	能用数字符号表示步数

四、实验研究

本实验的目的在于验证以民间棋类游戏为干预内容的干预方案的有效性，从而完成本研究的三个使命：第一，证明民间棋类游戏能够提高幼儿数学能力，是一种重要的教育资源；第二，证明民间棋类游戏能够丰富幼儿园的游戏形式，是一种重要的游戏课程；第三，能够深度发掘民间棋类游戏的教育价值。

（一）问题与假设

本实验对大班幼儿进行民间棋类游戏活动干预训练，以民间棋类游戏为自变量，幼儿数学能力为因变量，用实证研究深入探讨民间棋类游戏与幼儿数学能力之间的关系，考察民间棋类游戏对幼儿数学能力的影响，并对影响民间棋类游戏干预幼儿数学能力发展的因素（如性别、家庭文化资本等）进行探讨。

基于文献综述，结合实验目的提出以下实验假设：

第一，民间棋类游戏活动能够提高幼儿数学能力的发展；

第二，民间棋类游戏的干预效果具有性别差异；

第三，民间棋类游戏的干预效果具有家庭文化资本差异。

（二）被试者及取样

根据民间棋类游戏的强规则性、幼儿的年龄特点及发展水平，本研究采取随机抽样的方法从幼儿园大班随机抽取 60 名幼儿作为被试者，同时随机把其划分成实验组（30 名，当中男女比例为 17∶13）、对照组（30 名，当中男女比例为 16∶14），截至前测时间（2020 年 9 月），所有被试者年龄均处于 58—73 个月（详见表 5）。所有幼儿均无智力障碍，本研究所有的测试及干预均经过实验园方及家长知情同意，并符合学校相关研究伦理。

表 5 被试者及其分布

	被试者	男生	女生	月龄最小值	月龄最大值	均值
实验组	30	17	13	58	71	64.70
对照组	30	16	14	59	73	64.90

（三）实验模式

本实验运用了实验与对照两组前后测的准实验设计。自变量为民间棋类游戏及幼儿园教育活动，因变量为幼儿数学能力，同时充分考虑在干预过程中存在的个体差异：如性别、家庭文化资本等，并对教师指导、游戏时间等变量进行控制。

（四）变量

本实验为干预性实验，而干预性实验有其特定的程序和操作，即操纵自变量、观测因变量、保持个体变量恒定、控制无关变量。具体如下：

1. 自变量

本研究以大班幼儿的游戏活动为自变量，其中研究者选择飞行棋、五子棋、占角棋三种民间棋类游戏，对实验组进行为期 8 周，共计 16 次的民间棋类游戏干预活动（具体详见三、干预方案的设计）；而对照组正常开展幼儿园教育活动。

2. 因变量及其测量

幼儿数学能力的发展水平为本研究的因变量。测量工具为研究者自编的《大班幼儿数学能力发展检核表》（详见附录 3）。

《大班幼儿数学能力发展检核表》以高瞻课程学前儿童评价（Children's Observation Record，以下简称 COR）中数学方面的评价指标[1]及《幼儿发展评价手册》一书中的幼儿认知与语言发展评价量表为参考，并结合《指南》当中有关大班幼儿数学能力发展水平要求而形成。

高瞻课程学前儿童评价（COR）从 20 世纪 70 年代至今经过不断实践验证

---

[1] 高瞻教育研究基金会. 学前教育机构质量评价系统［M］. 霍力岩，等译. 北京：教育科学出版社，2018：23—28.

与发展完善。如"COR 培训与测试"研究表明，COR 是测评儿童发展情况的重要工具。① "开端计划"的实践表明，COR 对于孩子成长的评价的确客观可靠。②

COR 拥有全面的评价内容、标准明确且具体、评价流程注重在现实场景下实施、评价主体多元化、评价信息与结果可以得到高效运用。③ 可见，COR 对于学前儿童发展评价具有一定的有效性。

《幼儿认知与语言发展评价量表》对北京超过 40 家幼儿园总计 1200 名年龄为 3—6 岁的幼儿展开测评取得的相关信息以及 9 所幼儿园的园长和教师长达 4 年的不断实践，均验证该评价体系具有科学性与可行性。

预实验表明，检核表的信度系数（Cronbach'α）为 0.746，0.746≤α<0.8，可见检核表有良好的可靠性（详见表6）。

表6 《大班幼儿数学能力发展检核表》可靠性分析表

可靠性统计量		
Cronbach's Alpha	基于标准化项的 Cronbach's Alpha	项数
0.746	0.747	9

3. 个体变量及其测量

通过文献综述发现，性别是否会影响幼儿数学能力的发展并无定论，因而本研究将性别作为个体变量保持恒定，以进一步探讨性别是否会影响干预效果。

此外，以往研究已肯定了家庭文化资本对幼儿数学能力发展的重要性。如民间棋类游戏本身作为一种文化，深受家庭文化环境的影响；孩子父母的数学学习观会对孩子的数学能力培养形成影响；孩子在家中获得的数学学习体验，诸如平时生活、游戏情境等，也与幼儿数学能力的发展密切相关，更有可能的是，民间棋类游戏本身就是一种亲子数学活动。因此，本研究会将家庭文化资本作为另一个体变量进行分析，测量工具借鉴程祁的《幼儿家庭数学教育调查

---

① SCHWEINHART L J, MCNAR S, et al. Observing Young Children in Action to Assess Their Development: The High/Scope Child Observation Record Study [J]. Educational and Psychological Measurement, 1993 (2): 445-455.

② SEKINO Y, FANTUZZO J, Validity of Child Observation Record: An Investigation of the Relationship Between COR Dimensions and Socia-Emotional and Cognitive Outcomes for Head Start Children [J]. Journal of Psychoeducational Assessment, 2005 (23): 242-257.

③ 吕婀娜. 美国高瞻课程学前儿童评价（COR）对我国幼儿发展评价的启示 [D]. 吉林：东北师范大学, 2011: 15-31.

问卷》。

此问卷不仅对家庭相关信息展开调查,还从家庭文化环境、亲子数学活动以及父母的数学教导思想这三个方面入手进行调查。该量表的信度系数达到 0.76,而关于亲子数学活动量表的信度系数为 0.89,内部一致性 α 系数在 0.65—0.73,研究证明有良好的信用效度。[①]

4. 无关变量的控制

在本研究中,为达到实验的目的,保证实验的有效性,在干预过程中,除了对自变量进行操作以外,对干扰变量也进行了控制,主要表现在以下几个方面:

(1) 用随机抽样的方法随机选取大班 60 名幼儿作为被试者。

(2) 选择实验组原班教师进行民间棋类游戏的指导,并在实验前对教师的指导进行培训和规范。

(3) 为减少外界的干扰,选择专门的民间棋类游戏活动室,且取得幼儿园和家长的积极配合,尽量在游戏期间保持安静、不打断幼儿的游戏过程。

(4) 有效控制每次游戏的时间在 30 分钟左右,以消除无关干扰变量对干预效果的影响。

(5) 预实验中幼儿对民间棋类游戏的规则已经具有一定的熟悉度,这能够有效地促进干预的实施。

(五) 实验过程

在本研究中,实验过程主要包括预实验和正式实验两大部分。

在预实验中除了要设计并完善干预方案外,还包含两大任务。

第一,对教师指导民间棋类游戏进行培训。要求教师先观察了解幼儿,再根据幼儿年龄特点帮助其有效地理解游戏规则。在教师指导幼儿进行民间棋类游戏时要尊重幼儿的自主探究行为、尊重幼儿个体差异,同时教师在指导中要善于反思,提升教育观念,提高有效指导的能力。

第二,检验工具的可行性与适宜性。首先要在大班随机选取 10 名幼儿进行预实验测试;其次要使主试者熟悉检核表的使用方法,同时高度注意预实验中幼儿可能出现的行为和反应,记录预实验中存在的问题,并据此完善干预方案,避免无关干扰因素出现影响正式实验。

2020 年 9 月 21 日至 2020 年 11 月 27 日(节假日除外,共 8 周)进行的正

[①] 程祁. 家庭文化资本及其对幼儿数学学习的影响研究 [D]. 上海: 华东师范大学, 2009: 42.

式实验主要由前测、干预、后测三个部分组成,具体如下:

1. 前测

本实验中,前测包含对大班幼儿数学能力的测查以及家庭文化资本的调查。在对大班幼儿数学能力的前测中,测试是由研究者作为主试者,使用主试者和被试者一对一的形式。在前测期间双方应当相互了解,如在正式测试前可与幼儿聊天,了解幼儿的简单情况,以确保测试的顺利进行。而在进行正式实验前测时要严格按照研究工具要求和指导使用《大班数学能力发展检核表》,测评时间控制在20—30分钟,测试在专门、安静的测查室中进行,且测试过程中主试者不对被试者的答案进行提示或评价,以确保在无干扰的情况下进行测试。

而对幼儿家庭文化资本的调查中,研究者委托抽样班级的带班教师代为发放调查问卷给家长填写,并负责问卷的回收。正式发放了60份问卷,实际收回57份问卷,回收率达到95%。筛选掉错漏比较多或是存在一致性反应总计0份问卷,即回收的所有问卷均有效,有效回收率达到95%。

2. 干预

在本实验中,干预的过程即课程实施的过程。本次干预时间为2020年9月21至2020年11月27日(节假日除外),在专门的民间棋类游戏活动室中对实验组幼儿进行为期8周,每周2次,共16次,且每次游戏时长控制在30分钟左右的民间棋类游戏活动干预。而对照组幼儿将不进行专门的民间棋类游戏干预活动,按幼儿园教学计划正常开展班级游戏活动,不组织额外的民间棋类游戏活动即可。

在民间棋类游戏干预阶段,为保证民间棋类游戏干预的有效性,对无关变量的控制做了处理,主要表现为以下几个方面:

第一,用随机抽样的方法选取大班60名幼儿作为被试者,且对干预方案的组织与实施者进行了沟通和培训,有效控制了班级和教师对干预实验结果的影响。

第二,选择在专门的民间棋类游戏活动室中进行干预,且取得了幼儿园和家长的积极配合,尽量在游戏期间保持安静、不打断幼儿的游戏过程,大量地减少了外界的干扰。

3. 后测

考虑到学习的潜伏效应及练习效应,后测在最后一次干预的后一周进行,即干预结束后一周面向全部被试者展开后测。后测运用的工具、程序与前测保持完全一致,以控制无关变量的干扰。

（六）实验数据处理方法

《大班幼儿数学能力检核表》的测查得分根据幼儿实际情境测量情况按评价标准进行计算。本研究中的数据均运用 SPSS23.0 进行分析。用描述性统计呈现实验组与对照组前、后测得分的基本情况；借助独立样本 T 检验对两组孩子的数学能力前测结果展开差异性检验，对干预结束后两组展开效应值进行对比；借助配对样本 T 检验对两组幼儿数学能力后测结果进行比较分析；运用方差分析探索了影响民间棋类游戏干预效果的因素。

（七）研究结果与分析

1. 实验组与对照组数学能力及其变化

本研究对各组被试者在《大班幼儿数学能力检核表》中的总得分情况进行了描述性统计分析（详见表7），两组被试者有效样本共60名，均无缺失样本数据。从两组的前测描述统计可以看出整体呈正态分布，其中对照组前测得分极小值为23，极大值为47，偏度为-.369，峰度为-.158；实验组前测得分极小值为25，极大值为51，偏度为-.105，峰度为-.692。根据两组的均值比较可知，干预前对照组与实验组的数学能力的水平差异较小。而两组后测结果显示，两组被试者后测得分均高于前测得分，实验组幼儿数学能力（44.93±6.313）高于对照组幼儿的数学能力（41.33±5.756）。

表7 实验组与对照组数学能力前、后测结果

		样本量	极小值	极大值	均值	标准差	偏度	峰度
前测	对照组	30	23	47	37.27	5.452	-.369	-.158
	实验组	30	25	51	38.47	7.026	-.105	-.692
后测	对照组	30	27	51	41.33	5.756	-.486	-.048
	实验组	30	33	59	44.93	6.313	-.138	-.414

2. 实验组与对照组数学能力前测结果的差异检验

为了检验两组被试者的数学能力在实施民间棋类游戏活动干预前是否具有显著性差异，对两组被试者的前测结果展开了独立样本 T 检验，具体结果见表8。其中对照组被试者平均得分为 37.27，SD=5.452；实验组被试者平均得分为 38.47，SD=7.026。由于概率 P 值为 0.112>0.05，可认为两总体的方差具有齐性，T=-0.739，在置信区间为 95% 的情况下，显著性 P 值（双尾）= 0.463>0.05，原假设成立，所以认定两组样本的平均值相等，实验组与对照组被试者的数学能力不具有显著性差异。

表8 两组被试者的前测得分的T检验结果

	样本量	均值	标准差	均值的标准误	F	显著性	T	P
对照组	30	37.27	5.452	.995	2.610	.112	-.739	.463
实验组	30	38.47	7.026	1.283				

3. 实验组与对照组幼儿数学能力后测结果的比较分析

（1）干预后实验组与对照组后测结果差异比较

为了对两组被试者的前后、测结果是否存有差异展开检测，采用了配对样本T检验法，具体结果见表9，对照组的后测评分平均值为39.80，高于前测得分37.27，实验组后测得分均值为45.60，高于前测得分38.47；而配对样本T检验结果详见表10，其中对照组干预前、后的平均效应值为2.533，SD＝4.232；实验组被试者前、后测的平均效应值为7.133，SD＝5.649。两组被试者在置信区间为95%的情况下，P值都不足0.05，所以原假设不成立，认定两组幼儿的前、后测结果有着明显的差别，也就是实验组的后测分值明显超过前测分值，对照组的后测评分也明显超过前测评分。所以经过检验可知两组孩子在前、后测评分上均具有显著性差异，但不能验证民间棋类游戏能够促进幼儿数学能力的发展。

表9 两组被试者前、后测配对样本描述性统计

		样本量	均值	标准差	均值的标准误
配对1	对照组前测	30	37.27	5.452	.995
	对照组后测	30	39.80	5.294	.967
配对2	实验组前测	30	38.47	7.026	1.283
	实验组后测	30	45.60	5.969	1.090

表10 两组被试者前、后配对样本T检验结果

		均值	标准差	均值的标准误	95%置信区间 下限	95%置信区间 上限	t	df	Sig.(双侧)
配对1	对照组前测-对照组后测	-2.533	4.232	.773	-4.114	-.953	-3.278	29	.003
配对2	实验组前测-实验组后测	-7.133	5.649	1.031	-9.243	-5.024	-6.916	29	.000

（2）干预后实验组与对照组效应值比较

为进一步检验民间棋类游戏活动的干预在控制自然增长因素的影响前提下能否有效地促进幼儿数学能力的发展，研究者分别对两组被试者得分的效应值进行了独立样本 T 检验：在方差具有齐性、置信区间为 95% 的情况下，$T = -3.569$，$P = 0.001 < 0.05$，所以原假设不成立，认定两组孩子在数学能力方面有着明显的差距（详见表 11）。通过对两组被试者前后测效应值的独立样本 T 检验，验证了实验组后测-实验组前测>对照组后测-对照组前测的假设，说明两组前、后测数学能力具有显著性差异，民间棋类游戏的干预能够有效促进幼儿数学能力的发展。

表 11　两组被试者前、后测效应值统计

	样本量	均值	标准差	均值的标准误
对照组	30	2.53	4.232	.773
实验组	30	7.13	5.649	1.031

表 12　效应值的独立样本 T 检验结果

	F	Sig.	t	df	Sig.（双侧）	均值差值	标准误差值	95% 置信区间 下限	95% 置信区间 上限
假设方差相等	2.704	.106	-3.569	58	.001	-4.600	1.289	-7.180	-2.020
假设方差不相等			-3.569	53.756	.001	-4.600	1.289	-7.184	-2.016

此外，从图 1 可以看出，两组被试者在前测阶段并没有呈现出明显的数学能力差异。依据配对样本 T 检验结果，可知两组后测得分显著高于前测得分，但两组的前、后测得分的增长程度不同，在控制自然增长的条件下进一步对两组被试者的前、后测效应值展开独立样本 T 检验，结果表明实验组的前、后测效应值要比对照组明显高些。因而实验结果验证了实验假设，即实验组后测>实验组前测，同时实验组效应值>对照组效应值，民间棋类游戏的干预能够促进大班幼儿数学能力的发展。

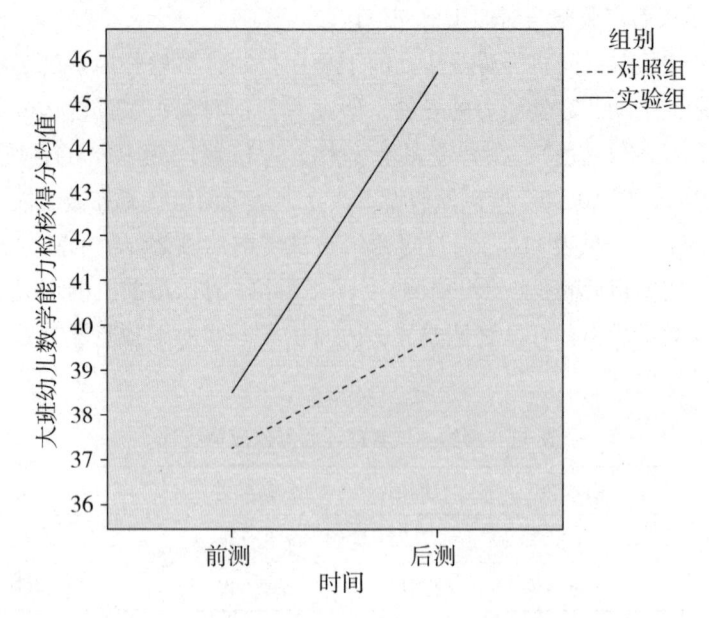

图1　两组被试者数学能力检核前、后测得分比较

4. 影响民间棋类游戏干预效果的因素分析

由于本研究只在实验组中实施了民间棋类游戏干预，因而以下影响干预效果因素的结果分析中选用的数据均为实验组被试者数据。研究者采取单因素方差分析，分别以性别、家庭文化资本为自变量，将实验组被试者的效应值（实验组被试者后测分-前测分）作为因变量，考察了性别与干预效果、家庭文化资本与干预效果的因果关系。

（1）影响干预效果的性别差异

为了解不同性别被试在进行民间棋类游戏干预后数学能力发展的情况，研究者对不同性别被试者的数学能力效应值进行了描述性统计分析（详见表13）。从表中可知，女孩数学能力效应值极大值为18，极小值为2，男孩数学能力效应值极大值为20，极小值为0。而就均值来看，女孩数学能力效应值的均值高于男孩数学能力效应值的均值，详见图2。

表13 男女生的数学能力效应值情况

	样本量	均值	标准差	标准误	95%置信区间 下限	95%置信区间 上限	极小值	极大值
女孩	13	7.23	5.388	1.494	3.98	10.49	2	18
男孩	17	7.06	6.005	1.456	3.97	10.15	0	20

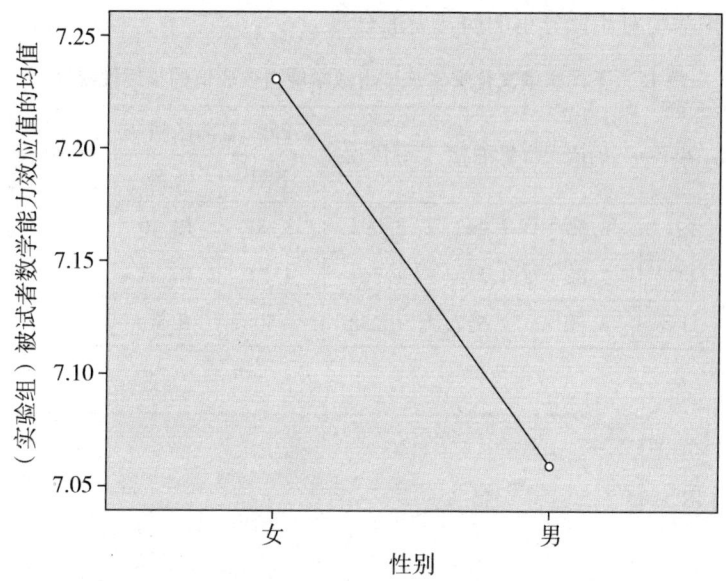

图2 实验组不同性别被试者数学能力效应值的均值比较

在方差齐性检验中,显著性概率 $P=0.668>0.05$,故应接受原假设,方差具有齐性。但在表14的方差检验结果中发现 $F(1, 28) = 0.07$, $P=0.936>0.05$,故应接受原假设,性别与被试者数学能力效应值不具有显著性差异,即民间棋类游戏的干预效果不具有显著的性别差异。

表14 不同性别被试者数学能力效应值的方差分析

	平方和	df	均方	F	显著性
组间	.218	1	.218	.007	.936
组内	925.249	28	33.045		
总数	925.467	29			

(2) 家庭文化资本影响干预效果的结果

为考察家庭文化资本对干预效果的影响,研究者先将幼儿家庭文化资本分为低分组（群体中得分最低的27%）、高分组（群体中得分最高的27%）和中分组，对不同家庭文化资本被试者的数学能力效应值进行了描述性统计分析（详见表15）。数据结果表明，低分组幼儿数学能力效应值的均值（8.5±7.243）高于中分组（7.82±4.513）和高分组（4.50±2.517），而中分组幼儿数学能力效应值的均值（7.82±4.513）又高于高分组（4.50±2.517），具体如图3。由此可见，低分组被试者的数学能力增长速度大于高分组和中分组被试者，民间棋类游戏干预活动对于低分组的幼儿更加有效。

表15 不同家庭文化资本被试者数学能力效应值的描述性统计

	N	均值	标准差	标准误	95% 置信区间 下限	95% 置信区间 上限	极小值	极大值
低分组	12	8.50	7.243	2.091	3.90	13.10	0	20
中分组	11	7.82	4.513	1.361	4.79	10.85	0	18
高分组	4	4.50	2.517	1.258	.50	8.50	2	8

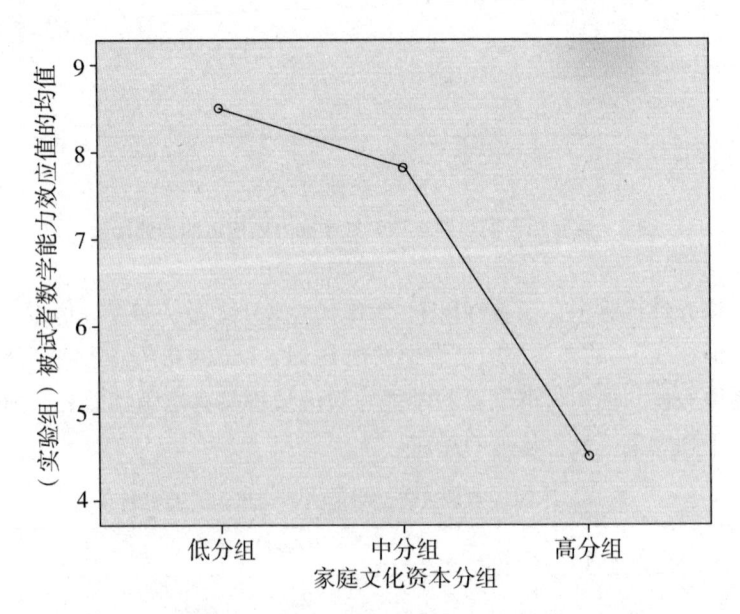

图3 不同家庭文化资本组数学能力效应值的均值比较

从方差分析的结果来看，方差检验结果中发现 $F(2, 24) = 0.730$，$P = 0.492 > 0.05$，故应接受原假设，家庭文化资本与被试者数学能力效应值不具有显著性差异。且在方差齐性检验中，显著性概率 $P = 0.016 < 0.05$，所以原假设不

成立,方差不具有齐性,因此用 Tamhane's T2 检验法进一步分析各组家庭文化资本被试与干预效果的因果关系(结果详见表16)。从表16中的数据来看,低分组家庭文化资本被试者与中分组、高分组家庭文化资本被试者并无显著性差异,可见民间棋类游戏的干预效果不具有家庭文化资本差异。

表16 不同家庭文化资本被试者数学能力效应值的 Tamhane's T2 多重比较

家庭文化资本分组	家庭文化资本分组	均值差	标准误	显著性	95% 置信区间	
					下限	上限
低分组	中分组	.682	2.494	.990	−5.86	7.22
	高分组	4.000	2.440	.327	−2.62	10.62
中分组	低分组	−.682	2.494	.990	−7.22	5.86
	高分组	3.318	1.853	.280	−1.98	8.62
高分组	低分组	−4.000	2.440	.327	−10.62	2.62
	中分组	−3.318	1.853	.280	−8.62	1.98

(八)讨论与结论

1. 讨论

(1)民间棋类游戏对幼儿数学能力发展的干预效果

本研究采取实验与对照两组的前、后测实验设计,选择民间棋类游戏当作干预内容,通过为期8周的民间棋类游戏干预考察其对大班幼儿数学能力的影响。对前测数据进行描述性统计和差异检验发现,两组样本在数学能力基线水平上并未呈现出明显差别,也就是两组样本呈现出同质化。在控制无关变量的前提下对实验组进行了民间棋类游戏活动干预而对照组正常开展幼儿园活动,对其后测数据进行独立样本和配对样本T检验发现,两组被试者的数学能力均有不同程度的显著性提升,故而对两组幼儿的前、后测得分效应值进行比较,发现实验组前、后测效应值显著高于对照组前后测效应值。

因此,实验结果验证了研究假设:满足实验组后测>实验组前测,同时实验组效应值>对照组效应值的条件,这说明民间棋类游戏能够有效促进大班幼儿数学能力的发展。这与以往国内外研究结果一致,即通过与数学核心经验高度相关的棋类游戏干预可以提高幼儿的数学能力发展。如格里芬设计的包括一系列的数字童谣、数数游戏、关于钱的游戏、棋类游戏的"数字世界"项目验证了数感干预组儿童的数学得分优于控制组。西格里尔等人设计的棋类游戏干预项目表明通过棋类游戏干预幼儿在1—10的数数、数量对比记忆以及认读数字等能力上均实现明显提升。国内相关调研指出，棋类游戏能够促进幼儿获得经验增长，特别是其中所蕴含的数学知识。也有人通过实验干预发现数字棋游戏可以促进大班幼儿数学能力的发展。在本研究中，民间棋类游戏能促进大班幼儿数学能力发展与游戏本身密不可分，研究者将从自变量和因变量两大个方面进行讨论。

从自变量来说，研究者通过干预方案的设计对自变量进行了操纵，其中在干预内容的确定部分，从干预内容的筛选、转换、编制入手，筛选出三种符合大班幼儿年龄特点、符合幼儿园数学教育生态且与幼儿数学能力高度相关的民间棋类游戏——飞行棋、五子棋、占角棋。所选游戏的教育性、操作性与娱乐性兼具，幼儿喜欢又具有数学教育价值。具体来说：

第一，民间棋类游戏本身具有独特的魅力。游戏能够满足孩子成长需要，是助推孩子实现全面成长最有效的活动。游戏属于幼儿园最为基础性的活动，棋类游戏可以有效地满足孩子在动手操作、直接体验等方面的需求。而处于具体运算阶段的大班幼儿由于感觉运动阶段动作的练习和掌握以及前运算阶段思维能力的提高，幼儿在此阶段出现了规则性游戏，此时幼儿的动作是内化和可逆的，具有分类、序列、关系、传递、时空等概念。故而，民间棋类游戏作为一种规则性游戏，能够促进幼儿数学能力的发展，是符合大班幼儿数学认知能力发展规律与幼儿园数学教育生态的。

第二，所选游戏可以使幼儿对兴趣、知识技能以及情感等多方面的需要得以满足，使幼儿从中体验自由，享受快乐。而所选游戏的游戏规则简单易掌握、操作性与趣味性强，对弈胜利所带来的愉悦性体验能吸引幼儿自觉自愿参与。

第三，游戏过程是幼儿与环境互动、同伴互动、师幼互动的多方互动过程，这种良好的多方互动让幼儿在面对数学问题时能进行有效的沟通，产生更好的数学学习效果和效率，有利于保障民间棋类游戏的顺利开展。民间棋类游戏以2人对弈的形式开展，即以2人为一小组，10人为一大组的形式（共3大组），让幼儿可以在有熟悉的同伴、可引发儿童兴趣的操作材料、安静的游戏环境、有效的教师指导和友好的氛围下进行游戏。通过同伴的相互合作与竞争，在棋类游戏活动中进行问题的相互碰撞以及相互交流评价、发现问题，拥有更多的机会体验棋类游戏活动规则和乐趣，获取数学核心经验，从而提升数学能力。

此外，所选游戏包含了计数、图形、数运算以及空间等不同数学经验，这些数学核心经验与幼儿需要发展的数学能力高度相关，能对幼儿的数学能力造成直接影响。幼儿在遵守游戏规则的前提下玩民间棋类游戏，在不断感知数学核心经验的过程中进行游戏化的学习，也就是说，游戏通过增强幼儿对数学核心经验的实际参与提高了幼儿的数学能力。

从因变量来说，本研究采用自编的《大班幼儿数学能力检核表》，在情境测量模式下的真实情境中开展，通过完成数学任务，进行数学能力的检测。检核表具体涉及数的对比与测量、数的概念与计算以及集合与模式等不同方面的数学能力，这些均属于幼儿阶段数学能力的重要组成部分，且与民间棋类游戏中所包含的数学核心经验高度相关。此外，检核表的评价标准细致清晰，符合幼儿数学能力发展的特点和规律，能有效测量民间棋类游戏活动干预大班幼儿数学能力的效果。

本研究表明民间棋类游戏对大班幼儿的数学能力发展具有促进效果，为民间棋类游戏在幼儿园的扎根方式提出了实践证明和新思路，同时也进一步丰富了民间棋类游戏干预幼儿数学能力的研究。

（2）民间棋类游戏促进幼儿数学能力发展的影响因素

文献综述发现，性别、家庭文化、父母的数学教导理念、亲子活动等均会对孩子的数学能力培养产生重要影响，因此本研究在探讨影响民间棋类游戏干预效果的因素中，主要从性别以及家庭文化资本入手，采用单因素方差分析探讨了性别与干预效果、家庭文化资本与干预效果的因果关系。结果表明，性别及家庭文化资本对实验组被试者数学能力效应值的影响不具有显著性，即民间棋类游戏的干预效果在家庭文化资本和性别上无显著差异。

但从研究结果（图2和图3）来看，女孩数学能力的发展速度要快于男孩的发展速度，家庭文化资本低分组被试者的数学能力增长速度大于高分组及中分组被试者，可见低分组幼儿在民间棋类游戏干预活动中更能提升数学能力的发展。因此，研究者将从性别和家庭文化资本影响干预效果情况两大个方面进行讨论。

一方面，性别在干预效果中不存在显著性差异，但女孩数学能力的发展速度要快于男孩的发展速度。首先，这也许是性别与家庭文化资本的协同效应，是家庭独生子女文化的作用结果。社会经济的发展及家庭独生子女文化的出现缩小了家庭文化资本中的性别差异，性别偏见逐渐消失，家庭在教育投资上的重男轻女观念慢慢削弱，同时在独生子女家庭情况下，教育资源比较集中，教育投资对象的性别逐渐均衡。这与我国较多学者的已有研究一致，认为男女幼儿在游戏发展中性别差异并不显著。研究也发现，男孩和女孩的数字能力相似。其次，这有可能是由民间棋类游戏"静"的特征导致的。从以往研究来看，幼儿阶段女孩的自主进取水平、认真自控能力均高于男孩，而男孩的精力充沛水平是高于女孩的。可见男孩是好动的，而女孩更能适应安静的、专门独立的民间棋类游戏，且能在民间棋类游戏的对弈过程中深入思考。

另一方面，家庭文化资本影响干预效果不具有显著性差异，但家庭文化资本低分组的幼儿数学能力发展更快，中分组和高分组幼儿数学能力发展较为缓慢。首先，这可能是家庭文化软实力的作用结果，家庭文化资本的内部出现分化。在我国5—6岁幼儿的教育现状中，大多幼儿的家庭文化资本投向重点可能并不在幼儿的数学（科学）领域更不在棋类游戏，他们大多将教育投资放在艺术文化（如钢琴、音乐、舞蹈、乐器、主持等）领域，这符合我国幼儿家庭文化资本的现状，因而家庭文化资本影响干预效果不具有显著性差异。其次，这可能是由于家庭文化资本的差异，低分组幼儿在家中获得的数学经验较少，而在实验中得到了相应程度的补偿，因而低分组在干预后表现出更快的增长速度，这符合补偿教育的基本原理。再次，这可能是中分组和高分组的幼儿在原有家庭中已接触过相关的民间棋类游戏，本次民间棋类游戏干预活动对中分组和高分组的幼儿来说新颖性不足；最后，还有可能是长达8周的民间棋类游戏活动干预让高分组幼儿逐渐趋于习惯化，出现了高原期，导致高分组幼儿积极性有所下降。

综上所述，性别、家庭文化资本作为个体变量虽对干预效果产生了一定的影响，但影响并不具有显著性。

（3）民间棋类游戏促进幼儿数学能力发展的有效策略

在本研究中，对实验组幼儿进行民间棋类游戏干预活动主要通过干预方案和教师指导进行，而并非简单的民间棋类游戏堆砌，设计良好的干预方案和有效的教师指导是进行干预的有效策略。具体如下：

首先，科学设计干预方案是一种有效策略。在实施干预之前，研究者分析了已有的研究文献，在游戏化理念指导下，以及充分了解《指南》《纲要》等教育政策性文件和大班幼儿数学能力发展的特点和规律的基础上制订了干预方案，包含干预方案的目标、内容、实施等，也就是说干预方案不仅充分考虑了大班幼儿的学习特点、风格和已有发展水平，而且是符合课程设计原理的。而在本研究的实验研究部分中也验证了干预效果的有效性。

其次，教师指导是一种有效策略。教师指导包含了游戏前的指导、游戏中的指导和游戏后的指导。这种教师有效的、适时的介入指导，扮演好支持者、指导者和合作者的角色能帮助幼儿学会玩民间棋类游戏，克服游戏过程中面临的困难或引导幼儿在游戏过程中学会解决问题，进而使幼儿从一个游戏新手发展成为熟手、能手甚至高手。同时在预实验阶段对教师的培训中明确了教师指导除了教会幼儿游戏规则外，还应在指导过程中有意识地外化幼儿数学知识经验，即不仅要让幼儿学会下棋，更应让幼儿感知数学经验，提升数学能力，这决定了整个干预的质量和水平。

本研究选择的飞行棋、五子棋、占角棋这三种民间棋类游戏充满趣味、简单但又具有一定的竞争挑战性，不仅可以提高幼儿基本数学知识和技能，也能提高幼儿学习数学的动机，这与激发幼儿的学习动机（尤其是内部动机）是提高幼儿关联认知负荷的重要方法的观点一致（常欣，王沛，2006）。最终本研究的结果也表明了通过民间棋类游戏干预能够促进大班幼儿数学能力的发展，这虽对教育具有一定的实践意义，但在实际的操作过程中还存在较多不足：

第一，本研究的干预方案及教师指导还存在一些薄弱环节，如干预内容的选择虽然是从幼儿发展的适宜性以及民间棋类游戏与数学能力的相关度两个方面入手的，但主要采取的还是表现性评价，具有一定的主观色彩；干预形式每次以10人为一组的小组进行，教师指导有时不能注意到幼儿的个体差异或存在指导不及时的问题；干预的时间是连续两个月，但每周只进行2次干预，干预的强度不够，可能会出现部分幼儿数学能力发展变化水平不够明显的问题，后续的研究中应继续完善干预方案和教师指导。

第二，选择的研究被试者数量较少，只在一所幼儿园中抽取了60名大班幼儿作为被试者，因此具有局限性。在今后的研究中增加被试者、拓展到不同年龄层次的被试者，研究结果可能更具代表性和说服力。

第三，数学能力测量工具采用的是自编的《大班幼儿数学能力检核表》，虽具有一定的可靠性，但检核内容是由研究者自定的，它具有一定的主观色彩，并不完全客观，研究者的主观意识有可能影响对一些幼儿在测量中的表现的客观评价。

2. 结论

本研究通过对幼儿园的60名大班幼儿进行为期8周的民间棋类游戏干预，采用准实验模式，通过《大班幼儿数学能力检核表》中的任务对实验组与对照组幼儿的数学能力进行前、后测，探讨了民间棋类游戏对大班幼儿数学能力的影响，得出以下结论：

（1）民间棋类游戏的干预对大班幼儿数学能力的发展具有促进作用。

（2）民间棋类游戏的干预效果无显著性别差异，但女孩数学能力的发展速度要快于男孩的发展速度。

（3）民间棋类游戏的干预效果无显著性家庭文化资本差异，但家庭文化资本低分组的幼儿数学能力发展更快，中分组和高分组幼儿数学能力发展较为缓慢。

五、启示与教育建议

本研究的启示主要来源于民间棋类游戏干预方案的设计、实验研究两大方面。干预方案的设计深度挖掘了民间棋类游戏的数学学习功能，展示了民间棋类游戏的课程本质，充分体现了民间棋类游戏的教育价值。而实验研究则验证了民间棋类游戏的学习功能、课程本质及教育价值。

（一）启示

1. 重视民间棋类游戏的学习功能，促进幼儿数学能力的发展

本研究发现，民间棋类游戏是幼儿数学学习的有效途径，能够促进幼儿在数计算、测量与对比、图形以及空间几何等数学核心经验的发展，提升幼儿数学能力，这进一步验证了游戏的认知与学习功能。幼儿借助游戏，不仅能够获得对应的知识经验，同时还能进一步巩固他们的技能技巧，对推动思维发展以及提升智力水平发挥了巨大的积极作用。不仅如此，游戏还能够帮助他们更好地掌握学习的方法与技巧，对日后养成优良的学习习惯也发挥了重要的作用。皮亚杰通过分析指出，发展幼儿游戏，必须基于认知水平的提升，同时，伴随游戏水平的不断提升，又对他们的认知发展起到了巨大的积极作用。贝特森通过分析指出，在开展幼儿游戏过程中，最重要的成绩就是掌握学习的技巧。所以，在实际生活当中，游戏和学习之间互相影响，甚至可以融合为一体。

从特定角度来看，游戏属于隐性学习。幼儿在游戏活动中学习数学，是将培养更高级的思维模式与处理现实问题作为目标，将综合知识作为主要内容，自主地、选择性地汲取知识，同时把它们内化为自己的知识，可以把学过的知识应用在新情境中展开深度学习。在幼儿的数学教育中应重视民间棋类游戏的学习功能，使其落实到幼儿园中，加速提升幼儿数学能力的发展。

2. 重视民间棋类游戏的课程潜能，发挥游戏的数学教育价值

幼儿生活在游戏当中，游戏组成了孩子的"精神世界"。首先，孩子在游戏过程中各方面的发展所需均可以获得满足，并且形成新的心理机能；其次，孩子利用游戏精神对不同活动实施统筹整合，让全部活动均融入了游戏成分，同时在活动期间维持游戏心理，可以使内心对兴趣、知识技能以及情感等方面的需求利用趣味性强的活动获得满足和展现，在游戏过程中感受快乐与自主。孩子的创新力、自主性以及数学能力在获得全面展示的过程中，自身人格也将获得一定的发展。由此看出，游戏属于幼儿教育中最为基础性的活动，也就是最能够满足孩子成长所需的，是助推孩子实现全面成长最有效的活动。游戏中包含了孩子成长的价值，孩子可以通过游戏不断探索、发现、计划、思考，积极地建构自己的经验，这种游戏过程就是课程形成与发展的过程，从本质上来说游戏就是一种课程。

本研究也是一种游戏课程化的实验研究。研究中设计的干预方案实质上是一种微型的数学领域课程，这揭露了民间棋类游戏的课程潜能；而实验结果验证了干预方案的有效性，这为幼儿园游戏课程化提供了实践基础，应深度挖掘游戏的本体性价值，使游戏生成课程从而促进幼儿的发展。

3. 重视民间棋类游戏的设计与实施，实现游戏教育价值的最大化

陈鹤琴曾言，孩子天性喜欢动，是将游戏作为生命的。因此，在幼儿教育当中，游戏属于非常关键的一环，是开展素质教育的关键措施与高效渠道。但目前游戏在幼儿园面临两个主要问题，一个是幼儿不感兴趣但教育价值高，另一个是幼儿感兴趣但教育价值不高。因此，选择适宜的游戏，并对游戏进行设计是游戏进入幼儿园课程的重要一步，应重视游戏的选择与设计。在本研究中最终确定的三种民间棋类游戏是经过选择、转换和编排的。

此外，现阶段的游戏常常被认为是幼儿自发且漫无目的的玩耍，教师在游戏的组织实施与指导过程中要么放任自流，要么过于强调教学的目的、缺乏游戏精神，处在两个极端，导致"假游戏"泛滥。因此，要重视游戏实施过程中的教师指导。在本研究中，通过设计民间棋类游戏干预方案、明确实施过程和教师指导，使教师在游戏活动实施与指导时有据可依，最终实验结果证明民间棋类游戏干预能够促进大班幼儿数学能力的发展。

由此可见，幼儿园教师应根据现代社会的发展特点，有计划、有目的、有方案地组织实施与指导，并和幼儿共同选择合适的游戏材料、创设合适的环境、探索新的游戏玩法和规则，使游戏的教育价值最大化。

（二）教育建议

1. 提升教师民间棋类游戏设计能力

幼儿的数学能力发展具有一定的发展特点和规律。有研究发现，幼儿数学能力的发展轨迹主要是从数学关键知识到数字知识，然后到数字运算的。可见各个年龄段的孩子在数学能力上是有差异的，教师可结合孩子的年龄特征和数学能力发展水平设计合适的游戏方案，让幼儿在游戏的过程中提升自我的数学能力。

本研究中的游戏干预方案是在游戏化学习理念下，以《指南》和《纲要》中的幼儿发展要求和大班幼儿数学能力的发展水平为依据，通过目标制定、筛

选、转换和编排内容、具体实施几个步骤进行设计的，规则由易到难、层层递进，因而能有效地促进幼儿数学能力循序渐进地发展。因此，提升教师的民间棋类游戏设计能力可从以下几个方面入手：

（1）合理筛选民间棋类游戏。本研究中的飞行棋、五子棋、占角棋是在充分了解大班幼儿已有的发展水平和身心发展特点以及满足游戏目标的基础上筛选而出的，民间棋类游戏中所包含的数学核心经验较为集中，与幼儿发展所需的数学能力较为匹配，难度适中，且能够引起幼儿参与游戏的兴趣，符合大班幼儿喜好竞争挑战的心理。因此在选择游戏时，应综合考虑游戏本身的价值、幼儿的发展适宜性以及根据所需发展的核心经验来筛选，如此才能使幼儿在游戏中获得快乐的同时进行深度学习。

（2）适当转换民间棋类游戏。对民间棋类游戏进行转换，可从民间棋类游戏的玩法、规则或材料等方面入手，使民间棋类游戏与孩子的真实生活相贴近，同时与孩子的心理特点相符合。

（3）科学编排民间棋类游戏。民间棋类游戏本身包含的数学核心经验对幼儿园数学教育具有重要作用。但民间棋类游戏的简单堆砌并不能发挥其最大价值，只有将民间棋类游戏编排成具有一定系统性与整体性的课程或方案，才能最大化地发挥民间棋类游戏在幼儿园数学教育中的价值。本研究采取逻辑顺序与心理顺序相结合的方法，对干预内容进行编排，一方面充分考虑所选民间棋类游戏中包含的数学核心经验的内在逻辑联系，另一方面充分了解大班幼儿的数学经验、认知能力、兴趣和需要等方面的心理顺序，总体结构呈螺旋上升，具有一定的系统性和科学性。

2. 提升教师民间棋类游戏实施能力

在民间棋类游戏的实施中良好游戏场域的创设以及有效的教师指导尤为重要。良好的游戏场域为民间棋类游戏的开展提供支持，而有效的教师指导影响民间棋类游戏开展的效果。因此，提升教师的民间棋类游戏实施能力可从以下几个方面入手：

（1）创设良好的游戏场域。幼儿园游戏环境是游戏场域的一部分，良好的游戏场域包括充足的游戏材料、良好的游戏环境、师幼互动、同伴互动、游戏心理空间、游戏氛围等。

在本研究中，教师在开展游戏活动前，根据大班幼儿的年龄特点和游戏水平，充分利用活动室空间，创建了棋文化浓厚、温馨舒适的、专门的民间棋类游戏活动室环境。活动室中有各种各样的民间棋类游戏材料能充分满足幼儿的游戏体验与游戏需要，幼儿可以直接操作这些材料，从而更好地获得经验。

这种有准备的游戏环境更能激起幼儿的游戏兴趣,能让幼儿更快速地进入游戏情境,帮助他们对环境形成更强的信任度,同时助推孩子在取得积极情感体验的过程中开展学习、生活等活动。此外,构建良好的师幼互动,以支持更好的同伴互动,让幼儿在同伴群体作用下构建良好的游戏心理空间,形成良好的游戏氛围等,从而使游戏与课程教育相融合,使幼儿在保持良好的游戏状态的同时促进幼儿的发展。

(2)实施有效的教师指导。教师的游戏指导从本质上来说是基于准确预测基础上的科学决策过程。

在游戏前,应重在游戏准备,从幼儿的兴趣、已有经验和游戏目标出发进行指导,为幼儿玩民间棋类游戏提供时间、空间、材料、经验等准备。

在游戏中,教师的游戏指导应是临时性的,要将灵活性与稳定性相结合,有节奏地推动游戏进程,既要学会设计游戏方案又要在游戏执行过程中留有调控空间,同时也要考虑到幼儿数学能力个体差异、同伴互动问题等方面的可能性。

在游戏后,教师的游戏指导应根据幼儿游戏活动的目标达成度,注意把过程性和结果性两类评价综合应用,对幼儿的游戏情况进行反馈,在游戏中不断解决问题以帮助幼儿在已有数学经验的基础上实现更高水平发展。

附录1

大班民间棋类游戏数学核心经验行为检索表

游戏名称:＿＿＿＿＿＿

核心经验 时段	集合与分类	模式	计数	数符号	数运算	量的比较	测量	图形	空间方位
1—3									
4—6									
7—9									
10—12									
13—15									
16—18									
19—21									
22—24									

续表

核心经验＼时段	集合与分类	模式	计数	数符号	数运算	量的比较	测量	图形	空间方位
25—27									
28—30									
31—33									
数学核心经验行为总数									

备注：数学核心经验行为检索以 3 分钟为一个时间段，每个时间段观察 2 分钟间隔 1 分钟，利用查核记号"√"在检索表中记录每次游戏行为中出现的数学核心经验，若在观察的时间段内一次游戏行为对应多个数学核心经验，则对应的每个数学核心经验都记"√"

附录2

具体干预活动方案案例

游戏活动一：飞行棋

（一）游戏准备

专门的民间棋类游戏活动室；若干磁性飞行棋棋盘、红黄绿蓝四色棋子及棋规介绍图；有玩飞行棋的游戏经验；勋章贴纸。

（二）游戏玩法

1. 营造游戏情境：小朋友们，你们知道飞行员吗？今天要请所有的小朋友来当一当小小飞行员，每个飞行员的任务是将自己所属的四架飞机开至指定位置，完成任务者能够获得勋章奖励。

2. 规则讲述，提醒要在遵守规则的前提下完成任务才能获得勋章。

3. 幼儿自由选择比拼对手，每个棋盘可 2—4 人同时玩，一般为 2 人对弈。

4. 开始游戏，教师参与或巡回指导。

5. 鼓励幼儿讨论小结，分享经验。总结讨论快速完成任务的原因和较慢完成任务或不能完成任务的原因。

6. 教师总结评价。

（三）游戏规则

1. 按照石头剪刀布的规则决定谁先掷骰子。

2. 轮流掷骰子，并按掷骰子得到的点数走步数。

3. 当自身飞机行进到与棋盘相同颜色的方格位置时，可直接跳入下个相同颜色的方格中，倘若下个相同颜色的方格与通道相连，便能够直接穿过通道。

4. 四架飞机全部率先到达终点为赢。

（四）游戏指导与建议

1. 教师应创设良好的游戏环境，为幼儿游戏提供良好的游戏情境。

2. 要充分尊重幼儿的主体性和个体差异性，适时地介入游戏。

3. 教师不仅要帮助每位幼儿有效理解掌握飞行棋的游戏规则，更应在幼儿游戏过程中对游戏中包含的数学经验进行外化。

游戏活动二：五子棋

（一）游戏准备

专门的民间棋类游戏活动室；若干围棋盘、黑白两色棋子及棋规介绍图；有玩五子棋的游戏经验；勋章贴纸。

（二）游戏玩法

1. 营造游戏情境：小朋友们，你们即将进入小学学习了，你们将会面对很多新的挑战，能接受挑战吗？现在我们就有一个"棋王争霸赛"，挑战成功者不仅能够获得"棋王"称号，还能获得勋章奖励哦！

2. 规则讲述，提醒要在遵守规则的前提下完成任务才能获得勋章。

3. 幼儿自由结伴面对面而坐，两人各持一色棋子对弈，以空棋盘开局。

4. 开始游戏，教师参与或巡回指导。

5. 鼓励幼儿讨论小结，分享经验。总结讨论快速完成任务的原因和较慢完成任务或不能完成任务的原因。

6. 教师总结评价。

（三）游戏规则

1. 按照石头剪刀布的规则决定谁执黑棋。

2. 黑棋先走，白棋后走，交替落子，每次仅可落一子。

3. 棋子下在棋盘的棋位上，下定后不能悔棋，即既不能向其他点移动，也不从棋盘上拿掉或拿起另落别处；

4. 五颗棋子横向、纵向或斜向连成一条线即为赢家。

（四）游戏指导与建议

1. 教师应创设良好的游戏环境，为幼儿游戏提供良好的游戏情境。

2. 要充分尊重幼儿的主体性和个别差异性，适时地介入游戏。

3. 提醒幼儿在对方有两颗棋子相连的情况下，需提高注意；在对方有3颗棋子相连的情况下，便需要截住对手的棋子。

4. 教师不仅要帮助每位幼儿有效理解、掌握五子棋的游戏规则，更应在幼儿游戏过程中对游戏中包含的数学经验进行外化。

游戏活动三：占角棋

（一）游戏准备

专门的民间棋类游戏活动室；若干自制棋盘（自制棋盘为正方形，以 36 个交点式为主要棋位，25 个方格为辅助棋位）；若干黑白两色棋子及棋规介绍图；有玩五子棋的游戏经验；勋章贴纸。

（二）游戏玩法

1. 营造游戏情境：小朋友们，我们的"棋王争霸赛"规则更新了，今天我们来玩占角棋大比拼，你们准备好了吗？

2. 规则讲述，提醒要在遵守规则的前提下完成任务才能获得勋章。

3. 幼儿自由结伴面对面而坐，两人各持一色棋子对弈，以空棋盘开局。

4. 开始游戏，教师参与或巡回指导。

5. 鼓励幼儿讨论小结，分享经验。总结讨论围吃黑棋多的原因和围吃黑棋少或不能围吃黑棋的原因。

6. 教师总结评价。

（三）游戏规则

1. 开局前对弈双方共同快速布放黑子于正方形中。

2. 开局后按照石头剪刀布的规则决定谁先布放白子。

3. 轮流布放白子，即每人每次只能下一子，位置为任何空交点（正方形四角）上。

4. 黑子所在正方形的四角都有白子时，可围吃黑子。

5. 围吃黑子多的一方胜利。

（四）游戏指导与建议

1. 教师应创设良好的游戏环境，为幼儿游戏提供良好的游戏情境。

2. 要充分尊重幼儿的主体性和个体差异性，适时地介入游戏。

3. 提醒幼儿当黑子所在正方形的 1 个角已有白子时，要引起注意；在正方形 3 个角都有白子时，便需要截住对手的棋。

4. 教师不仅要帮助每位幼儿有效理解掌握占角棋的游戏规则，更应在幼儿游戏过程中对游戏中包含的数学经验进行外化。

附录 3

大班幼儿数学能力发展检核表

编号	数学能力	测评内容	幼儿回答及操作记录	评分	评分标准
1-1 数学能力前测	集合与分类	1. 请仔细观察，将下面的人物分类连线到圈里。			1. 不合格（1分） 1.1 没有在 5 分钟内做完，但测评内容是对的。 1.2 在 5 分钟内做完，但测评内容不完全对。 2. 合格（3分） 2.1 在 5 分钟之内完成测评内容并正确。 2.2 在 3 分钟内做完，但测评内容不完全对。 3. 良好（5分） 3.1 在 3 分钟内做完，且测评内容是对的。 3.2 在 1 分钟内做完，但测评内容不完全对。 4. 优秀（7分） 在 1 分钟之内完成测评内容并正确
	模式	2. 请用 ■ 和 ▲ 创造一个"三个一组"的规律，画在上。如：			
	计数	3. 请你数一数，方框中一共有几个小正方体？			

续表

编号	数学能力	测评内容	幼儿回答及操作记录	评分	评分标准
	数符号	4. 请你观察以下内容，并比一比它们的数量的多少，它们可以用哪几个数字符号表示？在 ○ 里面画上 ">"" "<" 或 "="的符号。			
	数运算	5. 妈妈总共购买了5个苹果，而爸爸购买了4个苹果，小朋友吃了2个之后家中还剩下多少苹果呢？			
	量的比较	6. 请将下面的蔬菜从细到粗进行排列。			
	测量	7. 请你用活动室里的一样东西量一量自己有多高。要求：测量工具要从起点开始，如测量工具矮于自身身高时，测量工具要一一紧挨在一起，中间不能断开也不能重叠。			

324

<<< 专题研究2　民间棋类游戏对幼儿数学能力影响的实验研究

续表

编号	数学能力	测评内容	幼儿回答及操作记录	评分	评分标准
	图形	8. 请你观察七巧板，并画出右边的图形是由哪三个图形组成的 右边的图形由_____、_____、_____这三个图形组成的。			
	空间方位	9. 小兔子住在101房间，小狗住在303房间，请问小猴和小猪分别住在哪个房间呢？			

325

续表

编号	数学能力	测评内容	幼儿回答及操作记录	评分	评分标准
1-2 数学能力后测	集合与分类	1. 请将下面的动物分类连线到圈里。			
	模式	2. 请用黑棋●和白棋○创造一个"三个一组"的规律，摆在_____上。如：●●○○○●●○○○●●			
	计数	3. 请你数一数，棋盘上一共有几颗黑子。			

<<< 专题研究2 民间棋类游戏对幼儿数学能力影响的实验研究

续表

编号	数学能力	测评内容	幼儿回答及操作记录	评分	评分标准
	数符号	4. 嘟嘟和乐乐在玩占角棋，嘟嘟和乐乐分别围吃了几颗黑棋以及棋盘中还剩几颗黑棋，请你用数字符号表示他们分别围吃黑棋的数量的多少，在〇里用">"、"<"或"="表示。			
	数运算	5. 在新一轮的占角棋游戏中，嘟嘟吃了9颗棋子，乐乐围吃了3颗棋子，请问乐乐比嘟嘟多围吃了几颗棋子？他们一共围吃了几颗棋子？			
	量的比较	6. 请你仔细观察，每个小朋友的棋子离终点的距离不同，请你根据距离的远近从远到近进行排列。			

327

续表

编号	数学能力	测评内容	幼儿回答及操作记录	评分	评分标准
	测量	7. 嘟嘟和乐乐在玩五子棋时，发现黑棋和白棋能连成长线，嘟嘟觉得"红线"更长，乐乐觉得"蓝线"更长，请你帮他们测量一下，并比一比谁更长。			
	图形	8. 请你细观察，在以下棋盘中找出与相同的图形，并用笔标记出来。			
	空间方位	9. 有小朋友在玩五子棋时，不小心将棋盘打乱了，请你根据提示将棋盘还原。（提示：在棋盘1中所有白棋左边最近棋位放上黑棋，在棋盘2中所有黑棋的右边最近棋位放上白棋。） 棋盘1　　棋盘2			

328

参考文献

一、著作类

1. 夏征农，陈至立. 辞海：第六版彩本图［M］. 上海：上海辞书出版社，2009.

2. 左大康. 现代地理学词典［M］. 北京：商务印书馆，1990.

3. 中国社会科学院语言研究所词典编辑室. 现代汉语词典（第7版）［M］. 北京：商务印书馆，2016.

4. 陈向明. 质的研究方法与社会科学研究［M］. 北京：教育科学出版社，2000.

5. 冯晓霞. 幼儿园课程［M］. 北京：高等教育出版社，2000.

6. 朱家雄. 幼儿园课程（第二版）［M］. 上海：华东师范大学出版社，2011.

7. 唐淑. 中国学前教育史（第三版）［M］. 北京：人民教育出版社，2015.

8. 何晓夏. 简明中国学前教育史（第3版）［M］. 北京：北京师范大学出版社，2015.

9. 周采，杨汉麟. 外国学前教育史［M］. 北京：北京师范大学出版社，1999.

10. 乌丙安. 中国民俗学［M］. 沈阳：辽宁大学出版社，1985.

11. 钟敬文. 民俗学概论［M］. 上海：上海文艺出版社，1998.

12. 边霞. 儿童的艺术与艺术教育［M］. 南京：江苏教育出版社，2006.

13. 刘焱. 幼儿园游戏教学论［M］. 北京：中国社会出版社，1999.

14. 林继富. 中国民间游戏总汇综合卷［M］. 长沙：湖南文艺出版社，2016.

15. 丁海东. 幼儿园游戏组织与指导［M］. 长沙：湖南大学出版社，2015.

16. 秦元东. 浙江儿童民间游戏：现状与传承.［M］. 杭州：浙江大学出版

社，2011.

17. 曹中平. 儿童游戏论——文化学、心理学和教育学三维视野 [M]. 银川：宁夏人民出版社，1999.

18. 李屏. 中国传统游戏研究——游戏与教育关系的历史解读 [M]. 太原：山西教育出版社，2012.

19. 蔡永良. 语言·教育·同化：美国印第安语言政策研究 [M]. 北京：中国社会科学出版社，2003.

20. 陈琦，刘儒德. 当代教育心理学（修订版）[M]. 北京：北京师范大学出版社，2007.

21. 周文叶. 中小学表现性评价的理论与技术 [M]. 上海：华东师范大学出版社，2014.

22. 张凤敏. 幼儿园游戏区规划与指导 [M]. 上海：华东师范大学出版社，2017.

23. 陈允成，帕森斯，等. 教育心理学：实践者——研究者之路（亚洲版）[M]. 何洁，徐琳，夏霖，译. 上海：上海人民出版社，2007.

24. 郭泮溪. 民间游戏与竞技 [M]. 北京：中国社会出版社，2006.

25. 陈连山. 游戏 [M]. 北京：中央民族大学出版社，2000.

26. 朱淑君. 民间游戏 [M]. 郑州：海燕出版社，1997.

27. 高洁. 追寻幼儿教育的游戏精神 [M]. 北京：教育科学出版社，2013.

28. 维果茨基. 维果茨基教育论著选 [M]. 余震球，译. 北京：人民教育出版社，1994.

29. 杜威. 我们怎样思维·经验与教育 [M]. 姜文闵，译. 北京：人民教育出版社，1991.

30. 皮亚杰. 儿童的心理发展 [M]. 傅统先，译. 济南：山东教育出版社，1982.

31. 内罗杜. 古罗马的儿童 [M]. 张鸿，向征，译. 桂林：广西师范大学出版社，2005.

32. 波兹曼. 童年的消逝 [M]. 吴燕莛，译. 桂林：广西师范大学出版社，2004.

33. 贾维. 游戏 [M]. 王蓓华，译. 成都：四川教育出版社，2006.

34. 赫伊津哈. 游戏的人 [M]. 多人，译. 杭州：中国美术学院出版社，1996.

35. 席勒. 美育书简 [M]. 徐恒醇，译. 北京：中国文联出版公司，1984.

36. 伽达默尔. 美的现实性——作为游戏、象征、节日的艺术［M］. 张志扬，等译. 北京：生活·读书·新知三联书店，1991.

37. 沛西·能. 教育原理［M］. 王承绪，赵端瑛，译. 北京：人民教育出版社，1992.

38. 卡斯. 有限与无限的游戏：一个哲学家眼中的竞技世界［M］. 马小悟，余倩，译. 北京：电子工业出版社，2013.

39. 阿纳尼耶夫. 爱情的历程［M］. 靳戈，译. 合肥：安徽人民出版社，1982.

40. 格朗兰德. 发展适宜性游戏：引导幼儿向更高水平发展［M］. 严冷，译. 北京：北京师范大学出版社，2014.

41. 麦戈尼格尔. 游戏改变世界［M］. 闾佳，译. 杭州：浙江人民出版社，2012.

42. 瓦西纳. 文化和人类发展［M］. 孙晓玲，罗萌，等译. 上海：华东师范大学出版社，2007.

43. 石川荣吉. 现代文化人类学［M］. 周星，等译. 北京：中国国际广播出版社，1988.

44. 高瞻教育研究基金会. 学前儿童观察评价系统［M］. 霍力岩，刘祎玮，刘睿文，等译. 北京：教育科学出版社，2018.

45. 爱波斯坦. 数学：关键发展性指标与支持性教学策略［M］. 霍力岩，王冰虹，杜宝杰，等译. 北京：教育科学出版社，2018.

46. 田中耕治，松下佳代，西冈加名惠，三藤亚沙美. 学习评价的挑战——表现性评价在学校中的应用［M］. 郑谷心，译. 上海：华东师范大学出版社，2015.

47. 贝蒂. 幼儿发展的观察与评价：第7版［M］. 郑福明，费广洪，译. 北京：高等教育出版社，2011.

48. 格斯特维奇. 发展适宜性实践：早期教育课程与发展（第3版）［M］. 霍力岩，等译. 北京：教育科学出版社，2011.

49. 约翰森，克里斯蒂，华德. 游戏、儿童发展与早期教育［M］. 马柯，译. 南京：南京师范大学出版社，2013.

二、期刊类

1. 王振宇. 游戏课程化：实现游戏手段与目的的统一［J］. 山西教育（幼教），2019（11）：8-11.

2. 虞永平. 课程游戏化的意义和实施路径 [J]. 早期教育（教师版），2015（03）：4-7.

3. 黄进. 论儿童游戏中游戏精神的衰落 [J]. 中国教育学刊，2003（09）：31-34.

4. 黄进. 游戏精神的缺失：幼儿园教育中的反游戏精神批判 [J]. 南京师大学报（社会科学版），2003（06）：76-83.

5. 李姗泽. 学前教育应重视中华民族优秀传统文化——论民间游戏在幼儿园课程资源中的地位和作用 [J]. 课程·教材·教法，2005（05）：31-35.

6. 周欣. 表现性评价及其在学前教育中的应用 [J]. 学前教育研究，2009（12）：28-33.

7. 顾荣芳，王艳. 3~6岁儿童健康领域的关键经验与实施路径 [J]. 学前教育研究，2015（10）：15-23.

8. 焦艳，冯晓霞. 对"为教学服务的评价"的理论构想 [J]. 学前教育研究，2009（05）：7-11.

9. 叶平枝. 在幼儿教育课程改革背景下重新审视关键经验的意义、内涵与特征 [J]. 学前教育研究，2008（11）：7-11.

10. 丁海东. 儿童游戏权的价值及其在我国的现实困境 [J]. 东北师范大学学报（哲学社会科学版），2010（05）：178-182.

11. 丁海东. 游戏的教育价值及其在幼儿园课程中的实现路径 [J]. 学前教育研究，2006（12）：32-34.

12. 丁海东. 论儿童的游戏精神 [J]. 山东师范大学学报（人文社会科学版），2006（01）：78-81.

13. 曹中平. 中班幼儿角色游戏中合作能力发展的初步观察研究 [J]. 学前教育研究，1994（02）：43-46.

14. 曹中平. 民间体育游戏应用于幼儿健康教育的实验研究 [J]. 学前教育研究，2005（01）：35-37.

15. 罗红辉. 幼儿园民间体育游戏存在的问题与解决对策 [J]. 学前教育研究，2012（06）：70-72.

16. 肖川. 教育的真义：价值引导与自主建构 [J]. 上海教育科研，1999（03）：10-12, 17.

17. 冯鲸丹，李思娴. 民间游戏对幼儿社会性发展影响研究 [J]. 现代教育论丛，2015（01）：10-16.

18. 方晓义，王耘，白学军. 儿童合作与竞争行为发展研究综述 [J]. 心理发展与教育，1992（01）：38-42.

19. 杨光明，李德显. 谈竞争与合作［J］. 上海教育科研，1997（03）：24-27.

20. 曾庆会. 民间儿童游戏发展困境探析［J］. 首都体育学院学报，2009（02）：235-237.

21. 于冬青. 关键经验：学前教育活动设计的新思路［J］. 东北师范大学学报（哲学社会科学版），2012（05）：192-195.

22. 程晨. 我国近十年幼儿园民间游戏研究述评［J］. 成都师范学院学报，2017（12）：44-47.

23. 冯超群. 民间游戏教育价值研究综述［J］. 陕西学前师范学院学报，2016（02）：23-26.

24. 朱华，蒋东升. 教育学视角下传统民间游戏与竞技的价值研究［J］. 南京体育学院学报（社会科学版），2012（01）：75-78.

25. 洪丽玲. 幼儿园棋类游戏的实践与探索［J］. 福建教育，2010（Z7）：112-113.

26. 徐莉，彭海伦. 毛南族儿童的棋游戏及其教育价值［J］. 学前教育研究，2009（02）：44-47，51.

27. 周亚明. 民间土棋游戏园本课程开发的意义与途径［J］. 学前教育研究，2016（10）：67-69.

28. 蒋锡云. 区域材料的投放和幼儿的数学关键经验［J］. 幼儿教育，2014（10）：30-31.

29. 赵新华. 儿童空间概念发展研究述评［J］. 心理发展与教育，1993（03）：47-52.

30. 顾晓艳，李景繁，徐辉. 非物质文化遗产视角下水族民间棋类游戏的研究［J］. 贵州大学学报（社会科学版），2011（06）：140-143.

31. 谢高明. 儿童游戏权利的教育价值及其保障策略［J］. 陕西学前师范学院学报，2018（05）：41-45.

32. 仝梦冉，郑佳，汪露露. 儿童游戏权的现实困境及其保障策略［J］. 长春教育学院学报，2016（07）：78-80.

33. 章乐. 儿童立场的缺失：传统文化教育的现实困境［J］. 中国德育，2019（03）：11-12.

34. 孙静. 高校传统文化教育的现实困境与路径选择［J］. 教育导刊，2015（10）：10-13.

35. 夏梦. 幼儿园开发利用民间游戏时存在的问题及策略［J］. 陕西学前师范学院学报, 2018（04）: 72-76.

36. 刘丽娜. 传统民间游戏与园本课程建设研究［J］. 陕西学前师范学院学报, 2014（06）: 15-18.

37. 冯林林. 幼儿园民间游戏课程的构建［J］. 学前教育研究, 2010（03）: 70-72.

38. 李容香. 超越传统: 幼儿园民间游戏课程的重构［J］. 遵义师范学院学报, 2019（02）: 145-149.

39. 李炳珍. 传承与创新: 让吴地民间游戏重放光彩［J］. 江苏教育研究, 2014（02）: 66-67.

40. 刘大维, 曾小玲, 胡向红. 城镇化进程对儿童传统民间体育游戏传承的影响［J］. 学前教育研究, 2014（12）: 61-63.

41. 侯会美. 游戏精神与创造性教学关系探论［J］. 现代中小学教育, 2004（04）: 11-13.

42. 陈瑶. 儿童民间游戏在幼儿园体育活动中的应用研究——以黔东南苗族侗族自治州幼儿园为例［J］. 长春教育学院学报, 2018（08）: 78-80.

43. 胡启勇. 文化整合论［J］. 贵州民族学院学报（哲学社会科学版）, 2002（01）: 36-40, 53.

44. 陈小琴. 民间游戏在幼儿教育中的实践策略研究［J］. 宁夏大学学报（人文社会科学版）, 2013（06）: 153-156.

三、报纸文章

1. 习近平在纪念孔子诞辰2565周年国际学术研讨会暨国际儒学联合会第五届会员大会开幕会上的讲话［N］. 人民日报, 2014-9-25（2）.

2. 王振宇. 追寻游戏精神 实现游戏课程化［N］. 中国教育报, 2019-6-3（2）.

3. 刘焱. 究竟是儿童游戏还是游戏儿童［N］. 中国教育报, 2013-1-27（001）.

4. 曹中平. 激活传统民间游戏自我更新机制［N］. 中国教育报, 2017-6-25.

四、外文文献

1. HOHMANN M., WEIKARD D. P. Educating Young Children: Active

learning practices for preschool and childcare programs [M]. Ypsilanti: Publication of the High /Scope Press, 1995.

2. GULLO F. Understanding Assessment and Evaluation in Early Childhood Education [M]. New York: Teachers College, Columbia University, 1994.

3. KECSKÉS M. The Role of folk Games in Education [J]. Practice and Theory in Systems of Education, 2013 (1): 19-24.

4. PATTON M Q. Qualitative Evaluation and Research Methods [M]. London: Sage Publication, 1990.

5. LINN E, GRONLUND E, Measurement and Assessment in Teaching [M]. Upper Saddle River, N. J. Merrill, 2000: F. How much time is needed for play [J]. Young Children, 1992 (03): 28-31.

7. AHN T K, OSTROM E, SCHMIDT D, et al. Cooperation in PD Games: Fear, Greed, and History of Play [J]. Public Choice, 2001 (1): 137-155.

8. BLOCH M N, CHOI S. Conceptions of Play in the History of Early Childhood Education [J]. Child and Youth Care Quarterly, 1990 (1): 31-48.

9. FRENCH D C, BROWNELL C A, GRAZIANO W G, et al. Effects of Cooperative, Competitive, and Individualistic Sets on Performance in Children's Groups [J]. Journal of Experimental Child Psychology, 1977 (1): 1-10.

10. HANDEL S J. Children's Competitive Behavior: A Challenging Alternative [J]. Current Psychology, 1989 (2): 120-129.

后 记

中国民间游戏研究一直是民俗学的经典研究领域。2016年，本人作为副主编协助林继富教授完成《中国民间游戏总汇》（八卷本）研究后，开始系统思考民间游戏在幼儿园教育中的运用问题。《中国民间游戏总汇》从非物质文化遗产保护的角度系统总结和传承中国民间游戏，初步完成了中国民间游戏的收集与整理工作，为民间游戏在幼儿园教育中的运用奠定了文献学基础。

20世纪末，民间游戏走进幼儿园教育的问题已经引起学术界的关注。这种背景下，本人带领研究生在幼儿园开展民间游戏的教育实践研究，并且以此为主题陆续指导了几篇研究生论文。

在思考民间游戏与幼儿园教育的关系的过程中逐步认识到，民间游戏走进幼儿园不是一个简单的资源开发过程——民间游戏作为幼儿园教育的一种具有文化属性的教育资源，而是复杂的系统建构过程——民间游戏的现代化转换与幼儿园教育的"本土化"实践同步推进、双向承接、深层融会。

在梳理学术文献和总结实践经验的基础上逐步发现，民间游戏在幼儿园教育中的运用面临着双重困境——游戏功能异化和游戏精神失落。于是，以此为主线重新设计研究框架，把研究的重心聚焦于民间游戏在幼儿园教育中的实践困境与超越。适逢申报全国教育科学"十三五"规划课题，故以"功能异化与精神失落：民间游戏在幼儿园教育中的实践困境及其超越"为题仓促申报，有幸列为全国教育科学"十三五"规划2016年度教育部重点课题（DHA160312）。本书就是此课题研究的总结性成果。

此课题原计划四年完成。然而，在课题研究的"收官"阶段，恰逢"新冠肺炎"疫情，实践基地幼儿园的实证资料的收集与整理面临"停摆"风险。在课题组成员的共同努力下，克服重重困难，终于走完六年的艰辛路程。在此之际，衷心感谢实践基地幼儿园的园长和老师，感谢课题组的全体成员。

本书不仅是本人长期理论思考和实践探索的集成，也是多年跟随本人在"民间游戏与幼儿园教育"这个领域里辛勤耕耘的幼儿园园长、教师和研究生集体智慧的结晶。书中很多内容基于实践基地幼儿园教师的经验总结和研究生的实证研究。其中，经验总结主要来自于湖南省政府机关第一幼儿院罗红辉院长、侯俪副院长及其领衔的子课题组和湖南省浏阳市湘鹏幼儿园徐宁园长、杨春香执行园长及其领衔的子课题组老师的案例分析，实证研究主要来自2016级研究生袁祖英和2017级研究生帅跃林、张婉莹、文盼、周玲敏、达松湘的学位论文。这里要特别感谢浏阳市笑笑幼儿园王凤华园长和宁乡市幼儿园刘月良园长，她们所领导的幼儿园为研究生的实证研究提供了充足条件和大力支持。

本书写作过程中，参考和引用了许多相关论著，吸收了国内外同仁的研究成果，在此一并感谢！

天道酬勤。正值课题结题之际，《民间游戏与幼儿园教育》一书作为优秀学术专著入选《光明社科文库》。本书面世之际，由衷感谢光明日报出版社《光明社科文库》编辑付出的辛勤劳动！

由于本人学识和能力有限，本书还存在不少疏漏之处。真诚欢迎专家、同仁和读者批评指正！